लाल किताब
व्याकरण एंव भावफल विचार

डॉ. अमर अगरवाल

notionpress
.com

INDIA • SINGAPORE • MALAYSIA

Notion Press Media Pvt Ltd

No. 50, Chettiyar Agaram Main Road,
Vanagaram, Chennai, Tamil Nadu – 600 095

First Published by Notion Press 2021

ISBN

Hardcase 979-8-88530-431-3
Paperback 979-8-88521-217-5

विषयसूची

दो-लफ़्ज़ ग्रंथकार के बारे में

अक्स गैबी ज़ाहिर पहले,	था सितारों पर हुआ
नक़्श जिसका पीछे दुनिया,	के दिमागों आ हुआ
दिमागी खानों का असर तब,	हाथ की रेखा हुआ
चांद सूरज फलकी दुनिया,	से जहान दो बन गया
इल्म ज्योतिष इस तरह पर,	जब सितारों से हुआ
सीधी टेढ़ी हाथ रेखा,	से कियाफ़ा चल पड़ा

पंडित रूप चंद जोशी जी द्वारा रचित ग्रंथ लाल-किताब के बारे में कु च्छ भी लिखना मेरे बस से बाहर की बात है क्योंकि पंडित जी एक खुदाई आत्मा थे और मैं इस नश्वर संसार से जुड़ा हुआ एक साधारण इन्सान! फिर भी पंडित रूप चंद जोशी जी और लाल-किताब के बारे में कु च्छ शब्द लिखे बगैर इस ग्रंथ की महत्वता को समझना अति कठिन है!

पंडित रूप चंद जोशी जी का जन्म 18 जनवरी, 1898 को नकोदर (पंजाब) के नज़दीक फरवाला नामक गाँव में हुआ! पंडित जी भारत की डिफैंस एकाऊं टस सर्विस में नौकरी करते हुये एक उच्च पद से सेवा-निर्वृत हुए! अपनी इस नौकरी के दौरान पंडित जी देश के भिन्न-भिन्न बड़े शहरों में भी रहे! कहते हैं कि छोटी उम्र में पंडित जी को हस्त-रेखा का ज्ञान ख़ुद-ब-ख़ुद दैविक शक्तियों के कारण हुआ! अपनी नौकरी के दौरान एक बार जब पंडित जी अपनी छूटियाँ बिताने के लिए अपने गाँव आए तो पहली रात उन्हे स्वपन अवस्था में एक अदृश्य शक्ति (गैबी) प्रकट हुयी और उस शक्ति नें कु च्छ पंक्तियाँ पद्ध के रूप में बोलीं और यहीं से पंडित जी की ज्योतिष की पढ़ाई शुरू हुई! किताब के शुरू में ही पंडित जी नें इस बात का वर्णन किया है

लिखा जब क़िस्मत का कागज़,	वक़्त था वह ऐब का
भेद उसने गुम था रक्खा,	मौत दिन और ऐब का
ख़याल रखना था बताया,	कृतघन इन्सान का
एवज़ लड़की लड़का बोला,	ख़तरा था शैतान का

अर्थात जब इस विद्या का ज्ञान हुआ उस समय अदृश यानि खुदाई शक्तियाँ काम कर रहीं थी जिसमें इस सांसरिक भेद भाव की कोई गुंजाइश न थी! लाल-किताब के संधर्ब में पहली किताब **"लाल-किताब के फरमान" 1939** में छपी थी और यह किताब "**सामुद्रिक-शास्त्र**" व लक्षण विचार पर थी जिसको "ईल्म-ए-कियाफ़ा" कह कर पुकारा गया! इसके बाद **1940** में **"सामुद्रिक की लाल-किताब के अरमान**" नामक पुस्तक छपी जोकि की पहली किताब की पूरक किताब थी यानि "फरमान और अरमान" को एक साथ पढ़ने की ज़रूरत है! उसके लगभग एक साल बाद **1941** में "**लाल-किताब, तीसरा हिस्सा**" के नाम से एक किताब आयी जो सिर्फ कविता के रूप में थी और इसको "**गुटखा**" कह कर पुकारा गया! ईस्वी **1942** में "**ईल्म समीद्रिक की 'लाल-किताब' तरमीम शुदा**" के नाम से एक संपूरण किताब जिसमें **1939** की किताब का सामुद्रिक का भाग, **1940** की किताब का ज्योतिष शास्त्र का हिस्सा और **1941** की किताब का कविता का हिस्सा शामिल किया गया और यह किताब अपने आप में पहली तीनों किताबों को संजोय हुए है! सबसे आखिर में ईस्वी **1952** में "**लालकिताब-1952"** के नाम से एक महान ग्रंथ का निर्माण हुआ! लाल-किताब ग्रंथ अपने आप में ज्योतिष शास्त्र का कम और अध्यातम का एक अद्भभुत ग्रंथ है!

"इस ग्रंथ के रचियता पंडित रूप चंद जोशी जी की पुण्य आत्मा
को मेरा शत-शत नमन"

डॉ. अमर अगरवाल

अनुभूति और आभार

लाल किताब व्याकरण एंव भावफल विचार" का शोधित संस्करण है, इस किताब के अध्याय नंबर-15 में ग्रहों के उपाओ, तर्क और तरीका है जिसमें ख़ास तौर पर हरेक उपाओ का महत्व क्या है इसको अपनी समझ के हिसाब से ब्यान किया है! विभिन्न विषय और यह किताब "लाल किताब व्याकरण एं व भावफल विचार" सूरज का उदय होना या उगना और बच्चे का पैदा होना एक ही बात है इसलिए सूरज उदय तो होता है लेकिन अस्त नहीं होता इसी तरह ग्रहचाली बच्चा पैदा होता है और मरता दिखाई तो देता है लेकिन मरता कभी नहीं, जिस तरह सूरज अमर है उसी तरह आत्मा (सूरज) भी अमर है! "लाल किताब" नाम से एक अजीब से सिरहन तो नहीं कहा जा सकता लेकिन क्या कहूँ वो भी समझ नहीं आता! इस किताब के पाँचों संस्करण पढ़ने के बाद कु छ तो क्या कई सालों तक सिर्फ बुध का दायरा था जिसमें घूमना जारी था और लगभग बारह सालों के अथक प्रयास के बाद कु छ बातें कु छ चीज़ें समझ आने लगीं (यहाँ मैंने शब्द प्रयास का प्रयोग किया है लेकिन ईमानदारी की बात तो यह कि यह सब ग्रंथकार के आशीर्वाद का फल है वरना प्रयास तो दस साल से जारी था),! लाल किताब के जानकारों का इस ग्रंथ के बारे में क्या कहना है क्या सोचना है उस बात से मुझे कोई सरोकार नहीं लेकिन अपने इस सफर में मैंने जब इसको समझने की कोशिश की और अनुभव जो महसूस किया वो मेरे तो क्या किसी भी व्यक्ति के होश उड़ाने के लिए काफी होनी चाहिएँ क्योंकि ज्योतिष का ग्रंथ कह कर जिस तरह से इस महान ग्रंथ के साथ बलात्कार किया जा रहा है वो अपने आप में शर्मसार करने वाली बात है! हर इन्सान अच्छे संस्कार लेकर पैदा होता है, अच्छी से अच्छी शिक्षा प्राप्त करता लेकिन जो वो अपने तुजुर्बे के आधार पर

सीखता है वो असल शिक्षा होती है लेकिन उस पर चलना या नियमों की पालना करना ही कर्म है और कर्म अच्छा भी हो सकता बुरा भी! जब बात तुजुर्बे की उठी है तो "**साहिर**" के शेयर के बिना अधूरी रहेगी:

दुनिया ने तजरबात-ओ-हवादिस की शक्ल में
जो कुच्छ मुझे दिया वो लौटा रहा हूँ मैं

अपने अनुभव के आधार पर मैं यह पाया कि "लाल किताब" सिर्फ ज्योतिष का ग्रंथ ना होकर "अध्यातम" का बहुमूल्य खज़ाना है (मैं फिर लिख रहा कि कोई इसे कु च्छ भी समझे मुझे उस बात से कोई सरोकार नहीं) इसलिए मुझे यह बात लिखने में भी कोई संकोच या कोई भय नहीं कि "कर्म और संस्कारों" की जानकारी जिस क्रमबद्ध तरीके से इस ग्रंथ में समझाई गई है वो दुनिया के किसी भी ग्रंथ में नहीं! जीवन मेंकिसी एक निशाने पर अपने आप को रख हर तरह से संतुष्ट रहना, सांसारिक मोह-माया को त्यागना, अहम और वहम का जीवन में कोई स्थान न होना, वे-वजह का गुस्सा, जीवन और मृत्यु में कोई फ़र्क ना समझना आदि कु च्छ एहम बातें हैं लेकिन सूची बहुत लम्बी है! "**बला-ए-बद**" राहू के ज़ेर-ए-साया है तो "**हवा-ए-बद**" के तू के , इस "**बद**" को जीवन से निकाल दो तो हर चीज़ नेक होती चली जाएगी और इस बात को ग्रंथकार ने बखूबी ब्यान किया है, गौर से देखें :

नौ निद्धी को ग्रह 9 माना,	सिद्धि 12 राशि है
9 जरब जब 12 गिनते,	होती माला पूरी है
सात हो नौ या माला चौरासी,	पाप फ़र्क 2 ही का है
पाप अगर सब दुनिया छोड़े,	सात ग्रह बच जाता है
राशि बारह में सात ग्रह से,	नरक चौरासी कटता है

यह पक्तियाँ बीच-बीच में से ली हुईं हैं, सिर्फ एक लफ़्ज़ "पाप" यह हम में ही "राहू और केतू" के रूप में है और इसको छोड़ दिया जाए तो नरक नाम की कोई चीज़ नहीं रह जाती इन्सान के जीवन में साथ देने वाले साथी ज़रूर होने चाहिएँ (रूप चाहे कोई भी हो) जो इन्सान को जीवन की लड़ाई लड़ने में

योगदान देते हैं और मेरे लाल किताब के कु ल सफर में मेरे साथ आखिर तक चलने वाले (शायद जिनके सहयोग के बगैर यह काम पूरा ना हो पाता) दो शख़्स **श्री अरुण यादव** और **श्री प्रदीप मल्होत्रा** का सदैव आभारी रहूँगा! इसी के साथ मैं सभी लोगों से मुआफ़ी चाहता हूँकि मेरे विचार हैं किसी पर थोपने की मेरी कतई इच्छा नहीं!

तारीख़: 11/11/2021

स्थान: पंचकूला

डॉ. अमर अगरवाल

नंबर-650, सैक्टर-25

मोबाइल: 9888288888, 9814002574

E-Mail: gnagesh79@yahoo.com

Website: astroarmaanz.com

प्रथम

CAPRICORN
AQUARIUS
PISCES
AIRES
TAURUS
GEMINI
CANCER
LEO
VIRGO
LIBRA
SCORPIO
SAGITTARIUS

प्रथम

ख़ुद इन्सान की पेश न जावे,	**हुक्म बिधाता होता है**
सुख दौलत और सांस आख़री,	**उम्र का फैसला होता है**

बीमारी का इलाज है, मगर मौत का कोई इलाज नहीं
दुनियावी हिसाब किताब है, कोई दावा-ए-खुदाई नहीं

याद रहे या न रहे, मगर ख़्याल ज़रूर रहे

इन्सान बंधा ख़ुद लेख से अपने	लेख बिधता कलम से हो
कलम चले ख़ुद करम पे अपने	झगड़ा अक्ल न क़िस्मत हो

लाल-किताब का मूल रूप अध्यात्म और सिर्फ अध्यात्म पर आधारित है और इन्सान के अच्छे या बुरे कर्मों का लेखा जोखा है! जिसमें अक्ल (बुध) और क़िस्मत (बृहस्पति) का महत्वपूर्ण सम्बंध है! खाली आकाश बुध है और इसके अन्दर हवा बृहस्पति है! दोनों ग्रह हमेशा साथ होते हुये भी अपनी दुश्मनी के कारण हमेशा झगड़े पर हुआ करते हैं और नतीजा दोनों में से किसी एक ग्रह का प्रभावी हो जाना! इन्सान हमेशा कुदरत के नियमों व असूलों से बढ़ कर अपनी अक्ल को एहमियत देता है जबकि क़िस्मत और अक्ल दोनों को साथ होकर चलना बहुत ज़रूरी है!

हर इन्सान पैदा होते ही अपने साथ अपने पूर्व जन्म के अच्छे या बुरे कर्मों को साथ लेकर आता है और यह अच्छाई या बुराई का निर्णय ख़ुद बिधता (परमात्मा) करता है और वही जन्म के समय अपनी हाथों या अपनी कल्म से इन्सान का लेख लिखता है लेकिन इस क़िस्मत के लिखे को अच्छाई या बुराई में बदलना ख़ुद इन्सान के कर्मों पर निर्भर हुआ करती है!

लिखा जब क़िस्मत का कागज़	वक़्त था वह गैब का
भेद उसने गुम था रखा	मौत दिन और ऐब का
ख़्याल रखना था बताया	कृतघन इन्सान का
एवज़ लड़की लड़का बोला	ख़तरा था शैतान का

यहाँ क़िस्मत का क़ागज़ शब्द को इन्सान कि क़िस्मत लिखना मानना चाहिए और जब ख़ुद बिधाता इन्सान की क़िस्मत लिख रहा था वो समय कुल अध्यात्म व गैबी (जो दिखाई न दें) का समय था! इस विद्या का जानकार किसी भी व्यक्ति की क़िस्मत को जान सकने की ताकत का मालिक होगा लेकिन फिर भी किसी के बुरे कामों (ऐब) या इल्लतों को ज़ाहिर करने की सख़्त मनाही है! इसके ईलावा किसी की मृत्यु की जानकारी होते हुये भी सामने वाले को बताना व माता के पेट गर्भ में लड़का है या लड़की की जानकारी देना भी सख़्त तरीके से मना है क्योंकि ऐसा करना ही इन्सान के अच्छे या बुरे कर्मों का फैसला हुआ करता है क्योंकि इस विध्या के द्वारा कष्ट का निवारण हो सकता है! इस विद्या के आधार पर **"लाल-किताब"** की जिल्द का रंग खूनी लाल रंग (जोकि चमक लिए हुए न हो) मुबारक यानि शुभ होगी लेकिन बाकी सब के सब रंग मनहूस हुआ करते हैं!

1-इस किताब में 'इल्म-सामुद्रिक' यानि हस्त रेखा व कियाफ़ा की अलिफ़-बे (35 हर्फ़) मुकम्मल तौर पर देने की कोशिश की गयी है यानि सामुद्रिक शस्त्र इस ज्ञान का महत्वपूर्ण हिस्सा है और उसकी व्याख्या संपूरण लिपि बद्ध तरीके से की गयी है, लेकिन फिर भी एक फरमान (अध्याय) दूसरे से बिलकुल अलग होता चला गया है इसलिए इस किताब को शुरू से आखिर तक कई बार पढ़ने से हर तरह के भेद अपने आप खुलते चले जाएंगे!

2- किसी भी नियम को परखने से पहले उस नियम को समझना अत्यंत आवश्यक है और बिना समझे किसी नियम को परखना गलतफ़हमी पैदा कर सकता है!

3- बिना किताब को पूरी तरह से समझे फ़र्ज़ी मनमानी वहम का कारण होगी और वहम का कोई इलाज नहीं हुआ करता!

4- कुण्डली का बनाना और उसकी दुरुस्ती आदि सब इस किताब की पूरी जानकारी हो जाने के बाद ही इस्तेमाल करना चाहिए और उससे पहले आम ज्योतिष के नियमानुसार कुण्डली को जाँचने का अभ्यास ज़रूरी है! लेकिन एक बात का ध्यान रखना बहुत ज़रूरी है कि ख़ुद अपने हाथ की लकीरों व

ख़ुद अपनी कुण्डली पर नियम लगाने से दूर रहना चाहिए वरना इस विद्या को सीखना मुश्किल होगा!

5- विषय (मज़मून) की गलती बताने वाला व्यक्ति ही इस इल्म को सीखने के लिए सबसे बड़ा और मददगार दोस्त हुआ करता है!

6- अपनी बात को जाँचने या सच साबित करने के लिए ज्योतिष की किसी दूसरी शाखा की निन्दा करने से बचना चाहिए क्योंकि हर एक शाखा का अपना महत्व हुआ करता है और ऐसी बातों से दूर रहना चाहिए!

7- इस बात में कोई शक नहीं कि लड़कपन की तबीयत वाले निन्दक (बदखोई करने वाला) और कुएं के मेंढक (अपने ही दायरे) जैसे दिमाग के मालिक और बिना वजह मज़ाक उड़ाने वाले भोले बादशाह (बेवकूफ़) लोगों से सब्भाविक घृणा/कोफ़्त पैदा हुआ करती है लेकिन फिर भी दुनियावी साथियों को अपनी हैसियत के अनुसार फायदा पहुंचाना ही शराफ़त होगी और अपने कर्मों को नेक करने की राह भी!

8-जब डाक्टर या वैद की दवाई काम न करे, वकील ख़ुद अपना मुकदमा हार जाए, साधू फकीर का दिया हुआ तावीज़ या गण्डा काम न करे तो समझना चाहिए कि जीवन की हार का वक़्त आ गया!

9-लाभ-हानि, यश-अपयश, जीना-मरना सब कुदरत के हाथ में है! यह विद्या सिर्फ़ व्यक्ति को रास्ता दिखाने के वास्ते है, सब एक गणना का विषय है कोई दावा-ए-खुदाई नहीं!

कर भला-होगा भला
आख़िर भले का भला

नए और पुराने मज़मून में फ़र्क

यह किताब

जनम वक़्त दिन, माह उम्र साल सब कुच्छ,	इस्म नाम को भी मिटा देती है
फकत रेखा, फ़ोटो मकानों से कुण्डली,	जनम मय चंदर बना देती है
लिखत जब बिधाता किसी की हो शक्की,	उपाओ मामूली बता देती है
ग्रहफल व राशि के टुकड़े दो करती,	या रेखा में मेखा लगा देती है

इस इल्म (विषय/subject) की बुनियाद इल्म सामुद्रिक पर आधारित है जिसमें प्रचल्लित ज्योतिष के नियमों पर बनी हुयी कुण्डली के लगन की दुरुस्ती करने में मदद मिलती है! जब प्राचीन ज्योतिष के आधार पर सनीचर की 2.5 साल की मंदी चाल के तीन बड़े चक्करों (2.5 x 3 =साढ़े सात साल) जिसको साढ़े-सती के नाम से जाना जाता है के दौरान लाल-किताब के नियमानुसार मंदे सनीचर की निशानियाँ या घटनाएँ हुआ करती हैं जैसे: साँप का काटना, मकान का गिर जाना या बिक जाना, आंखो की नज़र की खराबियाँ पैदा होना, चच्चे पर मृत्यु तुल्य कष्ट आना या मशीनरी आदि के कारण नुकसान होना! हस्त रेखा व लक्षण विचार इस किताब के महत्वपूर्ण हिस्से हैं जिसके आधार पर कुण्डली की दुरुस्ती यानि शुद्धि करना आसान हुआ करता है! किसी भी व्यक्ति की जनम तारीख आदि न होने पर हथेली की रेखाओं, चेहरे पर ग्रेहों की स्तिथी व बोल-बानी के आधार पर भी किसी ग्रह के नेक होने या मंदा होने की जांच की जा सकती है, ज्योतिष शास्त्र के इस हिस्से को 'इल्म-ए-कियाफ़ा' के नाम से जाना जाता है!

1-कोई भी ग्रह जब अपने दिये हुये असर के अनुसार प्रभाव नहीं दे रहा हो तो ग्रह कुण्डली में अच्छा बैठा हुआ भी शक के घेरे में हुआ करता है और ऐसी हालत के वक़्त उस ग्रह की शक्की हालत के अनुसार मामूली उपाओ बताए गए हैं, जो आम तौर पर असर देते हुए देखे गए हैं!

2-विषय (मज़मून) बहुत लम्बा चौड़ा होने के कारण सिर्फ उन घटनाओं पर ज़ोर दिया गया है बहुत संगीन व शदीद यहाँ तक की खून से लिखे जाने के

काबिल यानि ऐसे कष्ट जो मृत्यु की तरह के हों! मामूली बुखार या साधारण कष्ट की बजाए तपेदिक, मिरगी, अधरंग, इन्सान बाकी बचेगा या चला जाएगा (मर जाना) आदि का बयान किया गया है!

3-प्रचल्लित ज्योतिष के अनुसार राहू व केतू एक दूसरे से 180 डिग्री पर हुआ करते हैं और बुध भी हमेशा सूरज के साथ या साथ लगने वाले घरों में हुआ करता है लेकिन लाल-किताब के नियम नें ग्रेहों की स्तिथी को भी हटकर माना है, इस मज़मून के आधार पर वर्षफल बनाने की तालिका के अनुसार साथ लगते हुये घरों में भी हो सकते हैं बल्कि हस्त रेखा के नियम अनुसार यह दोनों ग्रह इक्ठे भी पाये जा सकते हैं और यही नियम बुध पर भी लागू होगा कि वो सूरज से सात घर दूर हो सकता है! यानि इस मज़मून में हर एक ग्रह अपनी-अपनी जगह आज़ाद होगा और उसकी अपनी बैठक, ग्रहचाली हालत या असर का तरीका किसी दूसरे ग्रह से बंधा हुआ न होगा!

4-सबसे ख़ास बात यह है कि कुण्डली या टेवे से जिंदगी से संबन्धित फलादेश देखने के असूलों में :-

राशि छोड़ नच्छतर भूला, न ही कोई पंचाग लिया
मेख़ राशि ख़ुद लगन को गिनकर, 12 पक्के घर मान लिया

प्रचल्लित ज्योतिष के नियमों अनुसार बनी हुई कुण्डली में जनम के समय कोई भी राशि हो सकती है या 24 घंटो में लगभग हर दो घंटे बाद लगन में राशि का हिंदसा (अंक) बदल जाता है लेकिन लाल-किताब के नियमानुसार 12 घरों को खाने कह कर पुकारा है और लगन में खाना नंबर-1 लिया जाएगा और गिनती के असूल अनुसार (1-2-3-4...12) आखिरी खाने में 12 का हिंदसा होगा! उधाहरण के तौर पर नीचे दी गयी तुला लगन की कुण्डली पर गौर करें :

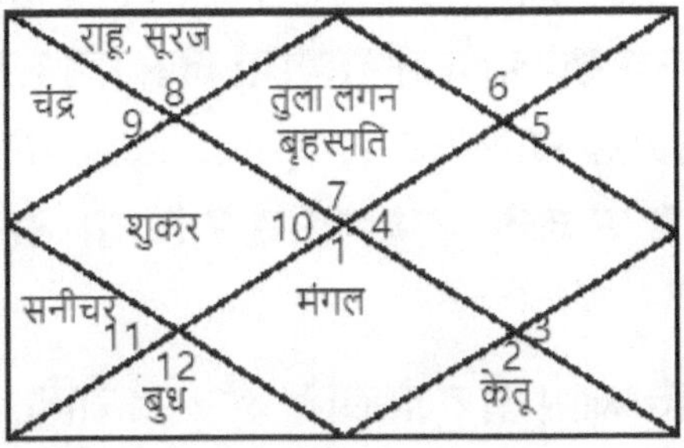

यह प्रचलित ज्योतिष अनुसार बनी कुण्डली है, लगन के खाना/भाव में तुला (7) राशि है! तुला से क्रमवार घड़ी की विपरीत दिशा में खाना नंबर-2 में बृच्छिक राशि है और आखिर में खाना नंबर-12 में कन्या राशि, पंचाग की गणना के अनुसार राशि अनुसार ग्रह खानों में लिखे गए हैं!

अब लाल किताब में प्रचलित नियम के अनुसार लगन के खाना/भाव में राशि नंबर-1 लिख कर घड़ी की विपरीत दिशा में 1 से 2, 3,4 और आखिर के खाना नंबर-12 मीन राशि लिखा सभी ग्रहों पहली कुण्डली में लिखे क्रम से लिख कर कुण्डली को पूरा किया और इस को लाल किताब की कुण्डली कहा

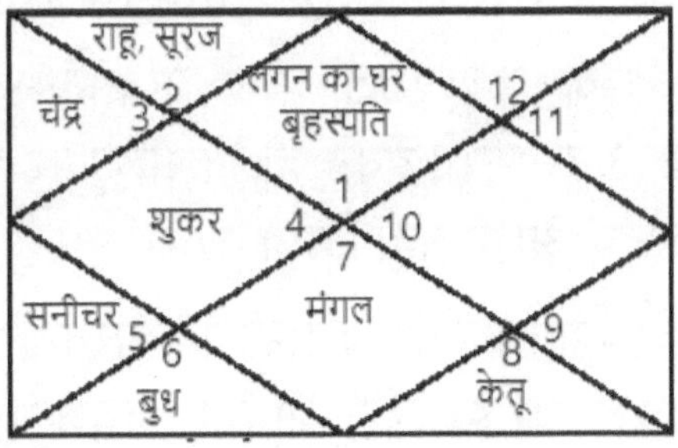

विशेष: कुण्डली बनाने का यह नियम शोध का विषय है और काफी गौर करने योग्य है क्योंकि किसी जातक की कुण्डली में सूरज तुला राशि में होकर लगन में बैठा हो और इस नियम के अनुसार तुला राशि को बदल कर मेष राशि कर दिया जाए यानि जन्मकालीन सूरज अपनी नीच राशि में था लेकिन लाल-किताब के नियमानुसार अपने उंच के घर में होगा तो क्या सूरज उंच के फल देगा! इस गुत्थी/पहेली को इसी किताब के आधार पर आगे के सफहों पर सुलझाने का प्रयास किया है! इसी बात आधार पर अगर ऊपर दी गयी कुण्डली देखें तो इसमें बुध नीच राशि में है लेकिन राशियों को बदलने के साथ ही बुध अपनी उंच राशि का हो गया, इसलिए यह एक चर्चा व शोध का विषय होगा!

लाल किताब संस्करण 1952 के सफ़ह नंबर-193 पर ग्रन्थकार ने कर साफ़ कर दिया पंचांग के आधार पर बनी कुण्डली में राशियाँ जैसे की तैसे रहेंगी सिर्फ़ बात को याद रखने के लिए खाना नंबर-1, 2, 3........12 तक लिखा है! इल्म-ए-सामुद्रिक के हिसाब से बनी कुण्डली में राशियाँ नहीं होंगी सिर्फ़ खाने होंगे!

अगर ऊपर की कुण्डली को लेकर सोचा जाए तो तुला राशि को मेख़ राशि में तब्दील नहीं किया जा सकता क्योंकि अगर किसी का सूरज तुला राशि में लगन के खाना में हो तो व्यक्ति कार्तिक मास में हुआ होता है और अगर इस खाना में मेख़ राशि लिख दी जाए तो जनम बैसाख का होगा और यह तर्कपूर्ण नहीं!

1-जनम कुण्डली में दो या दो से अधिक ग्रह किसी भी घर में हों वर्षफल के अनुसार वो इक्ठे ही किसी दूसरे घर में जाएंगे (तालिका अनुसार) उनको अलग-अलग नहीं किया जा सकता है!

2-ग्रहों का प्रभाव ग्रहों के कारक रिशतेदारों, ग्रहों की चीजों या कारोबार के द्वारा नज़र (ज़ाहिर) आयेगा (अच्छा या बुरा) और यही असर ग्रह के अच्छा या बुरा होने की पहचान हुआ करती है जो कि फलादेश में सहायक हुआ करती हैं!

3-प्रचल्लित ज्योतिष के नियमानुसार बनी हुई जन्म कुण्डली जो राशि पहले घर में होगी उसको ही लिया जाएगा और इसमें कोई तब्दीली की गुंजाइश नहीं!

4-हथेली की रेखाओं, हथेली और बुरजों पर ग्रहों की ठहराई हुई निशनियों के अनुसार बनी हुई कुण्डली को खानों की कुण्डली कहा जाएगा और इसमें कोई राशि नहीं होगी सिर्फ खाना नंबर-1,2,3,4...........से 11,12 तक याददाश्त के लिए लिया जाएगा! इस खानों की कुण्डली में हथेली पर निशानी के असूल से सूरज और बुध आमने-सामने के घरों मे हो सकते हैं और राहू और केतू इकट्ठे या साथ लगते हुए घरों/खानों में!

आगाज़

हाथ रेखा को समन्दर गिनते, नजूम फ़लक का काम हुआ
इल्म कियाफ़ा ज्योतिष मिलते, "लाल किताब" का नाम हुआ

हस्त रेखा या सामुद्रिक शास्त्र को बहुत बड़ा समन्दर माना है और हथेली पर हर ग्रह की रेखा को दरिया या नदी कहा है जिनका बहाव या रुख अलग-अलग तरफ़ों को है! हथेली पर उभरे हुए हिस्सों को बुर्ज या परबत कहा है और लक्षण विचार (कियाफ़ा) और ग्रहों की चाल व गनना को इकट्ठा पढ़ने और फलादेश करने का नाम ही लाल-किताब है यानि सामुद्रिक शास्त्र, लक्षण विचार और ग्रहों की स्तिथी इस विद्या में एक दूसरे के पूरक है! हस्त रेखा व ज्योतिष को इकट्ठा जांच कर या फिर दोनों में से किसी एक के द्वारा एक संयुक्त विषय ही इल्म सामुद्रिक है, जिसकी सहायता से खुद के अस्तित्व (हस्ती) को अपने कर्मों से बरबाद (नेस्ती) या नेस्ती को हस्ती में बदल लेना एक भेद है जो इस इल्म के द्वारा खुलता है और इसी रूहबुत के झगड़े इन्सानी व खुदाई राज़ का आपसी ताल्लुक है!

लाल किताब के फरमान

लाल किताब फ़रमावे यूं-अक्ल लेख से लड़ती क्यों

लेख, क़िस्मत यानि बृहस्पति और अक्ल या दिमाग की स्तिथी यानि बुध! आकाश बुध है लेकिन उसमें चलने वाली हवा बृहस्पति, दोनों ग्रह साथ होकर भी एक दूसरे के साथ दुश्मनी का सव्भाव रखते हैं और अक्ल नें क़िस्मत को हराने की कोशिश की और क़िस्मत नें अक्ल को यानि अक्ल अपनी जगह पर काम आ सकती है और क़िस्मत अपनी जगह पर दोनों ही का झगड़ा बे-मायने है! आकाश (बुध) और हवा (बृहस्पति) को गांठ लगा कर बांध लेने वाली चीज़ को बच्चा गिना तो बच्चे की हर गांठ से नौ ग्रहों की मिलाई हुई चमक इन्सानी क़िस्मत का खज़ाना हुई और इन गांठों से गाँठा हुआ सामुद्रिक का इल्म ज्ञान सब भेदों को खोलने वाला शस्त्र हुआ!

जबकि

न गिला तदबीर अपनी, न ही ख़ुद तहरीर हो
सबसे उतम लेख गैबी, माथे की तकदीर हो

इस जहान में पैदा हुआ हर जानदार अपनी क़िस्मत को ख़ुद संवारने की कोशिश में लगा रहता है और इसके लिए हर किस्म की हेरा-फेरी व उल्टे-सीधे कामों का सहारा लेता है लेकिन इसका आखिरी नतीजा शून्य होने पर मायूस हुआ करता है जबकि भाग्य से ज़्यादा और समय से पहले कुछ हासिल नहीं हुआ करता इसलिए भाग्य में लिखा (लेख गैबी) व परमात्मा के लिखे पर विश्वास होना बहुत ज़रूरी है! जब बृहस्पति राहू के साथ ऊपर हुआ तो गैबी ताक़त का मालिक गिना गया और जब नीचे की तरफ को हुआ तो बृहस्पति गृहस्ती गुरु हुआ यानि आसमान (राहू) इस जहान और उस जहान का दरवाज़ा है!

न ज़रूरी नफ़्स ताक़त, न ही अंग दरकार हो
लेख चमके जब फकीरी, राजा आ दरबार हो

नफ़्स का मतलब दम यानि न तो शारीरिक ताक़त किसी काम की है और न ही जद्द-ओ-जहद बल्कि कुदरत के लिखे अनुसार जब ग्रह अपनी नेक गर्दिश में हों तो आम इन्सान भी राजा या राजा की तरह से होगा, इसी ताल्लुक में नीचे लिखी पंक्तियों पर गौर करें :

नाज़ों के पले काँटों पे चले, ऐसा भी जहाँ में होता है
तकदीर के ज़ालिम हाथों से, दिल खून के आँसू रोता है

अध्याय नंबर-1

CAPRICORN
AQUARIUS
PISCES
AIRES
TAURUS
GEMINI
CANCER
LEO
VIRGO
LIBRA
SCORPIO
SAGITTARIUS

फ़रमान नंबर-1

कुदरत से क़िस्मत किस तरह आई

हुक्म बिधाता जनम मिले तो,	लेख ज्योतिष बतलाता है
लाल किताब बच्चा ग्रहचाली,	क़िस्मत साथ ले आता है
इस बच्चे की नन्ही मुट्ठी में,	पकड़ा देव आकाश का है
भरा खज़ाना जिसके अन्दर,	निधि सिद्धि की माला है
नौ निधि को ग्रह 9 माना,	सिद्धि 12 राशि हैं
9 जरब जब 12 देते,	होती माला पूरी है
राहू केतू पाप गिने जो,	ग्रह सब ही को घुमाते हैं
गुरु अकेला दो को चलावे,	घूमते पर वह बुध में हैं
सात हो या माला चौरासी,	पाप फ़र्क 2 ही का है
ऊपर नीचे जगत के अन्दर,	झगड़ा इन दो ही का है
पाप अगर सब दुनिया छोड़े,	सात ग्रह बच जाता है
राशि बारह में सात ग्रह से,	नरक चौरासी कटता है

बच्चा यानि बुलन्द आसमान की आखिरी हद और पाताल की गहरी तह से घिरे हुए दरमियानी खाली खुलाओ या आकाश में गैबी और ज़ाहिरा हवा के दोनों जहानों में आने जाने के कुल रास्तों को जनम मरण की गाँठ लगा देने वाली चीज़ ग्रहचाली बच्चा कहलाई! इस बन्द मुट्ठी में ही जीवन मरण का राज़, पाप-पुण्य, अच्छाई-भलाई का भेद है, नौ तरह के धन की परिभाषा है और 12 राशियों में ज्ञान की परिभाषा और इस ज्ञान रूपी धन अच्छाई या बुराई से इस्तेमाल ही जीवन का सार है! राहू ने अगर इन्सान को खोपड़ी से पकड़ा और अपने रूप अनुसार विचार भर दिये तो केतू जो इन्सान के पैर है बदी की राह पर ले चला, यहाँ गौर करने के काबिल शब्द **"पाप अगर सब दुनिया छोड़े"** हैं यानि राहू/केतू ने दुनिया को नहीं त्यागना बल्कि इन्सान को बदी को त्यागना होगा तो फिर बार-बार जनम का झंझट ख़त्म होता है **"नरक चौरासी कटता है"**

आसमान के ऊपरी हिस्से से पाताल की तह तक के खाली हिस्से या खाली खुलाओ को आकाश का नाम दिया जिसमें गैबी (उस जहान) और ज़ाहिरा (दुनियावी) हवा के दोनों जहान में आने जाने के कुल रास्तों को जनम व मरण

की गांठ या चक्कर में बांधने वाली चीज़ ही ग्रह चाली बच्चा कहलाई! इस जहान की ताक़त व उस जहान की ताक़त बृहस्पति की दोनों अवस्थाएँ हैं! और बृहस्पति ही हवा है जो नेक व राहू के प्रभाव से बाहर होने पर उस जहान का मालिक होगा यानि व्यक्ति सांसरिक होते हुए भी अध्यात्मिक गुणों से भरपूर होगा लेकिन राहू के प्रभाव में आने से बृहस्पति इस जहान का मालिक होगा जो गृहस्त में फंसे हुए साधू की तरह से होगा!

बच्चा पैदा होने के वक़्त अपनी मुट्ठी खूब ज़ोर से बन्द किए रहता जैसे वो साथ लाए हुए भेद या खजाने को आम लोगों पर ज़ाहिर न करना चाहता हो! ज्यों-ज्यों समय बीतता चला जाता है उस बच्चे की मुट्ठी खुलने लगती है और इस मुट्ठी में हाथ की हथेली और उँगलियों का हिस्सा अलग-अलग नज़र आने लगता है! हथेली एक बड़े मैदान की तरह से नज़र आई और इस हथेली पर कुच्छ हिस्से उभरे हुए तो कुच्छ दबे हुए नज़र आने लगे इसके साथ ही कई तरह की लकीरें भी नज़र आने लगीं! हथेली के कुल हिस्से को बर्रेआज़म या ब्रह्माण्ड कहा गया! उभर लिए हुए हिस्सों को बुर्ज या परबत का नाम मिला तो इधर-उधर दौड़ती हुई लकीरों या रेखाओं को दरिया कहा गया, इन लकीरों में से किसी को उम्र रेखा, क़िस्मत रेखा, दिल रेखा आदि के नामों से जाना गया! हथेली, परबत और लकीरों के मिलने से एक समन्दर बना जिसके कारण इस इल्म (विद्या) का नाम "सामुद्रिक या समन्दर की विद्या" माना गया!

हस्त रेखा व ज्योतिष की बुनियादी चीजों के ठहराए हुए मैदानों में हर इन्सान की क़िस्मत के मैदान का फैसला कर एक छाया (अक्स) यानि ग्रह के प्रभाव से असल चीज़ की जानकारी या ऐसा कहें कि असल से नक़ल व नक़ल से असल कर के किसी भी बात या घटना का पूरा पता चल सकता है! सफ़ेद कागज़ (बुध) पर फिटकरी (बुध) से लिखा हुआ न तो चंदर की रोशनी में पढ़ा जा सकता है और न ही पानी डालने से लेकिन जब इस बुध के लिखे हुए को सूरज की गर्मी/आग मिली तो दिखाई न देने वाले सफ़ेद लफ़्ज़ खुद-ब-खुद स्याह हो गए या दिखाई देने लगे, हू-ब-हू इसी तरह राहू व केतू (मसनुई शुकर) दिखाई नहीं दिया करते लेकिन बुध के दायरे में घूमते-घूमते सूरज व चंदर के रास्ते में अपने आप पैदा हो जाया करते हैं!

बच्चा पैदा हुआ तो बन्द हवा (बुध के दायरे में) से इस ज़माने की हवा में! यह ज़माना वो है जब बच्चे का जिस्म पोला और तबीयत भोली-भाली है! अभी सातों ग्रेहों का असर सम्पूर्ण (मुकमल) नहीं हुआ और लोक परलोक के मुश्तरका ख्यालात उसमें पैदा हो रहे हैं! कुछ बड़ा होने पर गुरु से शिक्षा (तालीम) प्राप्त की तो उस ज़माने की हवा का असर ख़त्म हुआ और इस ज़माने की हवा का असर सोलह आने (पुराने ज़माने की कहावत सोलह आने यानि शत-प्रतिशत) होने लगा, और बच्चा धरम-करम करना सीखा और उसमें इज़्ज़त व बेइज़्ज़ती में फ़र्क करना आया तो उम्र का वो ज़माना शुरू हुआ जिसमें रूहानी शक्तियाँ व हालात पैदा हुए! पट्ठे अब जो बढ़ने थे बढ़ चुके अर्थात (गोया) बृहस्पति की उम्र शुरू हुई 16 साल से तो इल्मो-हुनर के बाद (यानि अपनी शिक्षा पूरी करने के बाद) राज़दरबार से ख़ुद अपने हाथों कमाई करना शुरू किया तो उम्र हुई 22 साल, अपनी ख़ुद की कमाई से माता की सेवा में लग गया तो चंदर का ज़माना आया और उम्र हुई 24 साल, ख़ुद का परिवार यानि गृहस्त आश्रम और औलाद की बरकत का एहद (ज़िम्मेदारी) हुआ तो उम्र हुई 25 साल!

खाना-पीना, भाई-बंधुओं की सेवा जंगों-जदल, बीमारी व जिस्मानी दुख का वक़्त मंगल (नेक व बद) गिना गया तो उम्र हुई 28 साल, बुद्धि के काम, तिजारत (व्योपर), हुनर-दस्तकारी, दिमागी लियाकतें आदि से धन-दौलत कमाने लगा और उम्र हुई 34 साल, सन्यास या मकान जायदाद, आँख की चालाकी से धन-दौलत कमाना शुरू किया तो सनीचर का राज़ आया और उम्र हुई 36 साल, दुनिया के अंदेशों (बे-वजह) की फ़र्ज़ी सोच विचार और ख्यालात की नक्ल व हरकत ज़ोर पर होनी शुरू हुई तो उम्र हुई 42 साल, अपने आप से दुनिया का मुअम्मा (पहेली) हल न हुआ तो इधर-उधर की सलाह-मशविरा के लिए पांवो की हरकत शुरू हुई यानि बच्चा दौड़ने लगा तो केतू का ज़माना उभरा और उम्र हो गई 48 साल तो दुनिया का चक्कर लगा कर चारों खूंट (बन्द मुट्ठी के खाने-केन्द्र) में आ रौशन हुआ (हर ग्रह के साथ उम्र के सालों का मतलब होगा ग्रेहों के अपने असर के शुरू होने का समय)!

जब आकाश या खाली जगह में बृहस्पति (हवा) का असर हुआ या ज़माने की हवा में इन्सान घूमने फिरने लगा तो उस में हिलने-जुलने की ताक़त पैदा

हुई और इसी हरकत या हिलने-जुलने से गर्मी-आग या दुनिया में सूरज निकाल आया! निकलते सूरज का रंग सुर्ख देखा गया जोकि मंगल का रंग है और यह नज़ारा दिन के नाम से जाना गया! सूरज जैसे-जैसे आकाश में ऊंचा होता चला गया लाली घटती चली गयी और हवा का रुख सूरज की तरफ को हुआ यानि जिधर सूरज होगा उधर ही ज़माने की हवा का रुख हुआ करता है यानि जिसका सूरज बुलन्द होगा ज़माना की मदद (शान-ओ-शौकत) उस व्यक्ति के पाँव पकड़ती होगी और उसमें मंगल की लाली शामिल होकर उसकी शान को दोगुना करती होगी अर्थात यह बृहस्पति सूरज व मंगल का मिला जुला असर है जो हरेक व्यक्ति ज़माने में नाम और इज़्ज़त बख़्शता है! सूरज के सामने चंदर एक भिकारी होगा जिसको सूरज की रौशनी चाहिए या सूरज से रोशनी लेकर ही चंदर चमक सकता है! बृहस्पति अगर सब ग्रेहों का पिता हुआ तो सूरज दुनिया का पिता है! बुध की अक्ल का गोल दायरा भी सूरज का अपना आकार है! यानि सूरज निकला तो बृहस्पति, मंगल, चंदर और बुध सबके सब एक तरफ हो गए और शुकर-राहू व सूरज का लड़का सनीचर-केतू को साथ लिए दूसरी तरफ हो गए! सूरज अपनी गोलाई के सबब से हरदम आगे को चलता मालूम आया है और किसी नें उसको मुड़ते नहीं देखा न ही रास्ता बदला और न ही पीछे हटा! मंगल दोस्त की लाली सूरज के आकाश में ऊंचा उठने के साथ-साथ सफेदी में बदलती गयी और सूरज में चमक आई जिससे वो दुनिया को रोशन करने लगा यानि मंगल अब सूरज और दुनिया की ज़मीन शुकर के मध्य में तनी हुई हालत में होगा! दुनिया के दिल या इंसानी दिल चंदर नें अपने अलग से खिचड़ी पकानी शुरू कर दी और अपना घोड़ा (चंदर दिल भी, घोड़ा भी और सफ़ेद रंग भी है) सूरज के रथ में जोड़ दिया और ख़ुद सूरज के दिल में जा बैठा या इन्सानी दिल अब सूरज के जिस्म में बैठा हुआ है! बृहस्पति की हवा नें परलोक से इस दुनिया का

रुख किया और निकलते ही सूरज के हुक्म को पूरा करने के लिए पीले रंग के हवाई शेर को सिंह राशि के मालिक सूरज को प्रणाम करने को भेजा जो खुद मंगल की मेख राशि को ऊंच करता है! मंगल इस सूरज के शेर को खूनी लाल रंग देता है जो सूरज की किरणों की शक्ल में धरती की तरफ को आता

है लेकिन धरती जोकि शुकर है अबला और एक आँख वाली कानी औरत पर हमला नहीं करता बल्कि बृहस्पति और सूरज रूपी शेरों को इस अबला और कमजोर औरत की हैसियत बतलाता है! मंगल नयायधीश (आदिल) है और नयाय का मालिक! बृहस्पति हवाई शेर रहीम यानि रहम का देवता जो किसी से दुश्मनी नहीं करता! सूरज मुनसिफ़ (उच्च पदअधिकारी राजा की तरह) है जिसमें रहम (बृहस्पति) और नयाय (मंगल) दोनों ही शामिल हैं! क्योंकि सूरज के ज़ाहिरा (दिखाई देने वाले) गुस्से के अंदरूनी वजूद में शान्ति (चंदर) वाला दिल भी है जो यह सब हालत देख रहा है और फैसला हुआ कि पाँव (ज़मीन) पड़ी मासूम औरत पर मर्दों का हाथ उठाना (मंगल का काम) और हमला करना शेरों (सूरज व बृहस्पति) की बहादुरी नहीं! बुध चुप-चाप यह सब देखता हुआ अपनी अक्ल का दायरा खुला (वसीअ/वसीह) करता है और मिथुन राशि पैदा हो जाती है या मेख एक(1) मंगल व सूरज के साथ होने पर मिथुन या मैथुन (3) या मर्द व औरत का जोड़ा व बाहरी अक्ल में कामदेव की ताकत साथ मिल बैठी!

बुध अब शुकर को अपने घर में पालने लगा! दूसरी तरफ सनीचर जिसने, शुकर या औरत या ज़मीन को देखने के लिए अपनी एक आँख दे रखी थी, शुकर को समझाता है कि मेरे होते हुए आँख की नज़र एक मामूली करशिमा है और इसी सनीचर नें अपने बाप सूरज के खिलाफ भी शुकर को सलाह दी और औरत सनीचर के फरेब में आ गई! आँख बेशक सनीचर की है लेकिन मिट्टी शुकर की जो गऊ व बैल के रूप में भोली-भाली नज़र आई लेकिन इस आँख की चालाकी नें जोकि सनीचर की करामात है, नें सूरज व बृहस्पति के शेरों को नीचा कर दिया और नीच फल पैदा हुआ और शुकर की इस चालाकी से दुनिया में व्यभचार पैदा हुआ! जब मंगल □ के पेट पर ईर्ष्या के कारण छुरियाँ चलने लगीं तो वही मंगल बद हुआ और राहू ▦ बन गया और दिमाग में नकल-ओ-हरकत हो रही है लेकिन मंगल के होते राहू की पेश नहीं चलती लेकिन दिल ही दिल में बदले के लिए तड़पता रहा और जब मंगल नें मंगलीक की सूरत ली तो मर्द की कुंडली में औरत और औरत की कुंडली में मर्द की मौत का कारण हुआ! कामदेव के कारण सूरज की किरणों में कमी आई तो मंगल की सलाह पर फिर ज़मीन पर वापिस आयीं लेकिन किसी को मार देने के लिए

नहीं बल्कि सबको रोशनी देने के लिए लेकिन अब ज़मीन कैसे चमक सकती थी और सभी ग्रेहों को सनीचर की शैतानी का पता चला! अब बृहस्पति की हवा हुक्म बजा ला रही है, मंगल अपने सव्भाविक नियम अनुसार गर्मी नहीं छोड़ सकता इसलिए वह सूरज के हुक्म पर अपनी किरणों को इधर-उधर छोड़ रहा है लेकिन मिट्टी (शुकर) का किरणें कुछ नहीं बिगाड़ सकतीं, बृहस्पति की हवा नें ज़ोर पकड़ा तो मिट्टी के कण इधर-उधर उड़ने लगे और शुकर के झगड़े के कारण सबकी आंखो में पड़ने लगे और यही कण या ज़र्रे दुनियादारी के झगड़े हैं और इन झगड़ों से वही बच पाया जिसने सनीचर की आँख से आँख (शुकर को दी हुई) नहीं मिलाई! मिट्टी इन ज़र्रों के कारण हवा भी खराब हुई और गर्मी बढ़ने लगी और मैदान गर्म हुए लेकिन ऊंचे-ऊंचे पहाड़ ठंडे रहे और दुनिया में गर्मी और सर्दी दो हिस्से हुए! औरत की मुस्कराहट नें दुनिया को झगड़ों का और लड़ाई का मैदान बना डाला और सुख दुख की नदियां (रेखाएँ) हाथ पर दिखाई देने लगी या बहने लगीं! मंगल नें नज़ारा दिखाया तो चंदर नें नज़ारा देखा लेकिन रेखाओं के समंदर (चंदर का दूसरा नाम) नें शांति न छोड़ी लेकिन गर्मी के पानी भी धीरे-धीरे गर्म होने लगा लेकिन खुश्की का तमाम ब्रह्मांड (या शुकर की कुल ज़मीन जोकि हथेली पर एक बड़े मैदा यानि बर्रेआज़म के नाम से जाना गया) सूरज की गर्मी से इस कदर तंग हुआ कि सारे का सारा उठ कर दौड़ता हुआ दिखाई देने लगा यानि बृहस्पति की साफ हवा एक गर्द-ओ-गुबार में बदल गई और इस गुबार नें सूरज की तपिश को मध्म किया (यही चंदर ग्रहण के समय सूरज का मध्म होना है) लेकिन सूरज का रथ रुकने की बजाए चलता ही रहा, सबने अपना आप खराब किया लेकिन सूरज का कुच्छ नहीं बिगाड़ सके इसीलिए सूरज के अपने अर्से (या उम्र में) शुकर का फल नीच या खराब हुआ करता है!

आहिस्ता-आहिस्ता सूरज का रथ छिपने लगा और सनीचर की काली रात का पहरा होने लगा, किरणें ख़त्म हुईं तो मंगल भी चला गया और मंगल की गैरहाज़री में राहू भी आ निकला! अब सूरज की चमक बृहस्पति की ठंडक के साथ चंदर के रूप में दिखाई देने लगी, तपिश ख़त्म हुई और ज़मीन को भी शांति मिली और समंदर नें भी अपने अंदर समाई हुई गर्मी को दर-ब-दर कर दिया!

राहू नें रात ख़त्म की तो फिर से ठंडी हवा चलने लगी और रात के बाद दिन होने से पहले केतू निकल आया जैसे दिन ख़त्म होते ही रात शुरू होने पहले केतू था और इसके साथ ही नए सूरज की आस भी जागने लगी! राहू हफ़्ते (सप्ताह) का आखिर और केतू हफ़्ते का आगाज इसी कारण दोनों एक दूसरे से सातवें हुए और केतू के बाद फिर से दुबारा ग्रहों का वही दौर शुरू हुआ!

राशि मण्डल में ग्रह चाली बच्चे को ज्यों-ज्यों हवा लगने (यानि ज़माने की सांसारिक हवा) लगी बुद्धि या अक्ल आने लगी और ज़र्द (पीला) से सब्ज़ (हरा) रंग होने लगा यानि बृहस्पति की मदद कम होती चली गई और बुध के सब्ज़ रंग से मिली हुई अक्ल से इन्सान धन-दौलत कमाने की धुन में दिन-रात मारे-मारे फिरना सीखता है क्योंकि बुध ग्रह बृहस्पति ग्रह से दुश्मनी करता है! माँ कहती है कि बच्चा बड़ा हो रहा है लेकिन असल में बृहस्पति की उम्र कम होती चली जाती है! पैदाइश के समय बृहस्पति पूरी उम्र का हुआ करता है, हर तरह से नेक व साफ! ज़माने की हवा के कारण कई रंग बनने लगे! ज़र्द (पीले) से सब्ज़ (हरा) हुआ तो राहू (नीला रंग) कारण हुआ यानि दिमाग में नक्ल-ओ-हरकत पैदा हो गई और नेकी (बृहस्पति) के साथ बदी (राहू) का बीज आ मिला और हर तरह की उलझनें व फिक्र-ओ-गम आ खड़े हुए! राहू व बृहस्पति बराबर के ग्रह हैं और आपस में दुश्मन नहीं हुआ करते, दोनों के मिलाप (पीला व नीला) से सब्ज़ रंग यानि बुध आ निकला और ज़र्द बिलकुल ही जाता रहा, अगर मानें तो अक्ल पूरी हुई और ज़माने की हवा का एतबार ही उठ गया "हीले रिज़क बहाने मौत" का मसला (समस्या या मुआमला) खड़ा हो गया! यानि फ़रिश्ते का नवीश्ता या कुदरत के लिखे को भुला बैठा, इतना ही नहीं जब इस बुध या बुद्धि की अक्ल का गोल दायरा बृहस्पति के बुर्ज पर तो बृहस्पति की हवा का ऐसा चक्कर बन्धा कि उसको निकलने या बचने के लिए सिर्फ वही खाली आकाश ही बाकी रह गया! क़िस्मत की हवा के बाओ-बागोले (बगूले) बनने लगे और आकाश की तरफ उठने लगे, मुख्तसरन (संक्षेप) अब क़िस्मत का एतबार न रहा!

बहरहाल सूरज आसमान पर नज़र से गायब हुआ और रात आई, आग (सूरज की गर्मी) बुझने लगी और सर्दी भरने लगी! घबराहट ख़तम होने लगी और शान्ति महसूस होने लगी यानि चंदर (शान्ति) का ज़माना आन निकला! दिन के थके-

हारे होते हुए भी सोने लगे तो कई तरह की खराबियाँ नींद में खलल (रुकावट) पैदा होने लगीं! जिसके पर्दे में हवा (बृहस्पति) से आग (सूरज) हुई और आग व हवा से पानी (चंदर), पानी से मिट्टी (शुकर) बनी और बच्चा ज़माने की हवा से गर्मी व सर्दी महसूस करने लगा और माता-पिता के साया में आराम करने लगा और वही बन्द मुट्ठी की हवा बच्चे को सांस लेने में काम आई, इसी लिए माना जाता है कि हर सांस के आने और जाने में इन्सान की क़िस्मत का सम्बंध हुआ करता है! जिसकी वजह से कोई बुद्धिमान यानि बुध यह दावा नहीं कर सकता कि अगर एक सांस बाहर निकला है तो दूसरा अन्दर ज़रूर आयेगा लेकिन हरदम यही ख़्वाहिश करता है कि अगर एक सांस बाहर निकला है तो दूसरा मेरे अन्दर आ ही जाए (यही क़िस्मत की हेरा फेरी की बुनियाद है) यानि अगर दायें ने क़िस्मत को हार दी है तो बायां ही मदद करे और यही दायाँ-बायां करते रात-दिन यानि 24 घण्टे में 12 राशियाँ को 7 ग्रेहों से जरब देने से 84 लाख सांस पूरे कर लेता है और इस दुनिया की नरक चौरासी या 12 राशियों में सातों ग्रेहों की जरब (चोट, असर नेक या मंदा) सहता चला जाता है! अगर यह सांस/हवा रूपी बृहस्पति न हो तो सब चौरासी ख़तम हो क्योंकि बृहस्पति बुध मुश्तरका ग्रेहों में से बृहस्पति के उड़ जाने से बुध का गोल अंडा या सिफ़र (O) खाली खुलाओ ही रह जाएगा जो दुनियावी ख्याल में अंडे से बृहस्पति की ज़र्दी के बिना खाली खोल या ढांचा सिर या बच्चे के ऊपर की झिल्ली (ज़ेर) होगी जो बृहस्पति व राहू के दरमियान (मध्य) में हद बन्दी करने वाली चीज़ आसमान की बुनियाद उफ़ुक (क्षितिज) या निगाह की हद (जहां तक दिखाई दे) कहलाएगी! जिसकी जांच पड़ताल इल्म सामुद्रिक से होगी!

फ़रमान नंबर-2

उस की क़ुदरत का हुक्मनामा कहां पाया

अक्स गैबी ज़ाहिर पहले,	था सितारों पर हुआ
नक़्श जिसका पीछे दुनिया,	के दिमागों आ हुआ
दिमागी ख़ानों का असर तब,	हाथ की रेखा हुआ
चाँद सूरज फ़लकी दुनिया,	से जहान दो बन गया
इल्म ज्योतिष इस तरह पर,	जब सितारों से हुआ
सीधी टेढ़ी हाथ रेखा,	से कियाफ़ा चल पढ़ा
दिमाग दायाँ/बायाँ हाथ बाएँ/दाएँ,	पर चमक दे चुका
हुक्मनामा उसकी क़ुदरत/अपनी क़िस्मत,	मुट्ठी बन्द इन्सान था

सूरज का उदय होना और बच्चे का माता के पेट से बाहर आना दोनों ही इस इल्म का ज़रूरी अंग है क्योंकि माता के पेट में बच्चा सिर्फ मसनुई सूरज होता है जिसमें बाकी ग्रहों की चीज़ें सिर्फ़ माता के शरीर से नाढ़ू (umbilical cord) के ज़रिए जाती हैं! इसलिए सितारों का नक़्शा या तस्वीर इन्सान के दिमागी ख़ानों पर बनती है, उसके बाद रेखाओं के रूप में हथेली पर और उन्हीं सितारों को ज्योतिष के रूप में कुण्डली में रखा जाता है! लाल किताब में दो जहान का ज़िक्र बार-बार आता है और उसके लिए यह शब्द **"चाँद सूरज फ़लकी दुनिया, से जहान दो बन गया"** गौर से देखें यानि 24 घण्टे के दिन (सूरज) और रात (चंदर) ही दो जहान हैं! लाल किताब गैबी ताकत का ज़िक्र बार-बार कर रही है! दर असल यह वो ताकत है जो दूसरे जहान में दैविक शक्ति के रूप में हर पल मोजूद रहती है और इस ताकत का प्रभाव सबसे पहले इस ब्रह्माण्ड में सितारों यानि नौ ग्रह जो ज्योतिष के दायरे में आते हैं उन पर ज़ाहिर हुआ और उस ताकत का असर इन्सानी जिस्म पर सबसे पहले दिमाग पर हुआ! यहाँ पर यह बात स्पष्ट करनी ज़रूरी होगी कि ग्रंथकार नें दिमाग को 42 हिस्सों में बांटा है और उन हिस्सों में ग्रेहों का अपना-अपना प्रभाव रहता है और वही दिमाग के खानों का ग्रहों के साथ सम्बंध हुआ करता है! दिमागी खानों का असर उसी शक्ल या प्रतिरूप में हथेली की रेखाओं पर आया! चंदर और सूरज दो सबसे

महत्वपूर्ण ग्रह हैं और इनकी चाल से ही दो जहान जोकि दिन और रात को कहा है उसका निर्माण हुआ और फिर बाकी के ग्रेहों को साथ लेकर ज्योतिष विध्या शुरू हुई! हथेली पर रेखाओं व बुरजों का होना सब इल्म-ए-कियाफ़ा के नाम से जाना गया! कियाफ़ा असल में लक्षण विचार है जैसे किसी की वाणी में किस ग्रह का अधिक प्रभाव या दूसरे की लिखावट से किस ग्रह का अधिक प्रभावी होना नज़र आता है, इसी तरह हर एक व्यक्ति के चलने का तरीका आदि सब के सब लक्षण के आधीन होंगे! इस चीज़ का महत्व इसलिए ज़्यादा है कि कई बार कुंडली में ग्रह स्तिथी कुछ और बात कह रही होती है लेकिन व्यक्ति की वाणी उसकी पुष्टि नहीं कर रही होती इसलिए इस बात को ध्यान में रखना अति आवश्यक है! दिमाग के खानों को दायाँ हिस्सा और बायाँ हिस्सा कहा है और दिमाग के दायें हिस्से के ग्रह हथेली के बाएँ हाथ पर और बाएँ हिस्से के ग्रह हथेली के हिस्से पर नज़र आया करते हैं यानि दिमाग के खानों की छाप हथेली पर आ गई और जब सितारों का प्रभाव या ज़माना हुआ तो हथेली पर ग्रहों और बुर्जों की स्तिथी के अनुसार सब-का-सब प्रभाव जन्म कुंडली में आ गया, अब हथेली के मैदान के चारों हिस्से कुंडली के चारों हिस्से हुए और चारों उँगलियों की 12 गांठें राशियाँ हुई लेकिन अंगूठा इन सब से अलग रहा जो कि कुल हथेली का मेहवर या धुरा (कीली भी जानी गई) और यही अंगूठा दुनिया के पाप व पुण्य का पैमाना ठहराया गया! कुंडली का खाना नंबर-2 बना और धरम स्थान के नाम से जाना गया!

फ़रमान नंबर-3

ऊंचे फलक का अक्स किधर है

हाथ दायाँ और कुण्डली जनम को, तदबीर मर्द का नाम हुआ
कुण्डली चंदर या हाथ बाएँ से, तकदीर बशर का काम हुआ
उलट हाथों से औरत माना, ग्रहफल राशि आम हुआ
नेक हवा जब चलने लगी, जहान दोनों का नाम हुआ

ग्रंथकार नें ऊँचे फलक और अक्स के माध्यम से समझाया है कि ‘आकाश में ग्रह/सितारों की परछाईं हर जातक पर दिमागी खानों से होकर हथेली व हाथ की तमाम उँगलियों पर ज़ाहिर होती है!

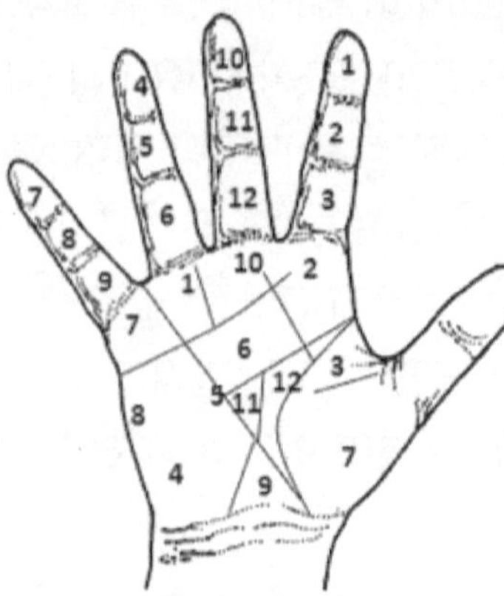

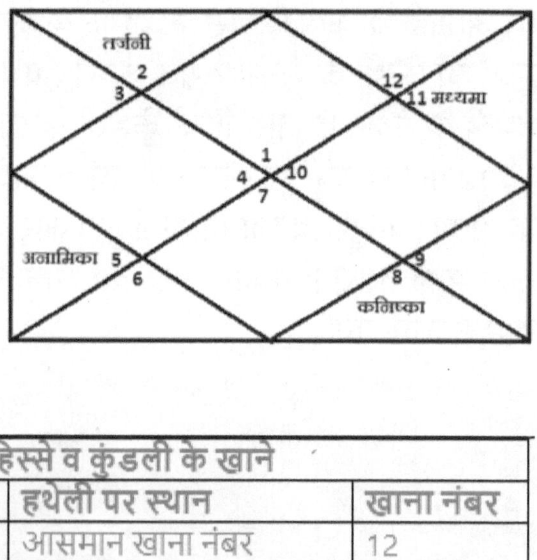

हथेली के हिस्से व कुंडली के खाने			
हथेली पर स्थान	खाना नंबर	हथेली पर स्थान	खाना नंबर
बन्द मुट्ठी	1-4-7-10	आसमान खाना नंबर	12
तर्जनी उंगली	2	पाताल खाना नंबर	6
मध्यमा उंगली	11	तीनों ज़माने खाना नंबर	3
अनामिका उंगली	5	मरकज़ (मध्य) खाना नंबर	9
कनिष्का उंगली	8		

भविष्य खाना-5	भूतकाल खाना-9	दुनिया का अन्दर खाना-11	दुनिया से बाहर खाना-8

साथ लाया हुआ माल	खाना नंबर-1-4-7-10
वालदैनी हाल (बचपन)	खाना नंबर-9-11-12
औलाद, बुढ़ापा	खाना नंबर-2-3-5-6
बीमारी व दुख	खाना नंबर-8

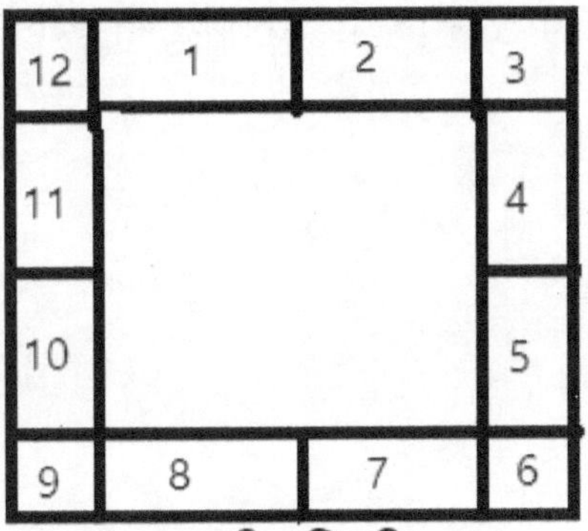

जनम कुण्डली दक्षिणी भारत

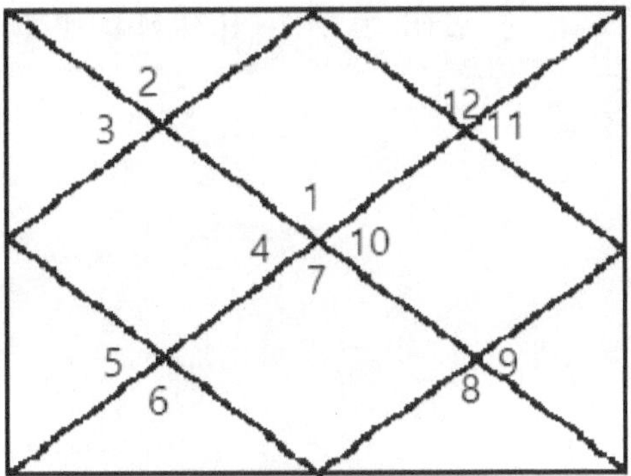

जनम कुण्डली उतरी भारत

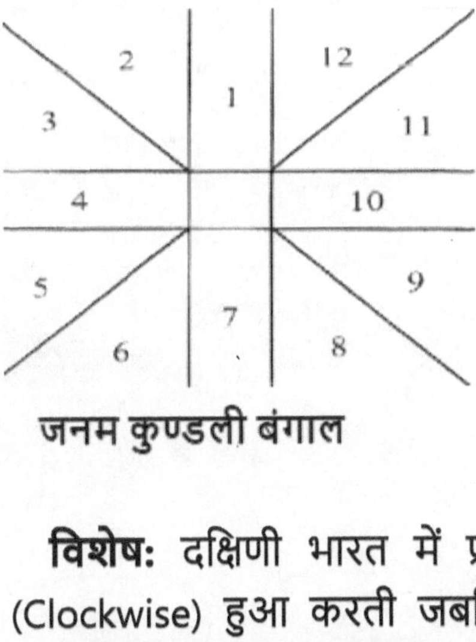

जनम कुण्डली बंगाल

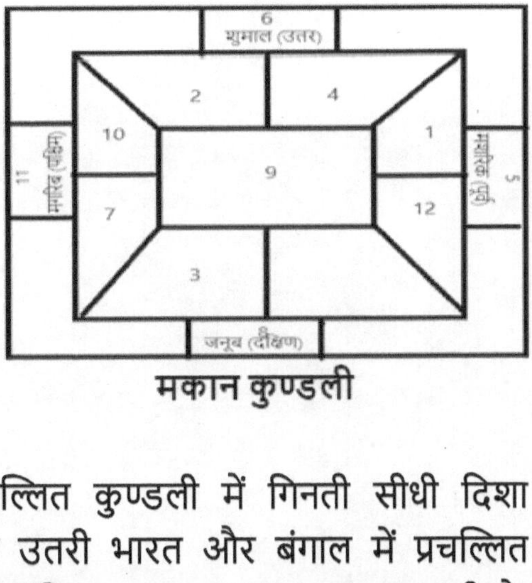

मकान कुण्डली

विशेष: दक्षिणी भारत में प्रचल्लित कुण्डली में गिनती सीधी दिशा (Clockwise) हुआ करती जबकि उतरी भारत और बंगाल में प्रचल्लित कुण्डलियों में गिनती उल्टी दिशा यानि (Anticlockwise) हुआ करती है! मकान कुण्डली का प्रयोग सिर्फ लाल किताब में किया गया है जो अपने आप में विशेष स्थान रखती है!

आम प्रचल्लित ज्योतिष के साथ-साथ लाल-किताब में इल्म-ए-कियाफ़ा यानि शकुन विचार व हस्त-रेखा को बहुत महत्व दिया गया है!

सामुद्रिक शास्त्र के असूल पर कुण्डली बनाने का तरीका बिलकुल अलग है क्योंकि उसमें राशियों को महत्व न देकर खानों की बात की गई और हथेली पर ग्रेहों की पक्के खानों (हदबन्दी के असूल पर) पर ग्रेहों की निशानियों को लेकर बनाई गई कुण्डली ज़्यादा सटीक कही गई है और यह किसी हद तक ठीक भी लगता है, उसी के साथ-साथ मकान कुण्डली के उपयोग का तरीका भी ब्यान किया गया है!

फ़रमान नंबर-4

आलिम को ईल्म में शक क्या है
जनम वक़्त

समा करे नर क्या करे,	समा बड़ा बलवान
असर ग्रह सब पर ही होगा,	परिन्द-पशु-इन्सान

बच्चे का माता के पेट में सिर्फ़ दैविक या दिखाई न देने वाली (गैबी) शक्तियों के बस में हुआ करता है और यह शक्तियों का सम्बंध सिर्फ़ रूहानी ताकतों से हुआ करता है! जनम लेने के पश्चात बच्चे पर दुनियावी शक्तियों का असर होने लगता है और अब इस बच्चे पर दोनों जहान की ताकतों का असर शुरू हुआ! जनम वक़्त की तारीख व समय के हिसाब से ज़िन्दगी के हालात करने के लिया जो ख़ाका या नक्शा तयार हुआ वो ज्योतिष शास्त्रके अनुसार जनम कुंडली के नाम से जाना गया! लेकिन फिर एक प्रशन सामने उठा या ये समझा जाए कि शक हुआ कि एक ही वक़्त पर जुड़वां बच्चों, एक ही घर में एक ही समय में दो भाइयों की पैदाइश (चाचा व ताया के बच्चे), एक राजा और एक फ़कीर के यहाँ एक ही समय में पैदा हुये बच्चे आदि के जीवन में क्या एक जैसा ही असर (अच्छा या बुरा) होगा क्योंकि ग्रह स्तिथी आदि सभी एक ही पाये जाएंगे! लेकिन प्रशन ये भी है कि किसी भी बड़ी आपदा जैसे समन्दर में तूफान आना, किसी जंग का होना, किसी तरह की महामारी का फैलना या ज़हरीली घटनाएँ होना आदि ही इन एक ही समय में जन्मे बच्चों की मौत का कारण होंगे, तो विचार आया कि हस्त रेखा व कियाफा के नियमानुसार हर दो इन्सानों की हथेली की रेखाएँ एक सी नहीं हुआ करती इसलिए इस विषय पर गौर करना चाहिए लेकिन जब 12 साल तक बच्चे की उम्र का एतबार नहीं यानि 12 साल की उम्र तक रेखाओं में तबदीली आ सकती है और 18 साल की उम्र के बाद से बड़ी रेखाओं में कोई तबदीली नहीं हुआ करती लेकिन छोटी शाखाएँ बदल सकती हैं इसलिए यह भी चर्चा का विषय हुआ! इसलिए दोनों ही तरह कोई तसल्ली न हो सकी क्योंकि एक इल्म तो जनम समय की ठीक न जानकारी होने गलत हुआ

तो दूसरा किसी एक के बारे में ही अच्छा या बुरा बता सका और किसी साथी या सम्बन्धी के बारे में कुछ भी न बता सका, इसलिए आखिरी फैसले के नतीजे अनुसार निष्कर्ष ये निकला कि दोनों ही इलमों (ज्योतिष व सामुद्रिक) को इक्ठा करने के बाद हल ये निकला कि बुनियादी असूलों के बिना किसी भी तरह के नतीजे पर पहुँचना मुमकिन नहीं! इसलिए हर तरह के शक को दूर करने के लिए या इसका फायदा उठाने के लिए इस इल्म में व्याकरण (ग्राएमर) फलादेश और योग बन्धन आदि के अलग-अलग हिस्से व नियम निर्धारित किए गए! हर एक हिस्से का अध्यन करने के बाद आखिर में यही मालूम हुआ कि व्यक्ति के अपने हाथों में कुच्छ नहीं बल्कि अच्छा या बुरा फल उस गैबी ताकत के हाथ में है और उसका फलित होना समय के अनुसार निर्धारित है! हर व्यक्ति पर, पशु पर व परिंदों पर ग्रहों का प्रभाव जारी रहा करता है!

अध्याय नंबर-2

CAPRICORN
AQUARIUS
PISCES
AIRES
TAURIUS
GEMINI
CANCER
LEO
VIRGO
LIBRA
SCORPIO
SAGITTARIUS

फ़रमान नंबर-5

तक़दीर पहले या तदबीर

बेटी आई पहले दुनिया, या कि माता पहले हो
जोड़े बच्चे पेट माता, पहले जनमा छोटा हो

तक़दीर (भाग्य) पहले या तदबीर (कोशिश, कोई तरीका), इस बात पर कोई चर्चा नहीं की जानी चाहिए क्योंकि इस किताब नें जब रेखाओं व ग्रहों का ज़िक्र किया है उस वक़्त से एक बात साफ है कि बच्चे का पैदा होना गैबी (दैविक) ताकतों या क़ुदरत का करिश्मा है इसलिए वही क़ुदरत हर एक बच्चे के पैदा होने के साथ ही उसकी क़िस्मत उसके हाथों की लकीरों पर या फिर कुंडली के ग्रहों को उसी क़िस्मत के अनुसार बैठा देती है! तक़दीर या भाग्य पर खुद के पूर्वजन्म के कर्मों के ईलावा बुजुर्गों के कर्मों का असर भी हुआ करता है और 12 साल की उम्र तक बच्चा न तो कोई तदबीर अपनाता है और न ही कोई उपाओ यानि 12 साल तक की उम्र तक उसके साथ होने वाली सभी घटनाओं (अच्छी या बुरी) उसके साथ लायी हुई ग्रह स्तिथी यानि तक़दीर ही निर्धारित किया करती है! जिस माता के पेट में जुड़वां बच्चे हों उन में से पहले जनम लेने वाले बच्चे को छोटा समझ कर फलादेश करना ज़रूरी है! हाथ की उँगलियों हर एक गांठ या 24 घंटे के दिन व रात को 12 हिस्सों में विभाजित करने पर हर एक हिस्सा (हालांकि हर हिस्सा दो घंटे का नहीं हुआ करता लेकीन 12 टुकड़ों में से हर एक टुकड़ा) राशि कहलाता है!

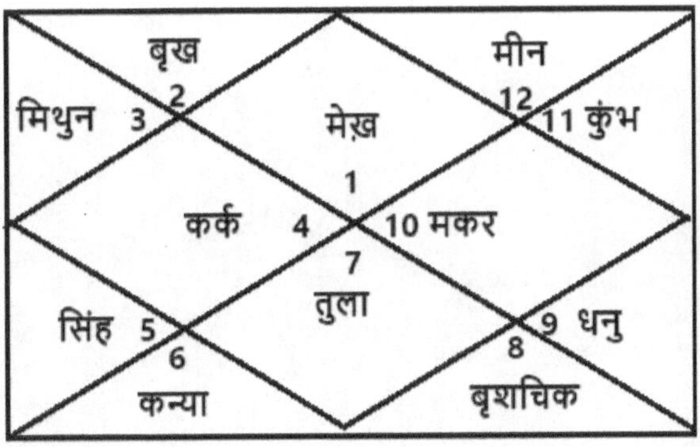

राशि का नाम	राशि नंबर	कियाफ़ा में
मेष	1	♈
वृष	2	♉
मिथुन	3	♊
कर्क	4	♋
सिंह	5	♌
कन्या	6	♍
तुला	7	♎
वृश्चिक	8	♏
धनु	9	♐
मकर	10	♑
कुम्भ	11	♒
मीन	12	♓

राशियाँ गिनती में 12 हैं जिनके नाम और नंबर तय हैं इसलिए कुंडली में किसी भी राशि का नाम बार-बार लिखने की जगह उस ठहराए हुये नंबर को लिख दिया जाता है! प्रचल्लित ज्योतिष में सूरज की चाल के अनुसार लगन में पढ़ने वाला राशि नंबर बदलता रहता है, लेकिन भारत के कुच्छ हिस्सों में राशियों का बदलना दिखाया जाता है! लेकिन फलादेश देखना के लिए लाल किताब में राशियों को हटा (यह एक चर्चा का विषय है) कर खानों का नाम दिया जाता है और यह पक्के तौर पर मुकर्रर है!

मेख़, बृख जब मिले मिथुन से, तर्जनी उँगली गिनते हैं
कर्क, सिंह और कन्या राशि, अनामिका उँगली लेते हैं
तुला, बृशचिक, धनु तीनों की, छोटी कनिष्का होती है
मकर, कुंभ और मीन इकठी, मध्यमा उँगली बनती है

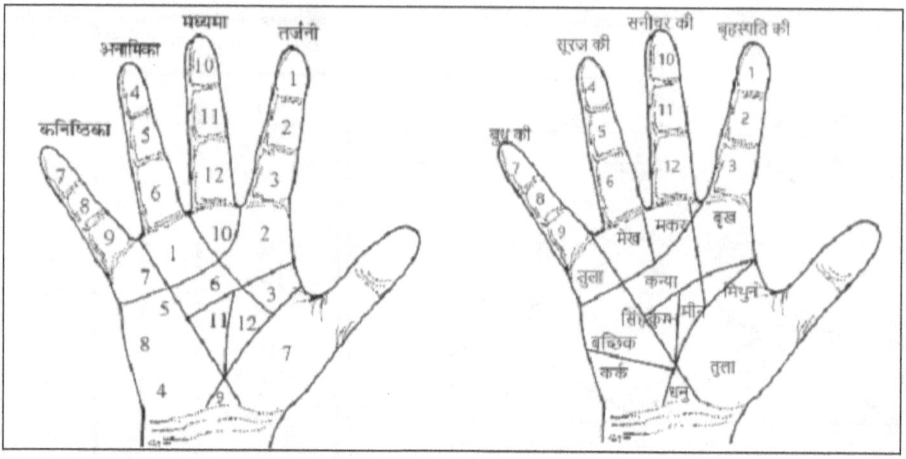

ख़ास: हथेली पर दिखाई हुई रेखाएँ सिर्फ खानों की हदबन्दी, राशियों की हथेली पर जगह व राशियों के नाम समझने के लिए हैं! ज़रूरी नहीं कि सभी रेखाएँ ऐसे ही मिलें!

1-तर्जनी उंगली-बृहस्पति की उंगली हकूमत की उंगली होती है!

2-अनामिका उंगली-सूरज की उंगली ज़ाती कमाई की उंगली होती है!

3-कनिष्का उंगली-बुध की उंगली इल्म-ओ-हुनर से कमाई की उंगली होती है!

4-मध्यमा उंगली-सनीचर की उंगली उदासी या वैराग की उंगली मानी जाती है!

ख़ास: गिनती, चाल और जगह मुकर्रर करने के वक़्त मध्यमा उंगली को सब उँगलियों के आखिर पर लेते हैं, क्योंकि मध्यमा उंगली उदासी, सन्यास, वैराग या दुनिया से अलहदा गिनी है जिसका सम्बंध गृहस्त के बाद होगा!

बुर्जों व राशियों की गलत फ़हमी : बुर्जों को पक्के तौर पर जगह-ब-जगह मुकर्रर कर दिया गया है और इसी तरह से राशियों के लिए हमेशा के वास्ते जगह मुकर्रर है

बुर्जों के लिए रहने की जगह को ग्रह घर कह कर पुकारा है और राशि के लिए मुकर्रर उंगली की पोरी को राशि का घर कहा जाएगा!

जब किसी बुर्ज का ठहराया हुआ निशान किसी दूसरे ग्रह के घर में मिले तो वह ग्रह दूसरे घर में गया हुआ समझा जाएगा! जैसे सूरज का सितारा चंदर के बुर्ज पर मिले तो सूरज को चंदर के घर में आया हुआ गिनेंगे और अगर सूरज का सितारा शुकर के बुर्ज पर मिले तो सूरज को शुकर के घर में समझना चाहिए, ऐसे सूरज व चंदर या सूरज व शुकर का जो असर है उसको देखना चाहिए! इसी तरह हर एक राशि के निशान को लिया जाएगा!

राशियों की कुंडली में पक्की जगह

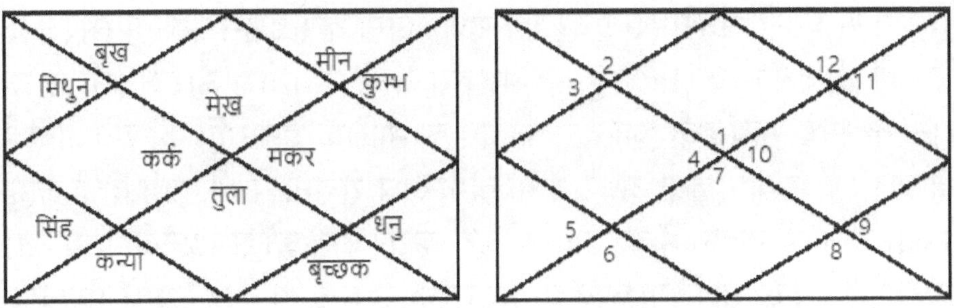

हर ग्रह की ठहराइ हुई रेखा भी खाना नंबर हुआ करती है, जैसे तर्जनी व मध्यमा उंगली के मध्य (दरमियान) कुंडली का खाना नंबर-11 होगा, दिल रेखा खाना नंबर-4, सिर रेखा खाना नंबर-7 होगा! **सनीचर का हेडक्वार्टर :** जहां खाना नंबर-7 (तुला), खाना नंबर-4 (कर्क), खाना नंबर-8 (बृच्छक), खाना नंबर-9 (धनु), खाना नंबर-12 (मीन) और खाना नंबर-11 (कुम्भ), सब-के-सब मिलते हैं या काटते हैं वह बिन्द खाना नंबर-8 यानि सनीचर के हेडक्वार्टर की जगह होगी! इस इल्म में जहां भी कहीं खाना नंबर का ज़िक्र होगा तो समझना चाहिए कि बात कुंडली के खाना नंबर की हो रही है न कि राशि की, जैसे कुंडली का लगन स्थान में खाना नंबर-1 ही लिया जाएगा!

फ़रमान नंबर-6

क़िस्मत की गांठों ही से ग्रह मण्डल बन गया

धरम दया ख़्वाह कोसों ऊँची, ख़्वाह ही सखी लख दाता हो
उलटे वक़्त ख़ुद गाँठ आ लगती, लेख लिखता था बिधाता जो

ग्रह

दुनिया के शुरू होने पर और ब्रह्माण्ड के खाली आकाश में (जो बुध का आकार है) सब से पहले अंधेरा (सनीचर का राज) माना कर इसमें रोशनी (सूरज की किरणों की चमक) का प्रवेश हुआ! अब इस अंधेरे (सनीचर) और रोशनी (सूरज) दोनों के साथ-साथ हवा (जो दोनों जहान के मालिक बृहस्पति की राजधानी है) भी चल रही है यानि हवा अंधेरे में भी होगी और रोशनी में भी, यही दोनों जहान हैं और दोनों ही जहान में बृहस्पति मोजूद रहेगा! बात को समझने के लिए अगर एक शीशे का बक्सा लिया जाए जो हर तरफ से बन्द हो, अब उसमें रोशनी भी जा सकती है और अंधेरा भी लेकिन बृहस्पति की हवा बक्से के बाहर भी होगी जो चलती हुई होगी और बक्से के अंदर भी जो ठहरी हुई होगी, न तो अंदर की हवा बाहर आ सकेगी और न ही बाहर की हवा बक्से में जा सकेगी और हवा को बाहर आने या अंदर जाने से रोकने वाला ग्रह बुध है, यानि बक्से के अंदर की हवा का असर और बक्से के बाहर की हवा का और होगा, यही बृहस्पति की दोनों जहान की हालत है!

यही चक्कर में डाले रखने की दुश्मनी बृहस्पति से बुध की होगी या बुध के खाली आकाश में क़िस्मत को ज़ाहिर करने वाला ग्रह चाली बच्चा बुध की मदद से सूरज और सनीचर को जुदा-जुदा रहने या इकट्ठे ही दम मारने की ताक़त बख़्श देगा यानि सूरज व सनीचर जोकि आपस में दुश्मन ग्रह हैं और संयुक्त नेक नहीं माने जाते लेकिन बुध के साथ होते ही दोनों का झगड़ा ख़त्म हुआ करता है! अब यही बुध बृहस्पति की नेक हवा (जो बक्से के बाहर है) और मंदी हवा (जो बक्से के अंदर रुकी हुई है) यानि बृहस्पति के दोनों जहानों

में गांठ लगा देगा और यही ग्रह हुआ या ऐसा समझा जाए कि अक्ल (बुध) ही सब तरफ गांठें लगा रही है! संक्षेप में यही बात हुई कि अलग-अलग चीजों के/को इकट्ठा होने/करने की हालत का नाम गांठ या ग्रह है और ग्रह शब्द शायद गिरह (गांठ) ही है! ग्रह कुल गिनती में 9 हैं और कुंडली के 12 खानों में घूम जाने की ताक़त के मालिक माने गए हैं! इन्सान ही की तरह इन ग्रहों में आपसी दोस्ती-दुश्मनी, उंच-नीच की हालत और नेक या मंदा असर देने की ताक़त रखते हैं! हर एक ग्रह अपना नेक या मंदा असर ख़ास-ख़ास ठहराइ हुई मियादों पर दिया करता है!

पहली उंगली तर्जनी की तीनों राशियों का इक्ठा लिया हुआ असर ज़िन्दगी का पहला हिस्सा या बृहस्पति का युग या समय (अहद) है जो 25 साल तक गिना है! दूसरी उंगली अनामिका की राशियों से सूरज का ज़माना होगा गृहस्त संबन्धित व ख़ुद की कमाई 25 से 50 साल तक होगा! तीसरी उंगली कनिष्का की तीन राशियों का असर साधूपन या गृहस्तियों के लिए उपदेश का समय अरसा 50 से 75 साल! और चौथी उंगली मध्यमा की तीनों पोरियों का असर बानप्रस्ती 75 से 100 साल तक का होगा!

नंबर	ग्रह	हिन्दी में	अंग्रेज़ी में	ग्रह का रंग	मसनुई ग्रह	ग्रेहों के निशान
1	बृहस्पति	गुरु	Jupiter	ज़र्द	सूरज+शुकर	5 इंद्रियाँ ||| खड़े ख़त
2	सूरज	रवि	Sun	तांबा, गेहुआँ	बुध+शुकर	सितारा शाखाइ
3	चंदर	चंद्रमा	Moon	सफ़ेद(दूध जैसा)	सूरज+बृहस्पति	टेढ़े ख़त
4	शुकर	भृगु	Venus	सफ़ेद(दही जैसा)	राहू+केतू	= − लेटे ख़त
5	मंगल नेक मंगल बद	भौम	Mars	सुर्ख़ खूनी	सूरज+बुध नेक सूरज+शनि बद	□ मंगल नेक ∧< ∧ △ मंगल बद
6	बुध	बुध	Mercury	हरा, सब्ज़	बृहस्पति+राहू	○ दायरा
7	सनीचर	शनि	Saturn	काला	शुकर+बृहस्पति(क) मंगल+बुध (र)	+ नरयुग्म साँप सी रेखा विसर्ग
8	राहू	राहू	Raho	नीला	मंगल+सनीचर(उ) सूरज+सनीचर(न)	जाल
9	केतू	केतू	Ketoo	चितकबरा काला व सफ़ेद	शुकर+सनीचर(उ) चंदर+सनीचर(न)	तीन टांगें चारपाई
कुछ ग्रेहों के आगे कोष्ठक में लिखे शब्द का मतलब: (क) केतू सब्भाव, (र) राहू सब्भाव, (उ) ऊंच, (न) नीच						

सूरज+बुध=मंगलनेक, सूरज+सनीचर=मंगलबद! शुकर+बृहस्पति=सनीचर केतू सव्भाव, मंगल+बुध=सनीचर राहू सव्भाव, मंगल+सनीचर=राहू उंच हालत, सूरज+सनीचर=राहू नीच हालत! शुकर+सनीचर=केतू उंच हालत, चंदर+सनीचर=केतू नीच हालत!

कुंडली में ग्रहों अपनी स्तिथी के ईलावा उनकी मसनुई हालत पर भी ध्यान रखना ज़रूरी है

ग्रहों की व्याख्या के समय ग्रहों को बार-बार दोहराने की बजाए उनसे संबन्धित चीजों का ज़िक्र किया है इसलिए जब किसी ग्रह की किसी वस्तु का किसी विशेष खाना में ज़िक्र आए तो उस वस्तु के कारक ग्रह को उस खाना में समझना चाहिए, जैसे स्त्री, गाय, लक्ष्मी, मिट्टी वगैरा सब-की-सब शुकर की चीज़ें हैं इसलिए किसी खाना विशेष में गाय लिखा हो तो शुकर समझना चाहिए या जब शुकर का ज़िक्र करेंगे तो खाना विशेष में शुकर का प्रभाव कारक चीजों पर होगा! इसी बात को और विस्तार से समझने के लिए नीचे का उधाहरण देखें :

उम्र शनि में पिता पे भारी,	मकान शनि जब बनता हो
चश्मा चंदर हरदम जारी,	ज़मीन चंदर ज़र रखता हो

लाल किताब-1952, सफ़ह-243 के अनुसार जब सनीचर की अपनी उम्र में व्यक्ति मकान (सनीचर की वस्तु) बनवाए तो पिता की उम्र को खतरा हुआ करता है! इस मंदे असर से बचने के लिए चंदर की चीज़ें मकान में ज़मीन के नीचे दबानी चाहिएँ!

राशियों की तरह ग्रहों के लिए कोई पक्का अंक/नंबर नहीं दिया गया, लेकिन ग्रहों की खास किस्में नीचे ब्यान के अनुसार ज़रूर हैं!

गुरु, रवि और मंगल तीनों,	नर ग्रह भी कहलाते हैं
शनि, राहू और केतू तीनों,	पापी ग्रह बन जाते हैं
शुकर लक्ष्मी, चंदर माता,	दोनों स्त्री होते हैं
बुध मुखन्न्स चक्कर सभी का,	जिसमें सब यह घूमते हैं
नेकी बदी दो मंगल भाई,	शहद ज़हर दो मिलते हैं
बद लालच गर दुनिया मारे,	नेक दान को गिनते हैं

राहू और केतू को पाप या पापी ग्रेहों के नाम से जाना जाता है! जब सनीचर को किसी भी तरह राहू या केतू का साथ मिल रहा हो तो सनीचर भी पापी ही गिना जाएगा! वैसे राहू, केतू व सनीचर तीनों ही ग्रेहों का इक्ठा नाम पापी है! नेकी (मंगल नेक यानि शहद) और बदी (मंगल बद यानि ज़हर), **"बद लालच गर दुनिया मारे, नेक दान को गिनते हैं"** अर्थात हर इन्सान बदी (मंगल नीच राहू की तरह) और लालच (मन्दा बुध) को त्याग करे तो हर दान से उतम दान होगा!

कुण्डली व हथेली पर ग्रेहों के पक्के घर व बुर्ज

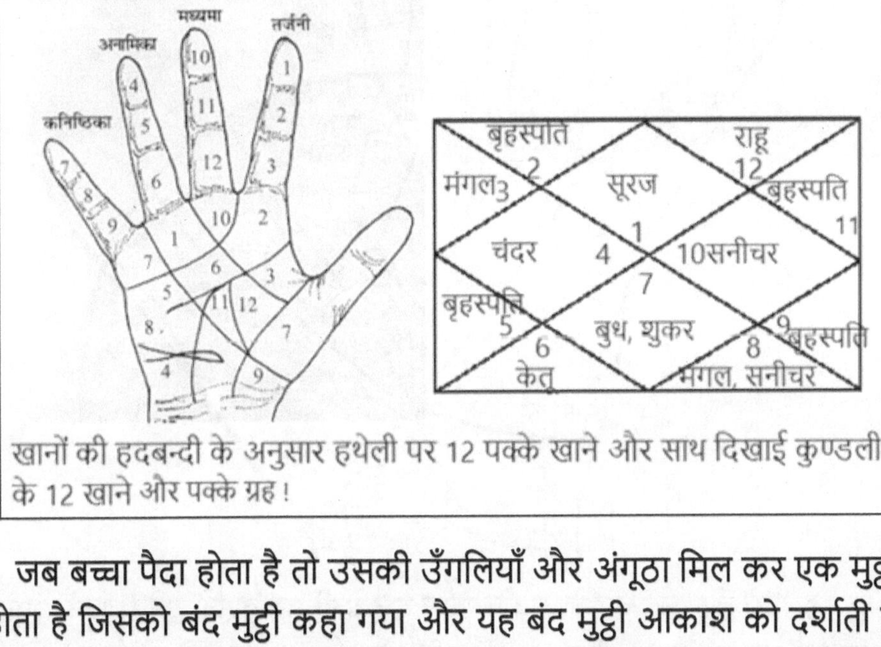

खानों की हदबन्दी के अनुसार हथेली पर 12 पक्के खाने और साथ दिखाई कुण्डली के 12 खाने और पक्के ग्रह !

जब बच्चा पैदा होता है तो उसकी उँगलियाँ और अंगूठा मिल कर एक मुट्ठी होता है जिसको बंद मुट्ठी कहा गया और यह बंद मुट्ठी आकाश को दर्शाती है जिसके अंदर बृहस्पति की हवा है इस हवा को जब सूरज की आग मिली तो पानी यानि चंदर पैदा हुआ और चंदर का यह पानी जब ज़मीन पर गिरा तो मिट्टी यानि शुकर पैदा हुआ! बच्चा बड़ा हुआ तो खाने पीने लगा तो मंगल आ गया उसके बाद अकल और बोलने की ताकत आई तो बुध आ गया, ज्यों ज्यों बच्चा बड़ा हुआ सनीचर के देखना दिखाना, राहू की रहनुमाइ व कल्पना-कलपाना और उसके बाद केतू का चलना फिरना आदि! हर एक ग्रह को कुण्डली के

खानों में ग्रह के पक्के घर के नाम से पुकारा गया है इस बात का रशिपति से कोई ताल्लुक नहीं। इस तरह से हथेली पर भी ग्रहों के पक्के घर व उनके बुर्ज (परबत) दिये गए हैं!

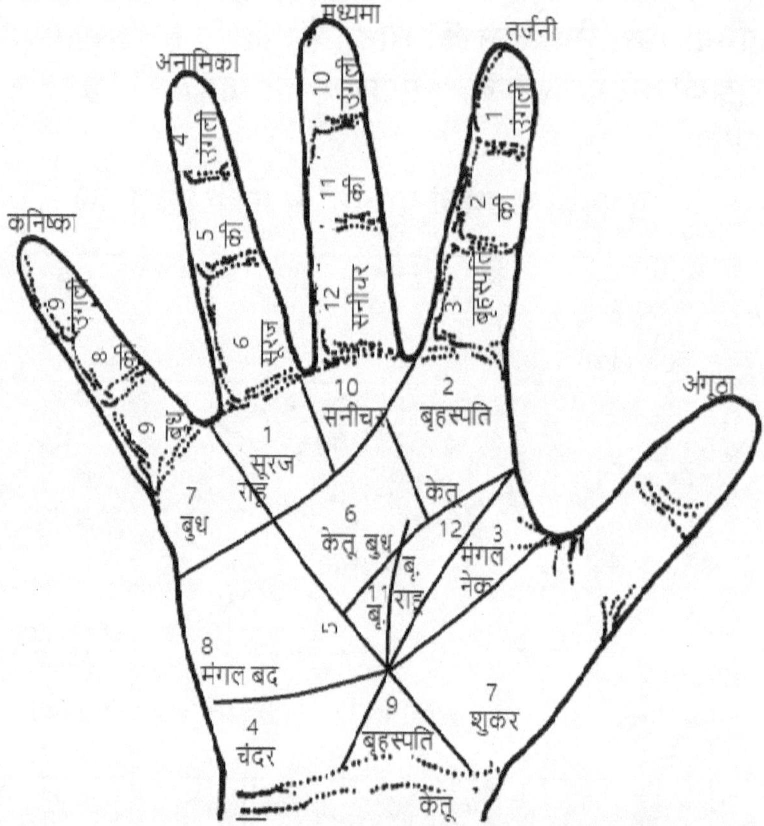

कुण्डली में हर एक ग्रह के पक्के खाने व हथेली पर बुरजों की पक्की जगह! कुंडली में खाना नंबर-1 में मंगल की राशि मेख है जिसका रशिपति मंगल और यह पक्का घर सूरज का है, इसी क्रमानुसार सभी ग्रहों के पक्के घर कुंडली व हथेली पर दिखाये गए हैं! पक्के ग्रह का उपाओ घर के राशिपति द्वारा किया जाता है क्योंकि पक्का ग्रह हमेशा ग्रहफल का हुआ करता है जिसका खुद का उपाओ संभव नहीं! इस बात का विस्तार से ज़िक्र ग्रहफल व राशिफल के अंतर्गत किया गया है! राहू और केतू को को हथेली पर कोई पक्की जगह नहीं दी गयी! राहू नें इन्सान को सिर से पकड़ा तो अपने आप बृहस्पति के साथ खाना

नंबर-12 में जगह पा ली इसी तरह केतू नें इन्सान को पैरों से पकड़ा और बुध के साथ खाना नंबर-6 में जा बैठा और इस इल्म में पाप के नाम से जाने गए!

1-शुकर से बुध को निकलने वाली रेखा सेहत रेखा या सूरज की तरक्की रेखा कहलाती है और जहां इस रेखा से सिर रेखा का बाहरी हिस्सा मिलता दिखाई दे वो खाना नंबर-5 है!

2-खाना नंबर-6 बुध की उंच राशि और केतू का पक्का घर या खाना है इसलिए बुध और केतू दोनों ही लिखे गए हैं!

3-इसी तरह कुण्डली का खाना नंबर-12 में बृहस्पति की मीन राशि है लेकिन राहू का पक्का घर या खाना है, इसलिए दोनों ही ग्रह लिखे गए हैं!

4-उँगलियों पर राशियों का अधिपत्य पोरियों पर होता है इसलिए तीन-तीन मिलकर एक उँगली बनाती हैं!

5-राहू और केतू को बुर्ज नहीं दिया गया इसलिए कलाई पर राहू को चंदर के बुर्ज के नीचे और केतू को शुकर के बुर्ज के नीचे दिखाया गया है!

ग्रह की मुख़्लिफ़ (भिन्न-भिन्न) हालतें		
पका ग्रह	दिन में	हफ़्ता में
बृहस्पति	पहला हिस्सा सूर्योदय के बाद	वीरवार या गुरुवार
सूरज	दूसरा हिस्सा	इतवार या रविवार
चंदर	चाँदनी रात	सोमवार
शुकर	काली रात	शुकरवार
मंगल नेक-मंगल बद	पक्की दोपहर	मंगलवार
बुध	शाम 4 बजे	बुधवार
सनीचर	सारी रात व अंधेरा दिन	शनिवार
राहू	पक्की शाम सूर्यास्त के बाद	वीरवार की शाम
केतू	सूर्योदय के पहले	इतवार की सुबह

ख़ास:--जनम वक्त के ग्रह को गिनते हैं जनम समय का ग्रह और किस्मत का ग्रह! जनम समय का ग्रह हमेशा ग्रहफल का होता है और नाकाबिले उपाओ होगा!

जनम दिन का ग्रह किस्मत को जगाने वाले ग्रह का पक्का घर होगा और जनम समय के ग्रह का उपाओ ज़रूरत के वक्त जनम दिन के ग्रह के द्वारा करना चाहिए!

उदाहरण: मान लो किसी व्यक्ति का जनम सोमवार को पक्की शाम के वक्त हुआ हो तो जनम दिन का ग्रह चंदर होगा और जनम समय का ग्रह राहू होगा, किसी कारण राहू के उपाओ की जरूरत हो तो इसका खुद का उपाओ न होकर चंदर का उपाओ किया जाएगा

ग्रहों के दिन और समय का इस्तेमाल जनम दिन व जनम समय का ग्रह निर्धारित करने के इलावा उपाओं में इनका इस्तेमाल होगा!

आम तौर पर 24 घण्टे के दिन रात में 12 घण्टे दिन के हिस्से और 12 घण्टे रात के हिस्से आएंगे!

इस आधार पर सूरज निकलने से पहले के दो घण्टे केतू के और सूर्यास्त के पश्चात पहला तारा दिखाई देने से पहले के दो घण्टे राहू के होंगे!

क्योंकि कोई उपाओ रात के वक्त नहीं किया जाता इसलिए राहू का उपाओ वीरवार बुध के समय में किया जाना चाहिए!

रात को तीन ग्रहों के हिस्से किया गया है इसलिए शुक्ल पक्ष का जन्म हो तो चंदर का समय लेना चाहिए, कृष्ण पक्ष का जन्म हो शुकर का समय लेना चाहिए और कुल रात का समय सनीचर को दिया गया है!

विशेष: जनम दिन और जनम समय के बारे में व्याकरण के हिस्से में विस्तार से लिया जाएगा!

ग्रेहों का आपसी सम्बंध

नंबर	ग्रह का नाम	बराबर के ग्रह	दोस्त ग्रह	दुश्मन ग्रह
1	बृहस्पति	राहू, केतू व सनीचर	सूरज,मंगल चंदर	शुकर, बुध
2	सूरज	बुध, सूरज के साथ चुप	बृहस्पति,मंगल,चंदर	शुकर,सनीचर,राहू से ग्रहण
3	चंदर	शुकर,सनीचर,मंगल,बृहस्पति	सूरज व बुध	केतू से ग्रहण राहू से मधम
4	शुकर	मंगल व बृहस्पति	सनीचर,बुध,केतू	सूरज,चंदर,राहू
5	मंगल	शुकर,सनीचर व राहू मंगल के साथ चुप होगा	सूरज,चंदर,बृहस्पति	बुध,केतू
6	बुध	सनीचर,केतू,मंगल,बृहस्पति	सूरज,शुकर,राहू	चंदर
7	सनीचर	केतू, बृहस्पति	बुध,शुकर,राहू	सूरज,चंदर,मंगल
8	राहू	बृहस्पति,चंदर को मध्म करे	बुध,सनीचर,केतू	सूरज,शुकर,मंगल
9	केतू	बृहस्पति,सनीचर,केतू,सूरज को मध्म करे	शुकर राहू	चंदर, मंगल

1-चंदर और शुकर बराबर हैं लेकिन चंदर दुश्मनी करता है शुकर से!

2-बृहस्पति और शुकर बराबर हैं लेकिन शुकर दुश्मनी करता है बृहस्पति से!

3-मंगल और सनीचर बराबर हैं लेकिन मंगल दुश्मनी करता है सनीचर से!

4-चंदर और बुध दोस्त हैं लेकिन चंदर दुश्मनी करता है बुध से!

5-राहू के साथ बृहस्पति चुप हुआ करता है लेकिन गुम न होगा!

6-खाना नंबर-2 में राहू अगर बृहस्पति के साथ हो तो राहू बृहस्पति के आधीन होगा

7-बुध बेशक बृहस्पति के साथ दुश्मनी करता है लेकिन खाना नंबर-2 या 4 में बैठा बुध दुश्मनी की बजाए माली हालात (धन-दौलत) के संबंध में नेक फल देने वाला होगा!

इल्म-ए-कियाफा (रेखाएँ व ग्रहों के निशान) सामुद्रिक शस्त्र का महत्वपूर्ण हिस्सा है, ग्रहों की निशानियाँ देखने और समझने के लिए नीचे की तालिका पर गौर करें, हर एक ग्रह की अपनी-अपनी निशानी हुआ करती है और निशानी के हिसाब से ग्रह निशानी वाले घर में समझना चाहिए!

सामुद्रिक शास्त्र का मतलब हथेली पर पक्के बुर्ज और रेखाओं से होगा लेकिन कियाफ़ा का मतलब लक्षण विचार से लिया जाना चाहिए!

ग्रेहों के निशान		
नंबर	ग्रह	निशान ग्रह
1	बृहस्पति	ᒣ इंद्रियाँ, ||| खड़े ख़त, @ चक्कर @ संख़, @ सदफ़
2	सूरज	@ सितारा, ⅄ शाख़दार रेखा
3	चंदर	) ◡ / (आधे चंदर का निशान, टेढ़ा ख़त
4	शुकर	= — लेटे हुए ख़त
5	मंगल नेक	○+ □ चोकोर, ^< ^ △ मंगल बद के निशान
6	बुध	✿ ○ ○ फूल जैसा निशान या बुध का दायरा
7	सनीचर	+ नरयुग्म या ~ साँप सी लकीर, ः विसर्ग
8	राहू	▦ राहू का जाल
9	केतू	⊡ E केतू की चारपाई यानि तीन टांगें

दुश्मन पार्टी: सनीचर का दुश्मन सूरज का दुश्मन शुकर का दुश्मन बृहस्पति का दुश्मन बुध का दुश्मन चंदर का दुश्मन केतू का दुश्मन मंगल बद का दुश्मन है **राहू**!

दोस्त पार्टी: सूरज का दोस्त चंदर का दोस्त बृहस्पति का दोस्त मंगल नेक का दोस्त राहू का दोस्त बुध का दोस्त सनीचर का दोस्त शुकर का दोस्त है **केतू**!

इन्सानी जिस्म से ग्रेहों का ताल्लुक

जिगर—मंगल, दिल—चंदर, धड़—केतू के सलाहकार हैं!

दिमाग व ज़ुबान—बुध, देखना भालना—सनीचर, सिर—राहू के सलाहकार हैं!

सिर (राहू) व धड़ (केतू) को मिलाने वाली गर्दन के सांस का मालिक बृहस्पति है इसलिए बृहस्पति एक अकेला इन्सानी जिस्म यानि लोक परलोक (राहू खाना नंबर-12 आसमान और केतू खाना नंबर-6 यानि पाताल) का मालिक है सिर्फ इसी गुण (सिफ्त) के कारण यह ग्रह किसी से दुश्मनी नहीं करता!

पक्का ग्रह: हर एक बड़ी रेखा हर ग्रह की खाना के हिसाब से हालत ब्यान करेगी जैसे दिल रेखा साफ़ और हर तरह से कायम हो तो चंदर ग्रह के नेक होने की निशानी होगी! हर एक रेखा को खाना नंबर भी समझना चाहिए जैसे दिल रेखा खाना नंबर-4 होगा और सिर रेखा खाना नंबर-7, रेखा का साफ़ होना ग्रह के कायम होने हालत ब्यान करेगा! किसी भी रेखा पर दोस्त ग्रह का निशान हो तो नतीजा नेक होगा और दुश्मन ग्रह का निशान हो तो मन्दे नतीजे होंगे!

1-हर ग्रह अपनी मियाद/उम्र के आधे या चौथाई हिस्से में भी अपना असर ज़ाहिर कर सकता है, जैसे चंदर की मियाद/उम्र 24 साल है तो यह 6 वें (चौथाई हिस्सा) या 12वें (आधा हिस्सा) साल में भी अपना असर ज़ाहिर कर सकता है!

ग्रहों की मियादें								
नंबर	नाम ग्रह	कितने दिन	आम साल	उम्र के साल	महादशा	आम दौरा के साल	असर का वक़्त	असर की रफ़्तार मानिंद
1	बृहस्पति	32	16	75	16	6	दरमियान	शेर बब्बर
2	सूरज	22	22	100	6	2	शुरू	रथ
3	चंदर	24	24	85	10	1	आखिर	घोड़ा
4	शुकर	50	25	85	20	3	दरमियान	बैल
5	मंगल नेक	24	13	90	3	2	शुरू	चीता
	मंगल बद	32	15		4	4	शुरू	हिरण
			28 कुल		7	6		
6	बुध	68	34	80	17	2	हमेशा एक सा	मेढ़ा
7	सनीचर	72	36	90	19	6	आखिर	मच्छली
8	राहू	40	42	90	18	6	आखिर	हाथी
9	केतू	43	48	80	7	3	आखिर	सुअर कुत्ता
	जोड़	364 / 367			120	35		

एक दिन में असर देखने के लिए हर ग्रह की उम्र के लिए 40 मिनट एक साल के लिए गिना जाएगा !

2-राहू की असर की मियाद/उम्र 42 साल है और केतू की 48 साल, आमतौर पर यह दोनों ही ग्रह इक्ट्ठे काम/असर देते है इसलिए दोनों की मुश्तरका उम्र 45 साल (42+48=90/2=45) होगी!

3-ग्रहण के वक़्त (सूरज ग्रहण राहू से होगा) और (चंदर ग्रहण केतू से) कुल उम्र में से तीन साल कम कर दिए जाते हैं! जैसे गिनती के हिसाब से किसी की कुल उम्र 75 साल हो और कुण्डली में ग्रहण हो तो तीन साल कम करने पर उम्र 72 साल होगी!

4-सनीचर की उम्र के सालों में 10-19-37 वें साल आमतौर पर नेक असर हुआ करते हैं लेकिन 9वें साल में धन-दौलत, 18वें साल में पिता के लिए और 27वें साल में मकानों और पशुओं पर बुरा असर होगा, 36 साल से 39 साल की उम्र में असर साधारण होगा!

5-जनम कुण्डली के अनुसार क़िस्मत के उदय होने के लिए बुध 23वें साल में और मंगल 34वें साल में लिया जाता है और बाकी के ग्रह अपनी-अपनी उम्र/मियाद पर असर देंगे!

6-हर ग्रह की उम्र के तीन हिस्से हुआ करते हैं (अगले सफ़ह पर तालिका अनुसार) और हर एक हिस्से में अलग-अलग ग्रहों का असर हुआ करता है जैसे कि बृहस्पति के 6 साल के अरसा में पहले 2 साल केतू, दरमियान के 2 साल ख़ुद बृहस्पति और आखिर के 2 साल सूरज के हिस्से में होंगे!

एक दिन में ग्रह की मियाद/अरसा

सामुद्रिक में या ग्रहचाल (यानि एक साल के बाद दूसरे ग्रह का असर आ जाना) जैसा कि आम ज्योतिष में लिया जाता है! इस इल्म में 35 साल का चक्कर और हर चक्कर में 35 साल ग्रहवार (क्रम से) लिए जाएंगे और हर साल में उतने ही महीने और हर महीने में उतने ही दिन और घण्टे होंगे जैसा कि तालिका में है!

नाम ग्रह	घण्टे	मिंट
बृहस्पति की मियाद	4 घण्टे	00 मिंट
सूरज की मियाद	1 घण्टे	20 मिंट
चंदर की मियाद	0 घण्टे	40 मिंट
शुकर की मियाद	2 घण्टे	00 मिंट
मंगल (दोनों) की मियाद (आधा मंगल नेक आधा बद)	4 घण्टे	00 मिंट
बुध की मियाद	1 घण्टे	20 मिंट
सनीचर की मियाद	4 घण्टे	00 मिंट
राहू और केतू की मियाद (दोनों की मुश्तरका होगी)	6 घण्टे	00 मिंट
रियायती	0 घण्टे	40 मिंट
दिन/रात में असर का कुल समय	24 घण्टे	00 मिंट

ग्रह की उम्र का असर

1-जब कोई भी ग्रह हर तरह से नेक व क़ायम साबित हो जाए यानि ग्रह अपनी राशि, अपने ऊंच के घर में या अपने पक्के घर में और दुश्मन ग्रहों के

टकराव या दृष्टि से बाहर हो तो अपनी ठहराई हुई कुल उम्र में नेक असर देता रहेगा जैसे बृहस्पति की उम्र 16वें साल से 21वें साल, सूरज की उम्र 22वें साल से 23वें साल वगैरह वगैरह!

2-कुल ग्रहों का असर देने समय 120 साल है और इस जोड़ में तीन 35 साला चक्कर शामिल होते हैं (जनम से लेकर 15वें साल तक सनीचर 6 साल, राहू 6 साल और केतू 3 साल यानि 15 साल जमा 105 साल (35 साल के तीन चक्कर 35X3=105) इन सालों में हर ग्रह अपना-अपना हिस्सा लेकर नेक या मन्दा असर दिया करते हैं! ग्रह का अपना असर और उसमें शुरू के ग्रह का हिस्सा, दरमियानी ग्रह का हिस्सा और आखिरी ग्रह का असर भी शामिल हुआ करता है! जैसे बृहस्पति के 6 साल में पहले के 2 साल केतू के होंगे अगर बृहस्पति और केतू दोनों ही ग्रह नेक हालत में होंगे तो असर निहायत उम्दा होगा लेकिन अगर दोनों में से कोई एक भी मन्दा होगा तो मिला जुला असर होगा! इसी असूल पर ग्रह की ख़ुद की हालत और ग्रह के तीनों हिस्सों के ग्रहों की हालत देखना ज़रूरी होगा!

हर एक ग्रह का असर करने का समय तय है और उस कुल समय को तीन हिस्सों में बांटा गया है जिसमें उस तय समय में उन तय शुदा साल/महीनों में असल ग्रह के साथ उस हिस्से का ग्रह भी देखा जाना ज़रूरी है ! यह नियम ज्योतिष (प्रचलित वैदिक) के अनुसार होगा, उस में महादशा में अंतर-दशा होगी जबकि इसमें किसी भी तीन ग्रहों के असर का समय तय है, जैसे कि गुरु यानि बृहस्पति के 6 साल हुआ करते हैं और इन 6 सालों को दो-दो साल के टुकड़ों में लिया जाएगा जिसमें पहला हिस्सा केतु (2 साल), दूसरा हिस्सा खुद बृहस्पति (2 साल) और आखिर हिस्सा सूरज (2 साल) होगी ! लेकिन वर्षफल में ग्रह को एक साल के इस्तेमाल के लिए साल भर में दी हुई मियाद में तीनों ग्रह तीन एक से हिस्सों में लेंगे जैसे कि बृहस्पति के एक साल में पहले 4 माह केतू, दरमियान के 4 माह ख़ुद बृहस्पति और आखिरी 4 साल सूरज के होंगे !

ग्रहों के दौरा के समय शुरू, दरमियान, आखिरी ग्रह			
पक्का ग्रह	**शुरू**	**दरमियान**	**आखिरी**
बृहस्पति	केतू	बृहस्पति	सूरज
सूरज	सूरज	चंदर	मंगल
चंदर	बृहस्पति	सूरज	चंदर
शुकर	मंगल	शुकर	बुध
मंगल	मंगल	सनीचर	शुकर
बुध	चंदर	मंगल	बृहस्पति
सनीचर	राहू	बुध	सनीचर
राहू	मंगल	केतू	राहू
केतू	सनीचर	राहू	केतू

जब कोई ग्रह किसी दूसरे ग्रह के साथ हो (संयुक्त/मुश्तरका) या दृष्टि वगैरह से मिल रहे हों तो कुच्छ ख़ास-ख़ास हालातों में अपना पूरा असर देने के काबिल नहीं होता! ग्रह नेक हालत का भी तो तो कुच्छ ख़ास हालात वो अपनी कुल उम्र

में कुच्छ साल मन्दा असर देगा अगर मन्दा असर ना भी दे तो वो अपना पूरा असर देने में असमर्थ होगा और कुच्छ अरसे के लिए चुप हो जाएगा, जैसे टेवे में सूरज या चंदर ग्रहण हो (नियमों के अनुसार) तो यह ग्रह अपनी दी हुई उम्र यानि जो उम्र इन्सान को देते हैं (जैसे सूरज के लिए 100 साल लिखा है) तो इस उम्र में से तीन साल कम हो जाएंगे! मंगल टेवे में खाना नंबर-12 में हो या राहू के साथ संयुक्त तो राहू चुप हो जाता है टेवे में राहू नेकफल का होते हुए भी नेक असर नहीं दे सकेगा! ऐसा ही नियम हर एक ग्रह पर लागू होगा जिसको जानने के लिए नीचे दी हुई तालिका (नक्शे) में देखें!

नाम ग्रह	किस ग्रह के साथ हो तो	असर उम्र होगी जितने साल
बृहस्पति	किसी भी ग्रह के साथ हो तो	16 साल
सूरज	किसी भी ग्रह के साथ हो सिवाय राहू व केतू के तो	22साल
	यदि राहू के साथ हुआ तो	शून्य यानि सिफर
	यदि केतू के साथ हुआ तो	11 साल
चंदर	किसी भी ग्रह के साथ हो सिवाय बृहस्पति, शुकर, बुध, राहू तो	24 साल
	यदि बृहस्पति, शुकर, बुध या राहू के साथ हो तो	12 साल
	लेकिन सनीचर के साथ हो तो	08 साल
शुकर	किसी भी ग्रह के साथ	25 साल
	बृहस्पति के साथ तो	60 बां साल होगा दौलत
	सूरज के साथ तो	34 साल
	मंगल नेक के साथ तो	08 साल
मंगल नेक	किसी भी ग्रह के साथ तो	13 साल
मंगल बद	किसी भी ग्रह के साथ हो तो	15 साल
बुध	किसी भी ग्रह के साथ हो तो	34 साल
	सूरज व मंगल के साथ होने से	17 साल
सनीचर	किसी भी ग्रह के साथ हो तो	36 साल
	बृहस्पति के साथ हो तो	18 साल की उम्र पिता के लिए
	सूरज के साथ हो तो	27 साल की उम्र धन-दौलत
	मंगल या शुकर के साथ हो तो	12 साल
	बुध के साथ	45 साल
राहू	किसी भी ग्रह के साथ हो तो	42 साल
	मंगल नेक के साथ हो तो	शून्य यानि सिफ़र
	केतू के साथ हो तो	45 साल
केतू	किसी भी ग्रह के साथ हो तो	48 साल
	बृहस्पति के साथ हो तो	40 साल
	सूरज या सनीचर या मंगल नेक के साथ हो तो	24 साल
	राहू के साथ हो तो	45 साल

रियायती चालीस (40) दिन: ना तो मन्दे ग्रहों का बुरा असर उनकी ठहराई हुई उम्र से पहले आ सकता है और ना ही नेक ग्रहों का नेक असर उनकी ठहराई हुई उम्र से बाद तक रह सकता है! अगर हो सकता है तो सिर्फ़ यह कि एक ग्रह के असर के ख़त्म होने से लेकर दूसरे ग्रह के असर के शुरू होने के दरमियान के वक़्त 40 दिन फ़ालतू होंगे यानि किसी मन्दे ग्रह का असर चालीस दिन बाद तक रह सकता है और अगले ग्रह का असर जोकि नेक हो सकता है चालीस दिन पहले शुरू समझा जाना चाहिए, अगर इस बात पर गौर करें बुरे असर के चालीस दिन और नेक असर के दिन मिल कर सम (यकसां) देंगे जो ना ही मन्दा होगा और ना ही नेक! जैसे किसी भी कुण्डली में मंगल बद साबित हो जाए तो इसके असर का समय उम्र से चालीस दिन बाद तक रहेगा और मंगल के बाद का ग्रह बुध है वो हर तरह से नेक असर का हो तो उसका नेक असर उम्र से चालीस दिन पहले शुरू हो जाएगा अब यह दरमियान के चालीस दिन मिले-जुले असर के लिए जाएँगे!

समझने के लिए मान लें कि किसी भी व्यक्ति का 30वां साल 31 मार्च को ख़त्म हुआ और यह साल निहायत मन्दा रहा हो और 31वां साल नेक फल देने वाला हो तो ग्रह स्तिथी के अनुसार नेक फल के होंगे और यही बीच के चालीस दिन उपाओं के चालीस दिन हुआ करते हैं लेकिन यहाँ पर 3 दिन और भी लिए यानि 43 दिन तक का उपाओ होगा! यह तीन दिन इसलिए लिए गए है ताकि अगर किसी का वर्षफल दिनों या घण्टों की कुण्डली के अनुसार रात को शुरू हुआ हो और उसने उपाओ अगले सूरज निकलने के बाद शुरू किया हो तो उपाओ एक दिन बाद शुरू हुआ और इसी तरह ख़त्म होने का समय भी हो सकता है यानि कुल दो दिन कम उपाओ होगा तो एहतियात के तौर पर उपाओ 43 दिन के लिए करना चाहिए! उपाओ बीच में टूटना नहीं चाहिए नहीं तो नेक असर की जगह असर मन्दा ही होगा!

प्रचल्लित ज्योतिष के अनुसार मानी हुई राशियों और नक्षत्रों की बहुत भारी गिनती से बचने की खातिर उनको लाल किताब में छोड़ दिया गया है! वैसे अगर नक्षत्रों को देखें तो अभिजीत नक्षत्र को गिन कर कुल 28 नक्षत्र होते हैं और 12

राशियाँ और दोनों का जोड़ 40 (28+12) होगा इसको लेकर भी ग्रन्थकार ने लिखा है कि उपाओ की अवधि 40 दिन कम से कम होगी!

तमाम ग्रह बे-लिहाज़ ताकत: सभी ग्रह बिना किसी भेद-भाव के शुरू से गिनते हुए एक दूसरे से कम ताक़त के होते चले जाते हैं जैसे सूरज से कम चंदर से कम शुकर से कम बृहस्पति से कम मंगल से कम बुध से कम सनीचर से कम राहू से कम केतू, यानि ताक़त एक दूसरे से कम होते जाते हैं, जैसा कि नीचे की तालिका से ज़ाहिर हो रहा है!

सूरज	चंदर	शुकर	बृहस्पति	मंगल	बुध	सनीचर	राहू	केतू
9	8	7	6	5	4	3	2	1

टकराओ या बरताओ का पैमाना: जब जनमकालीन कुण्डली में तख़्त का ग्रह या वर्ष कुण्डली में तख़्त का ग्रह व कोई दूसरा दुश्मन ग्रह आपस में टकराव पर हो जाए (टकराव हमेशा दुश्मनी की हालत होगी और बरताओ दोस्ती की हालत) तो ग्रहों की ताक़त (ऊपर की तालिका) के अनुसार टकराव या बरताओ हुआ करता है!

ग्रहों की अवस्था और कुछ ख़ास नियम: हर एक ग्रह अपनी ठहराई हुई राशि में नेक असर देने के काबिल होता है चाहे वो राशि/घर किसी दूसरे ग्रह का पक्का खाना ही क्यों ना हो! इसी असूल पर कुछ ग्रह किसी ख़ास राशि/घर में बैठ कर (चाहे वो ग्रह की अपनी राशि ही क्यों ना हो) मन्दा असर दिया करते हैं जैसे बुध खाना नंबर-3 के बारे में लिखा है कि **"ना तिन च ना तेरह च, ना टोकरी दे डुल्ले होए बेरां च"** यानि बुध तीन में जोकि उसकी अपनी राशि मिथुन है मन्दा होता है, लेकिन अगर बुध तीन के समय मंगल (घर का पक्का ग्रह) होवे तो बुध का असर भी नेक ही होगा! नीचे दिए हुए नक़्शे (तालिका) पर गौर करें!

राशि नंबर	किस ग्रह की राशि है	किस ग्रह का पक्का घर है	इस राशि में किस नियम अनुसार किस ग्रह का फल नेक होगा
3	बुध	मंगल	बुध नेक असर देगा जब कुंडली में मंगल नेक हो
2	शुकर	बृहस्पति	शुकर का फल नेक होगा
5	सूरज	बृहस्पति व सूरज	सूरज का फल नेक होगा
6	बुध-केतू	केतू	बुध का उतम लेकिन केतू का खुद की चीजों पर मंदा लेकिन दूसरों के लिए शुभ! लेकिन बुध साथ हो तो केतू का असर खुद के लिए व दूसरों के लिए अशुभ लेकिन बुध का असर बुध की चीजों पर नेक होगा !
7	शुकर	शुकर-बुध	शुकर का नेक फल होगा !
8	मंगल	मंगल-सनीचर-चंदर	अगर तीनों में कोई एक ग्रह बैठा हो तो असर नेक होगा लेकिन इक्ठा होने पर अशुभ असर होगा !

हर एक ग्रह किसी घर/खाना में बैठा हुआ अपनी हालत (स्तिथी) के हिसाब से अच्छा या बुरा असर दिया करता है और उस ग्रह का नेक या मन्दा असर ग्रह की जानदार चीज़ों पर ज़ाहिर हुआ करता है, कौनसा ग्रह किस खाना में बैठा होने की हालत अपना असर जोकि ग्रह की हालत के अनुसार नेक भी हो सकता है और मन्दा भी और यह असर ग्रह की खानावार हालत के अनुसार नीचे दी हुई तालिका (नक्शा) जानदार चीज़ पर असर देगा इसको जानने के लिए नीचे की तालिका (नक़्शा) देखें!

जैसे सूरज के आगे लिखा है खाना नंबर-1 में होने पर दिन का वक़्त और दायाँ हिस्सा यानि सूरज नेक या मन्दा असर दिन के वक़्त में शरीर के दाएँ हिस्से पर ज़ाहिर करेगा! सूरज खाना नंबर-3 के आगे लिखा है दिन की औलाद, खाना नंबर-3 भाइयों का है इसलिए जो भाई दिन के समय में पैदा हुए हों वो व्यक्ति के लिए मददगार हुआ करते हैं, जैसे इनके साथ कारोबार करना नेक फल देगा!

ख़ास: सूरज खाना नंबर-12 में खराब हो रहा हो तो दिमागी खराबियों पैदा करता है और साथ लिखा है कि **"मसनुई सूरज"** सूरज के लिए मसनुई चीज़ें

लिखा है कि वो अश्या जो तांबे के रंग की हों लेकिन उनमें तांबे जैसी चमक ना हो! लेकिन अगर मसनुई सूरज यानि बुध और शुकर होते हैं तो मन्दे सूरज का असर इन दोनों पर भी हो सकता है, बुध सूरज का दोस्त है इसलिए उसका बचाओ हो जाएगा लेकिन यह मन्दा असर शुकर पर होना चाहिए यानि औरत की सेहत खराब, लेकिन यह एक चर्चा का विषय है!

हर ग्रह का अपना असर देने (ज़ाहिर) करने की निशानी के लिए खाने के अनुसार चीज़ें

	1	2	3	4	5	6	7	8	9	10	11	12
बृहस्पति	पेशानी ज़र्द रंग,नर शेर	चने की दाल	तालीम	बारिश, सोना	नाक, केसर	मुर्ग, गरुड़	किताबें ,द्रमा, मेंढक	अफ़वाह, नकारा ख़लक़	मंदिर, मस्जिद, गुरुद्वारा, जद्दी मकान	सूखा पीपल, धन हानि तालीम ख़त्म	गिल्ट, मुलम्मा	सांस, हवा, पीतल, पीपल का पेड़
सूरज	दिन का वक्त, दायाँ हिस्सा	गंदुमी	दिन की औलाद	दायीं आँख का डेला	इकलौता लड़का, लाल मुंह का बंदर	गंदुमी रंग, पाँव की खराबियाँ	लाल गाय, रुहानी नुक्स	रथ गाड़ी	भूरा रीछ	नेवला, भूरी भैंस	सुर्ख तांबा	भूरी कीड़ीयाँ, दिमागी खराबी, मसनुई सूरज
चंदर	दिल, बाग, बयान हिस्सा, बायीं आँख का डेला	माता, दूध, चावल, रुहानी ताक़त	घोड़ा	तालाब, कुआं	चकोर परिंदा	खरगोश, सफ़र	खेती की ज़मीन	समन्दर, मिर्गी की बीमारी, गैबी मदद	जायदाद, शान्ति	ज़मीन के नीचे का पानी, रात का वक़्त	चांदी, मोती सफ़ेद, खुली कुआं	सफ़ेद बिल्ली, ख़ुशामद
शुकर	रुखसार, पराई मिट्टी का शौक	घी, काफ़ूर	शादी	दही, चौपाया, चरिंद	फल	चिड़िया, लड़की	औरत, मोहब्बत, गाय सफ़ेद	राग, आलू	दही जैसा सफ़ेद रंग	मिट्टी	मोती दही के रंग का	चौपाया का सुख, लक्ष्मी का सुख
मंगल नेक	32 दांत, बाज़ू	हिरण, चीता	पेट, होंट, छाती	तलवार, डेक का पेड़	भाई, नीम का पेड़	नाभि, धुन्नी	दाल मसूर, पहला लड़का	बच्चे का जन्म लेना, बाज़ू के बिना जिस्म	सुर्ख रंग	शहद, मीठा भोजन	सिन्दूर लाल	बुलंद आवाज़
मंगल बद	शुतर-बे-	मुहार	ऊंट	--	हर तरफ	से सब्ज़	कदमा नज़र	बद वाला	ऊंट	कीना साज़	काला काना	लावल्द
बुध	ज़बान, सिर,	मूंग साबुत	चौड़े पत्तों का पेड़	तोता, कलई, चमगादड़	फकीर की आवाज़, आशीर्वाद	फूल, मैना, फुलबेहरी, लड़की, अंडा	बकरी, हरी घास, भिंडी गाय	टूटा हुआ फूल, दीमक	चमगादड़, सब्ज़ रंग, थथला, गूंगा	दांत, सूखी घास, शराबी, कबाबी	सीप, हीरा, फटकड़ी	भेड़
सनीचर	आग से जलना, गंदा कपड़ा, हल्क का कौआ	माश साबुत	कीकर, बेरी, भवें	मकान, काले कीड़े	बुधु लड़का, सुरमा	कौआ	बीनाई, स्याह रंग, गाय चरिंद	बिच्छू, मौत, तालु, कनपटी	टाहली लकड़ी, स्याह रंग	मगरमच्छ, साँप	लोहा	मच्छली, तख़्त पोश, मसनुई तांबा, बादाम
राहू	ठोड़ी, नाना, नानी	सरसों, ससुराल, कच्चा धुआँ	तेंदुआ ज़ुबान का, रिश्तेदार काले रंग के	ख़्वाब	औलाद का सुख धन-दौलत से, छत	पूरा काला कुत्ता	सट्टे का व्योपार	मालीखौलिया झोला (बीमारी)	नीला रंग, दहलीज़	गंदी नाली, गर्मी	नीलम	हाथी, तेंदुआ समन्दर का, खोपड़ी
केतू	टांग, नानका घर	इमली, तिल	रीढ़ की हड्डी, केला, फोड़े	सुनना	पेशाब गाह	चिड़ा, परदेस	गधा, सूअर, दूसरा लड़का	कान	दो रंगा कुत्ता	चूहा	कीमती दो रंगा पत्थर	छिपकली, मुतबन्ना

अध्याय नंबर-3

CAPRICORN
AQUARIUS
PISCES
AIRES
TAURUS
GEMINI
CANCER
LEO
VIRGO
LIBRA
SCORPIO
SAGITTARIUS

35 साला चक्कर

1-ग्रहों का कुल असर 35 साला चक्कर के नाम से जाना जाता है और कुल 9 के 9 ग्रहों की उम्र/मियाद तय है और असर का वक़्त भी! हर ग्रह की तयशुदा उम्र के लिए नीचे की तालिका देखें!

बृहस्पति	सूरज	चंदर	शुकर	मंगल	बुध	सनीचर	राहू	केतू	कुल साल
6	2	1	3	6	2	6	6	3	35

2-बारी-बारी से तमाम ग्रह 35 साल में अपना एक चक्कर पूरा कर लेते हैं! जो ग्रह अपने पहले चक्कर में नेक असर नहीं वही ग्रह अपने दूसरे दौरे में बुरा असर नहीं दिया करते लेकिन नेक असर देंगे इसकी कोई शर्त नहीं!

3-ग्रहों की उम्र के हिसाब से कुल 35 साल होते हैं और यही 35 साला चक्कर कहा जाता है यही 35 साला ग्रहों की उम्र और इन्सान की अपनी उम्र दो अलग-अलग बातें हैं!

4-बृहस्पति का ख़ुद का असर उम्र के 16वें साल 21 में साल तक हुआ करता है, फिर सूरज 22 साल से 23 साल, फिर चंदर 24वां पूरा साल, 25 साल से 27 साल शुकर, 28वें साल से 33वें साल तक मंगल, 34वां और 35वां साल बुध, 36वें साल से 41वें साल तक सनीचर, 42वें साल से 47वें साल तक राहू, 48वें साल से 50 वें साल तक केतू यानि ग्रहों की उम्र का पहला दौरा 50 वें साल में ख़त्म होगा!

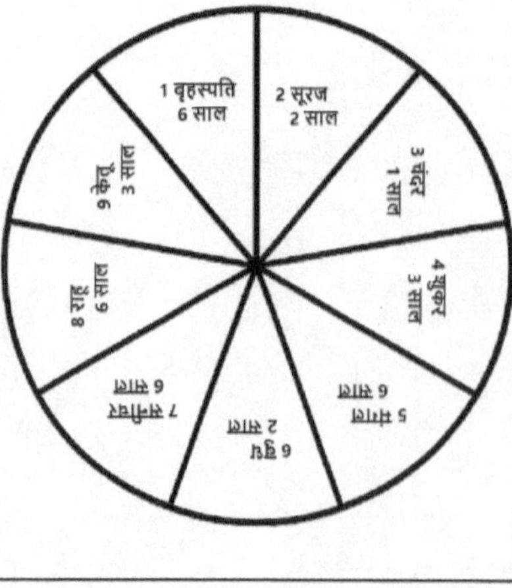

5-साथ दिए गोलाकार चित्र में यही दिखाया गया है कि अगर बृहस्पति 16वें साल में शुरू होगा तो उससे पहले 15 साल का समय किन ग्रहों का होगा इसलिए बृहस्पति से पहले तीन साल केतू (13वें साल से 15 साल तक), उससे पहले छ: साल के लिए राहू (7वें साल से 12 साल तक) और सबसे पहले जनम से लेकर छ: साल तक सनीचर का दौरा होगा!

1-ऐसे 35 साला चक्कर (इन्सान की कुल उम्र जोकि 120 साल लिखी गई है) ज़्यादा से ज़्यादा तीन बार हुआ करते हैं या आ सकते हैं! यानि कुल 35X3=105 साल और बचे हुए 15 साल को समझने के लिए नीचे की तालिका (नक़्शा) देखें!

ग्रहों का 35 साला चक्कर और इन्सान की उम्र के 35 साल

किसी भी इन्सान के जनम के दिन से ग्रहों के असर करने की ख़ास तरतीब है इसलिए इन्सान की उम्र में ग्रहों का बारी-बारी से असर करने के लिए पहला दौरा 35 साल की जगह 50 साल का होगा और फिर 51वें साल से बृहस्पति से लेकर केतू तक 35-35 साल के दो दौरे हुआ करते हैं!

तमाम उम्र में ग्रेहों के असर (दौरा) की तरतीब				
पहला दौरा				
अज़ साल से	किस साल ता(तक)	कुल साल	उम्र होगी	किस ग्रह का असर
1 पहले साल से	6 साल तक	6	6 साल	सनीचर
7 वें साल से	12 साल तक	6	12 साल	राहू
13 वें साल से	15 साल तक	3	15 साल	केतू
16 वें साल से	21 साल तक	6	21 साल	बृहस्पति
22 वें साल से	23 साल तक	2	23 साल	सूरज
24 वें साल से	24 वें साल के आखिर तक	1	24 साल	चंदर
25 वें साल से	27 साल तक	3	27 साल	शुकर
28 वें साल से	33 साल तक	6	33 साल	मंगल (नेक व बद)
34 वें साल से	35 साल तक	2	35 साल	बुध
36 वें साल से	41 साल तक	6	41 साल	सनीचर
42 वें साल से	47 साल तक	6	47 साल	राहू
48 वें साल से	50 साल तक	3	50 साल	केतू
पहले खाने में उम्र के किस साल से ग्रह का असर शुरू और दूसरे खाने में उम्र के किस साल तक असर होगा, तीसरे खाने में ग्रह के असर करने की मियाद है और चौथे खाने में इंसान की उम्र उस समय कितनी होगी और आखिर के खाने में उम्र के तय शुदा साल तक किस ग्रह का असर रहेगा ! इस तरह ग्रह का अपना असर या ग्रह की मियाद का पहला चक्कर 50 की उम्र तक निश्चित है उसके बाद 35 साल का चक्कर बृहस्पति से शुरू होकर केतू तक होगा ! कुच्छ विद्वान यह भी मानते हैं कि राहू व केतू की उम्र या मियाद इकठी लेनी चाहिए इसलिए कई जगह पर 48 साल का चक्कर भी लिखा जो कि केतू के शुरू होने का वक़्त है, लेकिन अनुभव यह कहता है कि राहू व केतू के असर/मियाद का वक़्त अलग-अलग लेना चाहिए !				

2-अगर हथेली पर दिखाई देने वाले ग्रह अपना असर उम्र के पहले हिस्से में देने लगें तो दाईं तरफ के ग्रह दूसरे 35 साला चक्कर में असर दिया करते हैं!

अगर किसी ग्रह का निशान किसी भी हिस्से (दाएँ या बाएँ) में दिखाई दे तो बुरजों के हिसाब से ग्रहों की हालत को देखना चाहिए!

3-आम तौर पर बाप और बेटे की क़िस्मत मुश्तरका (इकट्ठी) काम करती है लेकिन जब टेवे वाले की ख़ुद की उम्र 70 साल की होगी तो बाप और बेटे की क़िस्मत जुदा-जुदा ली जाएगी

इन्सान की उम्र और ग्रेहों का दौरा

1-किसी भी इन्सान के जनम के समय के ग्रह का दौरा उस समय शुरू गिना जाएगा जब जनम समय का ग्रह वर्षफल के हिसाब से तख़्त (खाना नंबर-1) पर आएगा, मिसाल के तौर पर किसी का जनम समय का ग्रह राहू हो और वो जनम के 7वें साल तख़्त पर आवे (6 साल पूरे) तो 7वें साल से 12 साल की उम्र तक राहू, 13वें साल से 15 साल तक केतू उसके बाद तरतीब के हिसाब से बृहस्पति, सूरज, चंदर, शुकर, मंगल, बुध, सनीचर, राहू और केतू होंगे,

2-अब सवाल यह भी होगा कि किसी भी टेवे वाले का अगर 7वें साल में राहू का दौरा शुरू हुआ तो जनम से लेकर 6वें साल तक सनीचर को लिया जाएगा क्योंकि तरतीब के हिसाब से राहू से पहले सनीचर का अरसा हुआ करता है!

3-दूसरा सवाल यह भी हो सकता है कि राहू 4थे साल में शुरू हो तो पहले के चार साल सनीचर के 6 सालों में आखिर के दो टुकड़े लिए जाएंगे जिसमें 2 साल बुध के होंगे और 2 साल सनीचर के ख़ुद के होंगे! इस बात को समझने के लिए नीचे की तालिका (नक़्शा) देखें

दौरा होवे	बृहस्पति का 6 साल	सूरज का 2 साल	चंदर का 1साल	शुकर का 3 साल	मंगल का 6 साल	बुध का 2साल	सनीचर का 6 साल	राहू का 6साल	केतू का 3साल
पहला हिस्सा	केतू 2 साल	सूरज 8 माह	बृहस्पति 4 माह	मंगल 1 साल	मंगल 2 साल	चंदर 8 माह	राहू 2 साल	मंगल 2 साल	सनीचर 1 साल
दूसरा हिस्सा	बृहस्पति 2 साल	चंदर 8 माह	सूरज 4 माह	शुकर 1 साल	सनीचर 2 साल	मंगल 8 माह	बुध 2 साल	केतू 2 साल	राहू 1 साल
आखिरी हिस्सा	सूरज 2साल	मंगल 8 माह	चंदर 4 माह	बुध 1 साल	शुकर 2 साल	बृहस्पति 8 माह	सनीचर 2 साल	राहू 2 साल	केतू 1 साल

3-अगर टेवे वाले का जनम समय का ग्रह जनम के साथ ही तख़्त पर हो जावे तो उस तख़्त पर होने वाले ग्रह 35 साला चक्कर की गिनती होगी!

ख़ास: ग्रहों के असर करने की उम्र को ही इस्तेमाल करना ज़रूरी होगा और यही तरतीब रहेगी क्योंकि ग्रन्थकार ने बार-बार लिखा है कि यह ग्रह इस उम्र में असर ज़ाहिर करेगा या फिर किसी ख़ास ग्रह को लेकर कुच्छ ख़ास काम मना है जैसे सूरज का दौरा हो और कुच्छ नियमों के चलते शादी करना मना है, ऐसी कई मिसालें हैं इसलिए उलझन से बाहर निकलने के लिए यह बात काबिल-ए-गौर है और चर्चा का विषय भी!

बोलने वाली राशि: हर एक राशि को बोलने वाली राशि कहा गया है यानि उस राशि का ग्रह उस राशि के राशिपति से प्रभावित गिना जाएगा! हर राशि के बोलने (असर करने) का समय 3-3 साल हुआ करता है और 12 राशियों का कुल समय 36 साल होता है जैसा कि नीचे की तालिका में दिखाया गया है!

उम्र के कौन से साल में किस राशि नंबर (खाना नंबर) के ग्रह काबिले उपाओ होंगे बोलने वाली राशि (हर खाने के लिए 3 साल होंगे)												
खाना नंबर	1	2	3	4	5	6	7	8	9	10	11	12
नाम राशी	मेख	बृख	मिथुन	कर्क	सिंह	कन्या	तुला	बृच्छिक	धनु	मकर	कुम्भ	मीन
उम्र	1 से 3	4 से 6	7 से 9	19 से 21	22 से 24	25 से 27	28 से 30	31 से 33	34 से 36	10 से 12	13 से 15	16 से 18
के	37 से 39	40 से 42	43 से 45	55 से 57	58 से 60	61 से 63	64 से 66	67 से 69	70 से 72	46 से 48	49 से 51	52 से 54
	73 से 75	76 से 78	79 से 81	91 से 93	94 से 96	97 से 99	100 से 102	103 से 105	106 से 108	82 से 84	85 से 87	88 से 90
साल	109 से 111	112 से 114	115 से 117						118 से 120			

उम्र के हिसाब से असर का खाना नंबर देखते जावें, अगर कोई खाना खाली होवे तो खाली खाने के मालिक ग्रह (राशिपति) लेना चाहिए और इस बात का कोई वहम नहीं कि एक ही खाना कई बार बोले!

राशि नंबर के ग्रह के बोलने के समय खाली खानों के नियम

आम तौर पर खाली खानों की हालत में राशि के मालिक ग्रह को लेते हैं जैसे कि खाना नंबर-1 खाली हो तो राशिपति मंगल की हालत देखी जाएगी, इसी तरह उम्र का 22वां साल हो तो सूरज के लिए (सूरज का दौरा होने के कारण) खाना नंबर-5 खाली हो तो राशि के मालिक ग्रह सूरज को लिया जाएगा! लेकिन खाना नंबर-6 और खाना नंबर-12 खाली होने के समय कुच्छ ख़ास नियम होंगे क्योंकि खाना नंबर-6 में बुध के केतू का निवास है और खाना नंबर-12 में बृहस्पति के साथ राहू भी गिना जाता है, इसलिए इनके लिए कुच्छ ख़ास नियम होंगे!

1-खाना नंबर-12 खाली हो लेकिन बृहस्पति अपनी दूसरी राशि/खाना नंबर-9 में बैठा हो तो खाना नंबर-12 के लिए राहू को लिया जाएगा, लेकिन बृहस्पति अपने दोनों ही खानों में किसी में भी ना हो और खाना नंबर-12 खाली हो तो खाना नंबर-12 में बृहस्पति और राहू दोनों ही लिए जाएंगे यानि मसनुई बुध!

2-बुध अगर अपनी राशि/खाना नंबर-3 में हो और खाना नंबर-6 खाली हो तो यहाँ केतू लिया जाएगा!

3-बुध अगर खाना नंबर-3 और खाना नंबर-6 से बाहर हो और खाना नंबर-6 खाली हो तो इस घर बुध और केतू दोनों को लिया जाएगा लेकिन बुध का असर प्रबल होगा और केतू कमज़ोर होगा! इस हालत में खाना नंबर-6 का मालिक ग्रह बुध और केतू में जो भी प्रबल हो उसको लेना चाहिए!

4-खाली खाना नंबर-6 के बुध और खाली खाना नंबर-9 के लिए बृहस्पति को लिया जाएगा और बाकी के खाली खानों के लिए राशिपति को लेते हैं!

1	2	3	4	5	6	7
गैबी ताकत में	किस्म ग्रह	नंबर ग्रह	नाम ग्रह	रंग ग्रह	उपाओ वास्ते औलाद व दीगर वजूहात	उपाओ की आम चीज़ें
ब्रह्मा जी	नर ग्रह	1	बृहस्पति	ज़र्द	हरी पूजन	दाल चना,केसर,सोना
विष्णुभगवान	नर ग्रह	2	सूरज	गंदुमी	कथा हरिबंस	गेहूं,गुड़,तांबा
शिव भोले	स्त्री ग्रह	3	चंदर	दूध जैसा	आराध्य पूजन	चावल,दूध,चाँदी
लक्ष्मी जी	स्त्री ग्रह	4	शुकर	दही जैसा	लोगों की पालना	घी,दही,कफूर
हनुमान जी	नर ग्रह	5	मंगल	सुर्ख़	गायत्री पाठ	दाल मसूर,शहद,मूंगा
दुर्गा जी	मुखन्न्स	6	बुध	सब्ज़	दुर्गा पाठ	मूंग साबुत,पन्ना
भैरों जी	मुखन्न्स	7	सनीचर	स्याह	राजा की उपासना	माश साबुत,लोहा
सरस्वती जी	मुखन्न्स	8	राहू	नीला	कन्या दान	सरसों,नीलम
गणेश जी	मुखन्न्स	9	केतू	चितकबरा	दान कपिला गाय	तिल

1-जो भी ग्रह नीच/मन्दा फल दे रहा हो उस ग्रह के लिए ऊपर की तालिका (नक़्शा) में ब्यानशुदा दान या पूजा पाठ करना चाहिए!

2-धोके के ग्रह का असर छुपा-छुपाया हुआ करता इसलिए इसके इलाज/उपाओ पर ख़ास ध्यान रखना होगा!

3-अगर लड़का या लड़की बाप के लिए मन्दे असर के साबित हो रहे हों तो सूरज (लड़का) या बुध (लड़की) के गले में तांबे का पैसा/टुकड़ा धारण करना मुबारक होगा क्योंकि वो बुध को दबा लेगा!

4-पापी ग्रहों (राहू व केतू) में किसी एक साथ या दोनों के साथ कोई और भी ग्रह हो जैसे (राहू और सनीचर इकट्ठे) तो मंगल क़ायम करना चाहिए लेकिन मंगल खाना नंबर-1, 3 या 8 में से किसी एक नहीं होना चाहिए, अगर हो तो बुध का उपाओ करना चाहिए!

5-इसी तरह से स्त्री ग्रह (चंदर और शुकर) इकट्ठे हों तो बुध की ताकत काम देगी लेकिन बुध खाना नंबर-3, 6, 7 या 9 में से किसी एक नहीं होना चाहिए, अगर ऐसा हो तो बृहस्पति की मदद लेनी चाहिए लेकिन ध्यान रहे कि बृहस्पति खाना नंबर-2 में ना बैठा हो अगर हो तो मंगल की मदद लेनी चाहिए!

6-खाना नंबर-9 में बैठे मन्दा असर देने वाले ग्रह का उपाओ फ़र्श-मकान के ज़रिया होगा यानि जो भी ग्रह मन्दा हो उस ग्रह के रंग का फ़र्श नहीं होना चाहिए!

ख़ास: जब आम उपाओ (ऊपर ब्यानशुदा) काम ना देवें तो घण्टों के अन्दर-अन्दर फैसला करने के लिए नीचे दी हुई तालिका (नक़्शा) में ग्रह के हिसाब से (ग्रह के लिए) लिखे हुए उपाओ करने चाहिएँ!

नाम ग्रह	उपाओ
मंगल बद	गुड़ की रेवड़ियाँ पानी में बहाएँ !
बृहस्पति	केसर नाभि पर या ज़बान पर लगाएँ या खाने को दें !
सूरज	गुड़ पानी में बहाएँ !
चंदर	दूध या पानी का बर्तन सिरहाने रखकर सोएँ सुबह कीकर के पेढ़ को डालें !
शुकर	गऊ दान करें या चरी दान करें !
मंगल नेक	मीठा भोजन दान करें या बताशे दरिया में डालें !
बुध	तांबे के पैसे/टुकड़े में सुराख करके पानी में बहाएँ !
सनीचर	तेल का छाया पात्र दान करें !
राहू	मूली दान करें या कच्चे कोयले दरिया में बहाएँ !
केतू	कुत्ते को रोटियाँ डालें !

चेहरे पर तमाम ग्रह

बृहस्पति	नाक व माथा
सूरज	दायीं आँख का डेला
चंदर	बाईं आँख का डेला
शुकर	गाल (रुखसार)
मंगल	ऊपर का होंठ मंगल नेक और नीचे का मंगल बद
बुध	नाक का अगला हिस्सा, दाँत
सनीचर	भवों व पलकों के बाल
राहू	ठोड़ी
केतू	कान

शरीर के अंग और ग्रहों का ताल्लुक

चेहरे पर तमाम ग्रह और शरीर के अंगों का ग्रहों से ताल्लुक इल्म-ए-कियाफ़ा का हिस्सा है जो कि हथेली की लकीरों की ही तरह अंगों की बनावट से कुण्डली में लिखे किसी भी ग्रह की दुरुस्ती के लिए समझना निहायत ज़रूरी है!

1-**सिर:** दिमागी ताक़तें राहू की और ढाँचा बुध का, कुण्डली का खाना नंबर-12

2-**माथा (तिलक की जगह):** हवाई ख्यालात में तमाम ताकतों में राहू/केतू की बैठक का मैदान, मसनुई शुकर की जगह, कुण्डली का खाना नंबर-2! (माथे पर तिलक की जगह)

3-**चेहरा:** आकार बुध का और खूबसूरती केतू की, कुण्डली का खाना नंबर-6 (बुध और केतू)! (बृहस्पति जब केतू के साथ या केतू के घरों में होवे तो चेहरा लम्बाई लिए हुए होगा, जब दोनों ही ग्रह (बृहस्पति और केतू) खाना नंबर-2 में हों तो चेहरा लम्बा और माथा चौड़ा होवे लेकिन शर्त होगी कि कुण्डली का खाना नंबर-8 खाली होवे!

4-**माथा:** माथे का ऊपरी हिस्सा (जो सिर की तरफ को) जिस कदर बाहर को उभरा हुआ होगा व्यक्ति में किसी भी चीज़ को सीखने की इच्छाशक्ति ज़्यादा होगी और उसका चाल चलन भी नेक होगा!

5-**माथे पर निशान:** (क) माथे पर त्रिकोण, तराज़ू, मच्छली, अंकुश, पदम, पंखा या तलवार वगैरह का निशान तो भाई-बंधुओं का सुख नसीब होगा!

(ख) माथे पर कव्वे के पैर की तरह का निशान होवे तो व्यक्ति मन्दभाग होगा!

(ग) माथे पर सात या सात से ज़्यादा लकीरें हों तो व्यक्ति डाकू सव्भाव होवे!

(च) माथे पर बहुत ज़्यादा टूटी-फूटी लकीरें हों या फिर टूटी-फूटी ना भी लेकिन उनका झुकाव नीचे की तरफ को होवे तो व्यक्ति कम उम्र हुआ करता है, उम्र का हर आठवाँ साल (8-16-24-32-64 आदि) जीवन में ख़तरे की निशानी हुआ करता है!

(छ) माथे पर दोनों भवों के दरमियान (तिलक लगाने की जगह) पर त्रिकोण (मंगल बद) या केतू का अपना निशान हो व्यक्ति बेहतरीन हुक्मरान हुआ करता है!

6-**मर्द का चेहरा:** मर्द का मुँह और चेहरा चौड़ा हो तो व्यक्ति ख़ुदगर्ज़ लेकिन मुँह और चेहरा लम्बाई लिए हुए होवे तो नेक तबीयत होगा!

7-**औरत का चेहरा:** औरत का मुँह और चेहरा लम्बा होवे तो बदबख़्त लेकिन चेहरा चौड़ा और मुँह लम्बा होवे तो नेक नसीब होवे!

अध्याय नंबर-4

CAPRICORN
AQUARIUS
PISCES
AIRES
TAURUS
GEMINI
CANCER
LEO
VIRGO
LIBRA
SCORPIO
SAGITTARIUS

जनम दिन और जनम वक़्त का ग्रह

जनम दिन का ग्रह: हफ़्ते के सात दिनों पर ग्रहों का अधिपत्य होता है जैसे कि इतवार या रविवार पर सूरज ग्रह का सोमवार पर चंदर ग्रह का वगैरह-वगैरह (तालिका देखें) और लाल किताब में जिस दिन किसी व्यक्ति का जनम हुआ हो वोह दिन का मालिक ग्रह व्यक्ति के लिए जनम दिन का ग्रह कहलाएगा जैसे किसी का जनम बुधवार को हुआ हो तो उस व्यक्ति के लिए जनम दिन का ग्रह बुध होगा! इसी तरह से व्यक्ति की पैदाइश के वक़्त के समय को भी हर ग्रह के लिए बाँटा गया है जिसमें दिन और रात दोनों ही शामिल होंगे! लाल किताब में एक सूर्योदय से दूसरे दिन के सूर्योदय के लिए एक ही दिन गिना जाएगा जैसे किसी व्यक्ति का जनम किसी भी महीने की 10 तारीख को रात के 2 बजे हुआ और उस दिन मंगलवार हो तो अगले दिन के सूर्योदय तक 10 तारीख और मंगलवार ही लिया जाएगा ना कि अँग्रेजी तरीके से जिसमें रात के 12 बजे के बाद 11 तारीख और दिन बुधवार हो जाएगा!

हफ़्ते का दिन	मालिक/स्वामी ग्रह	जनम दिन का ग्रह
इतवार या रविवार	सूरज	सूरज
सोमवार	चंदर	चंदर
मंगलवार	मंगल	मंगल
बुधवार	बुध	बुध
वीरवार या गुरुवार	बृहस्पति	बृहस्पति
शुकरवार	शुकर	शुकर
सनीचरवार या शनिवार	सनीचर	सनीचर
खास: जिस तरह हथेली पर राहू/केतू के बुर्ज नहीं उसी तरह कोई दिन भी नहीं!		

जनम वक़्त का ग्रह: सूर्योदय के साथ ही पहला हिस्सा बृहस्पति का ठहराया गया है और लगभग दो घण्टे के बाद दोपहर तक का समय सूरज का होगा लेकिन रोशनी का मालिक होने के कारण कुल दिन सूरज का हुआ करता है और अन्धेरे (स्याह) का मालिक सनीचर होगा! दिन का राजा सूरज तो रात का राजा चंदर होगा! चाँदनी रात (शुक्ल पक्ष) चंदर का समय होगा और अँधेरी रात (कृष्णपक्ष) शुकर का समय होगा! जनम समय का ग्रह निर्धारित करने करने के नीचे की तालिका (नक़्शा) देखें!

सूर्योदय	←--------सूरज का दिन--------→				सूर्यास्त	←---सनीचर की रात --→	
केतू	बृहस्पति	सूरज	मंगल दोनों	बुध	राहू	शुक्ल पक्ष चंदर	कृष्ण पक्ष शुकर

सूरज के निकलने के से पहले के लगभग दो घण्टे के लिए केतू का समय होगा और सूरज के अस्त होने के समय लेकिन पहला तारा दिखाई देने से पहले की शाम राहू का वक़्त होगा, इसी तालिका के आधार पर जनम समय का ग्रह होगा!

कुछ ख़ास नियम: पूरे दिन या फिर पूरी रात को बादल छाए हुए हों तो जनम समय का ग्रह सनीचर होगा!

बादल हों या ना हों लेकिन बिजली चमक रही हो तो दिन हो या रात जनम समय का ग्रह राहू होगा!

दिन हो या रात बादल हों या ना हों लेकिन तेज़ हवाएँ चल रही हों तो जनम समय का ग्रह केतू होगा!

दिन हो या रात बादल हों या ना हों, बिजली की चमक हो या ना हो, तेज़ हवाएँ हों या ना हों लेकिन बारिश हो रही हो तो जनम समय का ग्रह चंदर होगा!

(यह मेरी सोच है और चर्चा का विषय भी)

जनम दिन और जनम समय के ग्रहों का आपसी ताल्लुक

जनम दिन और जनम समय के हिसाब से:

1-जनम दिन के ग्रह को गिनते हैं क़िस्मत को जगाने वाले ग्रह का पक्का घर या राशिफल का ग्रह जिसका उपाओ मुमकिन है!

2-जनम वक़्त के ग्रह को क़िस्मत का ग्रह गिनते हैं और यह ग्रहफल का हुआ करता है! ऐसे ग्रह का असर/फल अटल हुआ करता है (अच्छा या बुरा ग्रह की हालत पर), जनम वक़्त के ग्रह का खुद का कोई उपाओ नहीं होता बल्कि इसका उपाओ राशिफल के ग्रह से होगा

3-जैसे किसी व्यक्ति का जनम सोमवार के दिन पक्की शाम के वक़्त हुआ हो तो जनम दिन का ग्रह चंदर होगा और जनम समय का ग्रह होगा राहू, टेवे

में राहू अगर मन्द असर दे रहा हो तो इसका उपाओ जनम दिन के ग्रह चंदर द्वारा होगा!

टेवे (कुण्डली) में पहले और बाद के घर

गिनती के असूल पर: खाना नंबर-1 से लेकर खाना नंबर-6 तक घर पहले के घर कहे गए हैं और खाना नंबर-7 से लेकर खाना नंबर-12 तक के घर बाद के घर होते हैं! पहले के घर और उनमें बैठे ग्रह बाद के घरों को देखा करते हैं लेकिन बाद के घर पहले के घरों को नहीं देख सकते सिवाए खाना नंबर-8 के!

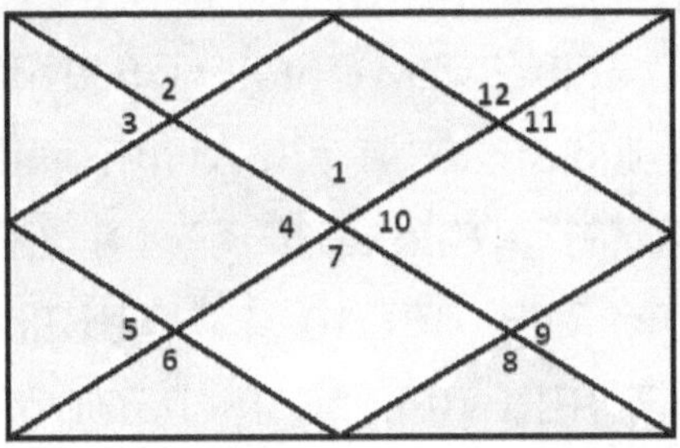

1-खाना नंबर-1 से लेकर खाना नंबर-6 तक के घर पहले के घर होंगे!

2-खाना नंबर-7 से लेकर खाना नंबर-12 तक बाद के घर होंगे!

3-खाना नंबर-8 खाना नंबर-2 को उल्टी दृष्टि से देखा करता है!

खाना नंबर-8 की दृष्टि विशेष नियम: खाना नंबर-8 खाना नंबर-2 को उल्टी दृष्टि से देखता है और इस घर का मन्दा असर इस घर में बैठे ग्रह/ग्रहों के ज़रिए दूसरे घर में मिला दिया करता है! खाना नंबर-8 के ग्रह खाना नंबर-12 को भी देख सकते हैं, लेकिन जब खाना नंबर-8 में सूरज, बृहस्पति, चंदर में से कोई एक या कोई दो या फिर तीनों ही खाना नंबर-8 में बैठे हों तो खाना नंबर-8 ना तो आगे यानि खाना नंबर-12 को और ना ही पीछे यानि खाना नंबर-2 को देख सकेगा बल्कि खाना नंबर-8 का असर खाना नंबर-8 में ही बन्द हुआ गिना जाएगा यानि मौत के इस घर को योगी जंगी (सूरज, बृहस्पति, चंदर) जीत लेगा (लाल किताब-1940, सफ़ह नंबर-30), कुल नतीजा यह कि यह तीनों ग्रह इकट्ठे (मुश्तरका) या अकेले-अकेले बैठे नेक होंगे!

दृष्टि के असूल पर: पहले और बाद के घरों में दृष्टि के असूल पर का नियम अलग है जिसको ग्रन्थकार ने लाल किताब-1940 संस्करण के सफ़ह नंबर-23 पर एक तालिका के ज़रिए समझाया है और लाल किताब 1942 संस्करण के सफ़ह नंबर-43 पर एक कुण्डली के ज़रिए ब्यान किया है! इस असूल के आधार

पर सिर्फ देखा जाने वाला ग्रह ही देखने वाले ग्रह के बाद के घरों में होगा जबकि दूसरे ग्रह चाहे वो गिनती के असूल पर देखा जाने वाले ग्रह के बाद के घरों में ही क्यों ना हों!

तालिका (नक़्शा) 1940 सफ़ह नंबर-23 के अनुसार												
खाना में	1	7	4	10	2	6	8	12	3	9	11	5
ग्रह	सूरज	सनीचर	बृहस्पति	मंगल	चंदर	बुध	--	शुकर	राहू	केतू	--	--

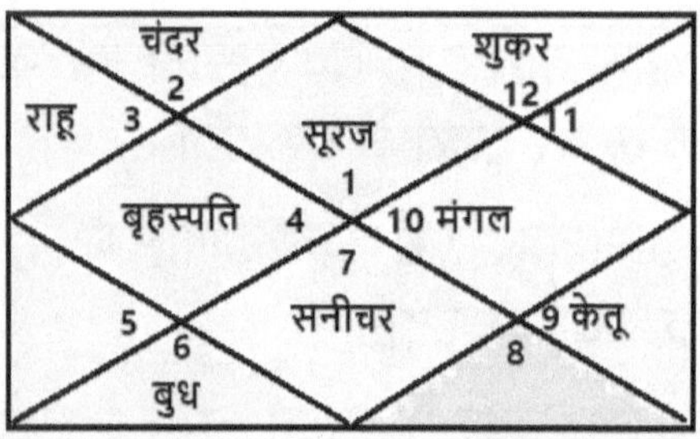

पहले के घर
बाद के घर
खाना नंबर-8

लाल किताब 1942 सफ़ह नंबर-43 पर दी कुण्डली

सूरज खाना नंबर-1 से खाना नंबर-7 में बैठे सनीचर को देखता है जोकि सूरज के बाद के घर में होगा लेकिन इसी सूरज से बृहस्पति खाना नंबर-4 में और मंगल खाना नंबर-10 में है, बृहस्पति और मंगल दोनों ही ग्रह गिनती के असूल पर तो बाद के घरों में हैं, क्योंकि कि सूरज उनको देख नहीं रहा इसलिए दृष्टि के हिसाब से यह ग्रह सूरज के बाद के घरों में नहीं गिने जाएंगे!

दृष्टि के असूल पर बाद के घरों का ज़िक्र आगे चल कर कई जगह पर है लेकिन इस नियम को समझने के इस सूत्र **"बृहस्पति केतू के बाद के घरों में हो तो बृहस्पति बरबाद होगा और केतू बृहस्पति के बाद के घरों में हो चंदर बरबाद होगा"**

अब अगर गिनती के हिसाब से देखा जाएगा तो किसी भी कुण्डली को लेंगे तो उसमें या तो बृहस्पति पहले के घरों में होगा और केतू बाद के घरों या फिर केतू पहले के घरों में और बृहस्पति बाद के घरों में (सिवाय उन कुंडलियों के जिन में बृहस्पति और केतू इकट्ठे (मुश्तरका) एक ही घर में बैठे होंगे) यानि की शत-प्रतिशत (सौ फ़ीसदी) कुंडलियों में बृहस्पति या चंदर बरबाद होना चाहिए जबकि यह संभव नहीं इसलिए पहले और बाद के घरों का असूल दृष्टि के हिसाब से होगा!

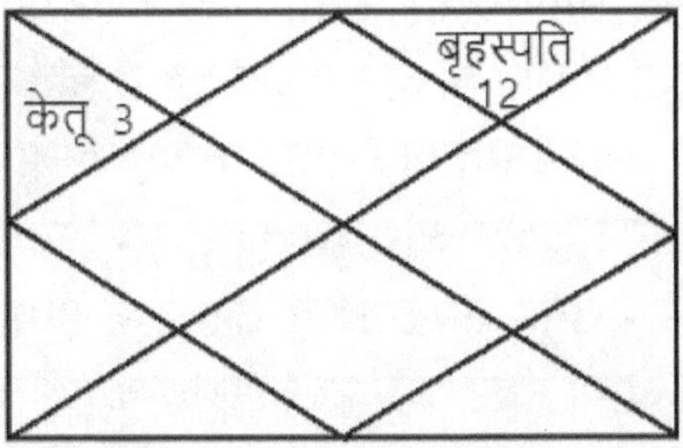

इस चित्र में केतू खाना नंबर-3 में है और बृहस्पति खाना नंबर-12 में! केतू की बृहस्पति पर कोई दृष्टि नहीं (आम दृष्टि का असूल) इसलिए बृहस्पति गिनती के हिसाब से केतू के बाद के घर में है इसलिए बृहस्पति बरबाद का नियम नहीं लगेगा!

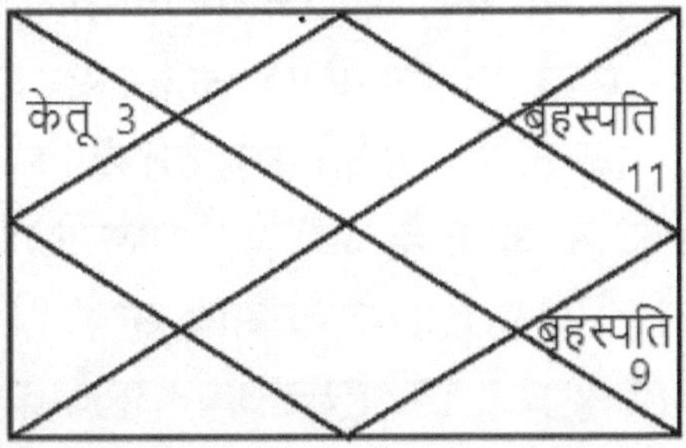

इस चित्र में भी केतू खाना नंबर-3 में लिया गया है और बृहस्पति अगर खाना नंबर-9 या खाना नंबर-11 में हो तो केतू की दृष्टि में होगा और यह बृहस्पति केतू के बाद के घरों का लिया जाएगा, इसलिए दोनों ही बातों में फ़र्क है!

पाप: मौत दरअसल पापी ग्रहों के काम का नतीजा है और पापी ग्रह तीन गिने गए हैं! **राहू** परसा चलाने वाला (**परसू**) लेकिन कुल्हाड़े का साथ नहीं होगा! **केतू** सिर्फ़ खाली परसा चलाने वाला (**परसा**) लेकिन कुल्हाड़े को चलाने वाला नहीं! **पापी सनीचर** यानि (**परसराम** यानि परसू और परसे को मिलने वाली या इकट्ठा करने वाला! दरअसल परसराम का अर्थ दूसरे लफ़्ज़ों में लिया जाए तो संपूर्ण इन्सान होगा और यह नेक भी हो सकता है और मन्दा भी!

मंगल के दो हिस्से:

सूरज + बुध (मंगल नेक) केतू
सूरज + सनीचर (मंगल बद) राहू } शूकर होता है !

सूरज (दिन) और सनीचर (रात) दोनों इकट्ठे होने के वक़्त खाली बुध होता है! अगर बुरी ख़ासियत या ऐसे घरों में हों जहां सूरज और सनीचर में कोई भी मन्दा गिना गया हो तो राहू, सूरज की 22 साला उम्र (सूरज की उम्र) तक और सनीचर की 36 साला उम्र तक नीच या मंगल बद का असर देता रहेगा, ख़्वाह किसी भी घर में बैठा होवे!

मसनुई ग्रह: लाल किताब का अत्यंत महत्वपूर्ण सूत्र है, इसके अंतर्गत हर एक ग्रह में दो ग्रहों का अंश होता है दूसरे शब्दों में मानें तो दो ग्रह जब इकठे होते हैं तो एक तीसरे ग्रह को जन्म देते हैं जो कि मसनुई ग्रह या बनावट के ग्रह के नाम से जाना जाता है! जैसे कि कुण्डली में अगर शुकर और बुध इकट्ठे(मुश्तरका) हों तो असल सूरज के साथ साथ टेवे में मसनुई या बनावटी सूरज भी होगा! अब अगर टेवे में सूरज अपने पक्के घर खाना नंबर-1 में हो तो उच्च का होगा और अब इसका असर दोगुना होगा एक असल और एक मसनुई! सभी ग्रहों के मसनुई ग्रह समझने के लिए नीचे दी गयी तालिका देखें!

मसनुई ग्रहों की हालत में जो भी दो ग्रह इस एक मसनुई ग्रह को बनाने में हिस्सेदार उनकी हालत भी टेवे में देखनी ज़रूरी होगी और इसके साथ ही इन दो ग्रहों के मिलने से जो बनावट का ग्रह बना हो उसकी असल हालत भी देखनी ज़रूरी होगी! आमतौर पर मसनुई ग्रह की मुतल्लिका चीजों का असर ज़रूर दिया करता है! इसके अलावा मसनुई ग्रह के हर दो जुज़ (हिस्से) अपने मसनुई हालत के दोनों ही बनावट के ग्रहों की मुतल्लिका चीजों का असर भी दे जाता है! मसलन सूरज पक्का ग्रह है और शुकर और बुध इकट्ठे (मुश्तरका) होने पर मसनुई सूरज होगा! अब सूरज हमेशा अपना असर सूरज की तरक्की रेखा या सेहत रेखा (शुकर + बुध) यानि खाना नंबर-1 और 5 का असर देगा लेकिन इस मसनुई हालत में सूरज का असर शुकर की शादी रेखा या बुध की सिर रेखा का असर यानि दोनों ही ग्रहों का असर खाना नंबर-7 देगा, लेकिन वह उम्र के हर सातवें या आठवें साल (अल्प-आयु)!

ख़ास: नष्ट ग्रह के वक़्त उस नष्ट होने वाले असल ग्रह का मसनुई हालत का ग्रह काम देता है! दो पक्के ग्रहों से बनने वाला मसनुई ग्रह और उसका असर किस अश्या (चीज़) पर होगा इसके लिए नीचे की तालिका (नक़्शा) देखें)!

मसनुई ग्रह और उनका असर		
नाम ग्रह	मसनुई ग्रह (बनावट के ग्रह)	असर
बृहस्पति	सूरज+शुकर	औलाद की पैदाइश का मालिक
सूरज	बुध+शुकर	सेहत का मालिक
चंदर	सूरज+बृहस्पति	वालदेनी खून व नुत्फ़ा का ताल्लुक
शुकर	राहू+केतू	दुनियावी सुख बजरिया औलाद
मंगल	सूरज+बुध(मंगल नेक)सूरज+सनीचर(मंगल बद)	औलाद ज़िंदा रखने का मालिक
बुध	बृहस्पति+राहू	इज़्ज़त शोहरत
सनीचर	शुकर+बृहस्पति(केतू सुभाओ)मंगल+बुध(राहू सुभाओ)	सेहत व बीमारी
राहू	मंगल+सनीचर(ऊंच)मंगल+बुध(नीच)	झगड़े,फसाद
केतू	शुकर+सनीचर(ऊंच)चंदर+सनीचर(नीच)	ऐश का मालिक

मौत अटल है और पापी ग्रहों का नतीजा हुआ करती है इसलिए लाल किताब के असूल पर जीवन राशिफल है तो मौत ग्रहफल! जिस तरह राशिफल के ग्रह के मन्दे असर को उपाओं द्वारा कम किया जा सकता है वही ज़िन्दगी में आने वाले कष्ट होते हैं जिनका हल हो सकता है लेकिन मौत (ग्रहफल) का कोई हल नहीं!

मसनुई मंगल औलाद को ज़िन्दा रखने का मालिक (बेल-सब्ज़ी यानि वंश के आगे चलने) है, मसनुई हालत में बनावट के ग्रह की हालत में ग्रह के दोनों ही हिस्सों को जुदा-जुदा कर लेना या हालत के अनुसार दोनों को इकट्ठा कर लेना हो सकता है (उपाओं के लिए)! क़िस्मत की हेरा-फ़ेरी पक्का ग्रह (हाथ पर बढ़ी रेखा) में शायद ही कभी तब्दीली हो लेकिन मसनुई ग्रह यानि छोटी रेखा को बदलना मुमकिन है, वह भी उम्र के हर सातवें साल (7-14) मगर 21 साल की उम्र से रेखा में कोई तब्दीली होना नहीं मानते क्योंकि यह बालिग होने का ज़माना होगा उम्र के हर सातवें साल तब्दीली (बुरी हो या भली) होना माना जाता है!

अन्धे ग्रह या अन्धे ग्रहों वाला टेवा: जब कुण्डली के खाना नंबर-10 दो आपस में दुश्मन ग्रह या नीच राशि की हैसियत या रद्दी होने वाले ग्रहों के कारण खराब हो रहा हो तो ऐसा टेवा अन्धे ग्रहों वाला टेवा हुआ करता है! कुण्डली कुल ग्रह चाहे अपनी उंच राशि या उंच घरों (मय सनीचर) के हों असर देने में अन्धों की तरह हुआ करते हैं! ऐसे टेवे में उपाओ के तौर पर "**दस अन्धों को लज़ीज़ खाना खिलाएँ**" और उसके बाद दुश्मन ग्रहों का अलग-अलग उपाओ किया जाएगा!

नहोराता या आधे अन्धे ग्रहों वाला टेवा: आधे अन्धे का मतलब कि जब किसी ख़ास वक़्त में ग्रह अपना असर देने के काबिल नहीं रहते! ऐसा एक ही हालत में होता है जब टेवे में सूरज खाना नंबर-4 (रात के वक़्त का सूरज) में हो और सनीचर खाना नंबर-7 में! सूरज कमज़ोर हालत में होगा क्योंकि सनीचर की स्याही से प्रभावित होगा और सनीचर अपने ऊंच के घर में! ऐसा टेवा अन्धे ग्रहों वाला टेवा कहा जाता है, इसलिए रात के वक़्त किया कोई भी नेक काम मन्दा असर देगा! **उपाओ:** ऐसे टेवे के लिए अगर खाना नंबर-1 खाली हो तो मिट्टी के बर्तन में शहद भरकर (मंगल का उपाओ) वीरान जगह दबाना होगा और अगर खाना नंबर-1 में कोई ग्रह हो तो सनीचर के लिए काले रंग की बांसुरी में खाण्ड भरकर वीरान जगह दबाना होगा!

धरमी ग्रह: सनीचर, राहू और केतू को पापी माना है जो आदतन बुराई करने वाले हैं लेकिन कुच्छ ख़ास हालात में तीनों ही ग्रह बुरा ना करने का हल्फ़ (कसम) उठाए होते हैं और बुराई छोड़ देते हैं! राहू और केतू माता (चंदर) के अहद (घर/मौजूदगी) में बुरा ना करने का हल्फ़ उठाए होते हैं और सनीचर खाना नंबर-11 में गुरु बृहस्पति के अहद (घर/मौजूदगी) में राहू और केतू के पापों का फैसला किया करता अब माता (चंदर) के दूध का हल्फ़ उठा कर बुराई छोड़ने की कसम लेता है! राहू और केतू खाना नंबर-4 में या चंदर के साथ कहीं भी और सनीचर खाना नंबर-11 में या बृहस्पति के साथ कहीं भी हो तो बुरा ना करने की कसम उठाए होते हैं लेकिन अच्छा करेंगे इसकी कोई शर्त नहीं! धरमी ग्रह या फिर धरमी टेवे वाले को अपने चरित्र और सनीचर की मन्दी चीजों से दूर रहना एक शर्त होगी!

साथी ग्रह: जब कोई दो ग्रह अपनी-अपनी मुकरर्रा (ठहराई) राशि, ऊंच-नीच के घर की राशि या घर, या अपने-अपने पक्के घरों को अदल-बादल कर बैठ जाएँ या अपनी जड़ो के लिहाज़ से बैठे हों तो साथी (जो ग्रह एक दूसरे को मदद देंगे) ग्रह कहलाते हैं! जैसे कि खाना नंबर-5 सूरज की जड़ (सिंह राशि) है और खाना नंबर-10 सनीचर की जड़ (मकर राशि) है, अब अगर सूरज बैठा हो खाना नंबर-10 में और सनीचर बैठा हो खाना नंबर-10

में तो दोनों ही ग्रह आपस में साथी ग्रह होंगे (यह नियम सिर्फ़ सूरज और सनीचर के लिए ही होगा क्योंकि सनीचर पर सूरज का टकराव होते हुए भी असर मन्दा नहीं होता)!

हथेली पर साथी ग्रहः जिस तरह कुण्डली में दो खानों के दरमियान की दीवार को सांझी (हमसाया) दीवार कहा गया है और दो पढ़ोसियों की तरह इन घरों में बैठे दोस्त ग्रह मिल जाया करते हैं मगर दुश्मनों को यह दीवार अलग रखती है! इसी असूल के चलते जब एक रेखा के साथ दूसरी रेखा (एक ही तरह की ॥ या =) चल रही हो और दोनों एक ही बुर्ज पर वाक्या हों तो साथ चलने वाली रेखा साथ ग्रह की तरह खून का कोई ताल्लुकदार होगी!

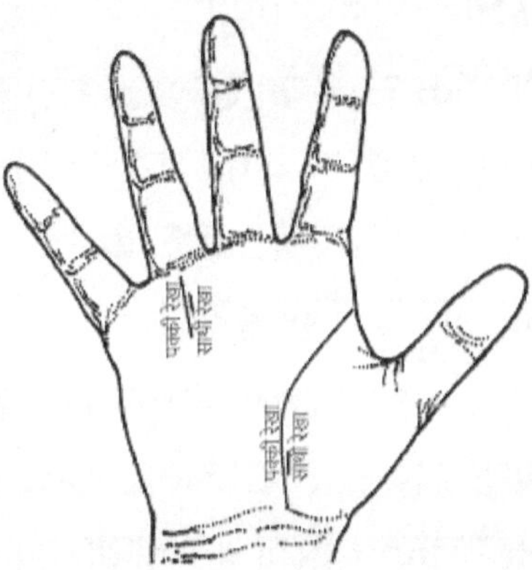

सूरज के बुर्ज पर सूरज की अपनी रेखा के साथ उसी की तर्ज़ पर चलती हुई रेखा को साथी रेखा कहेंगे, दोनों दी रेखाएँ सूरज के बुर्ज पर वाक्या हैं!

दूसरी हालत में सनीचर की उम्र रेखा जिसका दायरा बहुत वसीह है, के साथ एक साथी रेखा मौजूद है लेकिन शुकर के बुर्ज पर!

रेखाओं से उम्र की हदबन्दी के असूल पर उम्र के जिस हिस्से में रेखा हो उम्र के उसी हिस्से में कोई साथ देने वाला मिलेगा!

अपवादः साथी ग्रहों की ऊपर दी हुई परिभाषा में अपवाद है क्योंकि दो ग्रहों की राशि, ऊंच-नीच के राशि या फिर पक्के घर अदल-बदल कर बैठ जाने दोनों ही साथी होंगे इस पर खोज और चर्चा ज़रूरी है क्योंकि ग्रन्थकार ख़ुद ही इसमें कुच्छ वहम पैदा कर रहा है जोकि की कुच्छ ऐसे हैं:

1-सनीचर देखे सूरज को तो सूरज का असर बर्बाद होगा चाहे दृष्टि 100% हो (लाल-किताब 1952, सफ़ह नंबर-311) यानि 100% दृष्टि तब ही होगी जब

सनीचर खाना नंबर-1 (सनीचर की नीच राशि) से खाना नंबर-7 में बैठे सूरज (सूरज की नीच) को देखे। अब दोनों ही ग्रह अपनी नीच की राशियाँ अदल-बदल बैठे हैं!

2-सूरज खाना नंबर-1 (मंगल की मेख़ राशि) और मंगल खाना नंबर-5 (सूरज की सिंह राशि) लड़के पे लड़का मरे (लाल किताब-1952, सफ़ह नंबर-317) दोनों ही ग्रह आपस में राशि अदल-बदल कर बैठे हैं!

3-चंदर खाना नंबर-6 (बुध की ऊंच की राशि) में और बुध खाना नंबर-2 (चंदर की ऊंच की राशि) में यानि दोनों ही ग्रह अपनी ऊंच की ठहराई हुई राशियाँ अदल-बदल कर बैठे हैं लेकिन चंदर भाग रद्दी, ख़ुदकुशी तक की नौबत (लाल किताब-1952, सफ़ह नंबर-395) यानि असर मन्दा!

4-शुकर खाना नंबर-6 (शुकर की नीच राशि लेकिन बुध का ऊंच का घर) में, बुध खाना नंबर-12 (बुध की नीच राशि लेकिन शुकर का ऊंच का घर) में दोनों ही ग्रह अपने-अपने ऊंच या नीच के घर अदल-बदल कर बैठे हैं लेकिन दोनों ही ग्रहों का फल रद्दी होगा (लाल किताब-1952, सफ़ह नंबर-425)!

5-बुध खाना नंबर-12 (बृहस्पति की मीन राशि) में और बृहस्पति खाना नंबर-6 (बुध की कन्या राशि) में, दोनों ही ग्रह अपनी-अपनी राशियाँ अदल-बदल कर बैठे लेकिन नतीजा पिता की उम्र बर्बाद नहीं लेकिन पिता का तोशा-खाना (खज़ाना) बर्बाद होवे (लाल किताब-1952, सफ़ह नंबर-583)!

6-सनीचर खाना नंबर-4 (चंदर का पक्का घर और राशि भी) में और चंदर खाना नंबर-10 (सनीचर का पक्का घर और राशि भी) में यानि दोनों ही ग्रह असूल के हिसाब से पक्के घर और अपनी-अपनी राशियाँ अदल-बदल कर बैठे हैं लेकिन नतीजा माता दुखिया और चंदर की चीज़ें ज़हर के असर देती होंगी (लाल किताब-1952, सफ़ह नंबर-607)!

ख़ास: इसके अलावा और ढेरों ऐसे उधारण है इसलिए साथी ग्रह के सूत्र को ध्यान से इस्तेमाल करना ज़रूरी होगा! इसको समझने के प्रयास में कुच्छ उधारण पेश हैं!

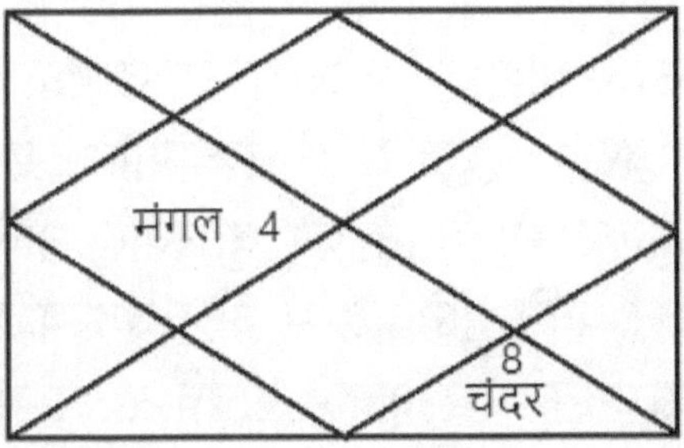

मंगल खाना नंबर-4 (चंदर की राशि और नीच भी) चंदर खाना नंबर-8 (मंगल की राशि और नीच भी) यानि दोनों ने राशियाँ अदल-बदल तो की हैं लेकिन यह दोनों ही ग्रहों की नीच की राशियाँ भी हैं, अब यह साथी ग्रह होंगे और दोनों ही का असर उम्दा होगा!

ख़ास:

1-जब दो ग्रह अपनी नीच की राशियाँ अदल-बदल कर बैठें हों तो साथ ही यह उनकी अपनी ठहराई हुई राशियाँ भी होनी चाहिएँ! यह असूल सिर्फ़ चंदर और मंगल पर ही लागू होगा और किसी भी दो ग्रहों पर नहीं, इसलिए इस सूत्र की कुंजी इन दो ग्रहों के हाथ में है!

2-जब भी दो ग्रह अपनी ऊंच नीच की राशियाँ अदल-बदल कर बैठे हों तो दोनों आपस में गिनने पर 5/9 या फिर 3/11 की हालत में मिलेंगे, यह एक ज़रूरी असूल होगा और इसको समझना और इस्तेमाल ज़रूरी है!

बुध खाना नंबर-2 (चंदर की ऊंच राशि) में और चंदर खाना नंबर-6 (बुध की ऊंच राशि) में! दोनों में कोई ग्रह नीच का नहीं (नीच राशि के हिसाब से) बुध से गिनती करें तो चंदर पांचवें स्थान में और चंदर से गिनती करें तो बुध नौवें स्थान (चंदर की बुनियाद) अब यह ग्रह साथी ग्रहों की तरह असर देंगे!

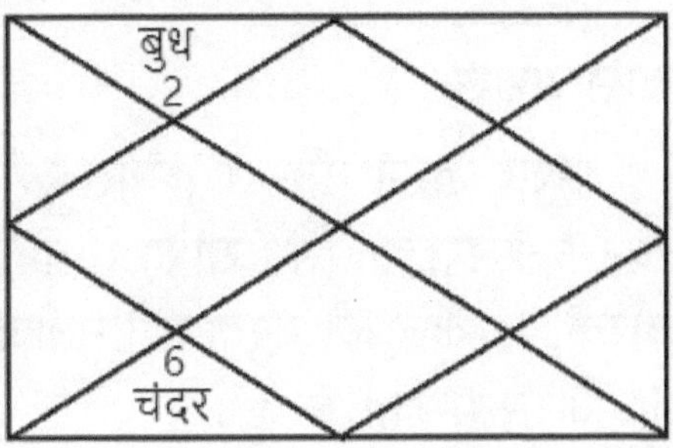

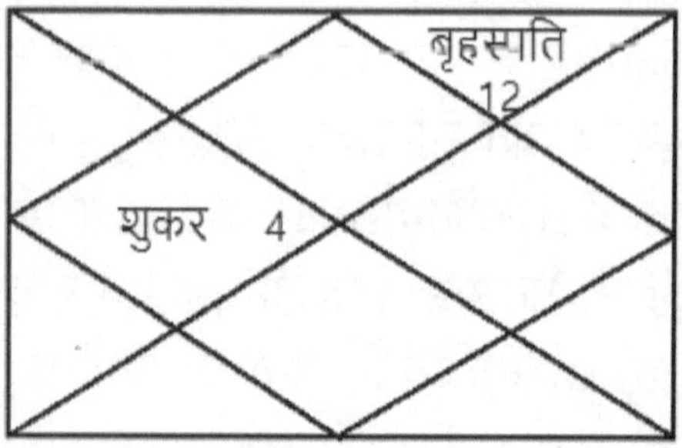

शुकर खाना नंबर-4 (बृहस्पति की ऊंच राशि) में और बृहस्पति खाना नंबर-12 (शुकर की ऊंच राशि) में! शुकर से गिनने पर बृहस्पति नौवें घर यानि बुनियाद में और बृहस्पति से गिनने पर शुकर पांचवें स्थान में अब यह दोनों ही ग्रहों में से कोई नीच नहीं और दोनों ही एक दूसरे के साथी होंगे!

शुकर खाना नंबर-10 (मंगल की ऊंच राशि) में और मंगल खाना नंबर-12 (शुकर की ऊंच राशि) में! शुकर से गिनने पर मंगल तीसरे स्थान में और मंगल से गिनने पर शुकर ग्याहरवें स्थान में! दोनों ग्रह अपने दोस्त के घर में और दोनों में कोई नीच नहीं, अब दोनों ही ग्रह एक दूसरे के साथी ग्रह होंगे!

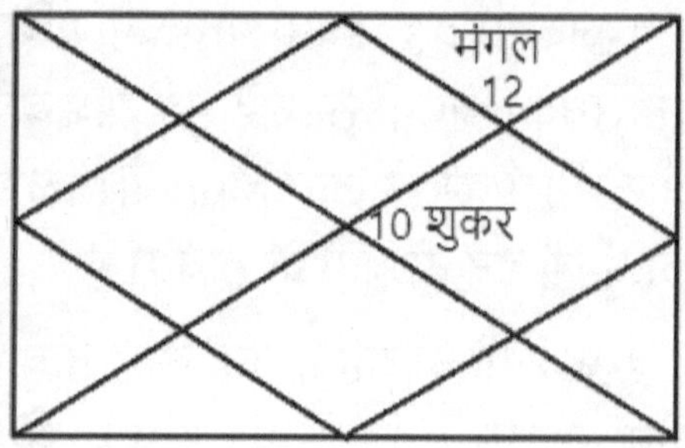

ख़ास असूल:

1-सूरज खाना नंबर-1 (मंगल की मेख़ राशि) में होवे और मंगल खाना नंबर-5 (सूरज की सिंह राशि) में तो दोनों खुद के लिए तो साथी होंगे लेकिन कारक ग्रह केतू को मरवा देंगे नतीजा लड़के पे लड़का मरे (नर औलाद के लिए असर मन्दा)!

2-जब दो ग्रह आपस में गिनने पर 1/8 के स्थान पर हो तो अपने से गिनने पर आठवें स्थान के ग्रह को टक्कर लगा करती है जो नुकसान देती है, लेकिन सूरज और सनीचर 1/8 की हालत में बैठे हुए नुकसान नहीं करते!

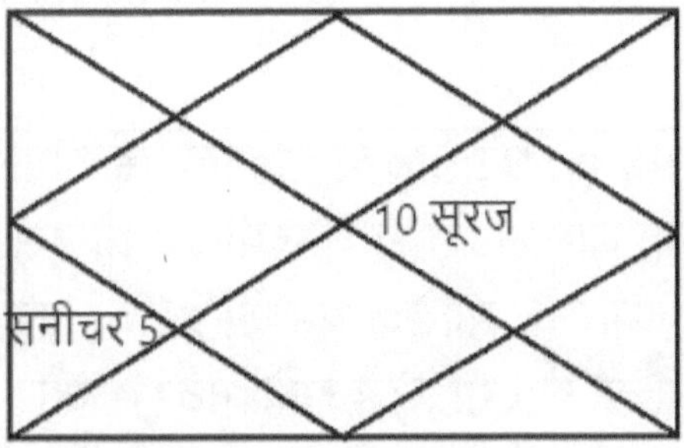

सनीचर खाना नंबर-5 (सूरज की जड़) में और सूरज खाना नंबर-10 (सनीचर की जड़) में! सनीचर से गिनने पर सूरज छटे स्थान में और सूरज से गिनने पर सनीचर आठवें स्थान में यानि सूरज का टकराव सनीचर को लेकिन फिर कोई नुकसान नहीं बल्कि दोनों ही साथी ग्रह होंगे!

बिलमुकाबिल ग्रह: कोई दो ग्रह जो दोस्त भी हों और किसी ऐसे घर में बैठे हों जहाँ वो उम्दा फल देने की हालत में हों लेकिन ऐन वक़्त उन दोनों ही ग्रहों या फिर दोनों में किसी एक ग्रह की जड़ में दोनों ही का दुश्मन या फिर दोनों में से किसी एक का दुश्मन ग्रह बैठा हो तो दोनों ही ग्रहों में दोस्ती का सव्भाव ख़त्म हो जाएगा!

खाना नंबर-5 में मंगल और बृहस्पति बैठे हों, जहाँ दोनों अपने दोस्त सूरज के घर में है और दोनों ही आपस में दोस्त भी! ऐसे में अगर खाना नंबर-9 (बृहस्पति की जड़) में मंगल का दुश्मन केतू बैठा हो या फिर खाना नंबर-1 (मंगल की जड़) में दोनों ही का दुश्मन बुध बैठा हो तो मंगल और बृहस्पति की दोस्ती सव्भाव ख़त्म होगा!

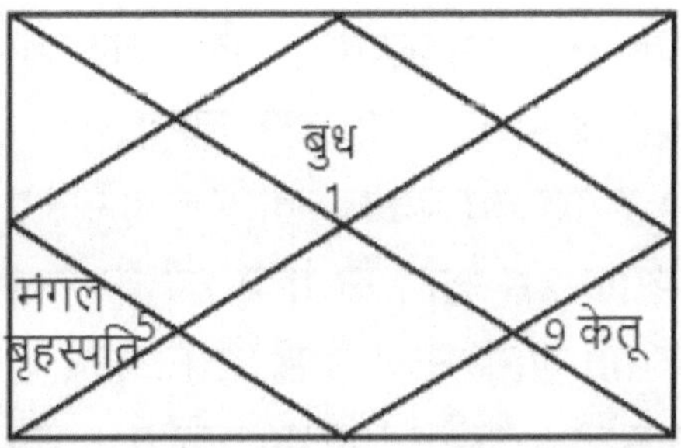

क़ायम ग्रह: जब कोई भी ग्रह अपनी राशि का, अपने ऊंच के घर का या फिर अपने पक्के घर का हो कर बैठा हो, और इस ग्रह के साथ या इस ग्रह का साथी कोई दुश्मन ग्रह ना हो, ना ही यह ग्रह किसी मन्दे ग्रह के टकराव में हो और ना ही ग्रह की जड़ कट रही हो और साथ ही ग्रह जागता हुआ भी होवे और इसकी

बुनियाद भी खाली ना होवे तो यह ग्रह हर तरह क़ायम ग्रह होगा जिसका असर पूरा नेक होगा!

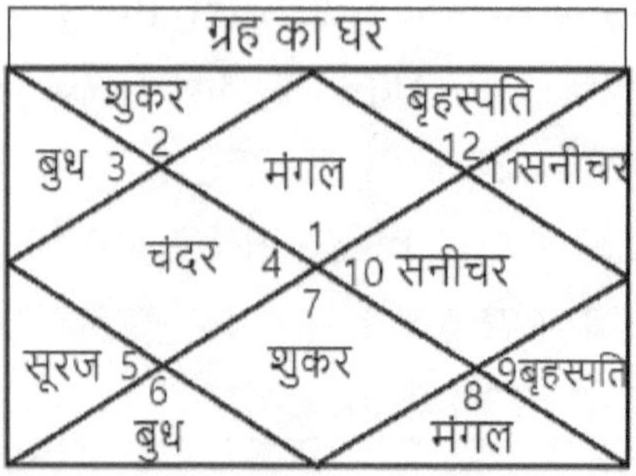

ग्रह का घर: ग्रह की ठहराई हुई राशि या मान लें कि राशि ज़मीन है तो इस ज़मीन के मालिक ग्रह को ग्रह का घर लिया जाएगा, जैसे राशि नंबर-1 और 8 (मेख़ और बृच्छिक) का मालिक मंगल है तो मंगल को इन राशियों के ग्रह का घर (ज़मीन) गिना जाएगा!

घर का ग्रह:

जो भी घर/खाना किसी भी ख़ास ग्रह का पक्का खाना हो या कोई ख़ास ग्रह किसी ख़ास घर/खाना में पक्के खाने का ग्रह कह कर पुकारा जाएगा उस ग्रह को उस खाने के लिए घर का ग्रह कहा जाएगा! जैसे खाना नंबर-3 मंगल का पक्का खाना है इसलिए मंगल इस खाने के लिए घर का ग्रह होगा! खाना नंबर-3 में मिथुन राशि है इसलिए ज़मीन का मालिक (ग्रह का घर) तो बुध होगा लेकिन इस ज़मीन पर मंगल ने मकान बनाया है तो घर का ग्रह मंगल होगा.

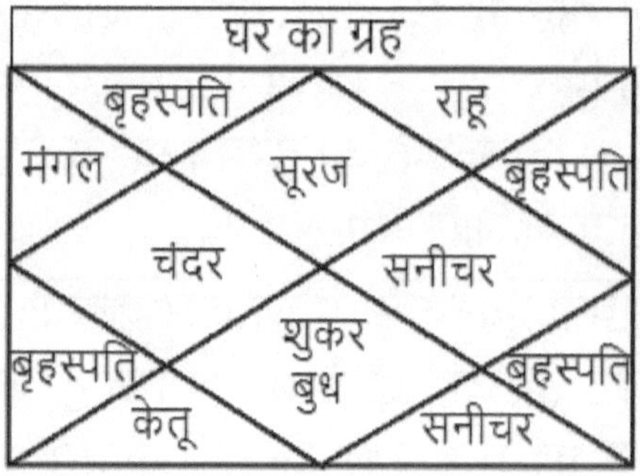

चंदर (खाना नंबर-4), शुकर (खाना नंबर-7) बृहस्पति (खाना नंबर-9) और सनीचर (खाना नंबर-10) ग्रह का घर और घर का ग्रह एक हैं इस लिए ख़ास होंगे!

टकराव: हर एक घर और उसमें बैठा ग्रह (घर से गिनने पर) अपने से आठवें घर और उसमें बैठे ग्रह टक्कर (टकराव) मारता है! ज़्यादातर या टक्कर (टकराव) मन्दा हुआ करता है और टक्कर खाने वाला ग्रह पीढ़ित हुआ करता है (जैसे खाना नंबर-1 में सूरज हो और खाना नंबर-8 में सनीचर तो सूरज की टक्कर सनीचर

पर होगी जिससे सनीचर पीढ़ित होगा)! कुच्छ एक खाने एक/आठ की हालत में होते हुए भी टकराव के कारण मन्दे नहीं हुआ करते जैसे खाना नंबर-2 (बृहस्पति का पक्का घर) और खाना नंबर-9 (बृहस्पति का पक्का घर) कोई भी ग्रह अपने ही घर का नुकसान नहीं करता! खाना नंबर-9 से गिनने पर खाना नंबर-4 भी आठवाँ घर होगा यहाँ भी खाना नंबर-9 (पिता का घर) और खाना नंबर-4 (माता का घर) टकराव मन्दे असर का नहीं होगा, लेकिन हर नियम के असूल पर!

खाना नंबर-1	टक्कर मारेगा	खाना नंबर-8 को
खाना नंबर-2	टक्कर मारेगा	खाना नंबर-9 को
खाना नंबर-3	टक्कर मारेगा	खाना नंबर-10 को
खाना नंबर-4	टक्कर मारेगा	खाना नंबर-11 को
खाना नंबर-5	टक्कर मारेगा	खाना नंबर-12 को
खाना नंबर-6	टक्कर मारेगा	खाना नंबर-1 को
खाना नंबर-7	टक्कर मारेगा	खाना नंबर-2 को
खाना नंबर -8	टक्कर मारेगा	खाना नंबर-3 को
खाना नंबर-9	टक्कर मारेगा	खाना नंबर-4 को
खाना नंबर-10	टक्कर मारेगा	खाना नंबर-5 को
खाना नंबर-11	टक्कर मारेगा	खाना नंबर-6 को
खाना नंबर-12	टक्कर मारेगा	खाना नंबर-7 को

ग्रहफल और राशिफल: लाल किताब संस्करण-1940 के अरमान नंबर-6 में ग्रहफल और राशिफल का विस्तार से वर्णन है कि **"जब कोई ग्रह अपनी ठहराई हुई राशि, अपनी ऊंच की राशि, अपनी नीच की राशि या फिर अपने पक्के घर का हो तो ग्रहफल का होगा इसके उलट ग्रह किसी गैर ग्रह की राशि या किसी दुश्मन ग्रह का साथी बन रहा हो तो शक्की यानि राशिफल का होगा"**! यानि जो भी ग्रह शक्की हालत का होगा वो अपना नेक असर देने की जगह बुरा असर दे रहा हो तो उसके शक्क की हालत का फ़ायदा उठाया जा सकता है यानि काबिल-ए-उपाओ होगा, इसके उलट जो भी ग्रह हर तरह से देखने-भालने पर ग्रहफल का साबित हो रहा हो तो इसको पक्की हालत का कहा जाता है और इसके असर को टालना या बदलना नामुमकिन होगा!

ख़ास: ग्रहफल के बुरे असर को टालना या बदलना इन्सान हस्ती से बाहर है लेकिन कुच्छ रसीदा (पहुँचे हुए रब्ब के नेक इन्सान) हस्तियों के बस की बात

होती है और ऐसा सिर्फ़ एक बार ही हुआ करता है यानि एक दुनियावी हस्ती को बचाने के लिए उसके एवज़ में वही चीज़ पैदा कर लेना जिसके लिए उस रसीदा हस्ती को अपना आप मिटाना होगा!

ग्रहफल और राशिफल को आसानी से समझने के लिए नीचे की तालिका (नक्शा) देखें!

नाम ग्रह	बृहस्पति	सूरज	चंदर	शुकर	मंगल	बुध	सनीचर	राहू	केतू
किस खाने में ग्रहफल	5,9,11	5	4	7	1,8	6	3*10,11	2,12	2,6
किस खाने में राशिफल	6**7	6**7	-----	4	4,6**	10,12	3**6**	1,7,9	4,10

1-चिन्हित (***) ग्रह काबिल-ए-उपाओ हुआ करते हैं !
2-सनीचर खाना नंबर-3 में बैठा पैसे के लिए राशिफल का हुआ करता है, इसके लिए केतू का उपाओ किया जाना चाहिए !
3-सनीचर खाना नंबर-3 के समय अगर केतू खाना नंबर-10 में तो उपाओ की ज़रूरत नहीं !

राशिफल के ग्रह का उपाओ

हर एक ग्रह जब ठहराए हुए असूलों के हिसाब से राशिफल का साबित हो रहा हो तो उसके मन्दे असर को उपाओं द्वारा ठीक किया जा सकेगा लेकिन इसके लिए यह तय करना भी ज़रूरी होगा कि उपाओ ख़ुद मन्दे ग्रह का होगा या फिर किसी दूसरे ग्रह की मदद की ज़रूरत होगी!

कुच्छ ख़ास-ख़ास खानों में बैठे ग्रह जब राशिफल के हो रहे हों तो ग्रह का ख़ुद का उपाओ ना करके किसी दूसरे ग्रह की मदद ली जाती है और खाना अनुसार उस मदद वाले ग्रह का उपाओ किया जाता है! किस ग्रह के खराब होने पर किस ग्रह का उपाओ होगा इसका असूल नीचे दिया है!

बृहस्पतिः

1-टेवे के खाना नंबर-6 में हो तो केतू का उपाओ मददगार होगा!

2-टेवे के खाना नंबर-7 में हो तो चंदर का उपाओ मददगार होगा!

3-पापी ग्रहों या बुध के साथ हो तो हर एक ग्रह अपना-अपना उपाओ होगा!

सूरज:

1-सूरज कभी राशिफल का नहीं होता!

2-खाना नंबर-1 और 5 के अलावा सूरज जिस भी घर में बैठा हो तो उस घर के स्वामी ग्रह की हालत अनुसार उसके साथी ग्रह का उपाओ करना चाहिए! सूरज ख़ुद कभी नीच नहीं होता बल्कि साथ साथ बैठे ग्रह को नीच करता है!

3-खाना नंबर-1 और 5 में सूरज बैठा होने के समय जो भी ग्रह उसके साथ बैठा हो (अकेला) तो सूरज उस साथ बैठे ग्रह की मदद करता है (जैसे खाना नंबर-5 में सूरज के सनीचर ही हो) और किसी उपाओ की ज़रूरत नहीं होगी!

4-महादशा के समय जो भी ग्रह नष्ट, बर्बाद या ज़हरीले हो रहे हों और सूरज के ताल्लुक से राशिफल के हो जाएँ तो उनके लिए सूरज नेक असर का होगा! अगर सूरज ख़ुद किसी ग्रह को खराब कर रहा हो तो सूरज के दुश्मन ग्रहों नेक करना चाहिए और ऐसी हालत सूरज खाना नंबर-6 में बैठा होने के समय होती है ऐसे में बुध (राशिपति) को नेक करना चाहिए! खाना नंबर-7 में सूरज बैठा होने के समय अगर सूरज पर सनीचर का टकराव हो तो चंदर नष्ट करना चाहिए!

चंदर:

1-चंदर हमेशा राशिफल का हुआ करता है!

2-खाना नंबर-3 में बैठा हुआ चंदर हमेशा मंगल नेक का असर दिया करता है जो जीवन की हर जंग में फ़तह दिलवाएगा और धन-दौलत का रखवाला भी!

3-खाना नंबर-7 में बैठा हुआ चंदर हर तरह नेक असर और लक्ष्मी का अवतार होगा!

4-खाना नंबर-8 में बैठा चंदर यम को हरा कर लम्बी उम्र बख़्शा करता है!

ख़ास: घोड़ा चंदर की जानदार अश्या है और घोड़ा तीन ही घरों केई जागता है, खाना नंबर-3 में फ़तहयाब करने और धन-दौलत की रक्षा के लिए, खाना नंबर-7 में धन-दौलत दिलवाने के लिए और खाना नंबर-8 में उम्र की रखवाली के लिए!

शुकर:

1-शुकर खाना नंबर-4 के समय बृहस्पति का उपाओ होगा!

मंगल:

1-मंगल इस घर में मंगलीक योग बनाता है और इसके लिए चंदर का उपो किया जाएगा (बढ़ के पेढ़ को दूध डाल कर गीली मिट्टी से तिलक लगाना चाहिए कम से कम 43 दिन)

2-मंगल खाना नंबर-6 में होने के वक़्त सनीचर का उपाओ किया जाएगा (उपाओ के लिए मंगल की अश्या लाल रंग, सनीचर की अश्या लोहा और बुध गोल) यहाँ ग्रन्थकार इस उपाओ के समय लाल बेर लिखा है!

बुध:

1-बुध खाना नंबर-10 में बैठा मन्दा असर दे रहा हो तो सनीचर का उपाओ होगा!

2-बुध खाना नंबर-12 में बैठा होने के वक़्त केतू का उपाओ होगा!

3-टेवे में बुध अकेला खाना नंबर-9 में बैठा हो या खाना नंबर-9 में बैठे ग्रहों देख रहा हो या उनका साथी ग्रह बन रहा हो तो कुल ग्रहों (दोस्त हों या दुश्मन चाहे बुध से ताक़तवर ही क्यों ना हों) को अपने खाली दायरे में क़ैद कर लिया करता है! आमतौर पर खाना नंबर-9 में अकेला बैठा बुध टेवे के बाकी के ग्रहों को बर्बाद करता है (चंदर खाना नंबर-1 में हो तो यह असूल नहीं लगेगा) ऐसी हालत में उपाओ नीचे लिखे असूल पर होगा :

क-यदि बुध किसी नर ग्रह/ग्रहों के साथ हो तो बाकी बचे हुए नर ग्रह उपाओ करना चाहिए

ख-अगर यह उपाओ काम ना करे तो स्त्री ग्रहों का उपाओ करना चाहिए!

ग-अगर नर ग्रहों और स्त्री ग्रहों के उपाओं से काम ना बने तो मुखन्नस ग्रहों का उपाओ करना चाहिए!

ख़ास: ऊपर दिए हुए उपाओ करते वक़्त यह बात ध्यान में रखनी होगी बुध ख़ुद, या साथ बैठा ग्रह या फिर जिस ग्रह के द्वारा उपाओ किया जाना है वो नष्ट ना होवे!

ख़ास असूल: जब खाना नंबर-9 में सूरज या/व मंगल हों और उसी वक़्त बुध खाना नंबर-3 या 5 में बैठा हो तो ना तो बुध ख़ुद बोलेगा (असर देना) और ना ही सूरज व मंगल को बोलने देगा बल्कि लसूढ़े की गिटक के हालात पैदा कर ना ख़ुद काम करेगा ना ही दूसरे ग्रहों को काम करने देगा! ऐसे में सबसे उतम उपाओ नाक छेदन होगा!

सनीचर:

1-सनीचर खाना नंबर-3 के समय केतू का उपाओ होगा (पैसे की तंगी के लिए और केतू खाना नंबर-10 में हो तो किसी उपाओ की ज़रूरत नहीं)!

2-सनीचर खाना नंबर-6 में हो तो राहू का उपाओ किया जाएगा!

3-सनीचर खाना नंबर-9 में हो तो बृहस्पति का उपाओ होगा!

राहू और केतू:

राहू और केतू बन्द मुट्ठी के खानों (1-4-7-10) में हों तो इन घरों में ऊंच होने वाले ग्रह का उपाओ होगा!

1-राहू खाना नंबर-1 में हो तो राशिफल का होते हुए भी सूरज का उपाओ होगा!

2-राहू खाना नंबर-7 में हो तो राशिफल का होते हुए भी सनीचर का उपाओ होगा!

3-केतू खाना नंबर-4 में हो तो राशिफल का होते हुए भी बृहस्पति का उपाओ होगा!

4-केतू खाना नंबर-10 में हो तो राशिफल का होते हुए भी मंगल का उपाओ होगा!

ख़ास: खाना नंबर-4 या खाना नंबर-10 राहू होने के समय और खाना नंबर-1 या खाना नंबर-7 में केतू होने के समय कोई उपाओ नहीं कहा गया!

बालिग और नाबालिग टेवा: बच्चे की रेखा यानि 12 साल की उम्र तक कोई एतबार नहीं और 12 साल की उम्र से पक्की रेखा में कोई तबदीली नहीं मानी जाती! नाबालिग ग्रहों वाली कुण्डली या हथेली की रेखाओं का कोई एतबार नहीं

लेकिन फिर भी मुमकिन है कि ऐसी उम्र तक ग्रहों की चाल के हिसाब से रेखा में तबदीली आ जाए! अगर टेवे के हिसाब से देखें तो कुण्डली के बन्द मुट्ठी के खानों (1-4-7-10) में सिर्फ पापी ग्रह (सनीचर, राहू, केतू) या अकेला बुध बैठा हो तो ऐसा टेवा नाबालिग ग्रहों वाला टेवा कहा जाता है और कोई भी फलादेश व्यर्थ होगा!

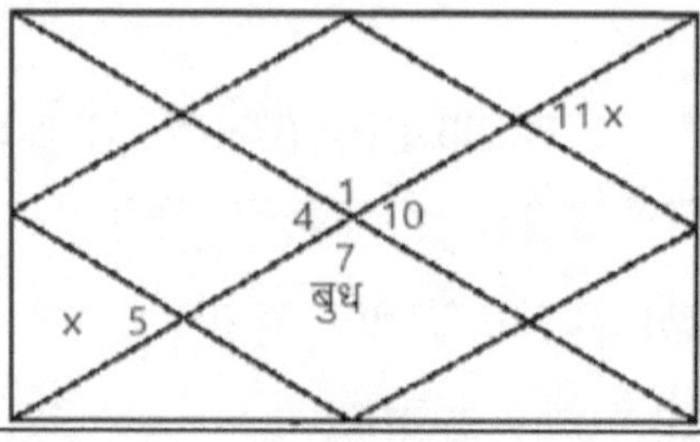

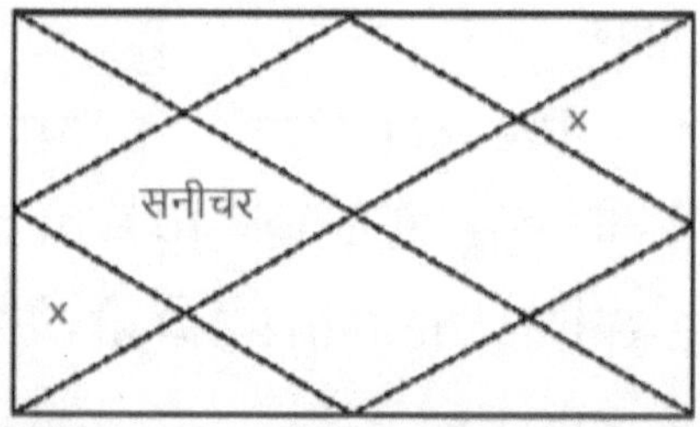

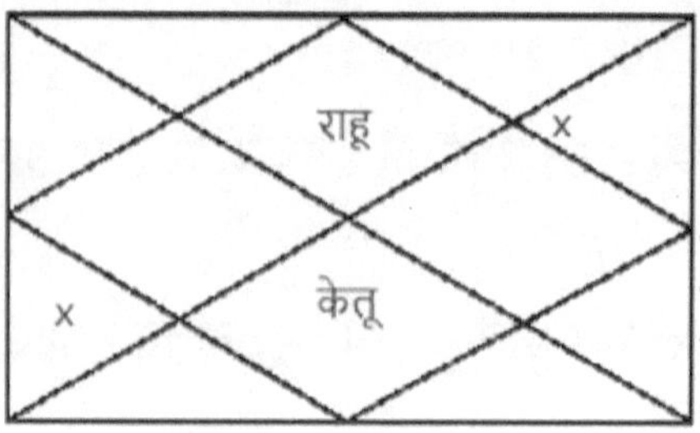

चित्र-1: बुध खाना नंबर-7 में और खाना नंबर-5 और 11 में सूरज नहीं!

चित्र-2: सनीचर खाना नंबर-4 में और खाना नंबर-5 और 11 में सूरज नहीं!

चित्र-3: राहू या केतू खाना नंबर-1 में और खाना नंबर-5 और 11 में सूरज नहीं!

नाबालिग ग्रेहों के टेवे वाले बच्चे की उम्र का साल	किस्मत के ताल्लुक में किस खाना का ग्रह मदद करेगा	खाना/घर का मालिक ग्रह
1	7	शुकर
2	4	चंदर
3	9	बृहस्पति
4	10	सनीचर
5	11	सनीचर
6	3	बुध
7	2	शुकर
8	5	सूरज
9	6	बुध व केतु
10	12	बृहस्पति व राहु
11	1	मंगल
12	8	मंगल

ख़ास:

1-अगर टेवे ग्रहों की ऐसी हालत के समय सूरज खाना नंबर-1 या खाना नंबर-5 या खाना नंबर-11 में होवे तो टेवा नाबालिग नहीं होता!

2-नाबालिग ग्रहों वाला टेवा उस साल बालिग हो जाएगा जिस साल सूरज खाना नंबर-1 में आएगा, ऐसा 12 साल की उम्र से पहले भी मुमकिन है!

3-अगर जनम समय का ग्रह सूरज हो तो भी टेवा बालिग होना चाहिए (चर्चा का विषय)!

दुश्मनों के मारे हुए ग्रहों के कुर्बानी के बकरे:

जब कोई एक ग्रह किसी भी कारण (मन्दा, नष्ट, टकराव या किसी दुशमन ग्रह के साथ होने पर) नष्ट हो रहा हो उस ख़ास ग्रह (नष्ट होने वाले ग्रह) ने अपने बचाव के लिए किसी दूसरे ग्रह को रखा हुआ होता है, इसलिए जब भी असल ग्रह पीढ़ित हो तो अपने उस साथ रखे ग्रह पर सब कष्ट डाल देता है और यह साथ रखे ग्रह कुर्बानी के बकरे कहे जाते हैं!

सनीचर: दुश्मन ग्रहों की चोट या टकराव के वक़्त सनीचर अपने एजेन्ट ग्रह राहू और केतू की कुर्बानी दिया करता है! राहू और केतू मिलकर कर शुकर बनाते (मसनुई) हैं! सनीचर को सबसे ज़्यादा खराब सूरज किया करता है और इस परेशानी को सनीचर राहू और केतू पर डाल देता है जोकि शुकर हैं इसलिए शुकर कुर्बान होगा यानि सूरज और सनीचर के झगड़े में औरत पे औरत बर्बाद होवे!

बुध: बुध निहायत चालाक ग्रह है जिसने अपने बचाव के लिए शुकर से दोस्ती कर रखी है, इसलिए बुध जब भी पीढ़ित होगा अपनी बला शुकर के सिर डाल शुकर को मरवा देता है!

मंगल: मंगल (शेर) जब भी कष्ट में हो या पीढ़ित हो रहा हो तो अपनी बला केतू (कुत्ता) यानि अपने कष्ट के समय केतू (नर औलाद, भतीजे आदि) पर डालेगा!

शुकर: शुकर (औरत) सव्भाव में शैतान इसलिए जब भी कष्ट में होगा या नष्ट होवे तो अपनी बला चंदर पर डालेगा यानि माता (चंदर) नष्ट होवे जैसे चंदर और शुकर बिलमुकाबिल हों तो माता अंधी होगी!

बृहस्पति: बृहस्पति ने अपने चेले केतू को कुर्बानी या अपने बचाव के लिए रखा हुआ है, जैसे बृहस्पति खाना नंबर-6 में हो तो केतू कहीं हो कुर्बान होगा लेकिन इसका मन्दा असर औलाद पर ना हो कर मामा ख़ानदान पर होगा! वैसे भी बृहस्पति अगर पीढ़ित तो केतू की कुर्बानी दिलवाएगा!

सूरज: सूरज टेवे में किसी तरह से पीढ़ित हो रहा हो तो केतू की कुर्बानी देगा क्योंकि अपनी मुसीबत के सिर डाला करता है! सूरज खाना नंबर-5 सिंह राशि का मालिक होने के कारण लड़के मरवाएगा!

चंदर: चंदर टेवे जब भी पीढ़ित हो रहा हो तो ख़ुद किसी ग्रह को नहीं मरवाता बल्कि अपनी मुसीबत दोस्त ग्रहों (सूरज, बृहस्पति और मंगल) को सौंप देता है!

राहू और केतू: किसी तरह की मुसीबत हो उसका मुक़ाबला ही करने की हिम्मत वाले ग्रह हैं इसलिए अपना मन्दा असर अपने ताल्लुकदारों पर डाला करते हैं!

धरम-अस्थान: धरम-अस्थान यानि पूजा-पाठ की जगह या इबादत-गाह, ऐसा पवित्र अस्थान जो हिंदुओं के लिए मन्दिर, सिखों के लिए गुरुद्वारा, मुसमानों के लिए मस्जिद और ईसाई-धरम वालों के लिए चर्च वगैरह! या ऐसा भी कह सकते कि जिस भी धरम में किसी एक इन्सान की आस्था हो उसके लिए पूजा-अस्थान! फिर कुच्छ ऐसे भी लोग हैं जिनको दिखावे के धरम में विश्वास नहीं उनके लिए बहता हुआ दरिया भी पूजा की जगह होगी या फिर सनीचर का चौरास्ता + ही धरम-अस्थान होंगे! एक यही किताब है जिसने दुनिया के सभी धर्मों को उपाओं के लिए एक माना है!

धरम-अस्थान से ताल्लुक रखने वाली ख़बरदारियाँ:

1-जब कुण्डली के खाना नंबर-8 और खाना नंबर-12 में ऐसे ग्रह हों जो आपस में दुश्मन हों और इस दुश्मनी के चलते एक दूसरे को बर्बाद कर सकते

हो और साथ ही कुण्डली का खाना नंबर-2 खाली हो तो धरम-अस्थान में जाना वर्जित होता है, सिर्फ़ धरम-अस्थान के बाहर से माथा नीवा कर इष्ट को याद कर लेना चाहिए! अगर आस्था के चलते कोई रुक नहीं सकता हो या उपाओ के लिए ही जाना पढ़े तो ध्यान रहे कि शरीर का कोई अंग/हिस्सा किसी मूर्ति को ना छूए!

2-अगर कुण्डली के खाना नंबर-8 और खाना नंबर-12 में बैठे हुए ग्रह आपस में दोस्त हो या खाना नंबर-6 में कोई उतम ग्रह बैठा हो और खाना नंबर-2 खाली हो तो ऐसी हालत में व्यक्ति को चाहिए कि धारा-अस्थान में अपने इष्ट को प्रणाम करते वक़्त अपने शरीर का कोई अंग/हिस्सा मूर्ति को ज़रूर छूने दें इससे नेक असर पैदा होगा!

अध्याय नंबर-5

CAPRICORN
AQUARIUS
PISCES
AIRES
TAURUS
GEMINI
CANCER
LEO
VIRGO
LIBRA.
SCORPIO
SAGITTARIUS

फ़रमान नंबर-7

बुत नें रूह से अपना घर क्यों पूछ लिया

राशि मालिक है लेख की होती,	या कि होता ग्रह मण्डल हो
मिल के कटेगी उम्र दोनों की,	कुण्डली जनम ख़्वाह चंदर हो
घर पहले की उम्र सौ साला,	तीन नब्बे (10) बारह है
85 उम्र 7 चौथे की लेते,	80 होती घर 6 की है
पौन सदी या साल 75,	गुरु मन्दिर घर (2) की है
घर और ग्रह की उम्र जुदा पर,	गुज़रती दो की ईकठी है
गुरु जगत की उम्र 75,	बुध केतू 80 होती है
शुक्र चंदर की उम्र 85,	शनि-मंगल-राहू 90 है
स्त्री ग्रह जब मिले नरों से,	उम्र 96 होती है
साथ मिले जब बुध पापी का,	वही 85 होती है
रवि मालिक है पूरी सदी का,	उम्र लम्बी उस होती है
ग्रहण लगे जब चंदर रवि को,	साल 3 त्रै कम होती है

इस फ़रमान के अनुसार खानों व ग्रहों की उम्रों का ज़िक्र है लेकिन इसका मतलब इन्सान की कुल उम्र से नहीं होगा बल्कि ग्रहों और खानों का असर कुल किस उम्र तक होगा, जैसे खाना नंबर-1 की उम्र सौ साल लिखी है अब इस घर का नेक असर देने के लिए इस घर के मालिक ग्रह और इस घर के पक्के ग्रह सूरज की हालत पर निर्भर होगा, अगर कुंडली में यह दोनों ग्रह नेक, बिना किसी मंदे ग्रह की दख्ल के व हर तरह से कायम हों तो खाना नंबर-1 का नेक फल कुल उम्र तक जारी रहेगा! अब खाना नंबर-1 नेक हो और खाना नंबर-1 में बृहस्पति बैठा हो और बृहस्पति भी हर तरह से नेक व कायम हो तो बृहस्पति का असर उसकी उम्र 75 साल तक हर तरह से नेक होगा! इसी नियम के आधार पर सूरज बैठा हो खाना नंबर-6 में, अब खाना नंबर-6 की उम्र 80 साल लिखी है और सूरज की 100 साल, अब सूरज अपनी हालत अनुसार अपना फल खाना नंबर-6 के लिए (नेक या मंदा) 80 साल की उम्र तक ही दे सकता है! यही नियम हर ग्रह की उम्र व घर की उम्र को साथ लेकर लगाया जा सकता है!

कुंडली में नर ग्रह व स्त्री ग्रह इकट्ठे हों तो उम्र 96 साल होगी लेकिन इन ग्रहों के साथ या इनका साथी बुध या पापी ग्रह हो रहे हों तो 96 साल कम होकर 85 साल लेनी चाहिए!

जनमकालीन कुंडली में चंदर के साथ केतू हो या दृष्टि संबंध हो तो चंदर ग्रहण माना जाएगा और सूरज के साथ राहू हो या दृष्टि संबंध हो तो सूरज ग्रहण माना जाएगा! ऐसी हालत में इन दोनों ग्रहों की अपनी ठहराइ हुई उम्र से एक तिहाई उम्र असर के लिए कम हुआ करती है! एक बात बिलकुल साफ है (मिल के कटेगी उम्र दोनों की, कुण्डली जनम ख़्वाह चंदर हो) कि चाहे जन्म कुंडली हो या चंदर कुंडली घरों और ग्रहों को मिलाकर ही कोई आखिरी फैसला लेना चाहिए न कि अकेले घर की हालत से या फिर अकेले ग्रह की हालत से!

ग्रह व राशि का आपसी सम्बंध	
मेख बृच्छक मालिक मंगल,	तुला बृख शुकर की है
कन्या मिथुन का बुध है मालिक,	कुम्भ मकर दो शनि की हैं
गुरु मालिक है धनु मीन का,	कर्क चंदर की होती है
सिंह अकेला गरजे दुनिया,	राशि जो सूरज की है
केतू गर बैठे कन्या राशि,	राहू निवासी मीन का है
पाप चढ़ा आसमान के ऊपर,	जड़ जिसकी पाताल में है

राशि नंबर	1	2	3	4	5	6	7	8	9	10	11	12
नाम राशि	मेख	बृख	मिथुन	कर्क	सिंह	कन्या	तुला	बृच्छक	धनू	मकर	कुम्भ	मीन
मालिक ग्रह	मंगल	शुकर	बुध	चंदर	सूरज	बुध	शुकर	मंगल	बृहस्पति	सनीचर	सनीचर	बृहस्पति
उंच ग्रह	सूरज	चंदर	राहू	बृहस्पति	कोई नहीं	बुध/ राहू	सनीचर	कोई नहीं	केतू	मंगल	कोई नहीं	शुकर/ केतू
नीच ग्रह	सनीचर	कोई नहीं	केतू	मंगल	कोई नहीं	शुकर/केतू	सूरज	चंदर	राहू	बृहस्पति	कोई नहीं	बुध/राहू
पक्का घर	सूरज	बृहस्पति	मंगल	चंदर	बृहस्पति	केतू	शुकर बुध	मंगल सनीचर	बृहस्पति	सनीचर	बृहस्पति	राहू
किस्मत को जगाने वाला	मंगल	चंदर	बुध	चंदर	सूरज	राहू	शुकर	चंदर	बृहस्पति	सनीचर	बृहस्पति	केतू
ग्रह फल का	मंगल	राहू/ केतू	सनीचर	चंदर	सूरज बृहस्पति	बुध केतू	शुकर	मंगल	बृहस्पति	सनीचर	बृहस्पति सनीचर	राहू
राशि फल का	राहू	कोई नहीं	सनीचर दौलत के लिए	मंगल शुकर केतू	कोई नहीं	सनीचर नर ग्रह	सूरज बृहस्पति राहू	कोई नहीं	सनीचर	केतू /बुध	कोई नहीं	बुध

1-ऊंच के ग्रह का मतलब होगा कि ग्रह अपनी पूरी ताक़त का है और उतम दर्जे की हालत का!

2-नीच के ग्रह का मतलब होगा कि ग्रह अपनी सबसे कमजोर और मंदी हालत का है!

3-घर का मालिक ग्रह यानि राशिपति ग्रह का मतलब होगा कि ग्रह औसत दर्जे का है लेकिन नेक मायनों में!

4-ऊपर की तालिका में हर ग्रह की ऊंच की राशि, नीच की राशि, राशिफल, ग्रहफल व किस घर के लिए कौनसा ग्रह किस्मत को जगाने वाला होगा आदि-आदि संक्षेप रूप में दिया गया है!

जिस किसी राशि/खाने में कोई ग्रह ऊंच का होगा उससे ठीक सातवें घर में वही ग्रह नीच का होगा जैसे सूरज खाना नंबर-1 (पक्की राशि मेख) में ऊंच का होगा तो ठीक मेख से या खाना नंबर-1 से सातवें स्थान पर खाना नंबर-7 (पक्की राशि तुला) इसमें नीच होगा! यही नियम सभी राशियों/घरों व ग्रेहों पर लागू होगा सिवाय खाना नंबर-2 (वृषभ राशि) जहां चंदर ऊंच का है लेकिन कोई ग्रह नीच नहीं होगा और खाना नंबर-8 (बृच्छक राशि) जहां चंदर नीच होगा लेकिन कोई ग्रह ऊंच नहीं होगा! इसी तरह खाना नंबर-5 (सिंह राशि) और खाना नंबर-11 (कुम्भ राशि) में न तो कोई ग्रह ऊंच का होगा और न ही नीच का!

दुनिया की बारह तरफें और हर एक तरफ़ का इल्म सामुद्रिक में ताल्लुक

राशि	कुंडली का खाना नंबर	मालिक ग्रह	तरफ़	ताल्लुक
मेख	1	मंगल	तख़्त नेक	राजा व प्रजा का इक्ठे होकर काम करना
बृख	2	शुकर	मोह माया	तमाम सिफ्तों (ख़ूबियों) का एज़न (इक्ठ)
मिथुन	3	बुध	आकाश	अलग-अलग चीजों का इक्ठे होकर काम करना, मर्द व औरत का जोड़ा
कर्क	4	चंदर	उतर-पूर्व	धन-दौलत, शान्ति, धरती माता, सब का सहारा
सिंह	5	सूरज	पूर्व	रोशनी-रूह-आग-क़िस्मत की चमक
कन्या	6	बुध	उतर (पाताल)	अंदरूनी अक्ल, नकारा-ए-ख़लक़, फलना-फूलना
तुला	7	शुकर	दक्षिण-पश्चिम	गृहस्त-उन्नति बढ़ना (नस्ल दर नस्ल)
बृच्छक	8	मंगल बद	दक्षिण	मौत, मंदे हाल, बदी, हर एक का फन्दा
धनु	9	बृहस्पति	गैबी दुनिया	हवा, माता का पेट, पिछला जन्म, बुज़ुर्गों की जगह
मकर	10	सनीचर	पश्चिम	अंधेरा-सनीचर की ख़ुद की ज़ाती ताकत
कुम्भ	11	सनीचर	जन्म	छुपे-छुपाए, एजेंट राहू-केतू से सनीचर का फैसला
मीन	12	बृहस्पति	उतर-पूर्व	दुनियावी धन-दौलत का सुख
--	--	राहू	दक्षिण-पूर्व	अचानक ख़्याल भासरना-सराप व आशीर्वाद
--	--	बृहस्पति/राहू	आसमान	दोनों जहान की बजाए एक तरफ का बृहस्पति जो राहू के कारण चुप होगा !

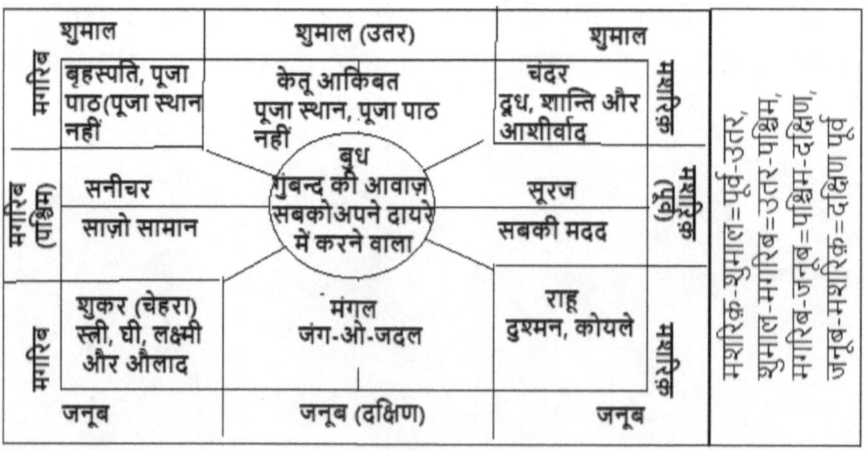

राहू : जब बृहस्पति के घर खाना नंबर-12 में बैठा हो तो नीच होगा! जबकि राहू व बृहस्पति आपस में दुश्मन नहीं बल्कि बराबर के ग्रह हैं लेकिन राहू के

वक़्त (असर की उम्र) या कुंडली में राहू व बृहस्पति संयुक्त हों तो बृहस्पति चुप हो जाया करता है! राहू को आसमान (खाना नंबर-12) और नीला रंग माना है, इसलिए बृहस्पति की हवा को ज्यों-ज्यों आसमान का साथ मिले यानि जैसे-जैसे हवा ऊपर आसमान की तरफ ऊंची होती चली जाएगी तो हल्की होती चली जाया करती है, ये हवा आम लोगों के सांस लेने के सम्बंध में निकम्मी हुआ करती है, इसके उलट बृहस्पति की यही हवा जैसे-जैसे नीचे को आती जाएगी तो केतू का साथ होता जाएगा (खाना नंबर-6) तो हर एक की मददगार होगी! इसी नियम के आधार पर जब भी बृहस्पति व राहू का साथ होगा तो न सिर्फ बृहस्पति का असर चुपचाप बन्द हालत का होगा बल्कि राहू का अपना असर भी बुरा होगा अर्थात बृहस्पति की नेक हवा में राहू का कड़वा धुआँ शामिल होगा जिसके कारण सांस घुटता है यानि राहू के प्रभाव से बृहस्पति के फल निष्फल होंगे! इसके उलट राहू को अगर बुध का साथ मिल जाए तो राहू का फल नेक व उम्दा हुआ करता है! राहू ग्रह बुध का दोस्त है यानि राहू बुध के साथ खाना नंबर-6 में हो तो दोनों उंच की हालत में और दोनों का फल उम्दा होगा और इसके उलट दोनों में से कोई एक या दोनों ही खाना नंबर-12 में होने पर मंदे असर के होंगे! राहू आसमान की आखिरी हद है इसके पार दूसरा जहान होगा और राहू नें बृहस्पति का साथ होने पर उसको एक जहान का कर दिया यानि बृहस्पति इस जहान या दूसरे जहान में से किसी एक के असर देने में असमर्थ होगा!

केतू : जब भी केतू खाना नंबर-6 में हो या बुध के साथ हो तो नीच होगा! लेकिन जब केतू को बृहस्पति का साथ मिल जाए तो केतू उंच फल का होगा! केतू व बृहस्पति बराबर का फल देंगे! राहू व केतू अपने से सातवें देखने के असूल वाले नियम के ग्रह हैं इसलिए राहू कुंडली के खाना नंबर-3 या 6 में उंच का होगा और केतू इन घरों में नीच का, इसके उलट केतू बृहस्पति के खाना नंबर-9 व 12 में उंच का होगा और राहू इन घरों में नीच का होगा! यानि राहू व केतू को अपने दायरे में चलाने वाला ग्रह बुध है!

बुध : बुध जब राहू के साथ खाना नंबर-12 में हो तो बुध नीच का होगा और खाना नंबर-6 में बुध उंच का होगा! बुध और केतू आपस में बराबर के ग्रह हैं और दोनों ही ग्रह शुकर के दोस्त हैं लेकिन बुध पर इसका कोई असर नहीं

बल्कि उसने दोनों को ही अपने घर खाना नंबर-6 में नीच कर दिया! बृहस्पति के साथ बृहस्पति के घरों में राहू हाथी न होकर हाथी का तेंदुआ होगा इसी तरह केतू बुध के साथ या बुध के घरों में कुत्ता पागल ही होगा!

1-खाना नंबर-6 में बुध व केतू दोनों ही मालिक ग्रह माने गए हैं, लेकिन अगर कुंडली में बुध खाना नंबर-3 में बैठा हो और खाना नंबर-6 खाली हो तो खाना नंबर-6 का मालिक ग्रह केतू लिया जाएगा लेकिन जब बुध खाना नंबर-3 में न हो और खाना नंबर-6 खाली हो तो बुध व केतू में से इस घर का मालिक ग्रह वही ग्रह होगा जो कुंडली में एक दूसरे में से उम्दा और उतम स्तिथी का होगा!

2-खाना नंबर-12 में बृहस्पति व राहू दोनों ही मालिक ग्रह माने जाते हैं लेकिन जब खाना नंबर-12 खाली हो और बृहस्पति खाना नंबर-9 में हो तो खाली खाना नंबर-12 का मालिक राहू होगा लेकिन जब बृहस्पति खाना नंबर-9 में न हो तो खाली खाना नंबर-12 में बृहस्पति व राहू (मसनुई बुध) लिया जाएगा!

3-केतू खाना नंबर-6 में और राहू खाना नंबर-12 में नीच के ग्रह होंगे लेकिन घर के मालिक (पक्का घर) भी हैं इसलिए उनकी हालत असर के लिए शक्की हुआ करती है लेकिन एक नियम के आधार पर उतम फल होंगे (क) यदि बुध कुंडली में उतम हालत में हो तो वैसा राहू का असर होगा चाहे वो अपने नीच के घर में होता हुआ भी नेक असर का होगा (खा) इसी तरह अगर कुंडली में बृहस्पति नेक हालत का हुआ तो खाना नंबर-6 में नीच का केतू भी उतम फल देगा!

अध्याय नंबर-6

CAPRICORN
AQUARIUS
PISCES
AIRES
TAURUS
GEMINI
CANCER
LEO
VIRGO
LIBRA
SCORPIO
SAGITTARIUS

12 पक्के घर

प्राचीन ज्योतिष के नियमानुसार जनम कुंडली बनने के बाद उसमें दिये गए सब के सब हिन्दसे मिटा दिए लेकिन ग्रह जिस घर में हैं उनको ऐसे ही लिखा रहने दिया और फिर लगन यानि खाना नंबर-1 में 1 का हिंदसा और 12 ही घरों में सिलसिलेवार 1 से लेकर 12 तक के हिन्दसे लिख दिए! अब लगन को खाना नंबर-1 कहा जाएगा क्योंकि राशियों को हटा दिया जा चुका है और हमेशा के लिए पक्के घर कहलाए! उधारण के लिए नीचे दी गयी कुंडलियाँ देखें जोकि लाल किताब-1942 के सफ़ह नंबर-9 पर वर्णित हैं!

पंचांग के अनुसार बनी कुण्डली	लाल किताब के असूल से बनी कुण्डली
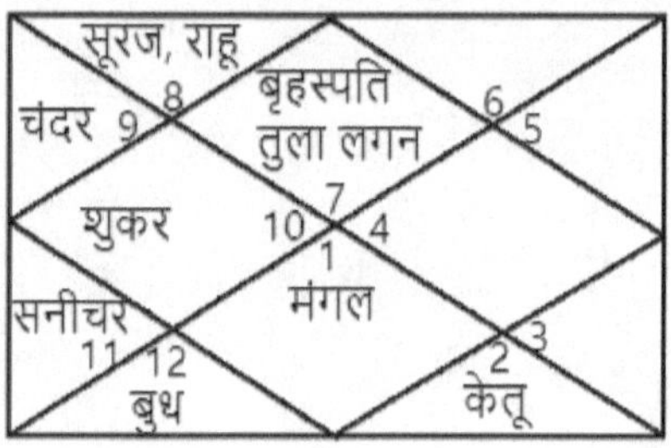	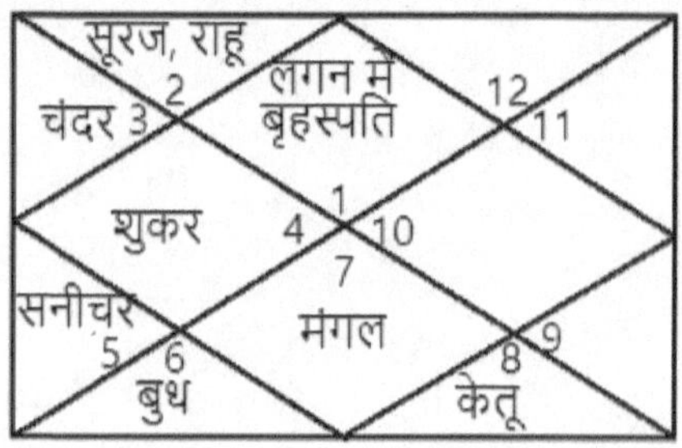

यानि प्रचल्लित ज्योतिष के अनुसार बृहस्पति जोकि लगन में तुला राशि में बैठा है और इस राशि का रशिपति शुकर, बृहस्पति से दुश्मनी का सव्भाव रखता लेकिन लाल-किताब के नियमानुसार खानों के हिन्दसे हटाने पर तुला की जगह हिंदसा 1 लिखा गया यानि बृहस्पति खाना नंबर-1 में मंगल की राशि का हो गया और मंगल व बृहस्पति आपस में दोस्त ग्रह हैं, इस तरह से सभी खानों के हिंदसों को बदल दिया गया लेकिन ग्रहों की स्तिथी पहली कुण्डली (प्रचल्लित ज्योतिष) के अनुसार ही रखी गयी! अब अगर दोनों कुंडलियों के खाना नंबर-2 में देखें तो सूरज व राहू संयुक्त हैं, पहली कुण्डली के अनुसार राहू अपनी नीच राशि (प्रचल्लित ज्योतिष अनुसार) और दूसरी कुण्डली में राहू नीच नहीं रहेगा! इसी तरह हर एक ग्रह की उंच व नीच राशियों में होने का अंतर होगा, इसलिए लालकिताब में राशि को न लेकर खानों को लिया गया है!

खाना नंबर-1 सूरज का पक्का घर गिना है, कुल जिस्म सूरज है और जिस्म के सारे-के सारे अंगों का आखिरी उम्र तक कायम रहना, रूहानी ताक़त, दिल की सच्चाई, धरम-ईमान, दुनियावी लेन-देन (पैसे से संबन्धित), ख़ुद की अपनी कमाई से धन-दौलत का जमा होना व जायदाद पैदा करना सब नेक व कायम सूरज की निशानियाँ हैं! अपनी कमाई का एक चौथाई हिस्सा धरम-करम के कामों में खर्च करना, बुजुर्गों द्वारा स्थापित धर्मार्थ कुएँ व धरमस्थान की पालना और पूरानी रस्मों की पालना करना! व्यक्ति पढ़ा-लिखा और अक्लमन्द हुआ करता है लेकिन तबीयत गुस्से वाली जोकि सूरज का अपना गुण है! औलाद नेक और औरत का सुख पूर्ण हुआ करता है! पिता की उम्र लम्बी होगी और हर तरह के चौपाये (आज कल कर/मोटर) का सुख प्राप्त हुआ करता है! हर तरह से नेक सूरज होने पर ख़ुद की उम्र 100 साल लिखी है और राजदरबार से नेक सम्बंध लम्बे समय बने रहा करते हैं! अगर हथेली पर सूरज रेखा और क़िस्मत रेखा न हो या दोनों आपस में किसी भी तरीके न मिल रही हों तो सब नष्ट हुआ करता है और ऐसा व्यक्ति ख़ुदकुशी तक कर सकता है!

मियाद असर: सूरज नेक व कायम होने के वक़्त चंदर, शुकर व बुध कभी बुरे असर के नहीं हुआ करते! चंदर व शुकर अपनी-अपनी कुल असर करने उम्र लेकिन बुध सूरज के साथ होने के वक़्त अपनी उम्र का आधा हिस्सा यानि 17 साल चुप हुआ करते हैं! बाकी के ग्रह पूरा-पूरा वक़्त असर दिया करते हैं! सनीचर अपनी उम्र का 2/3 यानि 24 साल दौलत और आमदन पर असर करेगा और आधी उम्र ½ यानि 18 साल पिता की दौलत पर असर किया करता है! यदि सनीचर का असर 22 साल की उम्र में शुरू हो तो 22+24=47 साल की उम्र तक ख़ुद पर और 22+18=40 की उम्र तक पिता आमदन पर अच्छा या बुरा (हालत अनुसार) असर करेगा!

कुंडली के हर एक खाने का मकान के किस घर से और कैसा सम्बंध होगा और उसी खाने का इन्सान के शरीर के किस हिस्से या अंग का सम्बंध होगा! उधाहरण के तौर पर नीचे की तालिका में खाना नंबर-1 की एक तरफ मकान

की ज़मीन व उस भूखण्ड के कोनों का ज़िक्र है तो दूसरी तरफ रूह व नमक लिखा है यानि इन्सान का वजूद सूरज है और सूरज खाना नंबर-1 का पक्का ग्रह है या खाना नंबर-1 सूरज का पक्का घर है! इसी तरह बाकी खानों के बारे में लिखा है लेकिन विस्तार पूर्वक हर एक खाने में देख सकते हैं!

दूसरी तालिका में खानों के हिसाब से पहले खाने में ताल्लुकदारों के बारे में लिखा है तो दूसरे खाने में सामुद्रिक व कियाफ़ा का इस्तेमाल करने का तरीका है यानि किस घर से संबन्धित रिश्तेदार की स्तिथी व हथेली पर अलग-अलग निशान व रेखाएँ!

लाल किताब के अनुसार किसी भी ग्रह की स्तिथी कुंडली के जाँचने से ठीक दिखाई न दे रही हो तो इल्म-ए-सामुद्रिक व इल्म-ए-कियाफ़ा का सहारा लेना ज़रूरी है! सामुद्रिक शास्त्र हथेली की बनावट, उँगलियों की बनावट व हथेली पर ग्रहों के निशान व रेखाओं के बारे में है और कियाफ़ा लक्षण विचार से संबन्धित है जैसे किसी भी व्यक्ति की चाल (रफ़्तार), बात करने का तरीका (गुफ़्तार) व लिखावट वगैरह (तहरीर) आदि से भी ग्रह का प्रभाव देखा जा सकता है!

ख़ास: कई दफ़ा कुण्डली और हथेली पर मंगल बद ज़ाहिरा नज़र नहीं आता लेकिन व्यक्ति के बोलने और रफ़्तार वगैरह से मंगल बद की निशानी मिल रही होती है ऐसे में टेवे में चाहे मंगल ऊंच का क्यों ना हो लेकिन असर मंगल बद का होगा!

कुण्डली के 12 खाने		
मकान के किस हिस्से से संबन्धित	**खाना नंबर**	**इन्सान के शरीर का हिस्सा**
चार दीवारी और जमीन के कोने (गोशे)	1	रूह-नमक
मकान घर है, गुरुद्वारा या कत्लखाना	2	नेक सुभाओ-भूक
मकान के अंदर की सजावट का सामान	3	जिगर-खून-मीठा
मकान की सतह (खाली तै)	4	दिल-दूध-धन-दौलत
रोशनी व हवा	5	हवास-पाँच इंद्रियों की ताकत (हाज़मा)
हमसाये यानि पड़ोसी, इर्द-गिर्द वाले	6	पट्ठे-नाड़ें-ज़ायका-साग सब्जी-फूल पत्ते
प्लसतर-सफेदी-रंग-रोगन	7	चेहरा-घी ज़र्द
छत	8	पित-बदहज़मी-कड़वाहट
कच्चा-पक्का-अंदर के हिस्से की पैमाइश	9	सांस-मूल-जड़
लोहा-लकड़ी-इंट-पत्थर	10	बाल-काटे
मकान की शान-शौकत नज़र आने वाली	11	पोस्त खाल छिलका-परवरिश
आबाद या वीराना	12	हड्डी-खटाई

कुण्डली के 12 खाने व सामुद्रिक		
असर किस चीज़ से संबन्धित होगा	खाना नंबर	हस्त रेखा का हिस्सा (जुज़)
औरतों से संबन्धित माता-बुआ-मौसी-फूफी वगैरह औरत-बेवा औरतें-माशूका, बदनामी या चालाकी की शौहरत व चमक	2 12	उँगलियों की औसत लंबाई कम, टेढ़ी, पेशानी (माथे) पर तिलक की खास जगह हथेली व उँगलियों का अंगूठा समेत झुकाव अंदर की तरफ या बाहर को, नाखून पाँव के
ख़ासियतें(जिस्मानी-रूहानी-दिमागी) मकान के इर्द-गिर्द की चीज़ें मकान का बनना, पराई दौलत मिलना	6 7	चेहरा व पेशानी, नाखून हाथ के व इन्सान किस ग्रह का है जिस्म के बाल व हथेली की बनावट यानि हथेली का हाल

मर्दों से संबन्धित (क)दुनिया में नाम किस हैसियत का होगा (ख)कुदरती तौर पर तबीयत का झुकाओ (ग)सेहत व आम बरताओ कैसा होगा	1 4 10	हाथ पर खास निशान चक्र,संखसदफ़ उँगलियों पर जौ का निशान बड़ी तिकोन, बड़ी मुस्ततील
आम खुशी व गमी की औसत हालत, चोरी या ठगी से नुकसान	3	मंगल के बुर्ज का चर्बी से भरा होना, खुशी गमी की रेखा का होना
आराम की रोटी या हराम की रोटी	9	उँगलियों की पोरियों सीधे या लेटे ख़त
चालाकी की चमक, बदनामी की शोहरत	12	हथेली पर बृहस्पति के निशान या ख़त
औलाद व अपने खून का सम्बंध, नेकी की मशहूरी	5	रफ़्तार, गुफ़्तार, तहरीर उँगलियों के दरमियान की खाली जगह
आमदन व आई-चलाई का ज़रिया	11	पेशानी का (तिलक की जगह को छोड़) का हाल, नाखूनों का रंग, आदि
अपने वालदैन(मटा-पिता) की तरफ के रिश्तेदार, नानके वगैरह	6	क़द व कामत(काठी), हथेली व उँगलियों का अनुपातक हाल

लगन का घर या कुण्डली का पक्का घर खाना नंबर-1

घर पहला है तख़्त हज़ारी	ग्रह फल राजा कुण्डली का
ज्योतिष में इसे लगन भी कहते	झगड़ा जहां रूह-माया का
ऊंच बैठे ग्रह उतम कितने	दस्ती लिखा ख़्वाह बिधाता हो
ख़ाली पड़ा घर 7 जब टेवे	शक्की असर कुल ग्रह का हो
लगन बैठा ग्रह तख़्त नशीनी	राज शाही जब करता हो
आंख गिना घर आठ है उसकी	11 से हरदम चलता हो
अकेला तख़्त पर बहुत हों 7 वें	राजा वज़ीरी होती हो
उलट मगर जब टेवे बैठे	जड़ सातवें की कटती हो
ऊंच-नीच जो गिने घरों के	वह नहीं एक-सात लड़ते हैं
बाकी ग्रह सब झगड़ा करते	उम्र से भी चंद मरते हैं

घर का ग्रह..............................मंगल

ग्रह का घर..............................सूरज

ऊंच का ग्रह............................सूरज

नीच का ग्रह........................सनीचर

बुनियाद का घर.........खाना नंबर-9

टक्कर खाएगा........खाना नंबर-6 से

अचानक चोट.......खाना नंबर-11 से

दृष्टि का घर................खाना नंबर-7

खाना नंबर-1 खुद का ज़ाती जिस्म साथ लाया हुआ! वक़्त जवानी-दिमागी ताकत-खुद बनाया हुआ मकान, रूह, गुस्सा, नमक सफ़ेद, अपना खुद का

तख़्त! मकान की चार दीवारी व ज़मीन के कोने! दुनिया में नाम किस हैसियत का होगा! इस घर का सूरज उन ग्रहों को जो सूरज के साथ हों चाहे दोस्त या दुश्मन, को मदद दिया करता है! इस घर में राहू राशिफल का होगा! दिल की सच्चाई, धरम-ईमान(पैसे के मामले) रूपय का एक चौथाई हिस्सा परोपकार के लिए! बुजुर्गों द्वारा चलाई हुई पुरानी रस्मों की पालना करने वाला! औलाद नेक होगी! औरत का सुख होगा! पिता का साथ खुद की लम्बी उम्र तक होगा! चौपाये का सुख पूर्ण, खुद की उम्र 100 साल (सूरज हर तरह से नेक हो), राजदरबार से सम्बंध नेक व लम्बे समय तक हुआ करते हैं! अगर सूरज रेखा और क़िस्मत रेखा आपस में न मिलें तो फल रद्दी होंगे!

घर पहला है तख़्त हज़ारी,	ग्रह फल राजा कुण्डली का
ज्योतिष में इसे लगन भी कहते,	झगड़ा मनुष्य है माया का
पूरब तरफ़-पक्का घर सूरज,	पर-उपकार चवन्नी का
वजूद, मकान, रूह, नमक भी,	गिनते ज़माना हाल कमाई का

कुण्डली का खाना नंबर-1 जिसको आम ज्योतिष में लगन कहा गया है और लाल-किताब में इसको तख़्त कहा है क्योंकि खाना नंबर-1 का ग्रह राजा होगा इसलिए कारक ग्रह सूरज ही होगा! पहले घर में सूरज ऊंच हुआ करता है और ग्रहफल का होगा! क्योंकि लाल-किताब कुण्डली के खानों में राशि को काल पुरुष की कुण्डली के अनुसार मानती है इसलिए इस घर का राशिपति मंगल हुआ! राजा तभी उतम होगा अगर पर-उपकार व धरम कर्म की पालना करे! इस घर से व्यक्ति के शरीर के बारे में, मकान के बारे में और रूह जिसका कारक ग्रह सूरज है के बारे में पता चलता है! नमक सूरज की वस्तु है और सूरज की अपनी उम्र व्यक्ति में व्यक्ति कारोबार व कमाई के साधन बनाता है! दिशाओं के अनुसार खाना नंबर-1 पूरब दिशा को बतलाता है!

चारदीवारी, तै के गोशे,	सींग मवेशी खड़े हों जो कि
राज ताल्लुक, रंग हो गुड़ के,	रसम पुरानी साज़ सफर के
झिल्ली-जेर जो पैदा होंगे,	नाम हैसियत दुनिया लेंगे
पहला घर सारा तख़्त गिना तो,	7 वां टिकने की धरती हो

मकान की चारदीवारी व नींव के चारों कोने इसी घर से देखेंगे और ऐसे पशु जिनके सींग ऊपर को खड़े हों इस घर की अश्या समझे जाएँगे! राज दरबार राजा से ताल्लुक कैसे होंगे! और रंग गुड़ जैसा या गेहूं जैसा, इसी घर पूरानी रस्मों को व सफर से संबन्धित समान को देखा जाना चाहिए! खाना नंबर-1 को अगर तख़्त माना तो इसके सामने खाना नंबर-7 इसका सहन या तख़्त को रखने की जगह भी कहा है, इसीलिए इस घर को राजा यानि तख़्त की टांगें भी माना है! इसलिए अगर 7 वां घर खाली हो तो तख़्त (सिंहासन) डोलता होगा क्योंकि तख़्त की टाँगें रखने की जगह नहीं, मतलब ग्रह का होना बे-मायने होगा!

7वां ही गर खाली होवे,	उल्टा तख़्त वो 24 हो
साल 24 से जितने आगे,	दुश्मन ग्रह उस आता हो
टक्कर ऐसी उस ग्रह होगी,	आगे न वो चलता हो

अगर कुंडली का खाना नंबर-7 खाली हो तो खाना नंबर-1 यानि तख़्त पर बैठा ग्रह किसी काम का न होगा क्योंकि सोया हुआ होगा और किसी ग्रह की मदद नहीं कर पाएगाऔर 24 साल की उम्र के बाद खाना नंबर-1 में जो भी दुश्मन ग्रह खाना नंबर-1 में आयेगा उसका फल हर हाल में मंदा होगा!

लगन अगर खुद खाली होवे,	क़िस्मत साथ न आई हो
क़िस्मत उसकी सातवें बैठी,	या घर चौथे 10वें हो
मुट्ठी के घर चारों खाली,	5-11-3-9वें हो
ये घर भी गर खाली होवें,	8-12-2-6वें हो

कुंडली खाना नंबर-1 (लगन भाव) अगर खाली तो बच्चा पैदा होते अपने साथ क़िस्मत लेकर नहीं आया यह जानना चाहिए और ऐसी हालत में सातवें, या चौथे या दसवें घर में क़िस्मत का ग्रह देखना चाहिए! अगर बन्द मुट्ठी के घर (1-4-7-10) सभी खाली हों तो खाना नंबर-5-11-3 व 9 घर के ग्रेहों को देखना चाहिए, अन्त में अगर यह घर भी खाली हों तो 8-12-2 व 6वें घर में से क़िस्मत के ग्रह की तलाश करनी चाहिए!

घर 12 ही घूम के देखे,	ऊंच, कायम या घर का जो
क़िस्मत का वो मालिक होगा,	बैठा तख़्त पर इसके हो

कुल 12 घरों में से जो ग्रह अपने ऊंच घर हो या अपने पक्के घर या फिर हर तरह से कायम हो, और वो तख़्त (खाना नंबर-1) पर बैठा हो तो कुल 12 के 12 घरों के ग्रहों की आस उम्मीद उसी ग्रह पर होगी क्योंकि क़िस्मत का फैसला इसके पास होगा!

घर पहला जब राज हकूमत,	सात वज़ीरी होता है
हर दो से कोई दुश्मन होवे,	साथ फकीरी होता है
ऊंच, नीच, घर के जो गिने हैं,	वो नहीं इन घरों में लड़ते हैं
बाकी ग्रह सब झगड़ा करते,	उम्र से वो भी मरते हैं

कुंडली का खाना नंबर-1 तख़्त माना तो इस घर को हकूमत का घर गिना जाएगा और इस घर में बैठा ग्रह राजा माना जाएगा! खाना नंबर-1 के सामने खाना नंबर-7 जिसको राजा के वजीर का स्थान मिला, यदि इन दोनों घरों में ऐसे ग्रह हैं जो आपस में दुश्मन हों तो धन-दौलत व राजदरबार मंदा होगा!

इन घरों में जो ग्रह ऊंच, नीच या घर के ग्रह गिने गए हैं उनमें से कोई ग्रह हो तो आपस में कोई झगड़ा नहीं होगा, इस नियम के इलावा जो भी ग्रह इन घरों में होगा उनका आपस में झगड़ा होगा और हर तरह से फल मंदा ही लिया जाएगा!

तख़्त पे बैठा नर ग्रह राजा,	दूसरों से वो स्त्री है
7वें इसकी औरत, बेटी,	बुध, शुकर, दो बैठती हैं
ज़्यादा एक से घर पहले में,	नर ग्रह स्त्री होती है
दो से ज़्यादा घर 7वें में,	स्त्री ग्रह-नर होती है

खाना नंबर-1 में बैठा नर ग्रह राजा माना जाएगा लेकिन इसके साथ दूसरे ग्रह भी हों तो इसका अपना असर नष्ट होगा या मंदा होगा, खाना नंबर-1 के सामने सातवें घर में बैठे ग्रह पहले घर के ग्रह के लिए स्त्री (शुकर) और बेटी (बुध) से मतलब है जोकि इस घर के पक्के ग्रह हैं! पहले घर में राजा (नर) के साथ कोई और ग्रह हो तो राजा कमज़ोर माना जाएगा इसी तरह सातवें घर में दो से ज़्यादा ग्रह हों तो इस घर के पक्के ग्रह भी नर ग्रह की तरह फल देंगे!

गिनती मगर हो राजा अलैहदा,	राय कमेटी होती है
ज़ाहिरा बेशक तीन हों बैठे,	गिनती चार की होती है
अकेला पहले बहुत हों 7वें,	ग्रहफल राशि होती है
उल्ट अगर हों टेवे बैठे,	जड़ 7वें की कटती है

अगर टेवे के खाना नंबर-1 में कई ग्रह हों और सूरज खाना नंबर-1 में न हो तो भी सूरज का असर बाकी ग्रहों में शामिल होगा लेकिन असर कुल ग्रहों के अनुसार लिया जाएगा! अगर खाना नंबर-1 में कोई एक ग्रह हो और खाना नंबर-7 में कई ग्रह हों पहले घर का ग्रह ग्रहफल का न रह कर राशिफल का हो जाएगा और उसका असर अलग तरह से होगा, लेकिन इसके उल्ट पहले घर में ज़्यादा ग्रह हों तो 7वें घर के पक्के ग्रह को नष्ट गिना जाएगा

गुरु शनि और मंगल टेवे,	कहीं भी इसके बैठे हों
फल वैसे ही घर पहले के,	उस टेवे में होते हों

बृहस्पति, सनीचर व मंगल टेवे में जिस भी स्तिथी में होंगे पहले घर का और उसमें बैठे हुए ग्रह का फल इन तीनों ग्रेहों की स्तिथी अनुसार लिया जाना चाहिए!

ख़ास: कुण्डली का खाना नंबर-1 तख़्त के नाम से जाना जाता है और जन्मकालीन या वर्षफल के अनुसार खाना नंबर- में बैठे भिन्न-भिन्न ग्रेहों के समय बाकी के ग्रह का प्रभाव व बल कैसा होगा :

1-बृहस्पति : जब बृहस्पति खाना नंबर-1 में हो तो चंदर की ताकत ½ गुना, शुकर की ताकत ¾ गुना, सनीचर की ताकत ¾ गुना व केतू की ताकत 5/6 गुना होगी! यदि सूरज या राहू साथ हों तो बृहस्पति चुप होगा यानि न तो अपना शुभ फल दे सकेगा और न ही अशुभ फल देगा! पाप ग्रह साथ हों या साथी ग्रह बन रहे हों तो कुल महादशा में से आधा समय यानि 8 साल शुभ फल देगा, अशुभ फल या शत्रुता का असर बाद वाले 8साल हुआ करते हैं!

2-**सूरज** : सूरज का पक्का घर है, अगर शुकर साथ हो तो शुकर का फल नीच ग्रह की तरह मंदा होगा, लेकिन सूरज व शुकर के मिलाप से बुध पैदा होगा यानि फूल तो होंगे लेकिन फल (औलाद) नहीं! केतू की ताकत ½, बुध की

ताकत ½, सनीचर की ताकत 2/3(धन के लिए) व 1/2 (पिता के लिए), संपति के लिए 1/3 होगी!

3-**चंदर** : चंदर ग्रह किसी से दुश्मनी नहीं करता लेकिन किसी भी ग्रह के साथ होने पर खुद का शुभ फल कम कर लिया करता है! राहू की ताकत ½ होगी!

4-**शुकर** : खाना नंबर-1 में हो तो चंदर की ताकत ½ और सनीचर की ताकत 1/3 होगी! शुकर ग्रह किसी को नीच नहीं करता!

5-**मंगल** : मंगल नेक खुद खाना नंबर-1 में या सूरज+बुध (मसनुई मंगल) खाना नंबर-1 में इकट्ठे हों तो शुकर, सनीचर व मंगल बद (सूरज+सनीचर), तीनों ही ग्रेहों की ताकत 1/3 होगी, बुध व केतू दोनों की ताकत ½ और राहू की ताकत सिफ़र हुआ करती है!

6-**बुध** : बुध खाना नंबर-1 में हो तो सनीचर की ताकत 1 ¼ यानि (सवाई) होगी, केतू ¼ और चंदर की ताकत ½ होगी!

7-**सनीचर** : खाना नंबर-1 में सनीचर हो तो चंदर की ताकत 1/3 व केतू की ताकत ½ होगी!

8-**राहू** : राहू खाना नंबर-1 में हो तो सूरज की ताकत सिफ़र और चंदर की ताकत ½ हुआ करती है!

9-**केतू** : केतू खाना नंबर-1 में हो तो चंदर की ताकत सिफ़र और सूरज की ताकत ½ हुआ करती है!

ख़ास : यह एक महत्वपूर्ण सूत्र है कि कुण्डली के खाना नंबर-1 में जब भी ग्रह जन्मकालीन हो या वर्षफल के अनुसार आए तो ग्रेहों की ताकत पर असर हुआ करता है जिसके फल स्वरूप ग्रह अपना अच्छा या बुरा फल कम कर लिया करते हैं अब यह अच्छा या बुरा फल जातक के लिए ग्रह अपनी कारक चीजों पर देगा और जिस घर में ग्रह हो उस घर से संबन्धित रिश्तेदारों व ग्रह से संबन्धित कारोबार पर देगा, इसलिए इस सूत्र को ध्यान में रखना अति आवश्यक है!

कुण्डली का पक्का घर खाना नंबर-2 (धरम अस्थान उम्र बुढ़ापा)

घर चल कर जो आवे दूजे	ग्रह क़िस्मत बन जाता है
ख़ाली पड़ा घर 10 जब टेवे	सोया हुआ कहलाता है
बुनियाद समन्दर ग्रह 9 होते	पहाड़ ऊंचा घर 2 का हो चाल
असर ग्रह दूजे बैठे	ज़ेर असर बृहस्पति गुरु साया हो
हवा-बारिश जो 9 से चलती	टक्कर दूजे पर ख़ाती हो
आठ पड़ा जब तक ख़ाली	असर भला ही देती हो
शुरू उम्र में असर दूजे का	घर 6 वें पर पड़ता हो
ज़ाती असर हो नेक जो अपना	वक़्त बुढ़ापे बढ़ता हो
बुनियाद मन्दिर घर चौथा गिनते	आठ छठे से मिलता जो
ख़ाली होते गर मन्दिर टेवे	असर रूहानी उम्दा हो

1-खाना नंबर-2 को मन्दिर या धरम अस्थान माना है और माथे पर दोनों भवों के बीच का तिलक लगाने का स्थान ही खाना नंबर-2 है! जो ग्रह जातक के जनम के समय खाना नंबर-2 में हो (एक या अधिक) उनको क़िस्मत के ग्रह माना है लेकिन अगर कुण्डली का खाना नंबर-10 खाली होगा तो यह ग्रह सोया हुआ होगा और अपना असर देने में असमर्थ होगा!

2-खाना नंबर-9 टेवे की बुनियाद है और इसको समन्दर यानि क़िस्मत की हरेक चीज़ से इसका सम्बंध है, खाना नंबर-2 के ग्रह को पहाड़ माना है जो कि समन्दर (खाना नंबर-9) से उठने वाली क़िस्मत से भरे बादलों को रोक कर बारिश के लिए मजबूर करता है!

3-क़िस्मत यानि पानी से भरे बादल इन पहाड़ों से टकरा कर वर्षा करते हैं जो कि धन है और इस धन को इक्ठा करने या रोकने के लिए खाना नंबर-4 में किसी ग्रह का होना ज़रूरी है क्योंकि चौथा घर चंदर का पक्का घर है और चंदर को चालू धन का कारक ग्रह माना है!

4-इस धन को रोकने के लिए खाना नंबर-8 का खाली होना ज़रूरी है! टेवे का खाना नंबर-2 खाना नंबर-6 को देखता है और खाना नंबर-8 दूसरे को इस तरह 2-6-8 आपस में मिल जाते हैं, अगर खाना नंबर-2 खाली हो तो आध्यात्मिक ताकत उत्म होगी वरना क़िस्मत के लिए इस घर का खाली होना अशुभ होगा!

5-ख़ुद की कमाई! रिशतेदारों से पाई हुई चीज़ें! इज़्ज़त, दौलत बुढ़ापे तक! इश्क़ (ज़बानी),ससुराल खानदान व औरत के घर का हाल! बचत ख़ुद की

कमाई से! स्त्री धन (जहेज़ आदि-औरत का लाया हुआ धन) स्वाद-खटमिट्ठा, सब्भाव-नेकी व भूक, मकान गुरुद्वारा है या कसाईखाना, स्त्रीयों में मौसी, भुआ, साली वगैरह!

6-माथे पर तिलक लगाने की जगह! उँगलियों की बनावट सीधी या टेढ़ी, लंबाई में छोटी! गृहस्त रेखा का होना धन का ख़ुद-ब-ख़ुद आना होगा! इस घर का पक्का ग्रह बृहस्पति अपनी आधी उम्र यानि 8 साल नेक फल देगा! शुकर ग्रह बृहस्पति का दुश्मन है लेकिन अकेला शुकर इस घर में नेक फल देगा! सनीचर हो तो सेहत हल्की हुआ करती है! इस घर के ग्रह आखिरी उम्र में नेक फल दिया करते हैं!

गुरु जहां दो मन्दिर कच्चा	**पाप बैठक ख़ुद साथी हो**
मारग घर से गुरु भी डरता	**आठ दृष्टि खाली जो**
ग्रह मुश्तरका बुरा नहीं करते	**बन्द मुट्ठी के खानों में**
फल 2-11 अपनों अपना	**धरम मन्दिर गुरुद्वारा में**
ज्ञान समन्दर घर 9 वें का	**या फल उम्र हो पहली का**
सफ़ेद झण्डा कोहसार पे झूले	**उम्र बुढ़ापा घर 2 का**
पाप की बैठक घर 2 गुरु के	**गृहस्ती शुकर भी बनता जो**
लेख जगत का मस्तक गिनते	**मौत जनम जहान मिलता दो**

1-खाना नंबर-2 को मन्दिर या गुरुद्वारा भी कहा है और इस घर का पक्का ग्रह बृहस्पति दोनों जहान का मालिक है! इस घर में शुकर की राशि वृषभ है और यहाँ का शुकर मसनुई शुकर होगा यानि राहू व केतू की बैठक जो दोनों ही बनावटी शुकर के ग्रह हैं और इस घर में बैठा राहू भी शरारत नहीं करता बल्कि बृहस्पति के आधीन होगा!

2-हर एक ग्रह अपना-अपना फल जो कि खाना नंबर-9 में तय है उम्र के अनुसार दिया करते हैं लेकिन खाना नंबर-2 में कुल ग्रेहों का असर उम्र के आखिरी समय से गिनना चाहिए, उदाहरण के लिए सनीचर खाना नंबर-9 में हो तो उम्र के 60 वें साल में असर देगा लेकिन खाना नंबर-2 में बैठा सनीचर उल्टा गिनने पर मौत के दिन से (उलट गिनने पर) जो 60 वां साल आयेगा आयेगा उस उम्र में अपना असर देगा अब सभी ग्रह इसी तरह से असर देंगे! इस घर के ग्रह बुढ़ापे में नेक फल दिया करते है चाहे वह मंदे ही क्यों न हों!

3-**"ग्रह मुश्तरका बुरा नहीं करते बन्द मुट्ठी के खानों में"** बन्द मुट्ठी के खाने 1-4-7-10 हैं और इन घरों में इक्ठे/संयुक्त ग्रह चाहे आपस में शत्रु ही क्यों न हों बुरा फल नहीं दिया करते यह एक नियम है लेकिन इस नियम का आधार साथ आई किस्मत है क्योंकि यही चार खाने या घर हैं जो जन्म के वक़्त नज़र नहीं आते और मुट्ठी में छिपे रहते हैं!

4-पाप की बैठक यानि राहू व केतू जोकि मसनुई शुकर बनाते हैं यानि शुकर जो एक गृहस्ती ग्रह है उसका प्रभाव भी इस घर में गिना जाएगा इसलिए इस घर का बृहस्पति शुकर से प्रभावित होगा!

5-कुण्डली का खाना नंबर-11 जिसमें सनीचर की कुम्भ राशि है लेकिन पक्का घर बृहस्पति का है क्योंकि जन्म या मरन का फैसला इसी घर में हुआ करता और इस फैसले का आधार बृहस्पति न्यायधीश के रूप में, सनीचर न्यायधीश के फैसले को अंजाम देने के रूप में, राहू बदी की पैरवी करने के लिए व केतू नेकी की पैरवी करने के लिए दो वकीलों का काम किया करते हैं!

ख़ास: खाना नंबर-2 धरम-अस्थान (मन्दिर, मस्जिद, चर्च, गुरुद्वारा या कोई और भी धरम) कहा जाता है, जैसा कि धरम-अस्थान हर किसी के लिए खुला है या हर किसी का आना-जाना जायज़ है उसी इस घर में नेक और मन्दे ग्रह अपना-अपना फल दिया करते हैं! वैसे भी शुकर की राशि, बृहस्पति का घर, राहू और केतू की बैठक भी है!

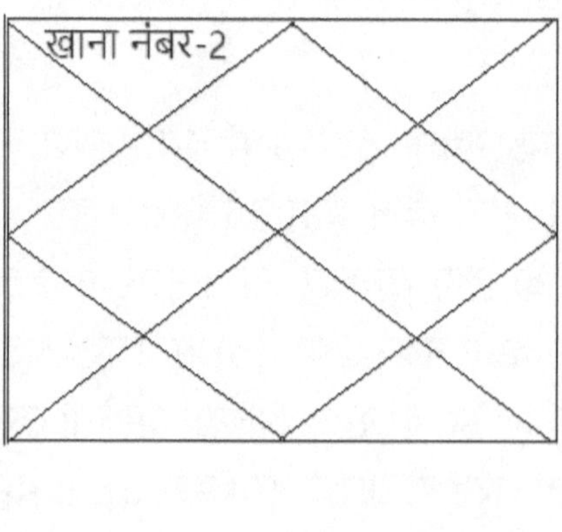

घर का ग्रह..............................शुकर

ग्रह का घर..........................बृहस्पति

ऊंच का ग्रह............................चंदर

नीच का ग्रह......................कोई नहीं

बुनियाद का घर.......खाना नंबर-10

टक्कर खाएगा.......खाना नंबर-9 से

अचानक चोट..................कोई नहीं

दृष्टि का घर................खाना नंबर-6

घर पक्का दूजा गुरु	ब्रह्म, गाय अस्थान है
मिलता जहां पर है इक्ठा	मान-व-ज़र, ससुराल है

कुण्डली का खाना नंबर-2 धरम अस्थान होने के कारण बृहस्पति का पक्का घरहै! ब्रह्म (बृहस्पति) गाय (शुकर) को भी पूजनीय माना जाता है इसलिए इस घर को गाय अस्थान (शुकर की ज़मीन) भी कहा है! यह घर दौलत व मान इज़्ज़त का भी घर है और ससुराल से सम्बन्धित सब घटनाएँ इसी घर से देखी जाती हैं!

तरफ़ शुमाली-मगरिब है तो	अर्क हवा मिट्टी का है
घर 8 वां और 6 वां मिलते	दरवाज़ा यह दो का है

दिशाओं में उतर-पश्चिम दिशा को दिखाता है और हवा (बृहस्पति) व मिट्टी (शुकर) का नेक होना या बुरा होना भी इसी घर से देखा जाएगा! खाना नंबर-8 व 6 दोनों का असर मिलने के कारण यह दोनों ही घरों का दरवाजा भी है!

ग्रह शत्रु, पापी सभी	हिरदे सफ़ा सब कलेश
मौत पाताल के देखन कारण	गुरु सुनें उपदेश

गुरु के दुश्मन ग्रह या पापी (सनीचर,राहू,केतू) सभी इस घर में बिना बैर भाव के हुआ करते हैं यानि धरम अस्थान में सब अपने शुद्ध मन से होगा! इस घर के ऊपर मौत(खाना नंबर-8) व पाताल (खाना नंबर-6) का प्रभाव होने के सभी ग्रह चाहे पापी हों बृहस्पति की शरण में होंगे और बुरा नहीं करते!

पीपल, पीतल, मिट्टी पीली,	केशर पीला रंग भी है
असर सभी का इस घर आकर,	मंदे का भी उम्दा है

पीपल का पेड़, पीतल धातु, पीली मिट्टी, केसर व पीला रंग सभी बृहस्पति की वस्तुएँ (अश्या) हैं! सब के सब ग्रह चाहे शुभ या अशुभ का असर इस घर में नेक हुआ करता है!

स्त्री ग्रह जब शनि से मिलकर,	**बैठे 2 या कहीं भी हों**
ग्रह दृष्टि से जो कोई देखे,	**आल-औलाद से मरते हों**

सनीचर जब स्त्री ग्रह (शुकर या चंदर) के साथ खाना नंबर-2 में संयुक्त हो तो जो ग्रह इनको अपनी दी हुई दृष्टि से देखेगा उसका वंश नाश हुआ करता है और उस ग्रह का किसी भी तरह से नेक फल नहीं हुआ करता!

चंदर, मंगल बद, शनि बैठे,	**मौत, जनम, 2 मिलता है**
आठ ग्रह इस घर में आते,	**जुदा रवि पर रहता है**

चंदर इस घर में ऊंच का, मंगल बद (राहू व केतू), सनीचर (बृहस्पति व शुकर), बृहस्पति इस घर का पक्का ग्रह व शुकर रशिपति होने के कारण कुल आठ ग्रह इस घर में अपना असर रखेंगे लेकिन सूरज राजा होने के कारण व राहू व सनीचर के कारण हमेशा जुदा रहा करता है!

केतू गुरु करें मस्तक लम्बा,	**करम-धरम, दया बढ़ता है**
बुध कलम जब लिखे बिधाता,	**माथा खुला हो जाता है**

केतू व गुरु माथे को लम्बा करते हैं और इनके प्रभाव से करम व धरम नेक हुआ करते हैं, बुध का असर परमात्मा की कलम जैसा होने के कारण माथा खुला यानि बुध अपने आप में नेक होगा!

दुनिया की किस्मत है आकाश बुध में,	**फर्क लम्बा चौड़ा गुरु केतू है**
गुरु लम्बा गिनते तो केतू है चौड़ा,	**मिले दोनों बैठे गुरु दाता है**

कुल जहान की किस्मत (बृहस्पति हवा के रूप में) आकाश रूपी बुध में मौजूद रहती है और कमती या बढ़ती होना कुण्डली में बृहस्पति व केतू की स्तिथी पर निर्भर करता है! गुरु लम्बाई का कारक माना है और केतू चौड़ाई का और फर्क लंबे व चौड़े का मतलब इन दोनों ग्रहों से है!

गुरु, शुकर उस टेवे में जैसे,	कहीं भी इसके बैठे हों
फल वैसे ही घर दूजे के,	उस टेवे में होते हों

गुरु व शुकर का प्रभाव खाना नंबर-2 पर हमेशा होगा और खाना नंबर-2 के अच्छे या बुरे फल गुरु व शुकर की स्तिथी पर निर्भर होंगे चाहे यह दोनों ग्रह कहीं भी बैठे हों!

धरम अस्थान या पेशानी का दरवाज़ा

1-दोनों भवों के मध्य और नाक का आखिरी हिस्सा (शुरू का भी कह सकते हैं) जहां नाक दोनों भवों के मध्य में माथे (पेशानी) से मिलती है सामुद्रिक शस्त्र के अनुसार यह कुण्डली का खाना नंबर-2 है! जब कुण्डली का खाना नंबर-2 खाना नंबर-8 के ग्रहों की दृष्टि से खाली हो तो इसको तिलक लगाने की जगह माना गया है! इस खाना नंबर-2 को हवाई ख़्याल की कुल ताकतों में राहू व केतू की बैठक या मसनुई शुकर स्थान माना जाता है!

2-खाना नंबर-8 उल्ट कर खाना नंबर-2 को देखता है और खाना नंबर-2 देखा करता है खाना नंबर-6 को इसलिए खाना नंबर-2 का असर नेक होगा या अशुभ इसका निर्णय खाना नंबर-8-2-6 के ग्रहों को मिला कर किया जाएगा क्योकि खाना नंबर-8 सनीचर, राहू व केतू की संयुक्त बैठक है और मारक स्थान भी लेकिन खाना नंबर-2 सिर्फ राहू व केतू से प्रभावित होगा और यह दुनिया से जाने का रास्ता भी है जिसमें सनीचर की मौत का कोई सम्बंध नहीं होगा, सिर्फ राहू व केतू की अपनी नेकी व बदी का मैदान मन्दिर, मस्जिद होगा! इस धरम अस्थान का दरवाज़ा दोनों भवों के मध्य में है जिसका मालिक बृहस्पति है!

3-दुनिया से बाहर खाना नंबर-8 और दुनिया के अन्दर खाना नंबर-11 बृहस्पति की दूसरी ताकत होगी खाना नंबर-5 भविष्यकाल, खाना नंबर-9 भूतकाल और लगन का घर यानि खाना नंबर-1 वर्तमानकाल या यूं समझें कि जिस तरह खाना नंबर-4 अपनी नेकी नहीं छोड़ता उसी तरह खाना नंबर-2 नें कुल दुनिया से अपने सम्बंध नहीं छोड़े! जिस तरह शरीर में नाभि जिस्म के मध्य का भाग है उसी तरह बन्द मुट्ठी के खानों में से खाना नंबर-4 साथ लाए

हुये ख़ज़ाने का भेद हुआ और खाना नंबर-2 इस भेद का भेदी हुआ अर्थात इन दो खानों, खाना नंबर-4 व खाना नंबर-2 का इकट्ठा असर किस्मत का करिश्मा हुआ जो ग्रहफल व राशिफल का निचोड़ (लब्बे-लबाब) भी कहा जा सकता है! इसी तरह खाना नंबर-4 बढ़ाता है चंदर को और खाना नंबर-2 बृहस्पति को!

4-दोनों ग्रह मिले मिलाए माता-पिता या फिर अकेला बृहस्पति जो दोनों ही जहान का मालिक है ग्रहचाली बच्चे को सहायता देने के लिए खाना नंबर-5 में सूरज व खाना नंबर-11 में सनीचर से जा मिला और इस तरह यह दोनों घर भी बृहस्पति के पक्के घर हुए और यही लम्बाई बृहस्पति की लम्बाई है और इस लम्बाई का असल मतलब व्यक्ति की संसारिक शान-ओ-शौकत व मान इज़्ज़त से है क्योंकि बृहस्पति की इस लम्बाई को कुल चेहरे या पेशानी की लम्बाई लेते हैं! इस लम्बाई को मापने का तरीका होगा कि कुल चेहरे के चार हिस्से किए जाएँ तो ¼ हिस्सा माथे या पेशानी का होगा, पेशानी या माथा जिस तरतीब से बड़ा होगा उसी तरतीब से बृहस्पति का नेक असर बढ़ता होगा जोकि शुभ हुआ करता है! केतू जब बृहस्पति के साथ हो या बृहस्पति के घरों में तो पेशानी बहुत खुली या चौड़ी (कुशादः) हुआ करती है! अगर माथा या पेशानी बाहर को उभरी हुयी हो तो उतनी भेद जानने या खोज (क़ुव्वत-ए-दरियाफ़्त) करने की ताकत ज़्यादा होगी इसके ईलावा चाल-चलन भी उतम होगा!

5-अगर पेशानी या माथे पर तराज़ू, मछली, त्रिशूल, तलवार या पंखा आदि का निशान हो तो रिशेदारों से कोई सुख नहीं मिला करता! अगर माथे पर कव्वे के पाँव का निशान हो तो जातक मन्द भाग व कम उम्र हुआ करता है! अगर खाना नंबर-8 से मंदे ग्रहों का असर शामिल हो रहा हो माथे पर टूटी फूटी व नीचे को झुकती हुयी लकीरें होंगी तो जातक कम उम्र होगा और जिंदगी के हर आठवें साल 8-16-24-32-40-48 में अशुभ हालात पैदा हुआ करते हैं और अगर और ग्रह भी मंदे हो रहे हों तो इन सालों में उम्र को खतरा हुआ करता है और यह हालात 64 साल की उम्र तक रहा करते हैं! माथे पर(तिलक लगाने की जगह पर) मंगल बद △ का निशान या सिर्फ केतू का निशान हो तो जातक उच्चकोटी का शासक होगा और जीवन खुशहाल हुआ करता है!

अंगूठा (ख़्वाह हाथ का ख़्वाह पाँव का)

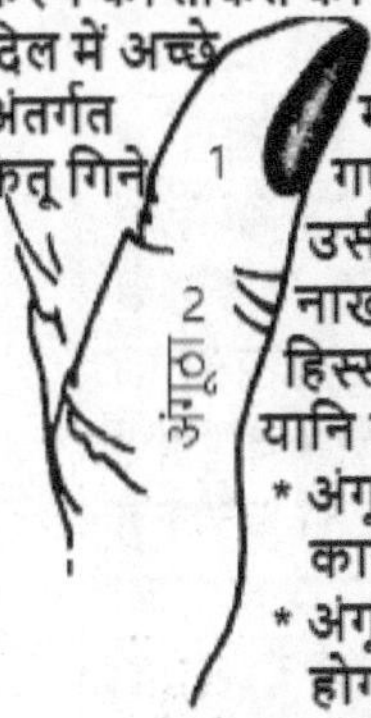

जिस तरह सिर के ढांचे का मालिक बुध है और उसके अन्दर हवाई लहरें व ख़्याल पैदा करने की ताकत का मालिक राहू है, इसी तरह इन्सानी दिल का मालिक चंदर को माना है, दिल में अच्छे बुरे हवाई ख़्यालात, लहरों में उछाल पैदा करना आदि सब चंदर के अंतर्गत माने गए हैं लेकिन इन लहरों के उछाल व गिराव के कारक ग्रह राहू व केतू गिने गए हैं। जिस तरह माथे पर खाना नंबर-2 राहू केतू की बैठक गिना है, उसी तरह अंगूठा भी राहू केतू (मसनुई शुकर) माना गया है। अंगूठे की नाखून वाली पोरी(1) केतू का हिस्सा है और नीचे वाली पोरी(2) राहू का हिस्सा गिना है। इन दोनों ग्रेहों सनीचर का कोई सम्बंध नहीं माना गया। यानि यह पाप की बैठक बिना सनीचर के होगी।

* अंगूठा जितना ज़्यादा लम्बा होगा व्यक्ति उतना ज़्यादा कामवासना पर काबू पाने की शक्ति वाला होगा।
* अंगूठा अगर बहुत ज़्यादा मोटा होगा तो व्यक्ति उतना ही ज़्यादा गरीब होगा।
* अंगूठा अगर बहुत ज़्यादा छोटा हो तो व्यक्ति वहशी, तंगदिल, जिद्दी व कम हौसले वाला होगा।
* अंगूठा सीधा व नाखून वाली पोरी पीछे को झुकती हो व्यक्ति नरम दिल हुआ करता है और ऐसे व्यक्ति का धन दौलत सांसरिक साथियों के काम आया करता है।

अंगूठे के बारे में कुच्छ खास नियम		
पोरी का हिस्सा	उसकी हालत	उम्र का हिस्सा व असर
नाखून वाली पोरी कुण्डली का खाना नंबर-6, मनमर्जी केतू से संबन्धित	मोड़ने पर जितना ज़्यादा हथेली की तरफ को होता जाए उतना ही व्यक्ति का धन दौलत दूसरों के काम आए व व्यक्ति खुद भी नरम दिल होगा	बचपन, फैलना, रूहानी ताकत उतम
मध्य की पोरी, कुण्डली का खाना नंबर-12, दलील व तार्किक सभ्भाब राहू से संबन्धित	पोरी जितनी ज़्यादा लम्बी होगी व्यक्ति उतना ही ज़्यादा तर्कशील, विचार शक्ति उतम और बुद्धिमान	जवानी, सिकुड़ना व जिस्मानी ताकत
निचली पोरी कुण्डली का खाना नंबर-2 शुकर से संबन्धित नतीजे	पोरी जितनी ज़्यादा छोटी होगी व्यक्ति उतना ज़्यादा कामवासना में लिप्त रहने वाला और जादू मन्तर सीखने की इच्छा वाला	बुढ़ापा, इन्सानी व नफ़सानी ताकत, लफ्ज नफ़सानी नफ़्स से लिया है जिसका मतलब जीवन का सार या फिर कामवासना की अधिकता

लगन से कुण्डली का पक्का घर खाना नंबर-3

इस दुनिया से कूच के वक़्त राहे रवानगी (बीमारी वगैरह)

इस घर का जो रंग है ख़ूनी	असर होता भी ख़ूनी है
होता जो भी ग्रह इस घर ज़ुल्मी	देता असर वह कष्टि है
पापी अगर उम्दा हों टेवे	कष्ट सभी ग्रह कटता है
तीन मंदा कानें पग 12 उम्दा उसके	असर खाना 8 करता हो
ग्रह मंदे घर तीसरे बैठे	बुरा मालिक नहीं करते हैं
ख़ून दृष्टि ज़ुल्म से अपने	ज़हर बाहर ही भरते हैं
उम्र पहली हो ग्यारह 11 शक्की	ग्रह तीजे जब मंदा हो
मौत रुकेगी आठ से उठती	बैठा तीजा ख़्वाह कैसा हो
ग्रह जब तक कोई तीसरे बैठा	मौत टेवा न पाता हो
भेद गुरु से बेशक खुलता	फैसला बुध से होता हो
माया दौलत जो 11 आती	भाग तीजे से जाती है
तासीर मंगल हो टेवे जैसी	हालत वही कर पाती हो

1-मंगल इस घर का पक्का ग्रह है और ख़ून का कारक इसलिए इस घर मंगल जैसा रंग दिया गया है! इस घर में बैठा ग्रह जितना अशुभ या मंदा हो रहा होगा दुख तकलीफ भी उसी तर्ज़ पर होंगे! अगर इस घर में पापी शुभ होकर बैठा हो तो फल नेक होंगे! खाना नंबर-12 का ग्रह चाहे खाना नंबर-3 का दुश्मन हो लेकिन अब यह ग्रह खाना नंबर-3 के ग्रह की मदद पर होगा, इस बात को समझने के लिए मान लो खाना नंबर-3 में केतू हो और खाना नंबर-12 में मंगल, दोनों ग्रह आपस में शत्रु होते हुये भी मंगल अब धन के वास्ते केतू की मदद पर होगा और हर तरह बरकत ही बरकत होगी, इसी नियमानुसार अगर कुण्डली के खाना नंबर-12 में संयुक्त हों तो 21 से 25 साल की उम्र के बीच शादी खराब (यानि मर्द रंडुवा और औरत विधवा) होने का योग हुआ करता है लेकिन इस युति के समय अगर खाना नंबर-3 में सनीचर बैठा हो तो यह अशुभ घटना नहीं होगी क्योंकि सनीचर अब शुकर की मदद पर होगा! लेकिन इस नियम के विपरीत यदि खाना नंबर-3 में ज़्यादा ग्रह हों तो हालत अलग-अलग देखनी चाहिए!

2-हक़ीक़ी रिश्तेदार-नज़र का असर (यानि बुरी होगी या भली), भाई बहन-बंधु, चाचा-ताये का मकान नेकी-इन्साफ-मुनसफ़ी (मंगल नेक की खासियत), बच्चा पैदा करने की ताकत, कबीले का बढ़ना व बढ़ाना, खांड मीठा, उठती जवानी का हाल, आकाश, जिगर, खून, मकान की सजावट का सामान, आम खुशी गमी की औसत हालत, चोरी-ठगी का घर, इस घर में चंदर, शुकर और सनीचर राशिफल के होंगे! मंगल के बुर्जों का चर्बी से भरा होने बृहस्पति और शुकर का ज़ाती फैसला क्या होगा! यह घर खाना नंबर-11 का सहन होगा और बुध मुनसिफ़ ग्रह होगा! बुध सब्ज़, मंगल (मर्द औरत की जोड़ी) या आपसी ताल्लुक और उम्र का साथ ज़ाहिर होगा! मुख्तलिफ़ चीजों या ताक़तों का एक ही होकर या एक ही जुज़ में इकट्ठे होकर काम करना मानिंद मर्द औरत के जोड़े से बच्चा बनाना!

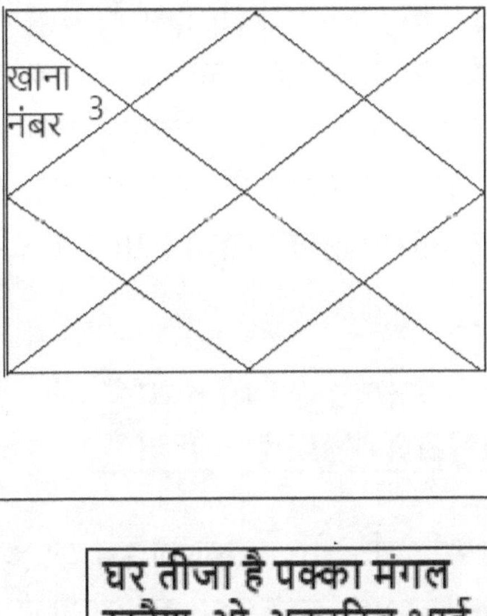

-घर का ग्रह..................................बुध

ग्रह का घर..............................मंगल

ऊंच का ग्रह...............................राहू

नीच का ग्रह...............................केतू

बुनियाद का घर........खाना नंबर-11

टक्कर खाएगा........खाना नंबर-8 से

अचानक चोट.........खाना नंबर-1 से

दृष्टि का/के घर..खाना नंबर-9 व 11

घर तीजा है पक्का मंगल	धन दौलत के जाने का
खवैश-ओ-अकारिब भाई अपने	या चोरी अय्यारी का

खाना नंबर-3 बुध की मिथुन राशि लेकिन पक्का घर मंगल का है क्योंकि यह घर प्राकर्म और भाइयों का है और मंगल इनका कारक ग्रह है! यह घर धन-दौलत का चोरी आदि से नुकसान का भी घर है और इस दुनिया से कूच का घर भी यही है!

असर नज़र और जंग-व-जदल सब,	महल भी उनके लेते हैं
बढ़ना-बढ़ाना, फ़र्ज़ मन्सबी,	इन्साफ, मीठा भी गिनते हैं

असर नज़र लफ़्ज़ (नज़र लगने से लिया गया है) यानि नेक असर या बद और लड़ाई झगड़े का भी घर है! भाई बंधुओं के रहने के घर कैसे होंगे! यह घर चढ़ती जवानी का घर भी है और इन्साफ का घर भी है! आवाज़ की मिठास व आम जीवन में मीठा जो खाने के काम आता है इसी घर से सम्बंध रखते हैं!

उठती जवानी या खून जिगर का,	तना दरख़्त, आकाश भी है
खुशी गमी और साले बहनोइये,	सामान आरायश मकान भी है

क्योंकि मंगल ग्रह का पक्का घर है और मंगल खून का कारक ग्रह गिना है इसलिए यह खून नेक होगा या बद इसकी जानकारी भी देता है! पेढ़ों में दरख़्त का तना और बुध इस घर का राशिपति है जिसका स्वामितत्व आकाश पर है इसलिए इस घर को आकाश भी गिना है! मंगल बद (जोकि राहू स्वरूप हुआ करता है) इसलिए ख़ुद के भाइयों के इलावा पत्नी के भाई व बहन के पति को भी दर्शाता है! घर रखा सजावट(आरायश) का सामान भी इसी घर से देखते हैं!

शेर दरिन्दे इस घर रहते,	त्रैलोकी का भी होता है
ताक़त बच्चा पैदा करने,	ससुराल अहवाल अकेला है

बुध ग्रह हरियाली का कारक ग्रह और राशिपति होने के कारण इस घर को हरा-भरा जंगल भी कहा है और मंगल एक शेर ग्रह उसके रहने का स्थान! उम्र का घर और संसार से जाने का घर भी यही है! मंगल खून का कारक होने के कारण सन्तान पैदा करने के लिए महतवपूर्ण ग्रह है!

स्त्री ग्रह जब तीजे आवें,	औरत भी वां मर्द कहलावें
शुकर बैल और चंदर साधू,	मर्द बढ़ेंगे, बढ़ेगी आयु

स्त्री ग्रह (चंदर, शुकर) इस घर में हों तो वो घर मर्दों की सहायता एक मर्द की तरह किया करते है! स्त्री ग्रहों के इस घर में होने से आयु भी लम्बी हुआ करती है! शुकर अब गाय न होकर बैल की तरह मदद देगा और चंदर साधू (बृहस्पति) की तरह यानि स्त्री भाइयों की तरह और चंदर पिता की तरह होगा!

मंगल बद-मंगलीक न होगा,	शिवजी हो के दया करेगा
स्त्रीयों की भी पूजा होगी,	तीन काल वहां उन्नति होगी
होगी तो कुल उम्दा होगी,	गर न होगी, चोरी न होगी

इस घर में यदि कोई स्त्री ग्रह हो तो मंगल बद नहीं रहा करता और चंदर(माता व माता समान औरतें) शुकर(स्त्री) का आदर सत्कार उन्नति का भेद होगा और इस घर में शुकर या चंदर हो तो चोरी आदि से नुकसान भी नहीं हुआ करता!

बुध, शनि और मंगल टेवे,	कहीं भी इसके बैठे हों
फल वैसे ही घर तीजे के,	उस टेवे में होते हों

बुध राशिपति, सनीचर बुनियाद के घर का राशिपति और मंगल इस घर का पक्का ग्रह इसलिए इस घर के नेक व उतम फल टेवे में इन तीनों ग्रहों की स्तिथी के अनुसार होगा!

लगन से कुण्डली का पक्का घर खाना नंबर-4

माता की गोद व पेट का ज़माना

ग्रह चौथे के रात को जागें,	या जागें वह मुसीबत में
मदद कोई न हो जब करता,	आ तारें वह बुढ़ापे में
ग्रह चौथे हो जो कोई बैठा,	तासीर चंदर वह होता है
असर मगर हो-उस घर जाता,	शनि जहां टेवे बैठा हो
खाली होते घर चौथा मन्दिर,	आखिर उम्र तक उन्नति हो
चंदर का फल-घर दे चंदर,	बैठा चंदर ख़्वाह नष्टी हो
पाप बैठा घर चंदर माता,	बुध शनि दो उम्दा हो
आठ, तीजा, 6 टेवे मंदा,	मौत बहाना चौथा हो
तख़्त पावे जब चौथा टेवे,	राहू मंदा खुद होता हो
मुट्ठी चंदर 8-11 बैठे,	अकेला चंदर न मंदा हो
4 समन्दर ग्रह 9 नाभि,	मुर्दा कोई न रखता हो
तीनों ग्रह नर शरण माता की,	पेट अन्दर कुल पलता हो

1-कुण्डली का खाना नंबर-4 चंदर का पक्का घर और राशिपति भी चंदर है! इस घर का सम्बंध चंदर की जानदार व बेजान चीजों से होगा! सबसे महत्वपूर्ण घर इसलिए भी है कि माता का सम्बंध भी इसी घर से है! चौथे घर में बैठे ग्रह रात्री के समय अधिक शक्तिशाली हुआ करते हैं, इस बात पर भी गौर करना चाहिए कि कुण्डली के चौथे घर के ग्रह मुसीबत के वक़्त मदद किया करते हैं और ज़्यादातर इन ग्रेहों का असर बुढ़ापे में देखने को मिलता है!

2-चौथे घर में बैठे ग्रह का असर देखने के लिए चंदर की स्तिथी देखनी ज़रूरी होगी अगर टेवे में चंदर उतम हुआ तो इस घर का ग्रह भी उतम फल देगा लेकिन उसका असर टेवे में सनीचर के अनुसार दिखाई देगा! कुण्डली का खाना नंबर-4 व 2 (मन्दिर) खाली होने पर भी आखिरी उम्र सुख पूर्ण हुआ करती है!

3-कुण्डली में चंदर बेशक बुरी हालत में हो (जैसे खाना नंबर-8 में नीच और खाना नंबर-11 में शुन्य) तो भी यह घर या इसमें बैठा ग्रह नेक व उतम फल देगा! पापी ग्रह (राहू व केतू) खाना नंबर-4 में धर्मी ग्रह हुआ करते हैं इसलिए

मंदा असर नहीं दिया करते और बुध व सनीचर भी उम्दा असर देंगे (या यह भी लिया जा सकता है कि राहू या केतू खाना नंबर-4 के समय बुध व सनीचर, बुध या सनीचर खाना नंबर-2 में हों), कुण्डली का खाना नंबर-8-6 व 3 मंदे हो रहे हों तो खाना नंबर-4 में बैठा ग्रह मृत्यु का कारण होगा!

4-कुण्डली के खाना नंबर-4 में बैठा ग्रह वर्षफल के अनुसार जब भी खाना नंबर-1 में आयेगा उस वर्ष राहू कहीं भी कितना भी उतम क्यों न हो राहू का फल मंदा होगा! कुण्डली के खाना नंबर-4 या फिर खाना नंबर-8 या 11 में अकेला बैठा चंदर कभी मंदा नहीं हुआ करता!

5-चंदर पानी का कारक ग्रह है और खाना नंबर-4 को समंदर कहा है! राहू सिर है तो केतू पैर और दोनों के मिलने का स्थान नाभि का हिस्सा है जहां 9 के 9 ग्रह समाये हुये हैं, जिस तरह समंदर अपनी लहरों के साथ हर एक चीज़ को बाहर फेंकता है उसी तरह कोई मंदा ग्रह खाना नंबर-4 में आकर अशुभ नहीं रहता!

6-माता के सम्बंध में, समन्दर पार के सफ़र नेक होंगे या मंदे, साथ लाई हुई खुशी, चंदर की चीजों में माता ख़ानदान, मौसी व फूफी का मकान, मोती बिना सुराख के, रंग सफ़ेद दूध जैसा, बृहस्पति का धन जवानी के समय, दिशाओं में उतर-पूर्व (शुमाल-मशरिक़), खाली ज़मीन की सतह, दिल-धन-दौलत-तबीयत का झुकाओ! इस घर में (1) शुकर राशिफल का (2) मंगल बद (मंगलीक) राशिफल का, (3) केतू राशिफल का होगा! शुकर व बुध इसका आधी उम्र के लिए ताकत को आधा कर देते हैं मगर अपनी पूरी ताकत रखते हैं! बाकी के ग्रह पूरा-पूरा असर रखा करते हैं! चंदर का सूरज के साथ मिलने पर सूरज का फल होगा और दोनों का फल नेक व उतम होगा!

7-खाना नंबर-4 खाना नंबर-10 का सहन होगा और मुनसिफ़ ग्रह सनीचर होगा! जिस तरह रात को जागने वाले आँख के होशियार होते हैं इसी इस घर के ग्रह रात को जागा करते (असर देना) हैं या फिर आखिरी वक़्त में जब कोई और मददगार ना हो मदद दिया करते हैं और ख़ासकर इस घर का ग्रह बुढ़ापे (सनीचर का असर) मदद दिया करते हैं!

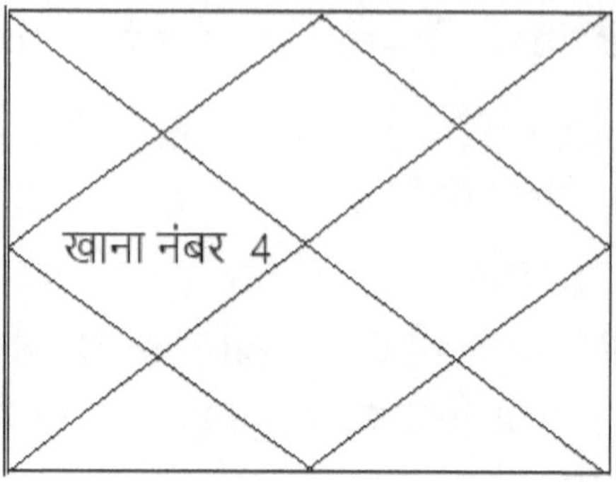

घर का ग्रह................................चंदर

ग्रह का घर................................चंदर

ऊंच का ग्रह.........................बृहस्पति

नीच का ग्रह..............................मंगल

बुनियाद का घर........खाना नंबर-12

टक्कर खाएगा........खाना नंबर-9 से

अचानक चोट..........खाना नंबर-2 से

दृष्टि का घर................खाना नंबर-10

चौथे चंद्र को पेट माता और	ठंडी रोशनी माना है
चार तरफ का पानी दुनिया	दूध, समन्दर दरिया है

खाना नबर-4 हर तरह से चंदर से प्रभावित हुआ करता है जोकि हर तरह की शांति का कारक ग्रह है! हर तरह का पानी साफ़ (ख़ासकर बहता हुआ) चंदर की मलकीयत है दूध, समन्दर व दरिया (बहता पानी) भी चंदर के अंतर्गत होगा!

दिल, सफ़र, माता, धरती, घोडा	तरफ़ शुमाली-मशरिक़ है
चरिन्दे, चावल, दूध पिलाते,	बजाजी, मुर्गे-आबी है

खाना नंबर-4 का पक्का ग्रह चंदर जो कि दिल और दिल की शांति, दरियाई सफ़र, माता, धरती व घोड़े का कारक ग्रह है! चौथे घर उतर (शुमाल)-पूर्व (मशरिक़) दिशा को दर्शाता है! दूध देने वाले पशू, चावल, दूध व मुर्गे-आबी (पानी में रहने वाला मुर्गे की शक्ल का परिन्दा) व बजाजी से संबन्धित कारोबार भी इसी घर से देखते हैं!

तहरीर दौलत या वक़्त जवानी,	रंग गिना है चाँदी का
अनबिध मोती, घर माता का,	रस होता है शांति का

धन-दौलत के सम्बंध में कागजात व जवानी के समय को इस घर से देखा जाता है और रंग चाँदी जैसा सफ़ेद व चमकदार, मोती वो जिसमें छेद न हुआ हो यानि इंसान जिसके कर्म नेक होंगे व माता के खानदान के सम्बंध में और जीवन में हर तरह की शांति भी इसी घर की अच्छाई पर निर्भर करती है!

झुकाओ तबीयत, फ़र्श मकानां,	ताल्लुक गिनते हैं मर्दों का
चक्कर, संख, सदफ़ हो पोरी,	निशान भी लेते हैं वह जौं का

तबीयत की नरमी चंदर की खासियत है, घर के फ़र्श के बारे में भी खाना नंबर-4 देखा जाता है! उँगलियों की पोरी पर चक्कर या सदफ़ या संख के निशान व पोरियों की जोड़ पर जौं का निशान भी चंदर की चीज़ें हैं और इनका इस्तेमाल इल्म-ए-क्याफ़ा में होगा!

राहू-केतू घर चौथे में,	पाप से हरदम डरते हैं
तारें ख़्वाह न तारें मर्ज़ी,	कसम पाप की करते हैं

राहू व केतू अगर चौथे घर में हों तो पापी ग्रह होते हुये भी पापी नहीं रहते! दोनों में कोई भी ग्रह इस घर में बुरा न करने की कसम खाता है लेकिन अच्छा फल देंगे यह भी ज़रूरी नहीं!

गुरु, रवि और चंद्र टेवे,	कहीं भी उसके बैठे हों
फल वैसे ही घर चौथे के,	उस टेवे में होते हों

टेवे में बृहस्पति, सूरज व चंदर किसी भी घर में हों अब चौथे घर की स्तिथी का आधार यही ग्रह होंगे यानि अगर यह तीनों ग्रह उतम स्तिथी में हों तो खाना नंबर-4 भी हर तरह से उतम होगा और यदि तीन में से दो ग्रह नेक हों तो उसी के अनुपात से खाना नंबर-4 का फल देखना चाहिए!

लगन से कुण्डली का पक्का घर खाना नंबर-5

(औलाद मुस्तकबिल का ज़माना)

गुरु टेवे में जब तक उम्दा,	औलाद दुखी न होती हो
पाँच पापी गुरु मंदा टेवे,	बिजली चमक आ देती हो
शनि शुकर या दो कोई मंदा,	बिजली कड़कती मंदी हो
चंद्र भला तो चमक हो उम्दा,	असर हालत दो जल्दी हो
वजह चमक घर तीसरे होगी,	कड़क निशानी ग्यारह हो
तीन खाली घर आठ से पड़ती,	उलट हालत पड़े आठ पे हो
घर 3-4 या 9 हो मंदा,	बुरा असर 5 देता हो
6-10 वें ख़्वाह दोस्त उसका,	शत्रु ज़हरी आ होता हो
अपना लिखा अहवाल आइन्दा,	गुरु रवि से चलता हो
केतू भला तो सब कुछ उम्दा,	राहू मंदे सब उल्टा हो

सूरज का घर और गुरु का पक्का खाना, यह घर औलाद की पैदाइश से सम्बंध रखता है इसलिए जब तक टेवे में बृहस्पति उम्दा होगा औलाद से संबन्धित कोई परेशानी नहीं बल्कि औलाद हर तरह से सुखी होगी! अगर टेवे के खाना नंबर-5 में राहू या सनीचर पापी होकर बैठा हो और बृहस्पति की हालत मन्दी हो तो औलाद से संबधित परेशानियाँ हुआ करती हैं!

टेवे में सनीचर व शुकर या दोनों में कोई एक मंदा हो रहा हो तो औलाद पैदा नहीं हुआ करती अगर किसी अन्य ग्रह योग के कारण पैदा हो भी जाए तो ज़िन्दा नहीं रहा करती लेकिन अगर टेवे में चंदर की स्तिथी उत्म हो तो सनीचर व शुकर भी मंदा फल नहीं देंगे!

मंदे हालात की वजह खाना नंबर-3 के ग्रह होंगे और इस मंदे असर की निशानी खाना नंबर-11 के ग्रह के द्वारा ज़ाहिर होगी (अगर यह घर खाली हों तो इन घरों के राशिपति या घर के पक्के ग्रह को देखना चाहिए! या खाना नंबर-3 के खाली होने के वक़्त चोट खाना नंबर-8 के ग्रह से होगी और अगर खाना नंबर-3 में ग्रह हो खाना नंबर-8 पे असर होगा!

खाना नंबर-3-4 या 9 मंदा हो रहा हो इसका मन्दा असर खाना नंबर-5 पर होगा! इस हालत में खाना नंबर-6 या 10 में खाना नंबर-5 के दोस्त ग्रह ही क्यों न

हों उनका असर ज़हर की तरह मंदा हुआ करता है! टेवे में मंदा हो रहा बृहस्पति सूरज के उपाओ से नेक फल देगा! अगर टेवे में केतू उतम हालत में हो तो खाना नंबर-5 से संबन्धित हर फल नेक होगा और अगर टेवे में राहू मंदा हो तो खाना नंबर-5 का हरेक फल अशुभ होगा!

खाना नंबर-6 व 10 की ज़हर से बचाओ के लिए खाना नंबर-5 के दुश्मन ग्रह की चीज़ें वीरान जगह दबाएँ या फिर जद्दी मकान में स्थापित करें लेकिन ऐसे में खाना नंबर-8 खाली होना चाहिए और अगर खाना नंबर-8 मंदा हो रहा हो तो यही चीज़ें सिर्फ वीरान जगह दबानी चाहिएँ, उधाहरण के लिए अगर बृहस्पति खाना नंबर-10 में शुकर 11 में, केतू 8 में और सनीचर व राहू खाना नंबर-5 में हों तो औरत को पेट से संबन्धित बीमारी (जुलाब आदि) के बाद लड़के पर बुरा असर आएगा इससे बचने के लिए लड़के वजन के बराबर आटे की रोटियाँ कुत्तों को खिलाएँ 25 से 48 दिन तक लगातार!

शौहरत-नर औलाद व औलाद का धन दौलत-औलाद को सुख! दिशाओं में पूर्व (मशरिक़) दिशा, रौशनी-हवा-औलाद के द्वारा बनाए हुये मकान! 5 इंद्रियाँ, रफ़्तार-गुफ़्तार-तहरीर, उँगलियों के दरमियान की खाली जगह! सूरज का घर होने के कारण शुकर व बुध कभी बुरा नहीं देंगे क्योंकि सूरज के सामने दोनों ही ग्रह चुप हुआ करते हैं!

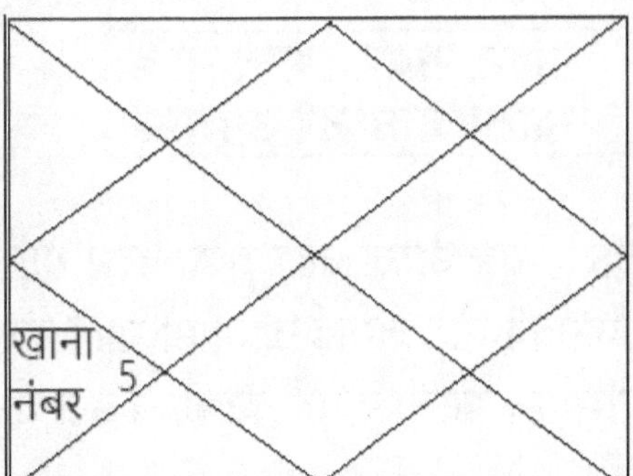

घर का ग्रह................................सूरज

ग्रह का घर..........................बृहस्पति

ऊंच का ग्रह.......................कोई नहीं

नीच का ग्रह.......................कोई नहीं

बुनियाद का घर..........खाना नंबर-1

टक्कर खाएगा......खाना नंबर-10 से

अचानक चोटी.........खाना नंबर-3 से

दृष्टि का घर................खाना नंबर-9

घर 5वां है ज्ञान गुरु का,	तेज तपस्या होता है
हवा, रोशनी, लड़के, पोते,	वक़्त आइन्दा होता है

टेवे का खाना नंबर-5 बृहस्पति का पक्का घर जिसमें राशिपति सूरज का प्रभाव शामिल गिना जाएगा! व्यक्ति जिस कदर नेक और धरम करम के कामों में लगा रहेगा उसी कदर सूरज का प्रभाव व बृहस्पति का ज्ञान बढ़ता होगा! इस घर से हवा (बृहस्पति), रोशनी (सूरज) लड़के व पोते (केतू) की स्तिथी का पता चलता है!

औलाद जनम ता उम्र बुढ़ापा,	महल बचत औलाद के हैं
पांचों ही इंद्री, हाज़मा उसका,	गरमी, शोहरत नेकी है

औलाद के जनम से लेकर खुद के बुढ़ापे तक का हाल इसी घर के ग्रहों से देखा जाएगा इसके अलावा औलाद की धन-दौलत की हालत व मकान आदि का हाल भी यही घर बताएगा! खुद व्यक्ति की पांचों इंद्रियाँ व पेट से संबन्धित नेक या मंदे हालात भी इसी घर से देखेंगे! व्यक्ति की तबीयत की गरमी (सूरज व नेक मायनों में) शोहरत मान इज्ज़त व नेक तबीयत होना भी इसी घर से देखा जाएगा!

अक्ल, ज्ञान, समझ हो साया,	इल्म, सबर-ईमान भी है
पैवंदी जो पौधे गिने तो,	खाली जगह दर उंगली है

बृहस्पति व सूरज से प्रभावित होने कारण यह अक्ल और ज्ञान, इल्म यानि शिक्षा व ईमान-धरम का भी है! वो पौधे जिनकी पौद लगाई जाती हो यानि वंश वृद्धि का घर भी है और उँगलियों के दरमियान खाली जगह का होना इस घर की अच्छाई या बुराई बताता है!

रोशनी पक्की घर पहले की,	हवा अच्छी घर 5वें है
दोनों पक्की इस जा इक्कठी,	दीवार मशरिकी कुण्डली

खाना नंबर-1 सूरज का पक्का घर और खाना नंबर-5 बृहस्पति का पक्का घर, सूरज कुदरती व उतम रोशनी का कारक ग्रह और बृहस्पति उतम हवा का कारक, अब इन दोनों का मिला हुआ असर खाना नंबर-5 में होगा! पूर्व की तरफ़ की दीवार की हालत इस घर से देखते हैं!

उम्र औलाद, तो सेहत अपनी,	**घर 5वें से लेते हैं**
घर 3-9 या 4 हों मंदे,	**असर बुरा ही गिनते हैं**

औलाद की उम्र और खुद की सेहत का अच्छा या बुरा होना इस घर से देखा जाएगा! अगर कुण्डली के खाना नंबर-3-9 या 4 मंदे हो रहे हों तो असर अशुभ हुआ करता है!

रवि, गुरु, दोनों से कोई,	**घर 10वें जा बैठा हो**
5वें घर ख़्वाह दोस्त इसका,	**ज़हरी दुश्मन होता हो**

सूरज या बृहस्पति में से कोई भी ग्रह खाना नंबर-10 में हो और खाना नंबर-5 में इनका दोस्त ग्रह बैठा होने पर भी आपस में दुश्मनी की स्तिथी होगी!

गुरु, रवि और राहू केतू,	**कहीं भी इसके बैठे हों**
फल वैसे ही घर 5वें के,	**उस टेवे में होते हों**

टेवे में बृहस्पति, सूरज व राहू केतू की स्तिथी पर ही खाना नंबर-5 के फल हुआ करते हैं, इसलिए इन ग्रेहों का अच्छी हालत में होना ज़रूरी है!

लगन से कुण्डली का पक्का घर खाना नंबर-6

(दुनियावी जड़, पाताल की दुनिया-रहम का खज़ाना, खुफिया मदद)

पाताल ख़ाली घर जब तक रहता,	नेक असर कुल देता हो
दूजे बैठे की पहली अवस्था,	असर 6 पर होता हो
उम्र मंदी ग्रह ख़ुद-वह होगा,	घर 6 वें आ बैठे जो
लाख उपाओ-करे न टलता,	ग्रह फल-लिखा जिसको हो
अकेला बैठा या हों मुश्तरका,	बन्द मुट्ठी के ख़ानों में
9 ही ग्रह पाताल में बैठे,	देखा करें उन तरफ़ों में
10-5 वें का दुश्मन ज़हरी,	हुक्म राहू का पाता हो
साथ मगर 2-आठ दृष्टि,	फैसला छः का होता हो

1-टेवे का खाना नंबर-6 खाली होने की हालत में फल उतम हुआ करते हैं क्यों कि दृष्टि के हिसाब से खाना नंबर 2-6-12-8 आपस में मिल जाया करते हैं, खाना नंबर-2 का ग्रह खाना नंबर-6 में बैठे ग्रह को देखता है और 6 उसका असर खाना नंबर-12 में मिला देता है, खाना नंबर-12 खाना नंबर-8 में बैठे ग्रह को देखेगा और उसमें कुल असर डालेगा जोकि वापिस खाना नंबर-2 में जाएगा इसलिए खाना नंबर-6 का खाली रहना ठीक है!

2-सूरज, चंद्र व बृहस्पति को छोड़ बाकी के सभी ग्रह इस घर में ग्रहफल के हुआ करते है इसलिए ना-काबिले उपाओ हैं और बैठा ग्रह अपनी उम्र में अशुभ फल दिया करते हैं जोकि किसी उपाओ के वश में नहीं होगा!

3-कुण्डली के बन्द मुट्ठी के खानों (1-4-7-10) में कोई एक ग्रह बैठा या एक अधिक उस वक़्त खाना नंबर-6 के ग्रह (एक हो या बाकी सब) सभी बन्द मुट्ठी में बैठे ग्रह को देखते हैं और यह आस की नज़र होगी!

4-कुण्डली में खाना नंबर-6 खाली होने के वक़्त बुध (राशिपति) और केतू (पक्का खाना) का प्रभाव रहता है जोकि टेवे वाले के चेहरे (बुध) और खूबसूरती (केतू) की तरफ इशारा किया करते हैं! बुध व राहू इस घर में उंच के हुआ करते हैं इसलिए कभी इस घर में मंदे नहीं हुआ करते और न ही खाना नंबर-2 पर अपना मंदा असर देंगे और न ही बन्द मुट्ठी के खानों पर या उनमें बैठे ग्रहों पर!

खाना नंबर-6 में अकेला बैठा सनीचर खुद अन्धा हुआ करता है और अपनी ज़हर खाना नंबर-2 में डालता बिना दोस्ती या दुश्मनी की परवाह किए!

5-माता-पिता के ख़ानदान के रिश्तेदार, औलाद के कारण बन जाने वाले रिश्तेदार जिनका टेवे वाले से कोई सम्बंध नहीं हुआ करता! इन्सान खुद किस ग्रह का होगा इसलिए चेहरा व माथा, दूसरों (माता-पिता के रिश्तेदार) से मिलने वाली चीज़ें, बुध की फोकी हमदर्दी, फ़ोका पानी, खुशबू-बदबू, नानका घर, आम बरताओ व साहूकारा, मरने के बाकी रहने वालों की हालत, दिशाओं में उतर (शुमाल) दिशा, पड़ोसियों के मकान व हालत, पट्ठे-नाड़ें-ज़ायका, साग-सब्ज़ी फूल-पत्ते आदि, (1) बृहस्पति राशिफल का होगा (2) सूरज के खुद के असर के लिए बुध का उपाओ करना चाहिए, (3) मंगल इस घर में राशिफल का होगा (4) सनीचर राशिफल का होगा!

6-केतू का पक्का घर होने के कारण केतू की चीज़ें: औलाद का सुख-हमदर्दी सच्ची-ख़ालिस खटाई-सफर आम-मरने के बद बाकी रहने वालों की हालत-पाताल-रूहानी-जिस्मानी-दिमागी खासियत खुद की, उँगलियों और हथेली का आपसी सम्बंध-हाथों के नाखून आदि! मामूँ ख़ानदान को सुख, अपनों से मोहब्बत, दौलत की आमद खुद के लिए उतम लेकिन दूसरों के लिए अशुभ यह हालत तब होगी जब केतू उतम हो और बृहस्पति की मदद मिल रही हो!

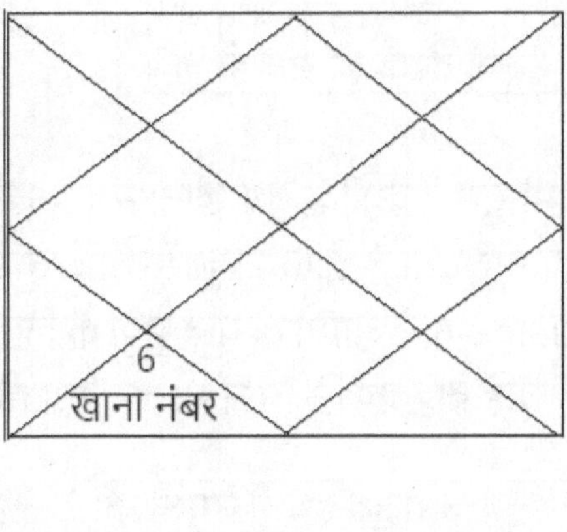

घर का ग्रह.....बुध

ग्रह का घर....केतू

ऊंच का घर....बुध/राहू

नीच का घर....शुकर/केतू

बुनियाद का घर....खाना नंबर-2

टक्कर खाएगा....खाना नंबर-11 से

अचानक चोट....खाना नंबर-4 से

दृष्टि का घर....खाना नंबर-12

घर 6वें पाताल में बैठे,	केतू, बुध इक्क्ठे हैं
दुश्मन गो वह बाहम होते,	इस जा वह नहीं लड़ते हैं

टेवे का खाना नंबर-6 पाताल कहा गया है, बुध इस घर में ऊंच का ग्रह और केतू का पक्का घर इसलिए इस घर में बैठे बुध व केतू आपस में दुश्मन होते हुये भी झगड़ा नहीं किया करते!

केतू लड़का तो बुध है लड़की,	दुम कुत्ते की साथी है
रिश्तेदार हों मात-पिता के,	अक्ल सफ़र खुद ख़ाकी है

केतू को लड़का और बुध को लड़की माना गया है! अगर केतू को कुत्ता माना है तो बुध कुत्ते की दुम है यानि दोनों का पक्का साथ है! माता और पिता के तरफ के रिशतेदारों के बारे में जानकारी इस घर से मिलती है! खुद की अक्ल व ख़ुश्की (ख़ाकी) का सफ़र भी यही घर बताता है!

बुध सेवा नहीं शुकर करता,	केतू भी धोका देता है
अकेले-अकेले ही दोनों उम्दा,	मिल कर चेहरा बनता

इस घर में बैठा बुध या केतू शुकर का साथ नहीं दिया करते क्योंकि यह दोनों ग्रह अलग-अलग होने पर ही उतम हैं! दोनों ग्रहों का मिला जुला रूप ही जातक का चेहरा हुआ करता है!

आकार चेहरे का गर बुध से हो,	खूबसूरत हो केतू से
नौ ही ग्रह पाताल में होते,	देखते तरफ हों सब ही के

बुध गोल है इसलिए चेहरे का आकार भी बुध है,क्योंकि बुध खाना नंबर-6 से खाना नंबर-2 को देखता है और अपना आकार देता है लेकिन खूबसूरती केतू से होगी! कुण्डली में नौ के नौ ग्रह जो भी खाना नंबर-6 में आएंगे वो बन्द मुट्ठी के जिस भी खाने में ग्रह होगा उसको देखा करते हैं चाहे दृष्टि का नियम न भी लग रहा हो!

फूलना-फलना, क़द कदामत,	तनासुब हथेली उंगली की
खटाई व गोबर या हो सच्ची नेकी,	या रफ़्तार गुफ़्तार हो केतू की

फलना फूलना व क़द छोटा होगा या बड़ा या दरमियाना यह सब बुध व केतू की मिली जुली खासियत होगी! खटाई आदि केतू की चीज़ें हैं रफ़्तार यानि चाल कैसी होगी केतू के अंतर्गत है और बोलने का ढंग भी इसी घर से देखा जाएगा! यह सभी चीज़ें जैसे चाल, क़द, बोलने का सलीका आदि क्याफ़ा के अंतर्गत हैं!

नाना-नानी या मामूं उसके,	हमदर्दी फोकी बुध की है
इर्द गिर्द वह मकान का होवे,	ज़ायका, पट्ठे, सब्ज़ी है

नानका घर, नाना-नानी व मामूं खानदान की हालत इसी घर से पता चलती है! बुध एक खाली ग्रह है और दिखावे का भी इसलिए हमदर्दी सिर्फ नाम की होगी! ज़बान का स्वाद (बुध) पट्ठे (मांसपेशियाँ) केतू के अंतर्गत है इसलिए इसी घर से देखी जाएंगी! पड़ोसी के बारे में भी इसी घर को देखा जाता है!

बरताओ होवे या हो साहूकारा,	पेशानी चेहरा होती है
तरफ़ शुमाल या फ़ोका पानी,	फूल सुगंध्या होती है

यह घर व्यक्ति की तबीयत ब्यान करता है कि वो खुले दिल का सिर्फ दिखावे का मेल बरताव रखने वाला होगा! माथे का खुला या तंग होना! उतर(शुमाल) दिशा की दीवार और पाताल का पानी जिसकी कोई कीमत नहीं! सूंघने की ताकत!

आकार, परिन्दे, हाथ के नाखून,	सुख औलाद का होता है
भाख्या भाओ अपार हो दुनिया,	नक्कारा ख़लक़ भी होता है

आकार, हर तरह के उड़ने वाले पक्षी और हाथ के नाखून का संबंध खाना नंबर-6 से देखा जाता है, औलाद का सुख कैसा होगा वो भी इसी घर और केतू की स्तिथी से पता चलता है क्योंकि केतू सन्तान (नर) का कारक ग्रह और यह घर केतू का पक्का घर है! खुदाई आवाज़ का कारक भी केतू है जो यम के कदमों की आहट को पहचानता है!

केतू की चीजों पर केतू हो मंदा,	पर मंदा न दूसरों पर
बुध भी वां गर साथी होवे,	खुद मंदा, बुरा दूसरों पर

केतू खुद की कारक चीजों के लिए अशुभ फल देगा लेकिन दूसरे ग्रहों के लिए मंदा नहीं होगा लेकिन अगर बुध साथ हो या साथी ग्रह बन रहा हो तो केतू खुद तो अशुभ होगा ही लेकिन अब दूसरे ग्रेहों के लिए भी केतू का असर अशुभ होगा!

उम्र मंदी इस ग्रह की होवे,	घर 6वें आ बैठे जो
लाख उपाओ करें न टलदा,	ग्रह फल लिखा जिस को हो

खाना नंबर-6 में बैठा ग्रह या जो ग्रह वर्षफल में इस घर में आए वो अपनी उम्र में अशुभ फल देगा और उस ग्रह का कोई उपाओ भी सम्भव न होगा क्योंकि सभी ग्रह (सिवाय सूरज, बृहस्पति व चंदर) ग्रहफल के होंगे!

फल औलाद का शुकर रद्दी,	पर रद्दी न दौलत हो
गुरु, सूरज से कोई दूजे,	शुकर का फल 12 हो

खाना नंबर-6 में शुकर नीच का हुआ करता है इसलिए नर औलाद के लिए फल अशुभ होंगे लेकिन धन-दौलत के लिए यह शुकर अशुभ नहीं होगा! अगर कुण्डली के खाना नंबर-2 में सूरज या बृहस्पति या दोनों ही ग्रह बैठे हों तो शुकर खाना नंबर-12 का असर देगा जहां शुकर ऊंच हुआ करता है इसलिए नर औलाद की भी कमी न होगी!

बुध, केतू और शुकर टेवे,	कहीं भी इसके बैठे हों
फल वैसे ही 6वें घर के,	इस टेवे में होते हों

खाना नंबर-6 का फल शुभ होगा या अशुभ इसका निर्णय टेवे में बुध, केतू व शुकर की स्तिथी पर निर्भर किया करता है! जैसे यह ग्रह होंगे वैसा ही खाना नंबर-6 का असर, यानि अगर तीनों उतम तो 100% उतम और अगर दो ग्रह उतम तो 67% उतम और अगर एक उतम हुआ तो 33% असर उतम होगा!

चेहरे पर तमाम ग्रह

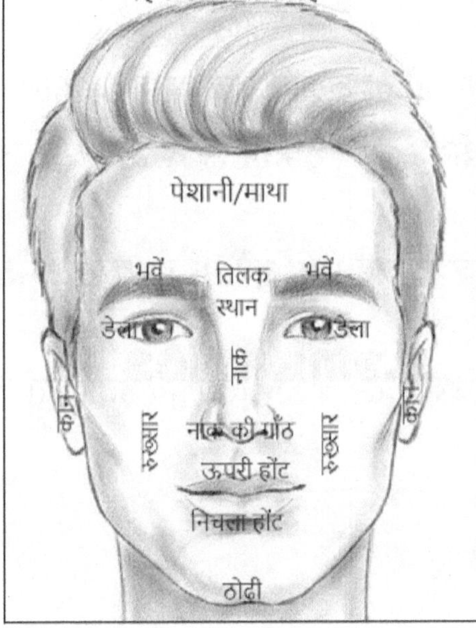

चेहरे पर तमाम ग्रह	
बृहस्पति	नाक और माथा
सूरज	दायीं आँख का डेला
चंदर	बाईं आँख का डेला
शुकर	रुख़्सार (गाल)
मंगल नेक	ऊपर का होंट
मंगल बद	नीचे का होंट
बुध	दाँत और नाक की गाँठ
सनीचर	बाल (भवों और पलकों के)
राहू	ठोढ़ी
केतू	कान

ख़ासः यह कियाफ़ा का ज़रूरी हिस्सा है, कुण्डली के ग्रह की दुरुस्ती के लिए इसका इस्तेमाल ज़रूरी है !

चेहरे को अगर तीन हिस्सों में बांटा जाए तो दो-तिहाई (2/3) हिस्सा नेक हुआ करता है! चेहरे की चौड़ाई इसी मात्रा में कम तो नेक असर में वृद्धि होती चली जाएगी! चेहरे की चौड़ाई का कारक ग्रह केतू है और लम्बाई का कारक ग्रह बृहस्पति है! चेहरे के किसी भी हिस्से बाहर की तरफ़ को उभार बुध के प्रभाव के कारण होगा और किसी हिस्से का दब जाना जैसे खड्डे की शक्ल दिखाई दे तो राहू का प्रभाव समझना चाहिए! ऊपर दिये गए ग्रहों के भिन्न-भिन्न अंगों का प्रभाव इसी तरह से देखा जा सकता है! यह सामुद्रिक शास्त्र का महत्वपूर्ण हिस्सा है और इलमे-ए-कियाफ़ा (लक्षण) के नाम से जाना जाता है!

खाना नंबर-6 से जैसा भी केतू का सम्बंध होगा चेहरा उसी अनुपात में चौड़ाई लिए हुये होगा और अगर बृहस्पति का सम्बंध खाना नंबर-6 से होगा तो चेहरा उसी अनुपात से लम्बा होगा! चेहरा जिस अनुपात से लम्बा होता चला जाएगा उतना ही नेक असर होता चला जाएगा! जो चेहरा चौड़ाई लिए हुये हो तो उसमें बृहस्पति की बजाए राहू व सनीचर की खुद गर्ज़ाना ताकतों की अधिकता होगी

लेकिन लम्बे चेहरे में बृहस्पति के साथ केतू व सनीचर की नेकी का सब्भाव शामिल होगा।

1-मर्द का चेहरा व मुंह का खुलाव लम्बे हों तो खुशकिस्मत इन्सान होगा।

2-मर्द का चेहरा व मुंह का खुलाव चौड़ाई लिए हुये हो तो खुदगर्ज़ इन्सान होगा।

3-औरत का चेहरा व मुंह का खुलाव लम्बाई लिए हुये हो तो बदक़िस्मत होगी।

4-औरत का चेहरा व मुंह का खुलाव जिस कदर चौड़ाई लिए हुये होगा उतनी ही खुशकिस्मत हुआ करती है।

लगन से कुण्डली का पक्का घर खाना नंबर-7

(गृहस्ती चक्की)

आकाश ज़मीन दो पत्थर 7 वें	रिज़क अक्ल की चक्की हो
दोनों घुमावें कीली लोहे की	घर आठवें जो होती हो
घर पहले के खाली होते	7 वां फ़ौरन सोया
पाँच साला हो सूरज निकले	8 जब दूजे होया
दोस्त शुकर हों घूमते पत्थर	शत्रु पत्थर गढ़े माना है
बुध बराबर चक घूमारां	साथी हत्थे को जाना है
जैसा शुकर हो वैसे ही सब फल	निचले पत्थर से होते हैं
बाकी असर ग्रह अपनो अपना	साथी को प्रबल गिनते हैं
दो से ज़्यादा घर 7 वें में	स्त्री ग्रह नर होते हैं
असूल मिलावट बेशक अपने	असर मर्द पर करते हैं

बुर्ज शुकर का है! उम्र 85/96 साल! औरत से सम्बंध, गिनती व औरत का सुख! जब अकेला बृहस्पति के बुर्ज पर हो तो अज़ीज़ों से कुल उम्र मोहब्बत! खेती से संबन्धित सामान, गाय-बैल का सुख पूर्ण! सवारी का सुख-चौपाए का लाभ, राग से मोहब्बत-शायर-हर दो तरह की मोहब्बत हक़ीक़ी और गैर-हक़ीक़ी! इसके असर को सूरज,चंदर व राहू खराब करते हैं! हथेली पर अगर बृहस्पति का बुर्ज बहुत बड़ा हो तो शुकर कहा जाएगा जो औलाद के फल को खराब करता है! नरम हाथ का बृहस्पति मामूली शुकर होगा! स्त्री धन का सुख लेकिन इस बुर्ज का कारोबार से कोई सम्बंध नहीं! ज़्यादातर पुरानी मिट्टी का शौक (अपने से बढ़ी औरतें) जिसके कारण खुद की ज़ाती कमाई और जायदाद बरबाद हुआ करती है!

बुध का खाना नंबर-7 (हथेली पर कनिष्का के नीचे) पेशा दस्तकारी-दोस्ती की ताकत-उम्र 80 साल! तहरीर व तकरीर दोनों ही नेक यदि बुध ठीक हो तो, बोलने की ताकत, हाजिर माल का व्योपरी! माता की उम्र-दौलत का राखा (बुध की निस्फ़ (आधी) उम्र 17 साल), मियाद असर केतू 12 (कुल उम्र का एक

चौथाई) साल, 45 साल सनीचर की खराबी की ताकत भी एक सवाई होगी! अपना पूरा असर सूरज के साथ देता है लेकिन 17 साल चुप!

खाना नंबर-7 का राशि पति शुकर है और शुकर को धरती कहा है, इसी तरह बुध आकाश भी है और अक्ल भी! खाना नंबर-7 बुध व शुकर का पक्का खाना है! जिस तरह चक्की का एक पत्थर नीचे वाला स्थिर होता है(शुकर होगा) और ऊपर वाला पत्थर घूमता है बुध होगा! इसी तरह रिज़क का कारक शुकर हुआ तो रिज़क के लिए जो अक्ल की ज़रूरत है वो बुध हुआ! अगर इसका सार देखें तो बुध और शुकर के बिना गृहस्त व रिज़क दोनों ही अधूरे होंगे! अगर कुण्डली का खाना नंबर-1 खाली होगा तो 7 वां घर सोया हुआ होगा जिसके कारण शुकर नेक फल देने में असमर्थ होगा, ऐसे में खाना नंबर-8 का ग्रह जिस साल खाना नंबर-1 में आयेगा उस दिन से खाना नंबर-7 जागेगा और क़िस्मत के उदय होने का समय गिना जाएगा!

दोस्त ग्रह (बुध, सनीचर व केतू) रिज़क व धन के शुभ फल के हुआ करते हैं और यदि किसी कारण अशुभ फल दे रहे हों तो उपाओ सम्भव है! लेकिन इसके विपरीत शत्रु ग्रह (सूरज, चन्द्र व राहू) खाना नंबर-7 में एक गढ़े हुये पत्थर की तरह होंगे जिनका उपाओ सम्भव नहीं! बाकी ग्रहों का अपना-अपना फल हुआ करता है जोकि शुभ भी हो सकता है और अशुभ भी! जब खाना नंबर-7 में एक से ज़्यादा ग्रह हों तो खाना नंबर-7 जोकि स्त्री ग्रह शुकर का पक्का घर है एक नर ग्रह की तरह बर्ताव किया करता है!

इस घर में बैठे स्त्री ग्रह अपने कारक स्त्री रिशतेदारों पर प्रभाव दिया करते है और नर ग्रह अपने कारक मर्द रिशतेदारों पर प्रभाव दिया करते है और यह प्रभाव अच्छा या बुरा ग्रह निर्णय करेगा!

जन्म स्थान, साथ लाई हुई शुकर की चीज़ें, स्त्री घर-लड़कियों के रिशतेदारों का घर-मिट्टी के ज़र्रे-घी पीला-शादी-मकान वगैरह-बाहरी जिल्द(चमड़ी) व मकान का पलस्तर सफेदी-कबीले की पैदाइश व परवरिश-मकान का बनना-दिशाओं में दक्षिण-पश्चिम (जनूब-मगरिब) की दिशा-पराई दौलत का मिलना (बुध की नाली के द्वारा) जिस्म के बाल-हथेली की हालत का हाल!

खाना नंबर-7 बुध का भी पक्का घर है इसलिए असर साथ गिना जाएगा, कुव्वते बाह, बहन पोते-चेहरा, (1) बृहस्पति राशिफल का होगा (2) अगर सूरज इस घर में हो और सनीचर का टकराओ आ जाए तो चंदर नष्ट करने से सूरज को मदद मिलेगी यानि आग को पानी की बजाए दूध से बुझाना चाहिए उपाओं की दी हुई मियाद तक (3) चंदर इस घर में हमेशा राशिफल का हुआ करता है (4) राहू राशिफल का होगा!

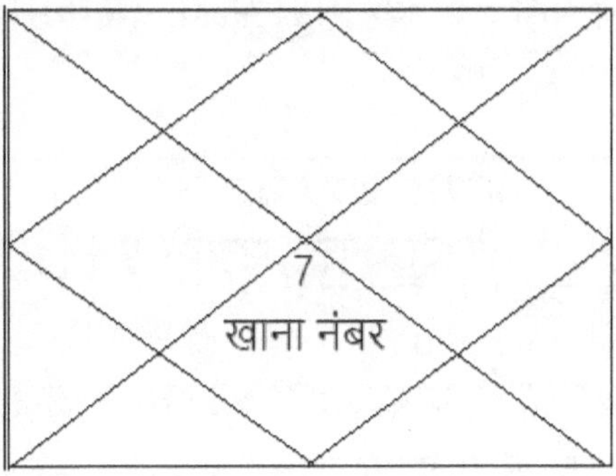

घर का ग्रह.........शुकर

ग्रह का घर......बुध और शुकर

ऊंच का ग्रह......सनीचर

नीच का ग्रह......सूरज

बुनियाद का घर.......खाना नंबर-3

टक्कर खाएगा......खाना नंबर-12 से

अचानक चोट.....खाना नंबर-5 से

दृष्टि का घर.....कोई नहीं

घर 7वां है पक्का शुकर,	घूमता बुध ऊपर का है
दोनों इक्क्ठे चलती चक्की,	निचला शुकर माना है
बुध 7वें का चक्क घुमारां,	मिट्टी शुकर होती है
दोनों घुमावें कीली लोहे की,	घर 8वें जो होती है

खाना नंबर-7 शुकर का पक्का घर लेकिन बुध और शुकर इस घर के पक्के ग्रह हैं, अगर गहराई से देखें तो बुध आकाश माना है और शुकर धरती, या गृहस्त की चक्की के ऊपर का हिस्सा बुध और नीचे का हिस्सा शुकर है! चक्की का निचला हिस्सा स्थिर और ऊपर का घूमता है इसलिए घुमार के बरतन बनाने के चक्क का प्रतिरूप है! इनमें से नीचे का हिस्सा लोहे की कीली से जुड़ा है जो खाना नंबर-8 में सनीचर के रूप में है! यहाँ पर कुल अध्यात्म है जिसमें जीवन मरण, ब्रह्माण्ड में घूमता आकाश (बुध) और नीचे पक्की हालत में धरती (शुकर), कुम्हार बृहस्पति और सूरज के चारों तरफ घूमने वाली धरती का धुरा (महवर)

होगा (बात को समझने के लिए स्कूल में पढ़ते वक़्त ग्लोब देखा होगा, उसका सहारा लीजिये)!

शुकर, बुध जब दो हों इक्क्ठे,	**सनीचर भी उम्दा होता है**
अन्न दौलत की कमी न कोई,	**घी मिट्टी से निकलता है**

कुण्डली में बुध शुकर इकट्ठे होने पर सनीचर भी उतम हुआ करता है ऐसे में धन-दौलत व भण्डार उतम व नेक होंगे यहाँ तक कि मिट्टी भी घी की कीमत दिया करती है अर्थात मिट्टी के कारोबार लाभ देंगे!

तरफ जनूबी-मगरिब, गाय,	**औरत, शान बैरूनी है**
अहवाल हथेली, ज़र्रे मिट्टी के,	**तराज़ू शादी, उन्नति है**

दक्षिण व पश्चिम दिशा का साथ हुआ करता है, गाय पालने का स्थान! औरत की ऊपरी जिल्द और रंग-रूप भी इसी घर से पता चलती है! बुध की स्तिथी, जीवन के दोनों पलड़े तराज़ू की तरह बुध व शुकर और जीवन में तरक्की यानि ईमानदारी (तराज़ू के दोनों पलड़ों में एक सा)!

फल, सफेदी, तुख़्म, प्लसतर,	**घर लड़कियों के लेते हैं**
जैसा शुकर हो वैसे ही सब फल,	**निचले पत्थर से होते हैं**

बुध रूपी फूल का शुकर में बदलना फल का रूप है, हवेली की सफेदी व रंग रूप यानि औरत की खूबसूरती के अलावा लड़कियों का ससुराल का घर भी यहीं से देखा जाएगा! टेवे में जैसा शुकर होगा वैसा ही फल होगा यानि शुकर उतम तो केतू भी उतम होगा और केतू (औलाद) ही शुकर का फल है!

बना फूल बुध तो हों पिस्तान लड़की,	**ज़बान नेक होवे, तो गोआई शुभ की**
पैदाइश हो अंडों से,	**कुव्वत हो बाह की**

फूल बुध की चीज़ और संभोग शक्ति (कुव्वत-ए-बाह) भी बुध ही है और यही बुध लड़की में बदल कर औरत की शक्ल लेता है! अगर औरत का बोल-चाल नेक होगा तो वाणी में सरस्वती का वास होगा और मुंह से निकला वचन सत्य या पूरा हुआ करता है!

(गोआई लफ़्ज़ की जगह गोयाई होना चाहिए जिसका मतलब वाक-शक्ति है)

शुकर, बुध उस टेवे जैसे,	**कहीं भी उसके बैठे हों**
फल वैसे ही घर 7वें के,	**उस टेवे में होते हों**

खाना नंबर-7 का फल बुध व शुकर की स्तिथी के अनुसार होगा! जैसे बुध व शुकर इकट्ठे या अलग-अलग टेवे में कहीं भी बैठे हों!

लगन से कुण्डली का पक्का घर खाना नंबर-8

मुक़ाम फ़ानी, मौत-अदल

मौत शनि हों मंगल चंदर,	बुध-मंगल नहीं मंदे हैं
बैठा कोई ग्रह जब तक तीजे,	मौत टली ही गिनते हैं
घर 8 वां जब बदी पर आवे,	2-6 भी आ मिलते हैं
बैठा 12 ख़्वाह दुश्मन होवे,	फैसला उसका लेते हैं
मंगल बद गो सब से मंदा,	बुध पापी नहीं अच्छे हैं
ग्रह 11 घर चीज़ जो आवे,	छत गिरी ही लेते हैं

खाना नंबर-8 मारक स्थान, रशिपति मंगल जो ख़ुद इस घर में बुरा यानि बद माना गया है! शमशान होने के कारण इस घर को सनीचर का पक्का स्थान (हेडकवाटर) भी माना है! राहू व केतू जो बदी व नेकी के फ़रिश्ते हैं उनकी बैठक माना है! खाना नंबर-2 भी राहू व केतू की बैठक है लेकिन उनमें सनीचर का असर शामिल नहीं हुआ करता!

मंगल बद, सनीचर, राहू व केतू का प्रभाव होने के कारण इस घर में रहम नाम की कोई चीज़ नहीं सिर्फ एक ही बात में विश्वास है "अदले का बदला" यानि खून के बदले खून और आँख के बदले आँख!

खाना नंबर-8 में सूरज, चंदर व बृहस्पति (तीनों, कोई दो या कोई एक ग्रह) हो तो यह खाना अपनी उल्टी दृष्टि से खाना नंबर-2 को नहीं देख सकेगा यानि 2-6-12 का मिला जुला असर अब इस घर में बन्द होगा पलट कर खाना नंबर-2 में नहीं जा सकेगा!

इस घर में अकेला बैठा मंगल बद माना गया है लेकिन अगर बुध मंगल के साथ आ जाए तो मंगल बद नहीं रहेगा! कारण यह कि इस घर में न तो बुध अच्छा है और न ही मंगल लेकिन जब दो बुरे ग्रह इकट्ठे होते हैं तो एक दूसरे को बुराई नहीं करने देते!

खाना नंबर-8 जब मंदा हो रहा हो तो खाना नंबर-2-6 भी खाना नंबर-12 के द्वारा आ मिलते हैं लेकिन आखिरी फैसला या अपील चंदर पर होगी! इस घर में न तो बुध अकेला और न ही राहू व केतू अच्छे गिने हैं!

खाना नंबर-8 का ग्रह वर्षफल के अनुसार जिस साल खाना नंबर-8 या 11 में आए और उस वर्ष खाना नंबर-11 के पक्के ग्रह या रशिपति (खाली होने के समय) और या खाना नंबर-11 में बैठे ग्रह की घर में स्थापित की जाए तो फल निहायत मंदा हुआ करता है हर तरह की हानि व नुकसान का समय होगा, यहाँ पर एक शब्द इस्तेमाल हुआ है "छत गिरी ही लेते हैं" यानि आयु तक की हानि का योग हुआ करता है!

खुद की करतूत से सनीचर खराब होगा! कोयले चीजों का जलना-मंदे हाल-छत-दिशाओं में दक्षिण (जनूब) दिशा, इस घर में चंदर हमेशा राशिफल का होगा! मंगल बद की बुराई-इन्सान का जलना-बद फ़हमी-कड़वाहट, जगह-जगह लफ़्ज़ खाना नंबर से मतलब हस्त रेखा की पक्की कुण्डली का पक्का खाना नंबर लिया जाएगा!

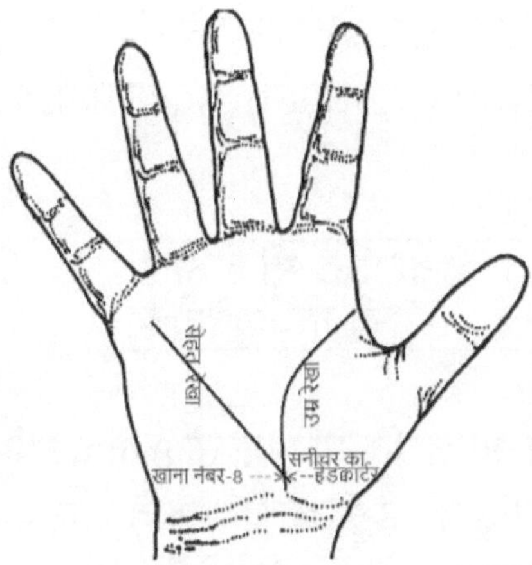

सेहत रेखा (सूरज) जिस जगह उम्र रेखा (सनीचर) से मिल रही हो या काट रही हो वो कुण्डली का खाना नंबर-8 होगा, यानि सनीचर का हेडकवाटर! अगर उम्र की गिनती करनी हो तो यह जगह आमतौर पर जीवन का आख़िर होगा! सूरज (सेहत रेखा) और सनीचर (उम्र रेखा) के मिलने से मंगल बद हुआ! मंगल बद के साथ तीनों पापी (सनीचर, राहू और केतू) भी यहाँ मौजूद समझे जाएंगे, इस लिए इस घर को मारग स्थान कहा है

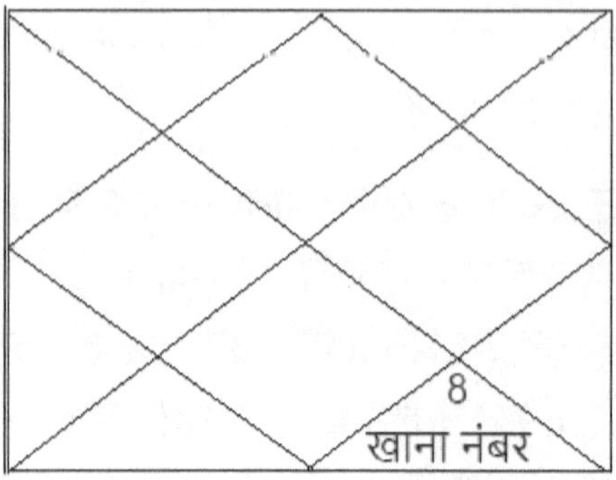

घर का ग्रह..............................मंगल
ग्रह का घर...........................सनीचर
ऊंच का ग्रह......................कोई नहीं
नीच का ग्रह..............................चंदर
बुनियाद का घर..........खाना नंबर-4
टक्कर खाएगा........खाना नंबर-1 से
अचानक चोट.........खाना नंबर-6 से
दृष्टि का घर.................खाना नंबर-2

घर 8 वां है मौत निमाणी, मंगल बद ही लेते हैं
ग्रह नर में से कोई हो 8 वें, मौत टली ही लेते हैं

कुण्डली का खाना नंबर-8 मौत का घर यानि शमशान, मंगल इस घर का राशिपति होते हुए भी बद होगा यानि असर हर हाल में निकम्मा! मंगल को छोड़ बाकी के नर ग्रह (सूरज व बृहस्पति) में कोई एक या दोनों इस घर में हों तो मौत का दरवाज़ा बन्द गिना जाएगा, यानि के अकाल मृत्यु जो मंगल बद या पापी ग्रहों का नतीजा है उसका असर नहीं होगा!

अगला हिस्सा घर पहला तो, 8 वां पीठ भी होती है
बद शुतर की पीठ ही अपनी, ऊँची नीची होती है

कुण्डली का पहला घर अगर शरीर का अगला हिस्सा हुआ तो 8 वां घर पीठ गिनी है इसलिए इस घर में बैठा केतू जो रीढ़ की हड्डी का कारक है और पीठ का कारक मंगल बद है जो इस घर में बैठ कर ऐसी बीमारी देते हैं!

तरफ़ जनूबी, कच्चा कोयला, जनमुरीदी होती है
कच्ची चर्बी, खून हो मंदा, पित मेदे की होती है

यह घर दक्षिण दिशा को दर्शाता है! जनमूरीदी यानि पत्नीभक्त लेकिन इस खाने का कोई संबंध इस बात से न होकर व्यक्ति के औरतों के प्रति चरित्र को बताता है! मंगल बद जो मंदे खून का कारक ग्रह है यानि खून से संबन्धित बीमारियाँ भी इसी घर से हुआ करती हैं!

शनि-मंगल का झगड़ा होता,	**केतू चीज़ें मंदी हों**
छत मकान से नीचे उतरे,	**चारपाई भी गंदी हो**

खाना नंबर-8 मंगल बद का स्थान लेकिन सनीचर का हेडकवार्टर होने के कारण दोनों ग्रह झगड़े पर होंगे जिसके कारण केतू बरबाद हुआ करता है! वर्षफल के अनुसार जब कभी मंदे ग्रहों का ज़ोर हो तो घर की छत बदलवानी मौत की तरह के कष्ट दिया करती है! चारपाई भी गंदी यानि केतू का असर ख़राब होगा!

मंगल बद है सबसे मंदा,	**मंदा जादू मन्तर है**
एक अकेला हरदम अच्छा,	**शनि, मंगल या चंदर है**

अगर मंगल बद होकर इस घर में बैठा हो तो सभी ग्रहों से मंदा होगा और राहू व केतू भी इस घर में मंदे असर के हुआ करते हैं! इस घर में शनि, मंगल या चंदर कोई एक ग्रह अकेला हो असर अशुभ नहीं होगा!

घर 11 है दुनिया का अन्दर,	**8 को बाहर गिनते हैं**
घर 11 की चीज़ जो आवे,	**छत गिरी ही लेते है**

खाना नंबर-11 धरम स्थान और दुनिया में आने का रास्ता गिना तो खाना नंबर-8 शमशान बाहर यानि दुनिया से जाने का स्थान गिना है! खाना नंबर-8 मंदा होने के वक़्त अगर खाना नंबर-11 की (राशिपति या बैठे ग्रह) वस्तु घर में लाई जाए तो बहुत भयानक नतीजे हुआ करते हैं!

मींह का पानी या दूध हो छत पर,	बुध चाँदी से बांधते हैं
आतशी शीशा जब कभी चमके,	ख़तम कहानी गिनते हैं

आतशी (आग) शीशा (बुध) यानि मंगल बद और बुध मंदा होकर जब भी इस घर को प्रभावित करेगा वो समय मृत्यु नहीं तो मृत्यु तुल्य होगा! इस मंदे असर से बचने के लिए बारिश का पानी या दूध छत पर स्थापित करने से बुध की मंदी शरारतों से बचाव होता रहेगा!

शनि, मंगल और चंदर टेवे,	कहीं भी इसके बैठे हों
फल वैसे ही घर 8 वें के,	उस टेवे में होते हों

सनीचर, मंगल व चंदर टेवे में कहीं बैठे हों, घरों के अनुसार इन ग्रहों का जो फल होगा वैसा ही खाना नंबर-8 का असर हुआ करता है! यह तीनों ग्रह चाहे अलग-अलग या इकट्ठे बैठे हों

लगन से कुण्डली का पक्का घर खाना नंबर-9

आगाज़ क़िस्मत

जड़ बुनियाद ग्रह 9 होता	क़िस्मत का आगाज़ भी हो
घर दूजे पे बारिश करता	समन्दर घिरा ब्रह्माण्ड भी हो
घर तीजे का असर हो पहले	बाद मिला घर पांच का हो
कुण्डली मकानां मरकज़ गिनते	हाकिम गिना सब ग्रह का हो
उम्र ग्रह जो अपनी जागा	असर गिना उस उम्र का हो
ऋण पितृ जब टेवे बैठा	रेत समन्दर जलता हो
पांच दृष्टि 9 पे करता	निकास औलाद की गिनती जो
रवि चंद्र कोई 9 जब बैठा	नज़र दृष्टि उल्टी हो
ज्ञान समन्दर घर 9 वें का	या फल उम्र हो पहली का
सफ़ेद झण्डा कोहसार पे झूले	उम्र बुढ़ापा घर दो का

कुण्डली का खाना नंबर-9 किसी भी कुण्डली की बुनियाद है और कुल 9 ग्रहों के फैसले की बुनियाद भी! क़िस्मत का आरंभ इसी घर से माना है क्योंकि यह घर हर इन्सान के बुजुर्गों का भी है! यह घर क़िस्मत के समन्दर की तरह है जो अपने अच्छे फल दूसरे घर के द्वारा प्रदान करता है! बाप-दादा की उम्र व कुण्डली वाले से सम्बंध, कुण्डली वाले की क़िस्मत की बुनियाद! ख़ुद के बचपन का ज़माना व हाल! बचपन के ज़माने में माता-पिता (वालदैन) की हालत! गैबी-दुनिया, मौत,जड़, कच्चा-पक्का मकान (मकान की हालत), मकान के अन्दर की पैमाइश, उँगलियों की पोरियों पर सीधे ख़त या लेटे ख़त आराम या हराम की रोटी!

बुजुर्गों द्वारा बनाई हुयी जद्दी जायदाद,धन-दौलत व धरम-करम के नियम इसी घर से संबन्धित हैं! गिनती के नियमअनुसार खाना नंबर-3 पहले असर देता है और खाना नंबर-5 बाद में इस नियम पर गौर किया जाए तो व्यक्ति के यहाँ जब भाई के नर औलाद पैदा होगी तो खाना नंबर-3 का असर खाना नंबर-9 में जाएगा और जब खुद के यहाँ औलाद पैदा होगी तो खाना नंबर-5 कर असर खाना नंबर-9 में मिलेगा यानि खाना नंबर-9 का असर कई गुणा बड़ रहा होगा!

जो भी ग्रह अपनी उम्र के अनुसार जागेगा और खाना नंबर-9 में आयेगा तो उतने ही साल अपना असर देता जाएगा जैसे सूरज खाना नंबर-8 में हो और

जिस वर्ष यह सूरज खाना नंबर-9 में आयेगा तो 22 साल की उम्र से 22 साल आगे तक अपना नेक असर देता जाएगा! यही नियम हर एक ग्रह पर लागू होगा! कुण्डली में अगर ऋण पितृ साबित हो रहा हो तो कुल टेवा मंदा असर देगा और खाना नंबर-9 का फल हर तरह से अशुभ होगा!

कुण्डली के खाना नंबर-9 में सूरज या चंदर या दोनों ग्रह बैठे हों तो यह खाना नंबर-5 को देखा करते हैं और खाना नंबर-5 की शुभता को कई गुना अधिक कर देते हैं और खाना नंबर-5 में बैठे पापी ग्रह भी बेअसर होंगे! खाना नंबर-9 बृहस्पति का पक्का घर होने के कारण ज्ञान का समन्दर भी गिना है और इस घर का असर पहली उम्र में हुआ करता है!

इस घर में (क) बुध सबसे मंदा ग्रह होगा, जिसके लिए लाल-गोली या नाक छेदन उतम उपाओ होगा! (ख) इस घर में सनीचर राशिफल का होता है! इस घर के ग्रह शुरू उम्र में और हर एक ग्रह अपने शुरू होने के दिन से अपनी पूरी उम्र तक फल देता रहेगा!

कौन से खाना का सोया हुआ ग्रह खाना नंबर-9 में आने पर ख़ुद-ब-ख़ुद जाग जाएगा		
नाम ग्रह	**कुण्डली के किस खाना में होवे**	**किस साल खाना नंबर-9 में आने पर ख़ुद-ब-ख़ुद जग जाएगा**
बृहस्पति	2	16
सूरज	8	22
चंदर	10	24
शुकर	12	25
ख़ास: लाल किताब सन-1940, सफ़ह-122 के अनुसार अगर शुकर उम्र के 25वें साल में शुरू होवे तो मंगल बद का असर देगा !		
मंगल	2	28
बुध	3	17
ख़ास: लाल किताब सन-1940, सफ़ह-122 के अनुसार बुध जब 34वें साल में शुरू होवे खाना नंबर-6 का बुध खाना नंबर-9 में आएगा और मंगल बद का असर देगा !		
सनीचर	8	36
राहू	4	42
केतू	8*	48
ख़ास: खाना नंबर-8* का केतू 47वें साल में खाना नंबर-9 में आयेगा जबकि खाना नंबर-9 का केतू 9वें साल में खाना नंबर-9 में आयेगा, काबिल-ए-गौर !		

असूल: जनम कुण्डली का सोया हुआ ग्रह (जब ऊपर के नक्शे के हिसाब के खानों का होवे) और अपनी उम्र में बमुज़िब वर्षफल खाना नंबर-9 में आने पर जाग जाए तो अपनी उम्र से लेकर अपनी उम्र के सालों की गिनती तक नेक असर देता रहेगा (सिवाय कुछ ख़ास ग्रहों और ख़ास असूलों के हिसाब से) मसलन जनम कुण्डली में सूरज खाना नंबर-8 में हो और सोया हुआ, ऐसा सूरज जब भी अपनी उम्र (22वें साल) में खाना नंबर-9 में आयेगा तो अगले 22 साल (यानि उम्र के 44 साल तक) नेक असर देता रहेगा! यही असूल बाकी के ग्रहों के लिए भी होगा सिवाय:

1-खाना नंबर-12 में बैठा शुकर अगर दृष्टि या टकराव से मन्दा हो रहा हो तो और 25वें साल खाना नंबर-9 में आवे तो सिर्फ़ 25वें साल में मन्दा होगा (मंगल बद का) वरना नेक असर देगा!

2-खाना नंबर-3 में बैठा बुध अगर दृष्टि या टकराव से मन्दा हो रहा हो तो अपनी आधी उम्र (17 साल) से पूरी उम्र (34 साल) तक मन्दा असर देगा वरना नेक असर होगा!

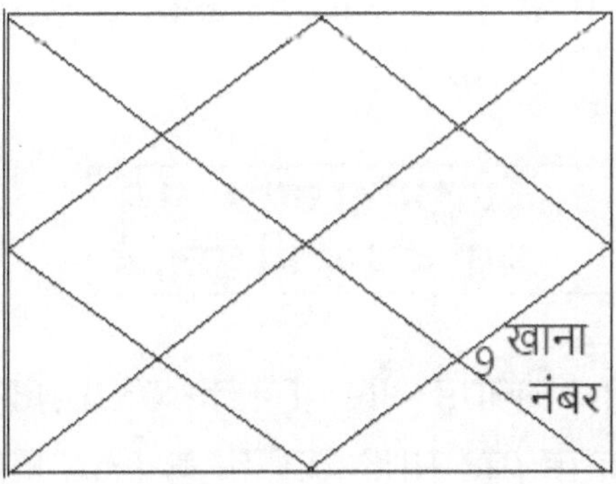

घर का ग्रह..........................बृहस्पति
ग्रह का घर..........................बृहस्पति
ऊंच का ग्रह......................कोई नहीं
नीच का ग्रह......................कोई नहीं
बुनियाद का घर.........खाना नंबर-5
टक्कर खाएगा........खाना नंबर-2 से
अचानक चोट.........खाना नंबर-7 से
दृष्टि का घर......................कोई नहीं

घर 9 वां है गुरु बुज़ुर्गी, जड़ बुनियाद ग्रह नौ की
मकान जद्दी जो होवे अपना, पर-उपकार बुज़ुर्गों की

खाना नंबर-9 बुजुर्गों व गुरु (बाबे भी और शिक्षक भी) का कारक स्थान है और 9 के 9 ग्रहों की हालत भी इसी घर पर निर्भर होगी! बुजुर्गों के बनाए मकान, जायदाद व धरम स्थान वगैरह!

उम्र दादा या बाप हो अपनी,	ज़माना है खेल खिलाड़ी का
घर कच्चा ख़्वाह पक्का होवे,	हाल है दुनिया गैबी का

खुद के बचपन का हाल, दादा व पिता की उम्र का पता इस घर की स्तिथी से पता चलता है! इस घर का ताल्लुक रूहानी (अध्यात्मिक) ताकतों से भी हुआ करता है!

मात-पिता की हालत अपनी,	आराम-हराम की रोज़ी है
करम-धरम या पिछला जनम हो,	मैंडक, खुश्की पानी है

खाना नंबर-9 माता-पिता की हर तरह की हालत को ब्यान करता है, और व्यक्ति की रोज़ी-रोटी का साधन आदि भी इसी घर से पता चलता है! बृहस्पति की मालकीयत के कारण यह धरम-करम के कामों व पिछले जनम अच्छे या बुरे कामों का घर भी है!

दरियाओं से गंगा हो तो,	पेट माता का होता है
खत उंगली पर लेटे खड़े हों,	मनी बीरज भी होता है

गंगा दरिया को सब दरियाओं से उतम गिना है और पानी का संबंध चंदर से है जो माता का कारक ग्रह है, इस जगह (पेट माता का) का अर्थ गर्भाशय से होगा क्योंकि नाभि खाना नंबर-4 गिना, इसी संधर्ब में पहले की पंक्तियों को देखें तो खाना नंबर-5 के बारे निकास औलाद की लिखा है यानि खाना नंबर-5 औलाद की पैदाइश की स्तिथी बताता है लेकिन गर्भाधान खाना नंबर-9 से देखना चाहिए और इसी बात के संबंध में मनी बीरज शब्द लिखा यानि शुक्राणु की स्तिथी है!

सिर इंसान का धड़ चौपाया,	हवा, परों से उड़ता है
एक जहां से दूजे चलता,	करम धरम से फलता है

राशि धनु का वर्णन है और ग्रह बृहस्पति जो दोनों जहान का मालिक है, इस घर का और मालिक ग्रह बृहस्पति का उतम प्रभाव लेने के लिए धरम की पालना व बुजुर्गों द्वारा बनाए हुये धार्मिक नियमों की रक्षा ज़रूरी हुआ करती है!

जड़ नथनों की सांस दोरंगी,	क़िस्मत का आगाज़ भी है
घर दूजे पे बारिश करता,	समन्दर घिरा ब्रह्माण्ड भी है

खाना नंबर-9 कुल ब्रह्माण्ड माना है जो सब तरफ से समन्दर से घिरा गिना जाता है! जिस तरह बृहस्पति दो जहान का मालिक गिना गया उसी तरह से नासिकाओं से निकलने वाली सांस का संबंध भी है एक अच्छा और एक मंदा (कियाफ़ा)! बुजुर्गों का घर होने के कारण क़िस्मत के शुरू होने का घर भी है!

तीजे घर का असर हो पहले,	बाद गिना घर 5 का है
पानी मिट्टी के ऊपर उड़ता,	असर पक्का घर 9 का है

नियम अनुसार खाना नंबर-3 पहले है लेकिन इस घर का संबंध भाइयों से है इसलिए इस घर का असर खाना नंबर-9 पर उस वक़्त से आने लगेगा जब से व्यक्ति के बड़े के होने से या उसके यहाँ नर औलाद पैदा होने के दिन से लेकिन खाना नंबर-5 का असर उस दिन से खाना नंबर-9 पर आयेगा जिस दिन टेवे वाले के यहाँ नर औलाद पैदा होगी!

लगन से कुण्डली का पक्का घर खाना नंबर-10

क़िस्मत की बुनियाद का मैदान

ग्रह मण्डल 9 ही से टेवे	घर 10 वें जब बैठा हो
छः 5 वें ख़्वाह दोस्त उसके	दुगनी ज़हर का होता हो
ग्रह 10 वें का घर 10 शक्की	दुगनी ताक़त का होता हो
आंख गिना है घर दो जिसकी	ख़्वाब 12 में लेता हो
घर दूजे के ख़ाली होते	10 वां फौरन सोया हो
दिन उसी मंदी ग्रह 10 जागे	शनि दूजे जब होया हो

कुण्डली के कुल 9 के 9 ग्रहों में से जो कोई भी खाना नंबर-10 में बैठा हो उस वक़्त खाना नंबर-5 व 6 में बैठे ग्रेहों (चाहे दोस्त ही क्यों न हों) के लिए ज़हर की तरह होगा और दोगुना मंदा असर देगा! जनम कुण्डली के खाना नंबर-10 का ग्रह जब वर्षफल अनुसार खाना नंबर-10 में आयेगा तो दोगुना ताकतवर होगा लेकिन इसका असर शक्की होगा और धोखे के ग्रह से के नाम से जाना जाता है, लेकिन यहाँ असर ज़रूरी नहीं कि अशुभ ही होगा, इसका फैसला जन्मकालीन ग्रह की हालत अनुसार लिया जाएगा जो ग्रह शुभ असर का होगा वो दोगुना शुभ फल देगा और जो अशुभ होगा वो दो गुना मंदा असर देगा!

खाना नंबर-2 को खाना नंबर-10 की आंख माना है तो खाना नंबर-10 खाना नंबर-2 की बुनियाद यानि दोनों घरों में ग्रह का होना ज़रूरी है! खाना नंबर-10 का मंदा ग्रह उस दिन जागा हुआ गिना जाएगा जिस दिन वर्षफल अनुसार सनीचर खाना नंबर-2 में आयेगा!

खाना नंबर-10 में बैठे बुध, राहू व केतू हमेशा शक्की हुआ करते हैं और उनके फल देने का आधार टेवे में सनीचर की स्तिथी होगी! अगर कुण्डली का खाना नंबर-10 खाली हो तो खाना नंबर-4 के ग्रह चाहे कितने भी उतम क्यों न हों अपना फल देने में असमर्थ हुआ करते हैं क्योकि खाना नंबर-10 खाना नंबर-4 का सहन है!

खाना नंबर-10 सनीचर का पक्का घर जो आंख की होशियारी से धन-दौलत का भण्डारी होगा! मंगल नेक से बिलकुल उलट तबीयत वाला! सनीचर की मौत सबसे बुरी और सूरज की मौत सबसे उतम हुआ करती है यानि सनीचर कारण मृत्यु हुयी तो भयंकर होगी और सूरज के कारण हुयी मृत्यु हर हाल में शान्त हुआ करती है! व्यक्ति आँखों से ही कानों का काम लेने वाला हुआ करता है और सनीचर के उतम स्तिथी में होते हुये सब पर प्रबल होगा! ईंट, पत्थर व मकानों के सामान से संबन्धित कारोबार नेक फल दिया करते हैं!

जन्म से साथ लाई हुई चीज़ें! पिता का सुख 3 साल लगातार, रिहाइश का मकान-मक्कारी-होशियारी-मकान जायदाद (सनीचर की चीज़ें) बुजुर्गों की तरफ से! गमी-ज़हमत-दुख (गैर-हक़ीक़ी संबंधियों के कारण), काला नमक, तेल, लकड़ी, ईंट-पत्थर, बाल, कांटे, शादी के वक़्त खाने का सामान सभी इस घर से देखेंगे!

इस घर में (1) बुध राशिफल का होगा (2) केतू राशिफल का होगा! सनीचर का बुर्ज बहुत बढ़ा न हो तो शुभ होता है, बीमारी से बचाता है लेकिन अगर बिलकुल न हो तो व्यक्ति वहमी तबीयत और कंजूस हुआ करता है, शराबखोरी इस बुर्ज की निशानी है!

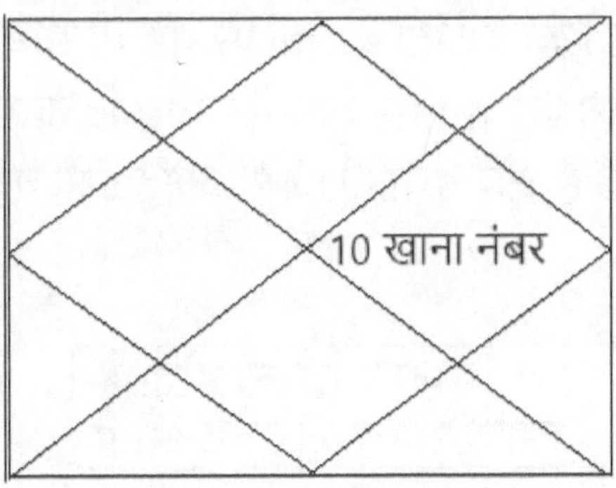

घर का ग्रह............................सनीचर

ग्रह का घर............................सनीचर

ऊंच का ग्रह............................मंगल

नीच का ग्रह........................बृहस्पति

बुनियाद का घर..........खाना नंबर-6

टक्कर खाएगा........खाना नंबर-3 से

अचानक चोट.........खाना नंबर-8 से

दृष्टि का घर........................कोई नहीं

घर 10 वां है शनि का अपना,	ख़ुद विरासत लाता है
सुख पिता को या उसे होवे,	बरस मकां 3 रहता है

खाना नंबर-10 सनीचर की राशि और सनीचर का पक्का घर भी है! अगर यह घर नेक हो तो विरासत में जायदाद मिलने का योग कहा है लेकिन उस मकान का सुख व्यक्ति को या उसके पिता को तीन साल के लिए ही होगा!

चार तरफ की चीज़ें दुनिया,	चालाकी, मक्कारी हो
रिश्तेदार हों गैर हक़ीक़ी,	दुख, ज़हमत बीमारी हो

सनीचर चारों तरफ देखा करता है इसलिए इस घर की खासियत है, चालाकी और मक्कारी सनीचर का सब्भाव है! दूर के रिश्तेदार और दुख, हर तरह के कष्ट व बीमारी आदि का कारक ग्रह सनीचर है इसलिए इसी घर से यह सब देखा जाएगा!

सामान ख़ुराक या वक़्त हो शादी,	तरफ गरब की होती है
ईंट पत्थर और काठी इसकी,	कांटे बाड़ भी होती है

खाने का समान व शादी का वक़्त भी सनीचर व खाना नंबर-10 की स्तिथी से पता चलता है! खाना नंबर-10 पश्चिम दिशा को दर्शाता है (यहाँ पर यह भी सोचा जा सकता है कि खाने के सामान के रखने की जगह मकान में पश्चिम दिशा में होनी चाहिए), ईंट, पत्थर सनीचर की चीज़ें हैं और इन्सानी जिस्म आदि इसी घर से देखा जाएगा!

काली खांसी, उम्र पिता की,	ज़हर दरिन्दे होती है
तिकोन बड़ी चौकोर हो लम्बी,	नमक स्याह और तेल भी है

काली खांसी, पिता की उम्र, ज़हर व दरिन्दे सब का कारक सनीचर ग्रह होगा और खाना नंबर-10, हथेली पर बड़ी तिकोन (सिर रेखा, उम्र रेखा व सेहत रेखा

के मिलने से) और लम्बी चौकोर यानि आयातकर चीज़ भी सनीचर और खाना नंबर-10 के अंतर्गत होगी(इन सब चीजों का संबंध मकान से है), काला नमक और हर तरह के तेल सनीचर की चीज़ें है!

आम सलाह बरताओ दुनिया,	नज़र ग्रह की होती है
लोहा, लकड़ या कीड़े मगरमच्छ,	ताकत बिजली होती है

खाना नंबर-10 से पता चलता है कि व्यवाहरिक जीवन में दुनिया से संबंध कैसे होंगे, हर ग्रह को नज़र सनीचर देता है! लोहा लकड़ी मगरमच्छ सभी सनीचर की चीज़ें हैं और इस घर का असर बिजली की तरह तेज़ हुआ करता है!

नज़र, उम्र या झपट कौए की,	दहशत साँप की होती है
बाल जिस्म के काले भूरे,	खुशी गमी भी होती है

नज़र व उम्र का कारक ग्रह सनीचर है और इस घर का अच्छा होना ही इंसान की तबीयत के बारे में बताता है यानि इन्सान चालाक होना व उसके नाम से ही दहशत महसूस होना (नेक मायनों में) इस घर के और सनीचर के अच्छा होने पर निर्भर करता है! जिस्म के बाल सनीचर की चीज़ है और काले बाल असल सनीचर लेकिन भूरे खराब!

साँप का घर और आँख की पुतली,	रंग स्याह भी होते हैं
गाय, भैंस हो लोहे रंगी,	दुम ज़हरीले होते हैं

बाम्बी (साँप के रहने का स्थान) और आँख की पुतली वाला हिस्सा सनीचर और खाना नंबर-10 के अंतर्गत लिया जाएगा, काला रंग भी सनीचर ही है, गाय या भैंस जिसका रंग लोहे जैसा काला हो सनीचर की वस्तु लिया जाएगा!

अन्धेरा या ख़त्म रौशनी,	आर-द्वार इक्क्ठा है
सिफ़र जमा कुल एक की दुनिया,	क़िस्मत सब की 10 वें है

सूरज की रौशनी के ख़त्म होने का समय और रात का शुरू होना ही सनीचर है यानि अगर सूरज से जिंदगी शुरू हुयी तो सनीचर उसका अंत है! सिफ़र यानि बुध और एक सीधी लकीर यानि बृहस्पति, दुनिया की अक्ल और क़िस्मत का संबंध इसी घर से है!

घर 10वें में तीन ग्रह तो, चलते शनि से हैं
राहू केतू और बुध तीसरा, तीनों ही शक्की हैं

राहू, केतू व बुध यह तीनों ग्रह इस घर में अकेले-अकेले हों या कोई दो तो उनका फल शक्की हुआ करता है, इन ग्रहों के खाना नंबर-10 में होने के समय अच्छाई या बुराई का फैसला सनीचर की टेवे में स्तिथी व उसके ज़ाती सव्भाव के आधार पर हुआ करता है!

ग्रह पापी उस टेवे में जैसे, कहीं भी उसके बैठे हों
फल वैसे ही घर 10वें के, उस टेवे में होते हों

सनीचर के ज़ाती सव्भाव का फैसला राहू व केतू की स्तिथी के अनुसार हुआ करता है! इसलिए 10वें घर का राशपति होने के कारण इस घर का अच्छा होना या बुरा होना सनीचर की स्तिथी पर निर्भर करता है!

लगन से कुण्डली का पक्का घर खाना नंबर-11

गुरु अस्थान जाये इन्साफ

(इन्साफ क़रने कराने की जगह या मुकाम मगर ख़ुद इन्साफ नहीं)

या इन्सानी क़िस्मत की बुनियाद

पाप अकेला असर अकेला	तीन-पाँच 9 ग्यारां
शनि वली का साथ मिले तो	असर बढ़े गुना ग्यारां
ग्रह 11 जो मंदा होवे	असर में सबसे उम्दा हो
घर 11 से चलकर अपने	बैठा तख़्त पर जिस दिन हो
क़िस्मत का ग्रह घर उस तीजे	मदद न पांच से होती हो
खाली तख़्त 3-11 सोवे	लिखत शनि पर चलती हो
उम्र पहली में 11 शक्की	घर तीजा जब मंदा हो
ख़ुद तीजा हो बेशक रद्दी	मौत आई 8 रोकता हो
ख़ुद बेड़ी को पानी चलावे	डूब डुबोते वह नहीं हैं
ग्रह 11 घर चीज़ जो लावें	मौत खड़ी ही करते हैं
घर 11 में ग्रह जो आवे	तासीर शनि वह होता हो
असर मगर उस घर में जावे	गुरु जहां टेवे में बैठा हो

खाना नंबर-11 धरम की अदालत के नाम से जाना जाता है इसलिए बृहस्पति का पक्का घर लेकिन राशिपति सनीचर है! हर तरह की कमाई जिसमें कुल 9 ग्रहों का असर शामिल होगा! श्रेष्ठ रेखा, उर्ध रेखा, धन रेखा क़िस्मत रेखा सब के सब इस घर में शामिल हैं! केतू का सब ज़्यादा असर माना गया है इसलिए केतू अगर इस घर में स्तिथी अनुसार उतम हुआ तो खूब धन देगा लेकिन केतू की इस स्तिथी के समय चंदर दूर या गायब होगा यानि जद्दी ज़मीन व जायदाद खूब होगी लेकिन नकद के नाम पर कमी होगी! ये खुद की आमदन का घर है लेकिन बचत का घर नहीं यानि दूसरे लफ्जों में बचत के बारे में इस घर से कोई जानकारी नहीं मिलेगी!

जन्म के समय माता-पिता की धन की स्तिथी, औलाद की गिनती, औलाद की उम्र, शानो-शौकत, आई-चलाई का ज़रिया, पोस्त का छिलका और इंसानी

माथा (पेशानी) सिवाय तिलक के स्थान से, सब इसी घर से देखा जाएगा! इस घर में केतू हो तो चंद्र बरबाद और चंदर हो तो केतू बरबाद होगा इसी तरह अगर इस घर में राहू हो तो बृहस्पति बरबाद होगा और बृहस्पति हो तो राहू बरबाद होगा!

राहू या केतू दृष्टि के नियम अनुसार आपस में मिले होते हैं और इकट्ठे असर दिया करते हैं लेकिन खाना नंबर-11 का नियम अलग होगा क्योंकि खाना नंबर-11 में यदि राहू हो तो केतू की दृष्टि से खाली होगा क्योंकि खाना नंबर-5 खाना नंबर-11 को नहीं देख सकता, इसी तरह अगर केतू खाना नंबर-3 में हुआ तो राहू होगा खाना नंबर-9 में अब यह केतू खाना नंबर-11 को देख सकता है लेकिन राहू नहीं यानि पाप में कोई एक ही खाना नंबर-11 को प्रभावित करता है!

सनीचर खाना नंबर-11 का राशिपति है और सनीचर को वली (पीर या सिद्ध) कहा है, इसलिए यदि सनीचर साथ हो दृष्टि से मदद दे या साथी ग्रह बने तो खाना नंबर-11 में बैठे हुये राहू या केतू का असर 11 गुणा होगा लेकिन असर नेक होगा या मंदा यह ग्रह की अपनी स्तिथी व सनीचर की अपनी अवस्था के अनुसार होगा! खाना नंबर-11 में बैठा ग्रह चाहे कितना भी मंदा क्यों न हो जिस दिन भी वर्षफल के अनुसार खाना नंबर-1 में आएगा निहायत शुभ फल देगा! जन्म के वक़्त आमदन के लिहाज़ से पिता की आमदन! लालच खुद की आमदन, बने मकान की खरीददारी! औलाद की गिनती व उम्र! खुद की शान-ओ-शौकत! पोस्त का छिलका, आई-चलाई का साधन, पूरा माथा सिवाए तिलक की जगह के!

श्रेष्ठ रेखा-उर्ध रेखा-धन रेखा-क़िस्मत रेखा व हाथ की हथेली आदि सब के सब इसमें शामिल हैं, केतू का सब से ज़्यादा असर हुआ करता है जो कुंडली में उतम होने की अवस्था में खूब धन-दौलत देगा! लेकिन केतू की हाजरी में चंदर दूर होगा यानि कमाई के हिसाब से जायदाद नहीं होगी! यह आमदन का खाना है बचत का नहीं!

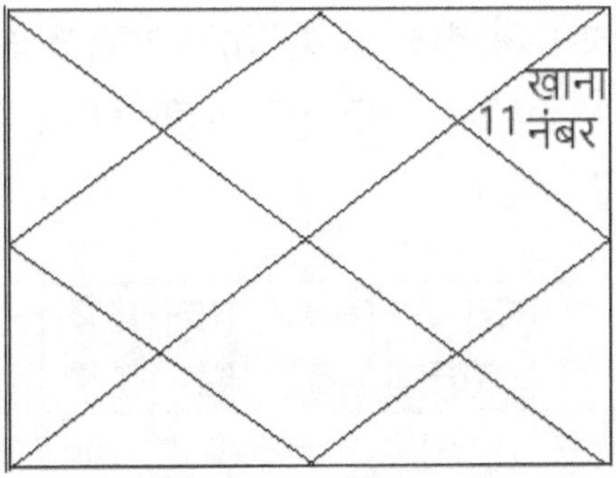

घर का ग्रह........सनीचर

ग्रह का घर......बृहस्पति

ऊंच का ग्रह....कोई नहीं

नीच का ग्रह....कोई नहीं

बुनियाद का घर.....खाना नंबर-7

टक्कर खाएगा......खाना नंबर-4

अचानक चोट......खाना नंबर-9 से

दृष्टि का घर.......कोई नहीं

घर 11 का शनि है मालिक,	**पर दरबार गुरु का है**
घड़ा भरा पानी है बेशक,	**बरतावां तो गुरु ही है**

खाना नंबर-11 कुम्भ राशि और राशप्ति ग्रह सनीचर इसलिए घर का ग्रह तो सनीचर है लेकिन धरम की अदालत होने के कारण बृहस्पति जोकि धरम का कारक ग्रह है उसका पक्का घर गिना है! यह घर आय का है और पाप पुण्य के फैसले का भी जिसका फैसला सिर्फ बृहस्पति के हाथ में है!

फ़कीर की झोली की क़िस्मत गिनते,	**जनम वक़्त, ख़ुद आमद है**
शनि गुरु का हलफ़ उठावे,	**फैसला करता बाद में है**

दुनिया में आने का स्थान भी है! सनीचर नें इस घर में बृहस्पति के सामने नेक न्याय करने की कसम खा रखी है इसलिए सनीचर इस घर में नेक फल का होगा! बृहस्पति इस घर में न्यायधीश होगा!

उर्ध, श्रेष्ठ, धन रेखा, तो,	**क़िस्मत का मैदान भी है**
लालच दुनिया, मकान ख़रीदे,	**उम्र तादाद औलाद भी है**

हथेली पर उर्ध रेखा, श्रेष्ठ रेखा व धन रेखा का सम्बंध भी इसी घर से है! लालच सनीचर का सव्भाव है, खुद के बनाए मकान, औलाद की गिनती व औलाद की उम्र का सम्बंध खाना नंबर-11 से है! लाभ का खाना होने के कारण जीवन के हर तरह के लाभ का सम्बंध गिना जाएगा!

छिलका पोस्त, शान-व-शौकत,	हाथ की किस्में, पालना है
दो मुंह के ये सांप का घर तो,	ख़ुद-रौ-बूटा बेल भी है

ख़ुद की शान व शौकत का खाना नंबर-11 से सम्बंध है! इस घर में राहू, केतू सनीचर का प्रभाव होने के कारण सनीचर दो मुंह के सांप की तरह असर दार होगा! जंगली बेल व दरख़्त जो अपने आप उगते हैं और देख भाल की जरूरत नहीं हुआ करती और इंसानी जीवन में भी ख़ुद की तरक्की का घर है!

दीवार मगरिबी, पहला हाकिम,	मसले राहू केतू है
दूध माता का याद है करके,	फैसला करता शनि भी है

पश्चिम दिशा की दीवार और जीवन में पहला उच्च अधिकारी यानि बृहस्पति और माता के दूध की कसम खा कर नेक नियति से फैसला करना सनीचर की फितरत है!

अहवाल है नाखून रंग भी उनके,	एक अकेला दो भी है
ख़ुद बेड़ी को पापी चलावें,	डूब डुबोते वह नहीं हैं

खाना नंबर-11 में राहू व केतू में से किसी एक का प्रभाव हुआ करता है क्योंकि न तो यह घर देख सकता है और न ही खाना नंबर-5 इसको देखता है! राहू या केतू के साथ सनीचर भी इस घर में हो तो असर 11 गुना (नेक या बद दोनों ग्रहों की हालत अनुसार) हुआ करता है!

धन दौलत है 11 आता,	घर तीजे से जाता है
मंगल कुण्डली कहीं हो बैठा,	फैसला इसका होता है

खाना नंबर-11 धन-दौलत के आने की जगह है यानि ख़ुद की कमाई का घर तो खाना नंबर-3 धन-दौलत के जाने का रास्ता है यानि जो धन बे-वजह चला जाए जैसे चोरी आदि से! लेकिन धन-दौलत के कायम रहने या जाने की स्तिथी का निर्णय कुंडली में मंगल के हाल पर होगा!

बुध गुरु नहीं इस घर अच्छे,	**या कि चंद्र बैठा हो**
उम्र पहली में शक्की गिनते,	**जब घर तीजा मंदा हो**

बुध, बृहस्पति व चंद्र तीनों ग्रह इस घर में शुभ नहीं हुआ करते! अगर कुण्डली का खाना नंबर-3 मंदा हो रहा हो तो इन तीनों ग्रेहों में से जो भी ग्रह खाना नंबर-11 में होगा वो अपनी उम्र के पहले दौरे में शक्की सव्भाव हुआ करता है इसलिए फल कथन के समय यह निर्णय ज़रूरी होगा!

क़िस्मत का ग्रह घर उस तीजे,	**मदद न 5 से होती हो**
घर 3 खाली 11 सोवे,	**क़िस्मत शनि पे होती है**

क्योंकि खाना नंबर-11 को सिर्फ खाना नंबर-3 देख सकता है इसलिए क़िस्मत का फैसला तीसरे घर के ग्रह की स्तिथी अनुसार होगा या फिर राशिपति सनीचर की स्तिथी क़िस्मत की बुनियाद होगी!

ग्रह मुश्तरका बुरा नहीं करते,	**बन्द मुट्ठी के खानों में**
फल 2-11 अपनों-अपना,	**धरम मन्दिर गुरुद्वारा में**

यह एक नियम है कि केंद्र के खानों (1-4-7-10) में बैठे ग्रह, चाहे आपस में शत्रु ही क्यों न हों आपस में झगड़ा नहीं किया करते! खाना नंबर-2 मन्दिर है तो 11 धरम अस्थान, अब इन घरों में बैठे ग्रहों का असर मिल जुल कर न होकर अकेला-अकेला और अपना-अपना हुआ करता है!

घर 11 में ग्रह जो आवे,	**तासीर शनि वह होता है**
असर मगर उस घर में जावे,	**गुरु जहां टेवे में बैठा है**

खाना नंबर-11 में में जन्मकालीन ग्रह या वर्षफल अनुसार जो ग्रह इस घर में आएगा उसका सव्भाव सनीचर की तरह होगा, जैसा टेवे में सनीचर होगा वैसा ही फल उस ग्रह का होगा लेकिन उस ग्रह का असर बृहस्पति के द्वारा ज़ाहिर होगा क्योंकि बृहस्पति इस घर का पक्का ग्रह है!

शनि, गुरु उस टेवे में जैसे,	कहीं भी उसके बैठे हों
फल वैसे ही घर 11 के,	उस टेवे में होते हों

खाना नंबर-11 का अच्छा या बुरा फल कुण्डली में राशिपति सनीचर व इस घर के पक्के ग्रह बृहस्पति की स्तिथी अनुसार होगा! अगर सनीचर अपने ज़ाती सव्भाव के अनुसार नेक साबित हुआ और ठहराए नेक घरों में हुआ और साथ ही बृहस्पति की स्तिथी भी शुभ हो तो इस घर का असर हर तरह से नेक और शुभ होगा!

खाना नंबर-11 के ग्रहों की बेएतबारी की हालत		
खाना नंबर 11 में ग्रह बैठा हो	**नेक हालत में**	**बुरी हालत में**
बृहस्पति खाना नंबर 11 में	जब तक टेवे वाला खानदान में मुश्तरका रहे और पिता ज़िन्दा हो तो सांप भी सजदा करे	ज्यों ही पिता से अलग होगा और चाल-चलन ढीला या जनम कुण्डली के हिसाब से मंदे ग्रेहों के कारोबार या रिश्तेदार के साथ जरूरत से ज़्यादा घनिष्ठ संबंध बनावे तो मामूलों मच्छर तक का मुक़ाबला करने की हिम्मत न होगी और कफन तक पराया होगा

सूरज खाना नंबर 11	आदतन सूफी की खुराक व पहरावा मान-इज़्ज़त व तरक्की की बुनियाद हुआ करता है	जब सनीचर की मंदी चीजों (शराब,शबाब,कवाब) का इस्तेमाल करने का आदि होगा तो बिधाता अपनी कलम से लावल्दी का फरमान जारी कर देगा
चंदर खाना नंबर 11	टेवे में बृहस्पति और केतू उम्दा स्तिथी में हों तो माता के जीवित रहते औलाद और धन-दौलत की कोई कमी नहीं होगी	जब माता ज़िन्दा होगी नर औलाद पैदा होने की कोई गुंजाइश नहीं हुआ करती
शुकर खाना नंबर 11	कुण्डली में मंगल की स्तिथी उतम हो या औरत के भाई कायम हों तो धन-दौलत की कोई कमी नहीं होगी	अगर मंगल निकम्मा हुआ और औरत के भाई भी नहीं तो कमअक्ल, बुज़दिल और हिंजड़ा होगा और धन-दौलत की तरफ से भी दुखिया होगा
मंगल खाना नंबर 11	टेवे में बृहस्पति उतम हो तो बृहस्पति के साथ चलने वाला ज़माने की हर कठिनाई का मुक़ाबला कर अपनी हरेक चाहत को हासिल करने वाला	और अगर ऐसा न हुआ तो अपने रिज़क व रोटी के लिए दर-दर भटकता होगा

बुध खाना नंबर 11	चाहे माता-पिता की हालत (चंद्र, बृहस्पति व सनीचर) जातक के जनम से पहले कितनी भी बुरी क्यों न रही हो, ऐसा जातक जनम लेते ही परिवार के हरेक दुख को दूर करने वाला होगा	अगर बुध मंदा साबित हुआ तो ऐसी खोटी अक्ल का मालिक जो हरेक चीज़ को बरबाद करता चला जाएगा, यहाँ तक कि खुद का हाल भी कोढ़ी से कम न होगा
सनीचर खाना नंबर 11	कुण्डली में नर औलाद न होने के कुल योग होने के बावजूद भी सन्तान बख़्शेगा और कुल दुनिया ज़हर और विरोधियों को अकेला सनीचर ही हराता चला जाएगा जोकि जातक के धरम व ईमान के पक्का होने का सबूत होगा	अच्छी तरह से चलते हुए जीवन में व कारोबार में अपने कर्मों से रुकावट पैदा करेगा, अपनी आल-औलाद(वंशज) को ऐसी बुरी हालत में छोड़ कर मरेगा कि जिनकी फरियाद सुनने वाला भी कोई अपना-पराया न होगा

राहू खाना नंबर 11	अपनी ख़ुद की कमाई के घमण्ड में चूर रहने वाली तबीयत का मालिक, यहाँ तक कि अपने मां-बाप से मदद लेने में अपनी बेज्जती महसूस करने वाला ताकि उनका कोई एहसान न हो जाए और इसी घमण्ड के कारण बुजुर्गों से मिले सोने तक को रख कर देगा! न तो बृहस्पति(पिता) का कोई लिहाज़ होगा और ही राहू(ससुसल) की तकलीफ़ों का कोई फिक्र ख़ुद को ही खुदा समझने वाली तबीयत का मालिक!	जनम लेते ही अपनी (राहू) उम्र से पहले ही सब के खून (खासकर बाप व बाबे) को ज़हर देता होगा यानि बाप या बाबे को पैदा होते ही इक्ठा नहीं रहने देगा (यहां राहू खाना नंबर-11 में जो शब्द इस्तेमाल हुए हैं :पिता को गोली मारे" लेकिन ख़ुद की उम्र को कोई ख़तरा नहीं!
केतू खाना नंबर 11	अगर कुण्डली के खाना नंबर-5 में बृहस्पति या चंद्र न हो तो केतू 11 गुना नेक फल दिया करता है! जातक औलाद, केतू से संबन्धित कारोबार व रिशतेदारों से हर तरह से सुखी हुआ करता है	ख़ुद केतू के इलावा सनीचर व चंद्र का फल भी हद से ज़्यादा निकम्मा व रद्दी हुआ करता है

खाना नंबर-11

किंयाफ़ा-पेशानी

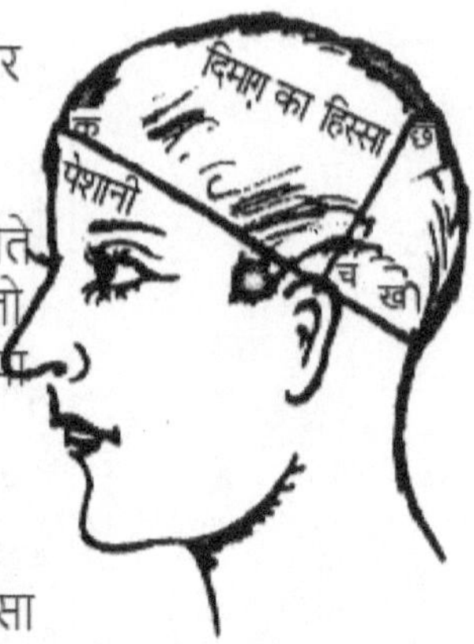

दिमागी खाना नंबर-35 कुण्डली का खाना नंबर-11 और चेहरे पर पेशानी का हिस्सा है! अगर कुल चेहरे को चार हिस्सों में बांटा जाए तो पेशानी की चौड़ाई एक चौथाई मनी गयी है! अगर माथे और सिर (जहां से बाल शुरू होते हैं) से एक सीधी रेखा कानों तक (क से ख) खींची जाए तो इस रेखा से नीचे और भवों के ऊपर का हिस्सा पेशानी या माथा है!

यह पेशानी जिस तरह से चौड़ी होती चली जाएगी उसी कदर नेक और शुभ फल देने वाली हुआ करती है !

पेशानी के सम्बंध में ज़्यादा जानकारी सामुद्रिक का हिस्सा है !

ग्रह चाल	पेशानी की क्या हालत होगी	खाना नंबर-11 का क्या असर होगा
1. खाना नंबर-2 के बृहस्पति से या खाना नंबर-2 पर केतू का प्रभाव दृष्टि आदि से	पेशानी की चौड़ाई केतू की शुभ स्तिथी के असर से चौड़ाई बढ़ती जाएगी	खाना नंबर-11 का असर भी उसी अनुपात से नेक होता जाएगा जिस अनुपात से पेशानी की चौड़ाई बढ़ती जाएगी
2. खाना नंबर-8 का असर खाना नंबर-2 के जरिये खाना नंबर-6 में जा रहा हो और केतू बृहस्पति के साथ या खाना नंबर (2-5-9-12) में किसी एक में हो	पेशानी इस तरह से खुली कि अलग से दिखाई दे (कुशादा)	अक्ल की बारीकी ज़्यादा हुआ करती है

3. केतू का सम्बंध खाना नंबर-2 से या खाना नंबर-2 के बृहस्पति से कम होता जाए	उसी अनुपात से पेशानी लम्बी होती चली जाएगी	जिस अनुपात से पेशानी लम्बी होती चली जाएगी उसी अनुपात से खाना नंबर-11 का नेक असर कम होता जाएगा
4. खाना नंबर-2 का असर खाना नंबर-6 के ज़रिये खाना नंबर-12 में जाए	पेशानी का ऊपरी हिस्सा बाहर को उभरा हुआ होगा	किसी भी चीज़ की जानकारी लेने के लिए उसकी तह तक जाने का आदी और चाल-चलन भी उतम होगा
5. खाना नंबर-8 का असर खाना नंबर-11 के ज़रिये खाना नंबर-2 में जाए	पेशानी का निचला हिस्सा (भवों के ऊपर) बाहर को उभार लिए हुये हो	व्यक्ति की सोच और सोचने की ताकत नेक हुआ करती है
6. खाना नंबर-2 में खाना नंबर-8 के मंदे ग्रेहों(मंगल बद आदि) का असर मिल रहा हो	तिलक लगाने के स्थान(दोनों भवों का मध्य) को छोड़ बाकी पेशानी पर तलवार, तराज़ू, मछली, पदम, पंखा आदि का निशान यानि ग्रेहों के ब्यान शुदा निशान होना	भाई बंधुओं व रिशतेदारों से सुख व साथ मिला करता है
7. खाना नंबर-2 में बृहस्पति के शत्रु ग्रह शुकर-बुध हों या केतू के चंदर या मंगल हो	पेशानी पर टूटी-फूटी रेखाएँ होंगी या ऐसी रेखाएँ जिंका झुकाव नीचे की तरफ को हो	अल्प आयु योग हुआ करता है! आम तौर पर उम्र 8 वें साल जैसे 8-16-24-32-40-48-56-64(8x8=64) में खतरा हुआ करता है

8. खाना नंबर-2 व 7 में मंदे ग्रह हों	पेशानी पर सात या सात से ज़्यादा रेखाएँ हों	ऐसे व्यक्ति सव्भाव से डाकू तबीयत हुआ करते हैं, उम्र 50 साल होगी
9. खाना नंबर-2 में मंगल-बुध या सूरज-बुध संयुक्त हों	पेशानी पर सुर्ख़(लाल) रंग की नाड़ें हुआ करती हैं	आयु कम हुआ करती है
10. खाना नंबर-2 में राहू व बृहस्पति संयुक्त हों या अकेला बुध हो	पेशानी पर सब्ज़(हरा) रंग की नाड़ें हो (चाहे पुरुष हो या स्त्री)	शुभ हुआ करती हैं ऐसे जातक खुश किस्मत हुआ करते हैं

लगन से कुण्डली का पक्का घर खाना नंबर-12

इन्साफ मगर इन्साफ करने की जगह नहीं, आरामगाह ख़्वाब-अवस्था, इन्सान का सिर

घर 12 न ग्रह जो बोले,	घर 2 में वह बोलता है
फल 12-2 का इक्ठा,	साधू समाधि होता है
एक जनम से दूजा शुरू हो,	12 जहां 2 होता है
सुख दुख और सांस आख़री,	हुक्म बिधाता होता है

खाना नंबर-12 में बृहस्पति व राहू का असर हमेशा हुआ करता है यानि खाना खाली हो तो मसनुई बुध मौजूद होगा! ख़ुद की ऐश व आराम के लिए किए जाने वाले खर्च का घर है और इन्सान के ख़ुद के साँसों का खर्च भी! स्त्री व औलाद का सुख! इस घर का ग्रह अगर खाना नंबर-12 में अपना असर न दे रहा हो तो वह अपना असर खाना नंबर-2 के रिशतेदारों यानि ससुराल खानदान पर देगा, असर अच्छा होगा या बुरा यह ग्रह की हालत पर निर्भर करता है!

खाना नंबर-12 का ग्रह खाना नंबर-2 के ग्रह के साथ मिल कर असर दिया करता है क्योंकि खाना नंबर-2 अगर साधू माना तो खाना नंबर-12 साधू की समाधि का स्थान है! खाना नंबर-12 का कारक ग्रह बृहस्पति दो जहान का मालिक है जोकि सांसरिक वायु भी है और दूसरे जहान की वायु भी और मृत्यु के बाद शरीर मोक्ष प्राप्त करेगा या फिर दुबारा इस जहान में आयेगा इसका निर्णय भी इसी घर से हुआ करता है!

स्त्री के भाग्य की दौलत, दूसरों से पाई हुई चीज़ें, स्त्री सुख, पैदाइश के वक़्त माता-पिता का सुख, ससुराल का सुख, पड़ोसियों के मकान का हाल, खुद की ऐश का खर्च, दिमागी हरकत, ख़ुदगर्जी-कर्जा, ख़ुद की ससुराल!

दिशाओं में उतर-पश्चिम (शुमाल-मगरिब=बृहस्पति), दक्षिण-पूर्व (जनूब-मशरिक=राहू), आसमान (राहू-बृहस्पति), आबाद या वीराना, स्त्रीयों के सम्बंध में बेवा औरतें, माशूका वगैरह! हथेली व अंगूठे का झुकाव अंदर की तरफ या बाहर को! हथेली पर बृहस्पति के सीधे ख़त-उँगलियों पर बृहस्पति के चक्कर-संख, पाँव के नाखून, चालाकी या बदनामी की शौहरत! इस घर में सब से बुरा ग्रह बुध होगा जोकि राशिफल का होगा और उपाओ केतू के द्वारा किया जाएगा!

कुण्डली के तमाम ग्रेहों की अपील खाना नंबर-12 पर होगी यानि कुल ग्रहों के असर का आख़री फैसला खाना नंबर-12 के ग्रह की हालत पर होगा, लेकिन किसी जरूरत के समय खाना नंबर-12 के लिए खुद की अपील (मदद समझनी चाहिए) की जरूरत हो तो खाना नंबर-2 पर होगी!

आमतौर तर कुण्डली वाले के सरकारी नौकरी या कोई ऐसे काम जिनका सम्बंध सरकार से हो तो पहला हाकिम (उच्च-अधिकारी) खाना नंबर-11 से देखा जाता है और कुण्डली के खाना नंबर-1 का ग्रह राजा हुआ करता है, लेकिन खाना नंबर-12 के लिए (जनम कुण्डली के अनुसार) खाना नंबर-1 के ग्रह की अपनी उम्र के बाद (मान लो खाना नंबर-1 में सूरज हो तो 22 साल की उम्र के बाद) खाना नंबर-2 का ग्रह अपील का काम करेगा और इस ग्रह का आख़री मुंसिफ़ (फैसला करने वाला) केतू होगा! अगर किसी कुण्डली में खाना नंबर-1 खाली हो तो ज़मीन का मालिक ग्रह यानि मंगल होगा और मंगल की उम्र 28 साल के बाद तो आख़री मुंसिफ़ चंदर होगा!

खाना नंबर-12 के ग्रह ग्रह से संबन्धित रिश्तेदार कुण्डली वाले के लिए आराम पैदा करने के सम्बंध में खुदाई ताकत का मालिक हुआ करता है, उधारण के तौर पर किसी व्यक्ति की कुण्डली के खाना नंबर-12 में बृहस्पति हो तो बाबा-पिता के ज़िन्दा रहने तक रात हमेशा आराम से गुज़रेगी शर्त यह होगी कि कुण्डली वाला इन दोनों या दोनों में से जो भी ज़िन्दा हो उनकी सेवा करे और अवहेलना तो कतई नहीं! बाबा व बाप के देहान्त के बाद बृहस्पति की चीज़ें कायम करना ज़रूरी होगा!

कुण्डली के खाना नंबर-8 मंदा हो और खाना नंबर-2 खाली हो या खाना नंबर-12 व खाना नंबर-8 में दो ऐसे ग्रह हों जो आपस में मिल जाने पर मंदा असर पैदा करते हों तो धरम स्थान के अन्दर न जा कर बाहर से माथा टेकना चाहिए जैसे खाना नंबर-12 में सनीचर और खाना नंबर-8 में बुध हो तो बाप अगर मन्दिर या धरम स्थान में माथा टेकने का आदी हुआ तो लड़कियों की नज़र बरबाद हुआ करती है!

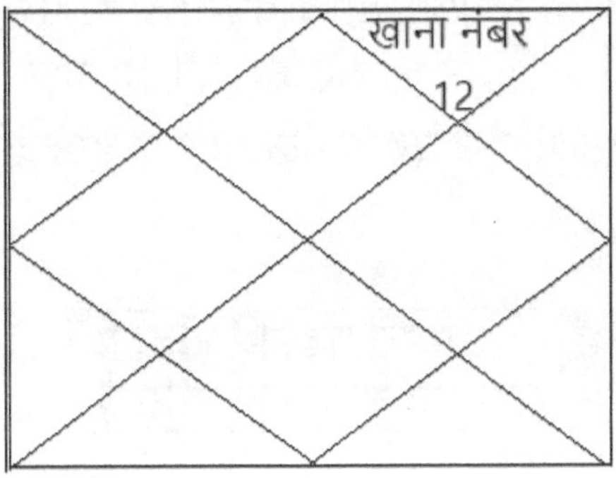

घर का ग्रह..........................बृहस्पति

ग्रह का घर..................................राहू

ऊंच का ग्रह................शुकर व केतू

नीच का ग्रह.....................बुध व राहू

बुनियाद का घर..........खाना नंबर-8

टक्कर खाएगा........खाना नंबर-5 से

अचानक चोट.......खाना नंबर-10 से

दृष्टि का घर.........................कोई नहीं

घर 12 है सुख गृहस्ती, गुरु, राहू दो बैठे हैं
मछली ढूंडे पानी अब्र का, बचन, सराप इक्ठे हैं

खाना नंबर-12 बृहस्पति की राशि और राहू का पक्का घर इसलिए दोनों ही ग्रहों से प्रभावित हुआ करता है, दौलत का खर्च ख़ुद के आराम के लिए! मीन (मच्छली) राशि होने से सनीचर का भी इस घर पर स्वामीतत्व गिना है! सट्टे का कारोबार व पराई औरत की हिफाज़त की ज़िम्मेदारी!

धन की थैली 7 वें होवे, मर्द बोलते 6 वें हैं
घर 8 वें से उम्र मिले तो, बने महल घर दूसरे हैं

चालू धन का कारक चंदर है लेकिन हर तरह का धन (स्त्री धन, ज़मीन की शक्ल में व गाए बैल आदि) का कारक इस घर का राशिपति व पक्का ग्रह शुकर

है! नर ग्रह इस खाना नंबर-6 में शक्तिशाली होंगे (मर्द बोलते) लेकिन मर्दों की गिनती का कोई सम्बंध नहीं! उम्र के खाना नंबर-8 देखा जाता है और हर तरह की शान-ओ-शौकत के लिए खाना नंबर-2 है

गज साधू हों मवेशी पाले,	आबाद वीराना गिनते हैं
शौहरत दुनिया, हड्डी उसकी,	ख़ून नस्ल का गिनते हैं

बृहस्पति साधू व हाथी राहू दोनों का साथ होगा व जंगल में मंगल की तरह हाल होगा! दुनियावी शौहरत बृहस्पति की खासियत है, सिर की हड्डी का कारक राहू होगा! इन्सान के बुजुर्गी ख़ून की हालत भी इस घर के नेक या मंदा होने की निशानी होगी!

निशान पेशानी, अहवाल उंगलियाँ,	महल पड़ोसी होता है
ख़र्चा ज़ाती, दिमाग की हरकत,	ससुराल का क़र्ज़ा होता है

इस घर की नेक स्तिथी का अनुमान माथे पर बृहस्पति के निशान का होना व उंगलियों का हाल यानि उंगलियों की बनावट हर तरह से ठीक हो तो घर कायम गिना जाएगा! पड़ोसियों के मकान की हालत कैसी होगी यह भी घर पर निर्भर करता है!

मर्द-औरत का उम्र ताल्लुक,	हाथ झुकाओ, दोस्त है
पांव के इसके नाखून लेते,	खतूत हथेली बृहस्पति है

मर्द व औरत की आपस में उम्र के बारे में इसी घर को देखा जाता है! पाँव के नाखून (खाना नंबर-12 पाँव और केतू का पक्का घर) की बनावट व हथेली पर बृहस्पति के ख़त इस घर के अच्छा या बुरा होने की निशानी होंगें!

तरफ जनूबी-मशरिक़ हो तो,	पालना बेवा होता है
एक ख़त्म से दूजा शुरू हो,	12 जहां 2 होता है

खाना नंबर-12 पूर्व व दक्षिण दिशा के मध्य का हिस्सा है! घर या कारक ग्रह किसी वजह से खराब हो रहा हो तो विधवा औरत की ज़िम्मेदारी उठानी पढ़ती है! ये घर कुंडली का आखिरी घर या जीवन का ख़त्म होना भी क्योंकि यही घर दूसरे जहान (गैबी) का रास्ता है!

घर 12 न जो ग्रह बोले,	**घर 2 में वह बोलता है**
फल 12-2 का इक्ठा,	**साधू समाधि होता है**

खाना नंबर-12 में बैठा ग्रह अगर जातक को खुद को असर न दे रहा हो तो खाना नंबर-2 के कारक रिशतेदारों पर अपना असर दिया करता है क्योकि खाना नंबर-12 व 2 का असर मिला हुआ होता है! खाना नंबर-2 साधू हुआ तो खाना नंबर-12 उसकी समाधि हुआ करती है यानि अगर कुंडली में राहू नेक हुआ तो व्यक्ति उतम प्रवर्ती का होगा!

ख़ुद इन्सान की पेश न जावे,	**हुक्म बिधाता होता है**
सुख दुख और सांस आख़िरी,	**उम्र का फैसला होता है**

इस घर में अच्छे या बुरे कर्मों का फैसला हुआ करता है लेकिन बिधाता के लिखे हुये हुक्म अनुसार! इस घर का अच्छा या बुरा होना जीवन के हर तरह के सुख व दुख का फैसला होगा और इन्सान की मौत नेक हालत में होगी या फिर खराब हालत में!

शनि राहू और गुरु टेवे,	**कहीं भी उसके बैठे हों**
फल वैसे ही घर 12 के,	**उस टेवे में होते हों**

राहू का पक्का घर व बृहस्पति राशिपति होने के कारण इस घर में दोनों का असर रहता है, इसके इलावा इस घर में मीन राशि होने के कारण सनीचर का असर भी माना जाता है! इसलिए इस घर के अच्छे या बुरे होने का फैसला इन तीनों ग्रहों (राहू, बृहस्पति व सनीचर) की स्तिथी के अनुसार होगा!

12 ही पक्के घर मुश्तरका

धन की थैली 7 वें होवे,	मर्द बोलते 6 वें हैं
घर 8 वें से उम्र मिले तो,	बने महल घर दूसरे हैं
घर 5 वां औलाद का गिनते,	11 होता घर धरमी है
अंग जिस्म घर पहले होते,	साथ लगी बुजुर्गी है
चश्मा दौलत घर चौथे निकले,	मैदान रिज़क घर 10 का हो
आख़िर वक़्त घर तीसरे चलते,	ख़्वाब पाया घर 12 है
ख़रबूज़ा देख ख़रबूज़ा पके,	9 पहले और सात ग्यारह
चोरां टोली एको बोली,	बुध शनि और शुकर यारां

जिस्मानी : खाना नंबर-2-6-12 (तीनों में) ही कोई न कोई ग्रह ज़रूर हो तो किसी भी चीज़ को जानने या उसकी तह तक पहुँचने की तीव्र इच्छा (कुव्वत-ए-दरयाफ्त) व चाल चलन उम्दा हुआ करता है! इन्सान की जिस्मानी ताकत (शारीरिक) से मतलब है, कुण्डली का खाली खाना नंबर-10, उँगलियों की पोरी के मध्य का हिस्सा होगा!

रूहानी : यानि आत्मिक या अध्यात्मिक! कुण्डली के खाना नंबर-2 व 8 (दोनों में) कोई न कोई ग्रह ज़रूर हो और खाना नंबर-8 का असर खाना नंबर-2 में पहुँच रहा हो यानि खाना नंबर-11 में खाना नंबर-8 के ग्रह का दुश्मन न हो (अगर खाना नंबर-11 में दुश्मन ग्रह होगा तो खाना नंबर-8 का असर खाना नंबर-2 में नहीं जा पाएगा) तो अक्ल की बारीकी व कुव्वत-ए-ख़्याल उम्दा हुआ करते हैं यानि व्यक्ति के विचार व अक्ल दोनों ही उम्दा होंगे, खाना नंबर-2 खाली का मतलब उँगलियों की नाखून वाली पोरी की बनावट, तो आत्मिक व अध्यात्मिक शक्ति उतम होगी!

खाना नंबर-1 से 3 तक जीवन की पहली अवस्था, खाना नंबर-4 से 6 तक जीवन की दूसरी अवस्था, खाना नंबर-7 से 9 तक जीवन की तीसरी अवस्था और खाना नंबर-10 से 12 तक जीवन की चौथी अवस्था के बारे में बतलायेंगे या ऐसे समझें पहली अवस्था 25 साल की उम्र तक, दूसरी अवस्था 50 साल की

उम्र तक, तीसरी अवस्था 75 साल की उम्र तक और चौथी अवस्था 100 की उम्र तक का हाल ज़ाहिर करेंगे!

नफ़्सानी : नफ़्सानी ल्फ्ज़ नफ़्स से बना है मतलब कामवासना व जीवन की सच्चाई! खाली खाना नंबर-12 का सम्बंध है और उँगलियों की निचली या तीसरी पोरी की हालत!

खाली खानों के लिए : कोई भी खाना खाली होने की स्तिथी में उस घर का सम्बंध/हालत घर के राशिपति की स्तिथी अनुसार हुआ करता है लेकिन खाना नंबर-6 में बुध व केतू होने के कारण और खाना नंबर-12 में बृहस्पति व राहू होने के कारण यह निर्धारित करना होगा कि कौन से ग्रह का असर लेना चाहिए :

(क) बृहस्पति जब अपनी दूसरी राशि/खाना नंबर-9 में हो तो खाली खाना नंबर-12 का मालिक राहू होगा!

(ख) बुध जब अपनी दूसरी राशि/खाना नंबर-3 में हो तो खाली खाना नंबर-6 का मालिक केतू होगा!

लेकिन:

1- बृहस्पति खाना नंबर-9 या 12 में किसी एक में भी न हो तो खाली खाना नंबर-12 में बृहस्पति व राहू यानि मसनुई बुध लिया जाएगा!

2- बुध खाना नंबर-3 या 6 में से किसी एक में न हो तो खाली खाना नंबर-6 में बुध और केतू मुश्तरका हो सकते हैं लेकिन बुध केतू में से जन्म कुण्डली के अनुसार जो भी प्रबल होगा उसका असर लिया जाएगा क्योंकि खाली खाना नंबर-6 का असर हमेशा नेक मायनों में हुआ करता है!

3- कुण्डली में खाना नंबर-6 व खाना नंबर-9 के खाली होने वक़्त इन घरों के मालिक क्रमश बुध और बृहस्पति लिए जाएंगे! कुण्डली के बाकी घरों के खाली होने के समय उस घर के राशिपति ग्रह की स्तिथी अनुसार फैसला होगा, जैसे कुण्डली का खाना नंबर-10 खाली हो तो इस घर का असर सनीचर की स्तिथी व उसके ज़ाती सब्भाव के अनुसार होगा!

कियाफ़ा :- (हमसाये ग्रह) हथेली की बेहरूनी हद्गद का असर

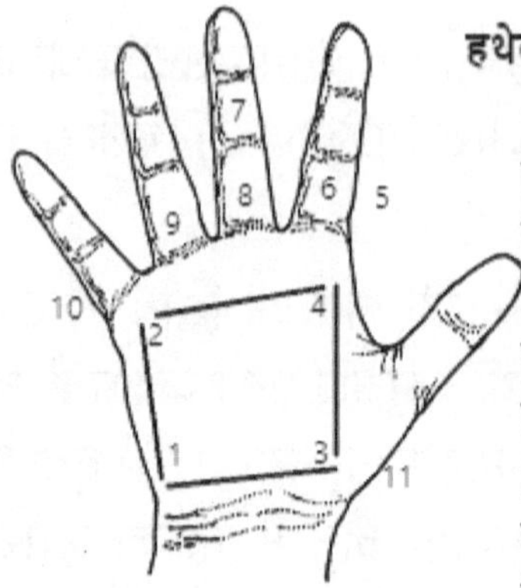

हथेली के चारों तरफ :-

1. बुध से चंदर (1 से 2) तक का लंबाई वाला हिस्सा जिस कदर ज़्यादा लम्बा उसी कदर ज़ुबान की ताकत ज़्यादा और कनिष्का की जड़ से हथेली जिस कदर बाहर को होगी उसी कदर लोगों में रसूक पैदा करने की ताकत होगी।

2. बृहस्पति से बुध (4 से 2) तक उँगलियों की जड़ वाला हिस्सा जितना लम्बा होगा उतनी ही दिमागी और ज़हनी ताकत ज़्यादा होगी।

3. शुकर से चंदर (3 से 1) वाला हिस्सा जितना ज़्यादा लम्बा उतनी ही वासना की इच्छा ज़्यादा यानि शुकर का असर प्रबल होगा।

4. शुकर की जड़ से बृहस्पति की जड़ (3 से 4) तक का हिस्सा जितना ज़्यादा लम्बा होगा उसी कदर हौसले की ताकत ज़्यादा यानि अंगूठे का असर या मंगल नेक का असर ज़्यादा होगा।

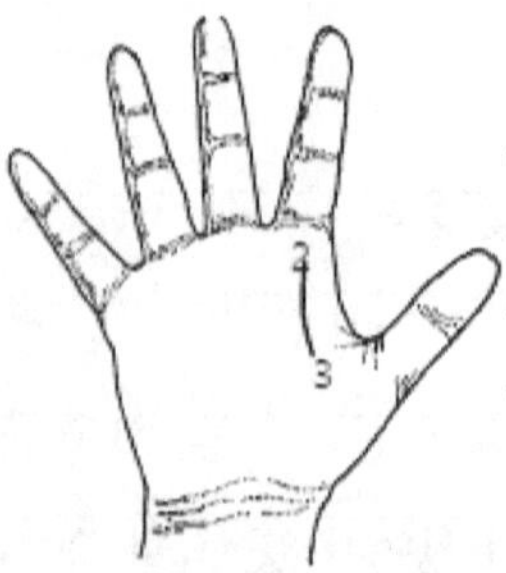

1. अंगूठे की जड़ व तर्जनी उंगली की जड़ के बीच का हिस्सा (जिसमें खाना नंबर-3 मंगल नेक व खाना नंबर-2 बृहस्पति है) हौसला और अंदरूनी दिली ताकत की मजबूती से संबन्धित होगा।

2. तर्जनी उंगली(क) और मध्यमा उंगली(ख) की जड़ों के दरमियान का हिस्सा (बृहस्पति व सनीचर का दरमियान) कुव्वते ख़्याल यानि सोचने की शक्ति से संबन्धित है।

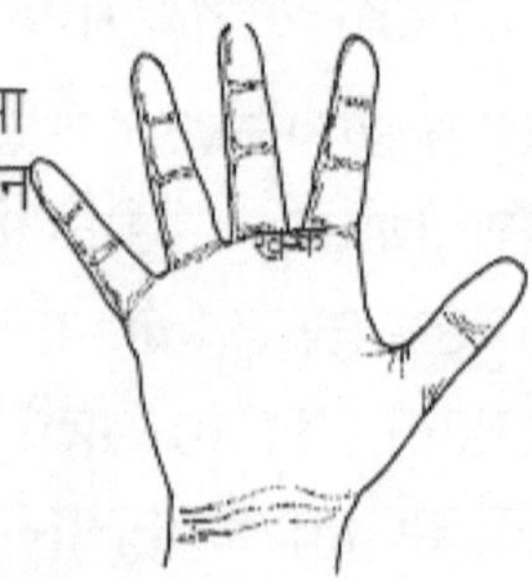

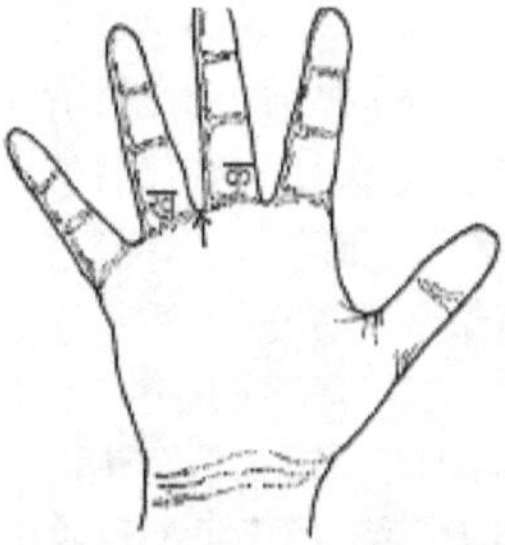

3. मध्यमा(क) और अनामिका(ख) की जड़ों के दरमियान (सनीचर व सूरज) का हिस्सा! ख्यालात की आज़ादी बताता है! व्यक्ति मौके के अनुसार लट्टू की तरह पहलू बदल लेने वाला हुआ करता है !

4. कनिष्का उंगली की जड़ और बुध के बुर्ज का हिस्सा हथेली से बाहर (क) को निकलता हुआ! व्यक्ति के बोलने की ताकत द्वारा लोगों में रसूक पैदा करने की शक्ति !

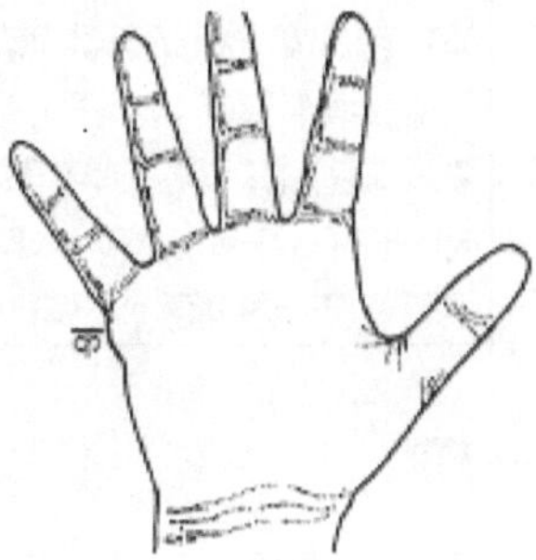

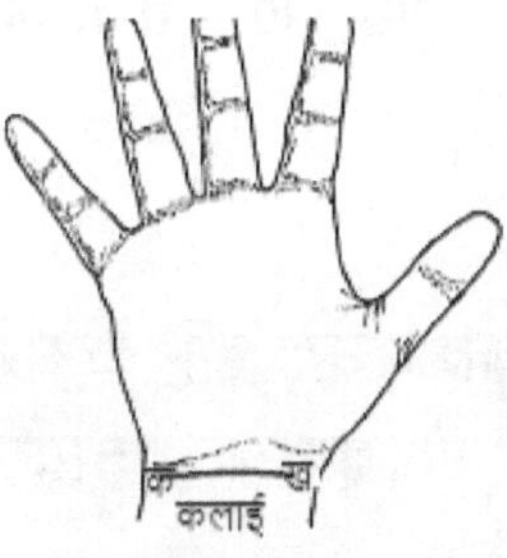

5. चंदर की जड़ (क) से शुकर की जड़ (ख) का हिस्सा जोकि कलाई की चौड़ाई होगी! दिली मोहब्बत और लगन, शुकर(औरत) की इश्क-ओ-मोहब्बत, माता की मोहब्बत, पिटरों या बुजुर्गों की सेवा की ताकत से संबन्धित होगा !

सोए हुए पक्के घर या पक्के घरों में बैठे मगर सोए हुए ग्रह

ग्रह सोए हुए या सोए हुए घर से मुराद यह है कि किसी भी पक्के घर में बैठे हुआ ग्रह नेक हालत में होते हुए भी अपना नेक असर बहाल करने के काबिल नहीं होगा यानि नेक असर नहीं दे सकता!

एक अकेले न कोई दुश्मन,	न ही दोस्ती होती है
रियाया बिना न राजा कोई,	न ही वज़ीरी होती है
एक से 6 तक तरफ़ जो पहली,	हिस्सा दायाँ कहलाती है
बाद के घर 7 वें से 12,	तरफ़ बाईं हो जाती है
तरफ़ पहली न ग्रह हो कोई,	बाद के ग्रह सोए होते हैं
घर जब बाद का खाली होवे,	तरफ़ सोई पहली गिनते हैं
जिस घर में ग्रह हो कोई बैठा,	जागता घर वह लेते हैं
जागे घर न असर ग्रह का,	जब तलक खाली होते हैं
ऊंच दृष्टि कितना ही होवे,	निर्बल प्रबल किसी भी घर
घर दृष्टि का जब तक खाली,	असर जावे न दूजे घर
घर 9-11 गुरु से जागे,	चंद्र से 8-4-2 घर
रवि जगाता घर 5 वां तो,	शुकर जगावे सातवाँ घर
शनि से 10 वां राहू 6 को,	बुध जगाता तीसरा घर
मंगल से घर पहला जागे,	केतू जगावे बाहरवाँ घर

सोया हुआ घर:

जिस घर में कोई ग्रह न हो या जिस घर पर किसी ग्रह की दृष्टि न पड़ती हो (दृष्टि से खाली) वह घर सोया हुआ होगा! सोए हुए घर से ताल्लुक रखने वाली अश्या या रिश्तेदार या कारोबार नेक असर नहीं देंगे!

सोया हुआ ग्रह:

दृष्टि के घरों में बैठा हुआ ग्रह उस वक़्त सोया होगा जब उसके दृष्टि के घरों में कोई ग्रह न बैठा होवे! ग्रह चाहे अपने पक्के घर का और हर तरह क़ायम ही क्यों न हो अपना कोई भी नेक असर नहीं दे पाएगा!

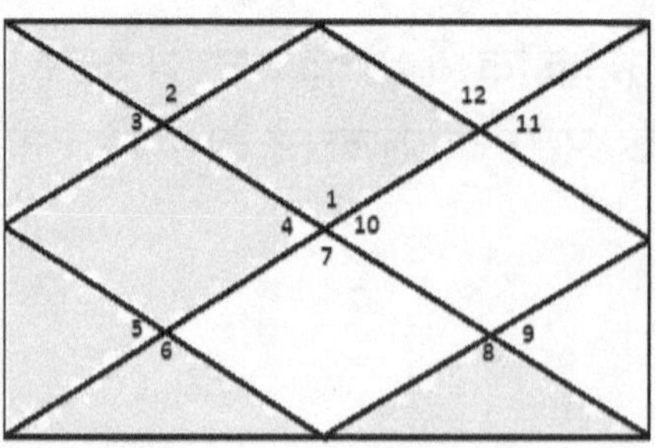

1-खाना नंबर 1 से 6 तक के घर पहले के घर हैं!

2-खाना नंबर 7 से 12 तक के घर बाद के घर हैं!

खास: पहले के घर बाद के घरों को देख सकते हैं लेकिन बाद के घर पहले के घरों को नहीं देख सकते सिवाय खाना नंबर-8 के!

1-कुण्डली के खाना नंबर-1 से खाना नंबर-7 पहली तरफ़ के घर और लगन से गिनते हुए खाना नंबर-7 से खाना नंबर-12 तक बाद की तरफ़ मानी गई है! अगर पहली तरफ़ कोई ग्रह न हो तो बाद के घर सोए हुए गिने जाते हैं और जब बाद की तरफ़ के घर खाली हों तो पहली तरफ़ सोई हुई ली जाएगी, हर दो हालत में सोए हुए ग्रह का असर बाद के घर में नहीं जा सकता! ग्रह बैठा होने वाला घर हमेशा जागता हुआ माना जाएगा और पक्के घर का ग्रह (जैसे कि शुकर खाना नंबर-7 में या मंगल खाना नंबर-3 में) हर हालत में जागता हुआ होगा! जब पहले घरों में कोई ग्रह न हो तो बाद के घरों के ग्रह सोए हुए माने जाते हैं! ऐसी हालत में क़िस्मत के ग्रह की तलाश ज़रूरी हो जाती है और अगर बाद के घर खाली (सोए) हों तो खाना नंबर को जगाने वाले ग्रह के उपाओ की ज़रूरत होगी! ग्रह का जागना और खाना नंबर (घर) का जागना दो जुदी-जुदी बातें हैं!

बिना जगाए कोई ग्रह जाग उठे और अपना असर देने लगे तो ख़ुद-ख़ुद जागे हुए ग्रह की आम उम्र के आखिरी साल (जैसे शुकर की उम्र का तीसरा साल, मंगल की उम्र का 6 वां साल, केतू की उम्र का तीसरा साल) में मंदा असर देगा जैसे शादी के लिए शुकर की कुल उम्र तीन साल का आख़िरी साल (बुध का हिस्सा एक साल) मंदा होगा!

कौनसा घर सोया हुआ हो	कौनसा ग्रह जगा देगा
1	मंगल
2	चंदर
3	बुध
4	चंदर
5	सूरज
6	राहू
7	शुकर
8	चंदर
9	बृहस्पति
10	सनीचर
11	बृहस्पति
12	केतू

किसी भी घर को जगाने के लिए राशि के मालिक को लिया जाता है!

खाना नंबर-2, 4, 8 को जगाने के लिए चंदर को लेंगे!

खाना नंबर-9, 11 को जगाने के लिए बृहस्पति को लेंगे!

खाना नंबर-6 के लिए राहू और खाना नंबर-12 के लिए केतू को

2-सोए हुए को जगाने वाले घर, (ब-हैसियत घर) से ताल्लुक रखने वाले रिश्तेदार क़ायम हों तो कोई मंदा असर नहीं होगा जैसे कि कुण्डली के खाना

नंबर-11 में शुकर हो और खाना नंबर-3 खाली और ऐसे में औरत के भाई हों तो घर जागता लिया जाएगा, शुकर अब ख़ुद-ब-ख़ुद जागा हुआ होगा लेकिन कोई बुरा असर नहीं देगा!

3-**खास असूल:**

खाना नंबर-10 खाली हो तो खाना नंबर-2 के ग्रह सोए हुए होंगे!

खाना नंबर-2 खाली होने पर खाना नंबर-10 के ग्रह सोए होंगे!

खाना नंबर-2 में कोई ग्रह न हो तो खाना नंबर-9 के ग्रह सोए होंगे!

यह नियम इन तीन घरों के लिए ही लिखा है!

सोया ग्रह कब और किस हालात में ख़ुद-ब-ख़ुद जाग जाएगा			
ग्रह	कब जाग पड़े ख़ुद	किस उम्र में	कब मंदा असर देगा
वृहस्पति	आम कारोबार शुरू होने पर	16 साल की उम्र के बाद	छ: वें यानि 22 वें साल में
सूरज	सरकार से ताल्लुकात	22 साल की उम्र के बाद	दूसरे यानि 23 वें साल में
चंदर	तालीम ताल्लुकात	24 साल की उम्र में	पहले यानि 25 वें साल में
शुकर	शादी से ताल्लुक	25 साल की उम्र के बाद	तीसरे यानि 28 वें साल में
मंगल	औरत से ताल्लुक होने पर	28 साल की उम्र के बाद	छ: वें यानि 34 वें साल में
बुध	व्योपार, बहन/बेटी की शादी	34 साल की उम्र के बाद	दूसरे यानि 36 वें साल में
सनीचर	मकान ताल्लुक	36 साल की उम्र के बाद	छ: वें यानि 42 वें साल में
राहू	ससुराल ताल्लुक	42 साल की उम्र के बाद	दूसरे* यानि 48 वें साल में
केतू	पैदाइश औलाद	48 साल की उम्र के बाद	तीसरे यानि 51 वें साल में

1-हर एक ग्रह अपनी दी हुई उम्र में कुच्छ ख़ास असूलों पर ख़ुद-ब-ख़ुद जाग जाया करता है!

2-जागा हुआ ग्रह अपनी ठहराई हुई उम्र के कुल सालों में से आख़िरी साल में मंदा असर दिया करता है जैसे 36 वें साल में सनीचर की उम्र की शुरुआत हुई और इस दौरान मकान वगैरह बनवाए जाएँ तो सनीचर का 6 साल की उम्र मे से 42 वां साल मंदा असर देना शुरू करेगा!

3-राहू के आगे ***दूसरा*** लिखा है लेकिन असूल के हिसाब से 6 वां साल होना चाहिए यानि 48 वां साल!

4-केतू का मंदा असर तीन साल की कुल उम्र के आख़िरी साल में यानि 51 वें साल में मंदा असर होगा इसलिए ग्रहों का पहला दौरा 50 साल होगा!

अध्याय नंबर-7

CAPRICORN
AQUARIUS
PISCES
AIRES
TAURUS
GEMINI
CANCER
LEO
VIRGO
LIBRA
SCORPIO
SAGITTARIUS

ग्रहों/घरों की दृष्टि आम और ख़ास हालत

1- कुण्डली के 12 ही घरों में से किसी भी घर में बैठा हुआ ग्रह (एक या अधिक) अपने ठहराए हुए रास्तों के ज़रिए आपसी असर मिलने की ताकत रखते हैं और इसको ग्रह/घर की दृष्टि कहा जाता है! अगर कोई उंगली टेढ़ी दिखाई दे तो वो अपनी खुद की ताकत (जिस ग्रह से उंगली का सम्बंध हो) छोड़ दिया करती है और टेढ़ी उंगली का झुकाव जिस किसी भी उंगली की तरफ को हो उसी उंगली का असर पैदा हो जाएगा! उंगली के झुकाव से मतलब होगा कि उंगली की बनावट में टेढ़ापन होना!

कियाफ़ा :

हस्त रेखा में किसी रेखा से कोई एक शाख ऊपर को उठ जाना या नीचे को झुक जाना ग्रह दृष्टि ही हुआ करती है! रेखा का ऊपर को उठाओ  तरक्की या नेक असर और नीचे को झुकाव बुरा असर बतलाता है! यही हाल किसी एक रेखा से निकली हुयी शाखाओं का हुआ करता है! जब कोई रेखा या उस रेखा से कोई शाख ऊपर को उठ कर किसी बुर्ज या रेखा की तरफ को हो ले तो जिस बुर्ज की तरफ कोई रेखा उठ रही हो उस बुर्ज के मालिक ग्रह का असर इस उठने वाली रेखा के मालिक ग्रह में मिला हुआ गिना जाता है! कुंडली के पहले के घरों (1 से 6) के ग्रह अपने से बाद के घरों में अपना असर मिलाया करते हैं सिवाय खाना नंबर-8 के क्योंकि खाना नंबर-8 में बैठे ग्रह पीछे को देखते हैं और खाना नंबर-2 में अपना असर मिला दिया करते हैं, इसको उल्टी दृष्टि गिना है और मंदी भी!

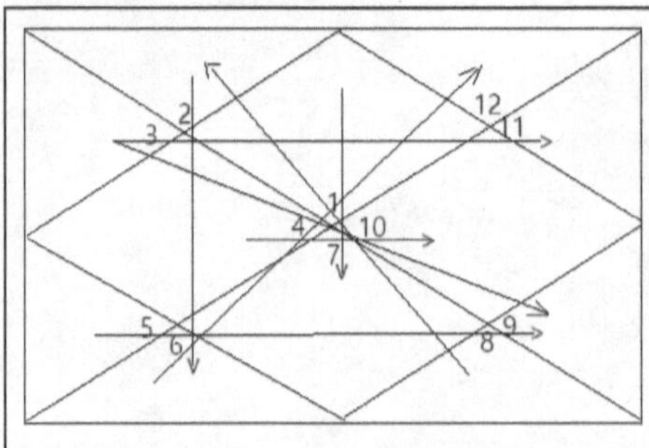

खाना नंबर-1 से 6 तक पहले के घर होंगे!खाना नंबर-7 से 12 तक बाद के घर!

पहले के घर और उनमें बैठे ग्रह बाद के घरों और उनमे बैठे ग्रहों को देखते हैं सिवाय खाना नंबर-8 के!

ख़ास: दृष्टि के शुरू होने का घर -----> और देखा जाने वाला घर तीर के निशान के हिसाब से होगा यानि जहाँ से तीर शुरू हुआ वो घर देखता है और जिस घर/खाना में तीर जा कर खत्म होगा वो घर देखा जा सकता है!

आम हालत

एक सात घर-चौथे 10 वें,	**पूर्ण दृष्टि होती है**
पांच 9 वें और तीन 11,	**आधी नज़र ही रहती है**
आठ छटे 2 बैठे 12,	**नज़र चौथाई करते हैं**
केतू राहू और बुध की नाली,	**लेखा जुदा ही रखते हैं**

1-पहले के घर 1 से 6 तक और बाद के घर 7 से 12 तक!

2-कुण्डली में हर ग्रह व खाना नंबर से संबन्धित चीजों का असर देखने के लिए उसकी आपसी दृष्टि का सम्बंध:

3-हर ग्रह अपने से सातवें (दरमियान के पाँच घर छोड़ कर) 100 प्रतिशत दृष्टि से देखते हैं, जिसमें खाना नंबर-1 खाना नंबर-7 को और खाना नंबर-4 खाना नंबर-10 को पूरी दृष्टि (100%) से देखते हैं और आमतौर पर दुश्मन होते होते हैं (लाल किताब-1942, सफ़्ह-56),

4-खाना नंबर-3 खाना नंबर-9 और खाना नंबर-11 को देखता है, इसी तरह खाना नंबर-5 खाना नंबर-9 को देखता है और दृष्टि दोस्ती की होती है!

5-खाना नंबर-2 व खाना नंबर-6 और खाना नंबर-8 व खाना नंबर-12 पनफ़र घर होते है खराब फल देते हैं लेकिन जो भी ग्रह ऊंच होगा अपनी राशि में नेक असर देगा! सौ फ़ीसदी होने की हालत में ग्रह एक दूसरे के नज़दीक हो जाते हैं या एक ही हो कर मिल जाते है, 50% की हालत में इनका दरमियानी फ़ासला निफ़्स होता है और असर के लिए मिलावट भी आधी ही होगी और 25% फ़ीसदी की हालत में एक चौथाई ही मिलते हैं और बाकी तीन चौथाई एक दूसरे से दूर यानि असर नहीं मिलाते!

एक अकेले न कोई दुश्मन,	न ही दोस्ती होती है
रियाया बिना न राजा कोई,	न ही वज़ीरी होती है
एक से 6 तक तरफ़ जो पहली,	हिस्सा दायाँ कहलाती है
बाद के घर 7 वें से 12,	तरफ़ बाईं हो जाती है
तरफ़ पहली न ग्रह हो कोई,	बाद के ग्रह सोए होते हैं
घर जब बाद का खाली होवे,	तरफ़ सोई पहली गिनते हैं
जिस घर में ग्रह हो कोई बैठा,	जागता घर वह लेते हैं
जागे घर न असर ग्रह का,	जब तलक खाली होते हैं
ऊंच दृष्टि कितना ही होवे,	निर्बल प्रबल किसी भी घर
घर दृष्टि का जब तक खाली,	असर जावे न दूजे घर
घर 9-11 गुरु से जागे,	चंद्र से 8-4-2 घर
रवि जगाता घर 5 वां तो,	शुकर जगावे सातवाँ घर
शनि से 10 वां राहू 6 को,	बुध जगाता तीसरा घर
मंगल से घर पहला जागे,	केतू जगावे बाहरवाँ घर

ग्रहों के आपस में दृष्टि व कुण्डली के खानों से सम्बंध को समझने के लिए अगर राशि को स्त्री और ग्रह को मर्द मान लिया जाए तो राशि व ग्रह यानि औरत और मर्द का जोड़ा मिथुन राशि यानि बुध के खाली आकाश में शुकर की गृहस्ती मुहब्बत (हक़ीक़ी व गैर हक़ीक़ी) की त्रैलोकी (तीनों ज़माने) या खाना नंबर-3 में मंगल के पक्के घर भाई-बन्दी से चल रहा है! इस बात को समझने के लिए इस जोड़े को तीन हिस्सों में बाँट कर समझना ज़रूरी होगा,

1-जैसे घर के मालकीयत के समय आम हालत हुआ करती है वैसे ही ग्रह की हालत सिर्फ राशिपति होने के कारण होगी!

2-उंच की हालत यानि ग्रह इस हालत में हों कि वो एक दूसरे की आपस में मदद कर सकते हों और एक दूसरे के लिए नेक हों!

3-नीच या मंदी हालत और दुश्मनी से भरी हुई यानि दोनों में कोई एक दूसरे का बुरा करने की हालत या अवस्था में हो!

हर एक राशि के असर के लिए उसके घर का मालिक ग्रह किसी ऐसी हालत में कि वो साधारण फल देने वाला हो या अपनी उंच हालत में नेक फल देने की हालत में या फिर नीच या मंदी हालत में होकर बैठा हो तो वो अपनी राशि में बैठे

हुये ग्रह के लिए वैसा ही असर पैदा करेगा यानि कोई भी ग्रह जब अपनी ठहराइ हुई राशि से हटकर किसी दूसरी जगह जा बैठे तो वो कुंडली वाले के लिए वैसा ही असर देगा जैसा उसका खुद का होगा!

कुंडली में बारह खानों को एक बड़े मकान की कोठरियाँ मान लिया जाए और हर एक खाने को अलग करने वाली लकीर को दीवार समझें तो देखने में आएगा कि कुंडली के चार खाने (1-4-7-10) चार दीवारों वाले हैं जिसमे साथ लाया हुआ खज़ाना गिना गया है! **बाकी के 8 खाने तीन-तीन दीवारों से बने दिखाई देंगे आधे-आधे मकानों की तरह 8 मशलश (त्रिकोण) हैं और इन आधे-आधे 8 खानों को पूरा किया जाए तो चार पूरे घर और हैं यानि बच्चे के कुल 8 घर हो गए! पहला घर जनम का जिस्म और आठवाँ खाना नंबर-8 मौत है!**

सब कोठरियों के दरवाजे किसी न किसी तरफ को खुले हुये माने गए हैं, ग्रहों को लैम्प मानें तो इस लैम्प की रौशनी इन दरवाजों के ज़रिए किसी न किसी तरफ जाती हुई मनी गई है और इस रौशनी का दूसरे घर में पहुँच जाना ही ग्रह दृष्टि है! "**लाल-किताब**" नियमअनुसार हर घर को और उसमें बैठे हुये ग्रह को देखने की ताकत के बारे में बात करती है यानि किसी एक घर और उसमें बैठे हुये ग्रह किसी दूसरे घर और उसमें बैठे हुये ग्रहों को क्रमश 100%, 50% या 25% प्रतिशत की नज़र से देखता है यानि देखने वाला ग्रह देखा जाने वाले ग्रह में अपना असर इसी मात्रा में मिला रहा है लेकिन इसका यह मतलब हरगिज़ नहीं कि देखने वाला ग्रह देखा जाने वाले ग्रह का असर वापिस खेंच का खुद में मिला रहा है! खाना नंबर-8 मौत का घर उल्टी दृष्टि रखता है यानि खाना नंबर-2 को देखता है और अपना असर उसमें शामिल करता है! अगर खाना नंबर-2 राहू व केतू की बैठक (पाप पुण्य का स्थान/मुकाम) कहा है तो खाना नंबर-8 में राहू व केतू के इलावा सनीचर का असर भी शामिल गिना जाएगा!

ख़ास: अपने से सातवें देखने वाले खानों के ग्रह यानि खाना नंबर-3 व 6 के ग्रह, तीसरा 9 वें को देखता है लेकिन 9 वां तीसरे को नहीं देख सकता, इसी तरह 6 वां घर और उसमें बैठा ग्रह खाना नंबर-12 व उसमें बैठे ग्रह को देखा करता

है लेकिन खाना नंबर-12 खाना नंबर-6 को नहीं देख सकता सिवाय खाना नंबर-9 व 12 में बैठे बुध के, क्योंकि खाना नंबर-12 को खाली आकाश गिना है और खाना नंबर-6 पाताल, अपने से 7वें देखने वाला खाना/ग्रह हर सातवें साल तब्दीली-ए-हालात कर सकते हैं! खाना नंबर-8 मौत के घर के ग्रह हर आठवें साल तब्दीली-ए-हालात पैदा कर सकते हैं! अपने से सातवें देखने वाले घर नीचे दिये गए है :

(क)खाना नंबर-3 देखता है खाना नंबर-9 को!

(ख)खाना नंबर-6 देखता है खाना नंबर-12 को!

(ग)खाना नंबर-8 देखता है खाना नंबर-2 को!

(सिर्फ बुध ही एक ऐसा ग्रह है जो खाना नंबर-9 में बैठ कर खाना नंबर-3 को और खाना नंबर-12 में बैठ कर खाना नंबर-6 व उनमें बैठे ग्रह को देखा करता है और हर एक देखा जाने वाले ग्रह के फल को बेमायनी/निष्फल कर देता है, चाहे बुध के मुक़ाबले पर कितने ही ग्रह क्यों न हों और यह ग्रह उसके दोस्त हों या दुश्मन)!

खाना नंबर-8 खाना नंबर-2 को 100% दृष्टि से देखा करता है यानि खाना नंबर-8 का ग्रह अपना 100% असर खाना नंबर-2 में डालेगा, अब खाना नंबर-2 खाना नंबर-6 को 25% दृष्टि से देखा करता है तो वह खाना नंबर-8 के 100% असर में 25% असर खाना नंबर-6 में डालेगा और जब खाना नंबर-6 नें खाना नंबर-12 को देखा तो उसने अपने असर के साथ-साथ खाना नंबर-8 का 25% असर भी खाना नंबर-12 में डाल दिया यानि खाना नंबर-2 में खाना नंबर-8 का 100% असर शामिल हुआ तो उसमें से खाना नंबर-8 का 25% असर खाना नंबर-6 व 12 में गिना जाएगा!

हर एक राशि के असर के लिए उसके घर का मालिक ग्रह किसी ऐसी हालत में कि वो साधारण फल देने वाला हो या अपनी उंच हालत में नेक फल देने की हालत में या फिर नीच या मंदी हालत में होकर बैठा हो तो वो अपनी राशि में बैठे हुये ग्रह के लिए वैसा ही असर पैदा करेगा यानि कोई भी ग्रह जब अपनी ठहराइ

हुई राशि से हटकर किसी दूसरी जगह जा बैठे तो वो कुंडली वाले के लिए वैसा ही असर देगा जैसा उसका खुद का होगा!

ग्रह दोस्त नहीं बाहम लड़ते,	झगड़ा कराते दूसरे हैं
शनि रवि दो इक्ठे बैठे,	फटते ग्रह स्त्री से हैं
ग्रह मुश्तरका बुरा नहीं करते,	बन्द मुट्ठी के खानों में
फल 2-11 अपनों अपना,	धरम मन्दिर गुरुद्वारा में

दो दोस्त ग्रह टेवे में इक्ठे बैठे होने के समय एक दूसरे से से झगड़े पर न होकर एक दूसरे की मदद पर हुआ करते हैं लेकिन अगर कोई तीसरा ग्रह जो इन दोनों ग्रहों में एक का दोस्त और दूसरे का दुश्मन हो और इनके साथ आ बैठे या फिर दोनों में किसी एक की जड़ में जा बैठे तो दोस्त ग्रह अब दुश्मनी/झगड़े पर होंगे!

सनीचर और सूरज इकट्ठे बैठे होने के वक़्त सूरज सनीचर की मदद करेगा और दुश्मनी का सव्भाव भी नहीं होगा लेकिन इन दोनों ग्रहों की युति पर किसी स्त्री ग्रह की दृष्टि हो या स्त्री ग्रह साथ हो या साथी हो तो सूरज व सनीचर अब झगड़े पर होंगे!

केंद्र के घरों (बन्द मुट्ठी के खाने) में कोई दो या दो ज़्यादा दुश्मन ग्रह बैठे हों तो उन ग्रहों में कोई झगड़ा नहीं हुआ करता! खाना नंबर-2 व 11 को क्रमश धरम स्थान व धरम की अदालत गिना है इसलिए इन घरों में इकट्ठे बैठे ग्रह चाहे आपस में दोस्त हों या दुश्मन अपना-अपना फल दिया करते हैं!

स्त्री ग्रह जब शनि से मिलकर,	बैठे 2 या कहीं भी हों
ग्रह दृष्टि से जो उन्हें देखे,	मरते आल-औलाद से हो
इस ज़हर को घर 9वें से,	राहू केतू हटाते हैं
अगर मदद न उनकी लेवें,	मंगल केतू मरते हैं

इस महत्वपूर्ण सूत्र में संस्कारों की एहमियत पर ज़ोर है जैसे जब भी सनीचर किसी स्त्री ग्रह (चंदर या शुकर) से संयुक्त होकर खाना नंबर-2 में बैठा हो, यह पंक्ति महत्वपूर्ण है, या कहीं और बैठा हो और इन संयुक्त ग्रहों को कोई भी ग्रह

कहीं से भी देखे (यहाँ ग्रंथकार ने ग्रह दृष्टि कहा है) तो देखने वाले ग्रह के वंश नाश की निशानी होगी, अगर ऐसी स्तिथी टेवे में बन रही हो तो इस ज़हर को राहू केतू के उपाओ द्वारा ख़त्म किया जा सकता है जिससे खाना नंबर-9 पूर्ण रूप से शुभ फल देने लगेगा और अगर राहू केतू की मदद नहीं ली गयी तो मंगल और केतू बरबाद होंगे!

एक दीवार के घर दो साथी,	ग्रह मुश्तरका होते हैं
शत्रु ग्रह तो कभी न मिलते,	दोस्त मिले ही गिनते हैं
वजह किसी दीवार फटे गर,	दुगुनी ज़हर हो जाती है
अक्ल बुरी क़िस्मत हो मंदी,	मौत खड़ी हो जाती है

साथ लगते हुये घर सांझी दीवार के खाने हुआ करते हैं और इनमें बैठे दोस्त ग्रह (चाहे अलग-अलग घरों में हों) आपस में मिल जाया करते हैं लेकिन सिर्फ दोस्त ग्रह ही मिल सकते हैं! अगर साथ वाले घर में शत्रु ग्रह हो और उनसे संबन्धित चीजों को स्थापित कर लिया जाए तो जहरीली हवा की तरह असर होगा, मान लो खाना नंबर-3 में चंदर बैठा हो और खाना नंबर-4 में सनीचर और जातक घर के कुएँ की दीवार फाड़ कर कोई कमरा स्थापित कर लेवे तो चंदर व सनीचर दुगुने मंदे हो जाएंगे ऐसे में न तो अक्ल (बुध) साथ देती है और किस्मत (बृहस्पति) का हाल भी मंदा होगा और हर समय मौत जैसा डर दिखाई देता होगा!

घर 10वें में लड़ते दुश्मन,	ग्रह 9 टेवा अन्धा हो
सूरज 4, शनि हो 7वें,	न्होराता आधा अन्धा हो
राहू केतू घर चौथे 10वें,	या चंदर भी साथी हो
शनि 11 या गुरु साथी,	टेवा वो कुल धर्मी हो

खाना नंबर-10 में जब दुश्मन ग्रह बैठे हों तो झगड़े पर होंगे तो ऐसे में सनीचर कुल ग्रहों को दृष्टि देना बन्द कर देता है और कुल 9 ग्रह और टेवा अन्धे ग्रेहों का टेवा हुआ करता है यानि इस बात का आँखों से कोई संबंध नहीं लेकिन ग्रह जो देखना चाहते हैं वो देख नहीं सकते और उल्टा काम हो जाता है!

सूरज खाना नंबर-4 के समय सनीचर खाना नंबर-7 में हो तो नहोराते ग्रेहों का टेवा हुआ करता है, जैसे रन्तौधी की बीमारी के कारण इंसान दिन में तो देख

सकता है लेकिन सूर्यास्त के साथ ही उसको दिखाई देना बन्द हो जाता है, ऐसे टेवे में अशुभ प्रभाव सूरज पर हुआ करता है!

राहू केतू चौथे या दसवें घर में हों या चंदर इनका साथी ग्रह बन रहा हो, इसी तरह सनीचर खाना नंबर-11 में हो या सनीचर के साथ बृहस्पति हो या साथी ग्रह बन रहा हो तो ऐसे में पापी ग्रह धरमी ग्रह और कुल टेवा धरमी हुआ करता है, ऐसे टेवे वाला जातक बड़ी से बड़ी मुसीबत से दैविक सहायता से बच जाया करता है! **विशेष:** ऐसे टेवे वाले जातक को अपने कर्म से भी धरमी रहना चाहिए वरना नतीजा उलट हो सकता है और अछाई की जगह बुराई

घर अपने से 5वें दोस्त,	**7वें उल्टे होते हैं**
8वें घर पर टक्कर खाते,	**बुनियाद 9वें पर होते हैं**
तीसरे घर के जुदा-जुदा,	**बुध से वो आ मिलते हैं**
घर 10वें पर बाहम दुश्मन,	**धोखा वह देते या चक्कर हो**

जिस घर में कोई ग्रह हो और उस घर से गिनने पर 5वें घर में बैठे ग्रह दोस्ती का सव्भाव रखते हैं और अपने से 7 वें स्थान पर बैठे ग्रह के साथ दुश्मनी का सव्भाव हुआ करता, ग्रह के बैठा होने वाले घर से गिनती करने पर 8 वें घर और उस घर के ग्रह टक्कर खाया करते हैं जोकि अशुभ हुआ करती है और 9 वां घर ग्रह की बुनियाद हुआ करता है अगर ग्रह से बैठा होने वाले घर से 9 वें स्थान पर कोई शक्तिशाली ग्रह हो तो पहले ग्रह की बुनियाद पक्की होने के कारण ग्रह को बल मिलता है! किसी भी ग्रह के बैठा होने वाले घर से गिनने पर तीसरे घर के ग्रह जुदा-जुदा हुआ करते हैं लेकिन कुछ नियमानुसार बुध की नाली द्वारा मिल जाया करते हैं, ग्रह के बैठा होने वाले घर से गिनने पर हरेक 10 वां घर ग्रह के लिए धोखे का घर हुआ करता है उस 10 वें घर के ग्रह आमतौर चक्कर में डाल कर रखते हैं!

नर ग्रह बोलते जुफ़्त के घर में,	**स्त्री बोलते ताक में हैं**
बुध है बोलता 3-6 में तो,	**पापी नहीं बोलते 2 में हैं**
ग्रह शत्रु में गुरु जो आवे,	**वैर ख़त्म हो जाता है**
माता चंदर जब साथी होवे,	**दोस्ती पैदा करता है**

नर ग्रह जुफ़्त (दो से विभाजित होने वाले) के घरों में प्रभावशाली हुआ करते हैं और स्त्री ग्रह ताक (जो दो से विभाजित न हो) के घरों में प्रभावशाली हुआ करते हैं, बुध तीसरे और 6 वें (आकाश व पाताल) घर में प्रभावशाली हुआ करता है जबकि पापी ग्रह, राहू व केतू खाना नंबर-2 में चुप हुआ करते हैं! इसी तरह शत्रु ग्रेहों के साथ बृहस्पति हो तो उन ग्रहों की शत्रुता ख़त्म हो जाया करती है लेकिन भला करने की भी शर्त नहीं होगी लेकिन अगर चंदर साथ हो जाए या साथी ग्रह बने तो शत्रु ग्रेहों में दोस्ती पैदा हो जाया करती है!

घर 5वां औलाद का गिनते,	**11 होता घर धरमी है**
घर 8वां जो मौत निमाणी,	**साथ लगी 9 बुजुर्गी है**

कुण्डली का 5वां घर औलाद के संबंध में बताता है तो खाना नंबर-11 धरमी घर या धरम की अदालत है जहां पर इन्सान के अच्छे या बुरे कर्मों का फैसला हुआ करता है और इन्ही कर्मों से निर्धारित हुआ करता है कि जातक अपने अच्छे कर्मों के कारण दूसरा जहां प्राप्त करेगा या अपने पाप कर्मों के कारण फिर से इसी संसार में दुबारा पैदा होगा! खाना नंबर-8 मौत का घर या शमशान है और इसके साथ लगा हुआ खाना नंबर-9 बुजुर्गों का स्थान हैं जो इन्सान को अच्छा सुनने, अच्छा देखने व अच्छा करने कि प्रेरणा देता है!

घर पहले की उम्र सौ साला,	**नव्वे तीन, दस, बारह है**
85 उम्र 7 चौथे की लेते,	**80 होती घर 6 की है**
पौन सदी या साल 75,	**गुरु मन्दिर घर 2 की है**
घर और ग्रह की उम्र जुदा पर,	**गुज़रती दो की इकठी है**
गुरु जगत की उम्र 75,	**बुध, केतू 80 होती है**
शुकर, चंदर की उम्र 85,	**शनि, मंगल, राहू 90 है**

इस सूत्र में घरों व ग्रहों की उम्र का ज़िकर है लेकिन यह इन्सान की उम्र न होकर ग्रहों और घरों के असर देने की उम्र तय है और ग्रहों के लिए अपनी लेकिन घर और ग्रह दोनों की स्तिथी के अनुसार अंतिम फैसला होगा!

पहले घर की उम्र 100 साल है तो तीसरे और 9वें घर की उम्र दस या 12 साल हुआ करती है, जैसे खाना नंबर-2 की उम्र पौन सदी यानि 75 साल है तो गुरु

जो खाना नंबर-2 का पक्का ग्रह है उसकी उम्र भी 75 साल लिखी गयी है, अब अगर टेवे में दूसरा घर और बृहस्पति ग्रह कायम हों तो जातक को 75 साल की उम्र मिलेगी लेकिन हरेक ग्रह व घर की उम्र अलग-अलग निर्धारित करके और उसमें जमा व घटा लगा कर किसी निर्णय पर पहुँचना चाहिए!

स्त्री ग्रह जब मिलें नरों से,	**उम्र 96 होती है**
साथ मिले जब बुध पापी का,	**वही 85 होती है**
रवि मालिक है पूरी सदी का,	**उम्र लम्बी उस होती है**
ग्रहण लगे जब रवि चंदर को,	**साल तीन कम होती है**

स्त्री ग्रह और नर ग्रह संयुक्त हों और साफ सुथरे व कायम हों तो आयु 96 साल लिखी है लेकिन जब इन ग्रेहों के साथ बुध या पापी ग्रह युक्त हों, दृष्टि सम्बंध बना रहे हों या साथी ग्रह बन रहे हों तो 96 साल कम होकर 85 साल उम्र होगी! सूरज की अपनी व खाना नंबर-1 की उम्र सौ साल लिखी है यानि पहला घर साफ सुथरा, उसमें सूरज भी हर तरह से नेक होकर बैठा हो तो उम्र पूर्ण सौ साल हुआ करती है! जब टेवे में सूरज ग्रहण या चंदर तो जो आयु ग्रहों व घरों नें दी हो उसमें से तीन साल कम हो जाएगी यह जानना चाहिए!

उल्टे घर

आम हालत-2

घर उल्टा 8 दूजे देखे,	**न देखें 5-11 घर**
बुध 12-6-9-3 मारे,	**शनि छटे से दूसरा घर**

100 प्रतिशत और अपने से बाद सातवें को देखने का फ़र्क

सौ फ़ीसदी (100 प्रतिशत) वाला खाना व उसमें बैठा ग्रह अपने बाद के खाना में अपना असर दूध में खाण्ड की तरह मिला दिया करता है, लेकीन अपने सातवें वाला अपने बाद के घर को उल्टा कर दिया करता है अर्थात दूध के बर्तन को ही ज़हरीला कर दिया करता है! दोनों ही हालात में दृष्टि का असर तो 100% ही होगा लेकिन फ़र्क सिर्फ यह है कि :

100% दृष्टि के असर के खाने बन्द मुट्ठी के अंदर के मुकर्रर हैं यानि 1-4-7-10, और अपने से बाद के खाने बाहर की त्रिकोणों के घर हैं! मुट्ठी के अन्दर के

खानों पर अपने से सातवें का असूल नहीं होगा और न ही बाहर के खानों पर 100% (नेक कर देने) का असूल होगा!

जब कोई ग्रह बन्द मुट्ठी के खानों में बैठ अपने से बाद के घरों के ग्रह को देखता है तो देखने वाला ग्रह देखा जाने वाले ग्रह में अपना असर ऐसे मिला दिया करता है जैसे दूध में खाण्ड (इस मिलावट को बुध की मिलावट कहते हैं (लाल किता-1940, सफ़ह-68) और इस पहले वाले/देखने वाले ग्रह का वही असर होगा (देखा जाने वाले ग्रह के लिए) जैसा कि पहले घर के लिए था!

मगर जब कोई ग्रह अपने से सातवें के असूल से देखता है तो देखने वाले ग्रह का असर देखा जाने वाले घर में (ग्रह में नहीं) ऐसा होगा जैसे एक टांग कटे आदमी को दूसरी टांग लगा दी गई हो //यह असर ऐसा होगा जैसे दो चीजों का इकट्ठा हो जाना लेकिन अपने-अपने ठहराए हुये असर को न छोड़ना// और यह मिलावट मंगल की मिलावट हुआ करती है! इस असर के असूल के अनुसार यदि पहले वाले घर के लिए देखने वाले ग्रह का असर नेक था तो बाद वाले घर के लिए असर नेक ही रहेगा ज़रूरी नहीं बल्कि मंदा ही हो सकता है!

ख़ास: यह आरज़ी मिलावट है जो कि बुध की होनी चाहिए क्योंकि मंगल की मिलावट आरज़ी नहीं होती बल्कि दूध में खाण्ड की तरह होगी!

ग्रह का असर ग्रह में और ग्रह का असर दूसरे ग्रह के घर-और उनका फ़र्क

1-पहले घर के ग्रह का असर बाद के घर के ग्रह में मिल जाने से मतलब ये होगा कि पहले के घर के ग्रह का असर बाद के घर के ग्रह के लिए एक हो गया यानि पहले घर के ग्रह ग्रह का असर बाद के घर के ग्रह/ग्रहों में इस तरह से मिला कि जुदा न गिना गया लेकिन इस मिलावट नें बाद घर/खाना में कोई असर नहीं डाला! हो सकता है कि बाद के (देखा जाने वाले घर) में कई ग्रह हों और जब पहले घर के ग्रह का असर इनमें गया तो मान लो कि देखा जाने वाले घर के ग्रह आपस में दोस्त हों तो जब (क) उनमें पहले घर के ग्रह का ज़हर मिला तो वह सब के सब या इनमें से कुछ जो आपस में या कुछ दूसरों के दुश्मन हो

जाएँ! (ख) उनमें आपस में दोस्ती करने की ताकत मिल जाए तो जो पहले इक्ठे बैठे हुये दुश्मनी का सव्भाव रखते थे अब आपस में या कुछ दूसरों से दोस्ती का सम्बंध पैदा कर लें!

2-पहले घर के ग्रह का असर बाद के घर में (ग्रह में नहीं) मिल जाने से मुराद (मतलब) होगी कि देखने वाले ग्रह का असर बाद के घर के लिए होगा यानि देखा जाने वाले घर को नेक या बुरा करने की ताकत होगी यानि मंगल की बनावट की तरह अलग-अलग होते हुये भी इस मिलने वाले ग्रह के असर का सबूत देंगे क्योंकि देखने वाले ग्रह नें देखा जाने वाले घर का कुल असर ही तब्दील कर दिया यानि बाद के घर में बैठा होने वाले ग्रह/ग्रहों के लिए देखा जाने वाला खाना ही किसी और/दूसरे असर असर का हो गया!

दोनों तरह की द्दष्टि/मिलावट में फ़र्क:

(क)पहली हालत में देखने वाले ग्रह नें देखा जाने वाले घर के ग्रहों में अपना असर अपनी खुद की स्तिथी के अनुसार मिला दिया जैसे बुध व शुकर अपने पक्के घर खाना नंबर-7 में बैठे हों और सूरज खाना नंबर-1 (उंच का व पक्का खाना) से इन दोनों को देखे तो बुध व शुकर दोनों का असर ही सूरज की तरह चमकदार हो जाएगा यानि इस 100% द्दष्टि का असर खुद कुंडली वाले के लिए अच्छा या बुरा (देखने वाले ग्रह की हालत अनुसार) होगा!

(ख)दूसरी हालत में अपने से सातवीं द्दष्टि की स्तिथी में मान लो शुकर हो खाना नंबर-6 में जो शुकर की नीच राशि/खाना है अब यह शुकर जब खाना नंबर-12 को देखेगा तो इस खाना को उंच कर देगा और इस खाना में बैठे ग्रह/ग्रहों पर खाना का असर होगा न कि शुकर का! मान लो शुकर खाना नंबर-6 में बैठा होने के समय मंगल खाना नंबर-12 में हो तो शुकर नें जब खाना नंबर-12 को देखा तो फल खुद कुंडली वाले के लिए न होकर खाना नंबर-12 में बैठे ग्रह/ग्रहों के ताल्लुकदारों लिए होगा इस स्तिथी में खाना का नेक फल व्यक्ति के भाइयों लिए उतम होगा अर्थात भाइयों का ग्रहस्त जीवन उतम होगा जबकि शुकर के नीच राशि/खाना में होने के कारण कुंडली वाले का खुद का ग्रहस्त जीवन मंदा ही होगा!

खुलास्तन/सार या संक्षिप्त : जब कोई ग्रह 100% प्रतिशत दृष्टि (1 व 4) से किसी दूसरे घर के ग्रह को देखता है तो अपनी खुद की हैसियत/स्तिथी के अनुसार अच्छा या बुरा असर देखा जाने वाले ग्रह में मिला दिया करता है और देखा जाने वाले ग्रह/ग्रहों की अपनी हालत अच्छी या बुरी हो जाया करती है और इस अच्छी या बुरी हालत का असर ख़ुद कुंडली वाले पर हुआ करता है! अपने से सातवीं दृष्टि के समय देखने वाला ग्रह कुंडली में अपनी हैसियत/स्तिथी अनुसार अपना अच्छा या बुरा असर जो उस देखा जाने वाले घर के लिए है उस देखा जाने वाले घर में शामिल कर दिया करता है और अब देखा जाने वाले घर में बैठे ग्रेहों को उस घर के अच्छे या बुरे फल जो कि देखने वाले ग्रह के कारण मिले थे प्राप्त होंगे! जैसे खाना नंबर-6 के शुकर का उधारण लिया है अब अगर यह नीच का शुकर कुंडली वाले को मंदे फल दे रहा होगा तो इसकी दृष्टि वाला 12 वां घर इस शुकर उलट यानि नेक असर 12 वें घर में बैठा होने वाले ग्रहों के रिशतेदारों पर दिया करता हैं! जैसे खाना नंबर-6 का शुकर नीच होने के कारण कुंडली वाले के ग्रहस्त जीवन को खराब किया करता है और कुंडली वाले के लिए नर औलाद को लेकर भी फल मंदे हुआ करते हैं लेकिन अब यह शुकर खाना नंबर-12 को देखता हुआ इस घर को उंच फल देगा तो इस घर में बैठे ग्रह/ग्रहों के लिए शुकर की कारक चीजों के फल नेक होंगे जैसे खाना नंबर-12 में मंगल हो तो भाई/भाइयों का ग्रहस्त जीवन और बुध हो तो बहन के ग्रहस्त जीवन के फल नेक होंगे! यही नियम खाना नंबर-12 में बैठे हर एक ग्रह/ग्रहों पर लागू होगा!

राहू व केतू आपस में बराबर के ग्रह हैं और दोस्त भी! दोनों ही ग्रह एक दूसरे से सातवें होने के असूल पर एक दूसरे का असर ऊलटाते भी हैं! सूरज या चंदर के साथ होने पर हर एक खाने के लिए सूरज या चंदर का असर क्या होगा इसके लिए नीचे की तालिका देखें!

(लाल किताब-1940, सफ़ह-79)

राहू कुंडली का खाना नंबर का	सूरज या चंदर के साथ राहू होवे				तो केतू होगा खाना नंबर में	तो सूरज या चंदर के साथ केतू होगा			
	केतू से आपसी संबंध	असर	ख़ुद सूरज का असर	ख़ुद चंदर का असर		राहू से आपसी संबंध	असर	ख़ुद सूरज का असर	ख़ुद चंदर का असर
1	दोस्त	राशिफल	नेक	नेक	7	दोस्त		मध्यम	प्रबल
2	बराबर	बैठक 2 राहू/केतू	निस्फ़	नेक	8	बराबर	बैठक 3 पापी	निस्फ़	नेक उम्र निस्फ़ सुख
3	ऊंच	--	नेक	नेक	9	ऊंच		नेक	नेक
4	दोस्त	--	नेक	निस्फ़	10	दोस्त का	राशिफल	मध्यम	निस्फ़
5	बराबर	--	नेक	नेक	11	बराबर	राशिफल	निस्फ़	निस्फ़
6	ऊंच	--	नेक	नेक	12	ऊंच	राशिफल	नेक	मध्यम
7	दोस्त	राशिफल	निस्फ़	प्रबल	1	दोस्त	राशिफल	नेक	नेक
8	बराबर	बैठक 3 पापी	नेक	नेक उम्र निस्फ़ सुख	2	बराबर	बैठक 2 राहू/केतू	निस्फ़	नेक
9	नीच	बैठक 3 पापी	ग्रहण	ग्रहण	3	नीच	बैठक राहू/केतू	--	निस्फ़
10	दोस्त	बैठक 3 पापी	मध्यम	निस्फ़	4	दोस्त	राशिफल	नेक	निस्फ़
11	बराबर	बैठक 3 पापी	नेक	निस्फ़	5	बराबर	राशिफल	नेक	नेक
12	नीच	बैठक 3 पापी	ग्रहण	निस्फ़	6	नीच	राशिफल	निस्फ़	ग्रहण

सूरज व/या चंदर ग्रहण : राहू केतू की नीच की हालतों में (जब दोनों ही नीच हों) ग्रहण होता है जैसे राहू हो खाना नंबर-12 में और केतू हो खाना नंबर-6 में उसी समय सूरज भी खाना नंबर-12 और चंदर हो खाना नंबर-6 में! इसके इलावा राहू खाना नंबर-9 में नीच गिना है और केतू खाना नंबर-3 में नीच इसलिए अगर सूरज खाना नंबर-9 में राहू से संयुक्त तो सूरज ग्रहण लेना चाहिए और चंदर खाना नंबर-3 में केतू से संयुक्त तो चंदर का असर आधा होगा! ग्रहण के वक़्त राहू के असर की मियाद दो साल और केतू के असर की मियाद एक साल होगी और दोनों की इकठी तीन साल लेनी चाहिए!

सेहत-बीमारी-शादी-औलाद-मकान वगैरह ख़ास-ख़ास चीज़ों के लिए दृष्टि	
घर अपने से 5 वें दोस्त,	7 वें उलटे होते हैं
8 वें घर पर टक्कर खाते,	बुनियाद 9 वें पर होते हैं
तीसरे घर के जुदा जुदा तो,	बुध से वह आ मिलते हैं
घर 10 वें पर बाहम दुश्मन,	धोका देते या चक्कर हैं
नर ग्रह बोलते जुफ़्त के घर में,	स्त्री बोलते ताक में हैं
बुध बोलता 3-6 में तो,	पापी नहीं बोलते 2 में हैं

जब किसी घर के ग्रह से गिनें तो पांचवें घर के घर दोस्ती के व्यवहार में हुआ करते हैं चाहे ठहराइ हुई दोस्ती व दुश्मनी के आधार पर आपस में दुश्मन ही क्यों न हों और इसके विपरीत अपने से सातवें घर के ग्रह दुश्मनी का बर्ताव किया करते हैं!

कोई ग्रह अपने बैठे हुये घर से गिनने पर आठवें घर में बैठे हुये ग्रह का टक्कर मारा करता है! यह टकराव अशुभ हुआ करता है और टक्कर खाने वाले ग्रह की कारक चीजों की हानि हुआ करती है! विशेष बात यह है कि खाना नंबर-9 टकराव से बरी है!

किसी भी घर में बैठे हुये ग्रह से गिनने पर नौवां घर बुनियाद कहलाता है और पहले घर के लिए नौवें घर का ग्रह बुनियाद का काम करेगा!

किसी भी घर से गिनने पर दसवां घर और उसमें बैठे ग्रह आपस में दुश्मनी का सव्भाव रखा करते हैं और दसवें घर का ग्रह पहले घर के लिए धोके के ग्रह हुआ करता है! यहाँ धोके का मतलब अचानक होने वाली घटना होगा जो अच्छी भी हो सकती है और बुरी भी, लेकिन अच्छी या बुरी जो भी होगी निहायत ताकतवर होगी!

ग्रहों के बोलने से मतलब होगा प्रभावी होना या असर करना! नर ग्रह सम घरों (जो दो से भिवाजित हो सकें) में प्रभावशाली हुआ करते हैं और स्त्री ग्रह विषम (जो दो से विभाजित न हों घरों में प्रभावशाली हुआ करते हैं! बुध खाना नंबर-3

व 6 में प्रभावशाली हुआ करता है और पापी ग्रह खाना नंबर-2 में बैठे शरारत नहीं करते!

जब गिनती करने पर दो बैठे हुए ग्रहों दरमियान तीन घर पड़ते हों तो दोस्ती का बर्ताव पर होंगे चाहे असल में दुश्मन ही क्यों न हों! जैसे चित्र में बुध खाना नंबर-1 में हों और चंदर खाना नंबर-9 में तो दोनों ग्रह दुश्मनी होते हुए भी एक दूसरे की मदद पर होंगे!

जब दो ग्रह एक दूसरे से गिनती करने पर सातवें हों यानि दोनों ही ग्रहों के बीच पाँच घर हों तो ऐसी हालत में दोस्त ग्रह भी दुश्मनी पर हुआ करते हैं! जैसे खाना नंबर-4 में चंदर है और खाना नंबर-10 में मंगल, दोनों ही ग्रह दोस्त होते हुए इस हालत में दुश्मनी के बरताओ पर होंगे!

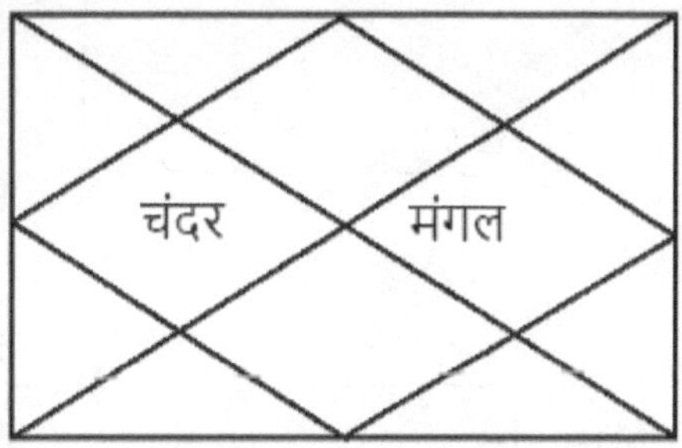

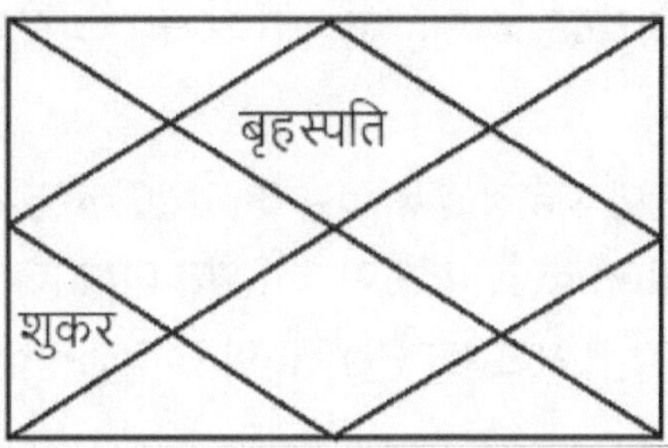

जब दो घरों के दरमियान सात घर खाली हों यानि एक ग्रह से गिनती करने पर दूसरा ग्रह नौवें घर में बैठा हो तो दोनों ही ग्रह चाहे दुश्मन ही क्यों न हों एक दूसरे के लिए सम हालत के होंगे,खाना नंबर-1 में बृहस्पति और खाना नंबर-5 में शुकर हो तो दुश्मन होते हुए भी सम होंगे!

जब एक ग्रह से दूसरा ग्रह 8 वें घर में हो यानि पहले ग्रह दूसरे ग्रह तक 6 घर खाली (सीधी गिनती) हों तो पहले घर का ग्रह 8 वें घर के ग्रह को टक्कर मारा करता है! जैसे मंगल खाना नंबर-6 में है और सूरज खाना नंबर-1 में, मंगल से गिनती करने पर सूरज 8 वें घर में है और यह टकराव की हालत होगी!

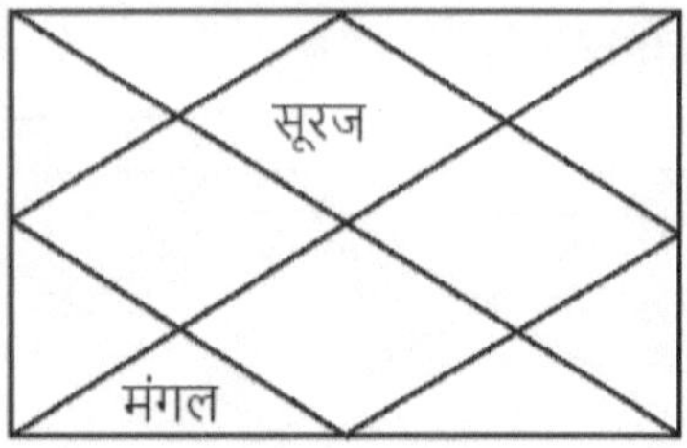

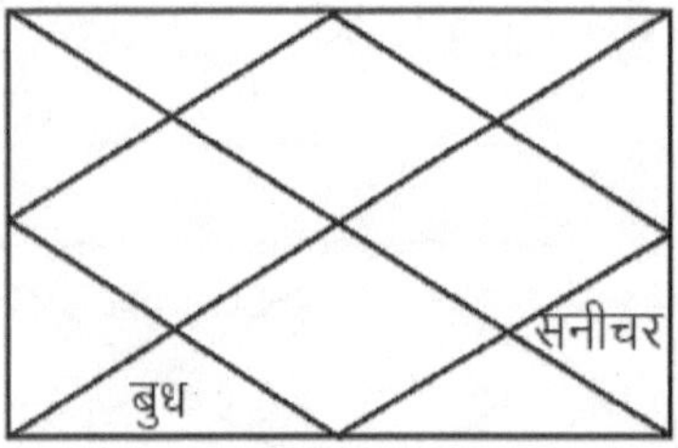

जब एक ग्रह से गिनती करने पर दूसरा ग्रह 10 वें घर में हो तो यह धोके की हालत हुआ करती है, जैसे सनीचर खाना नंबर-9 से गिनती करने पर बुध खाना नंबर-6 में सनीचर से 10 वें घर में यानि बुध सनीचर के लिए धोके का ग्रह होगा! बुध खाना नंबर-6 में राजयोग है लेकिन व्यक्ति के मामूँ ख़ानदान के लिए नेक!

खाना नंबर-10 से गिनने पर खाना नंबर-5 तक बीच के घर 6 होंगे और खाना नंबर-5 से गिनें तो खाना नंबर-10 तक बीच के घर 4 होंगे अब खाना नंबर-10 तो खाना नंबर-5 को देख सकेगा लेकिन खाना नंबर-5 खाना नंबर-10 को नहीं देख सकता सिवाय खाना नंबर-5 में बैठे चंदर के जो खाना नंबर-10 के लिए ज़हर का काम करेगा!

आमतौर पर पहले के घर और उनमें बैठे ग्रह बाद के घरों को देखा करते हैं सिवाय खाना नंबर-8 के लेकिन खाली खानों के लिए ऊपर की शर्त यानि जिस घर से दूसरा घर 8 वें स्थान पर हो यानि बीच में 6 खाने खाली हों तो देखने की शर्त नियमानुसार लागू होगी!

योग दृष्टि बावक़्त सेहत बीमारी

नर ग्रह बोलते जुफ़्त के घर में, स्त्री ग्रह बोलते ताक में हैं
बुध है बोलता 3-6 में तो, पापी नहीं बोलते 2 में हैं

खाना	दृष्टि	बाहम मदद	आम हालत	टकराओ	बुनियादी	धोखा	मुश्तरका दीवार		अचानक चोट			निशान
1	A	5	7	8	9	10	2	10	3	12	11	D
	B	9	7	6	5	4	12		-	-	-	
2	A	6	8	9	10	11	3	-	4	-	-	E
	B	10	8	7	6	5	1	-	-	-	-	
3	A	7	9	10	11	12	4	-	1	-	-	F
	B	11	9	8	7	6	2	-	-	-	-	
4	A	8	10	11	12	1	5	1	10	6	-	H
	B	12	10	9	8	7	3		-	-	-	
5	A	9	11	12	1	2	6	-	7	-	-	G
	B	1	11	10	9	8	4	-	-	-	-	
6	A	10	12	1	2	3	7	-	4	-	-	K
	B	2	12	11	10	9	5	-	-	-	-	
7	A	11	1	2	3	4	8	10	1	5	9	L
	B	3	1	12	11	10	6	6		-	-	
8	A	12	2	3	4	5	9	2	10	-	-	M
	B	4	2	1	12	11	7			-	-	
9	A	1	3	4	5	6	10	-	7	-	-	N
	B	5	3	2	1	12	8	-	-	-	-	
10	A	2	4	5	6	7	11	11	4	8	12	P
	B	6	4	3	2	1	9	9	-	-	-	
12	A	4	6	7	8	9	1	-	10	-	-	R
	B	8	6	5	4	3	11	-	-	-	-	

1-A खाना नंबर-5 को देखता है B खाना नंबर-9 से देखा जा सकता है!

2-खाना नंबर-1 खाना नंबर-7 के लिए और खाना नंबर-7 के लिए आम हालत के होंगे!

3-खाना नंबर-1 खाना नंबर-8 के ग्रह को टक्कर मारेगा और खाना नंबर-6 के ग्रह से टक्कर खाएगा!

4-खाना नंबर-1 की बुनियाद खाना नंबर-9 और खाना नंबर-9 की बुनियाद खाना नंबर-1 होगी!

5-खाना नंबर-1 के लिए धोके का घर खाना नंबर-10 व खाना नंबर-1 खाना नंबर-4 के लिए धोके का घर होगा!

6-खाना नंबर-1 की मुश्तरका (सांझी) दीवार खाना नंबर-2 व खाना नंबर-12 होंगे!

खाना नंबर-1 खाना नंबर-3 को अचानक चोट मारा करता है और खाना नंबर-11 से चोट खाता है!

संयुक्त हो या देखता होवे	हर देखा जाने वाले या दूसरे से संयुक्त (मुश्तरका होने वाले) ग्रह की ताकत होगी								
	बृहस्पति	सूरज	चंदर	शुकर	मंगल	बुध	सनीचर	राहू	केतू
बृहस्पति		2	1/2	3/4	2/1	2/1	3/4	2/1	5/6
सूरज	2/3		3/4	3/4	2/1	1/2	दौलत 2/3 वालिद 1/2 सुख 1/3	ग्रहण	1/2
चंदर	2/1	2/1		2/1	2/2	2/1	1/3	1/2	ग्रहण
शुकर	1/2	3/4	1/2		4/3	2/2	1/3	2/1	2/1
मंगल	2/1	2	2/1	1/3	1/3 मंगल बद	2/1	4/3	5/1 सिफ़र	1/2
बुध	1/2	2/1	1/2	2/2	2/2		5/4	2/1	1/4
सनीचर	5/4	दौलत 2/3 वालिद 1/2 सुख 1/3	1/3	4/3	1/3	4/5		2/1	1/2
राहू	5/1	ग्रहण	1/2	1/2	2/2	2/1	2/1		2/2
केतू	2/1	1/2	ग्रहण	2/1	1/2	3/4	2/1	2/2	

माथे पर लिखे ग्रह देखा जाने वाले ग्रह होंगे और बाएँ हाथ लिखे ग्रह देखने वाले ग्रह या संयुक्त ग्रह होंगे! और उनके नीचे के खानों में हर एक ग्रह की कुल ताकत में से असर करने की ताकत दी गई है!

बृहस्पति कुंडली में कायम हो और सूरज को देखता हो या सूरज के साथ हो तो सूरज की ताकत दो गुना होगी, चंदर के नीचे देखेंगे तो ½ लिखा हुआ मिलेगा इसका मतलब ऊपर का हिंदसा (अंक) देखा जाने वाला ग्रह यानि चंदर की ताकत और नीचे हिंदसा (अंक) देखने वाले ग्रह की होगी यानि अब चंदर की ताकत पूरी और बृहस्पति की दोगुनी होगी!

सूरज जब सनीचर को देखता हो या साथ हो या सनीचर सूरज को देखता हो या साथ हो तो तीन हिस्से दिखाए हैं 1/3 यानि दौलत के लिए सनीचर की ताकत का दो हिस्से और सूरज की ताकत के तीन हिस्से होंगे, वालिद (पिता) के लिए सनीचर का एक हिस्सा और सूरज के दो हिस्से होंगे, आम सुख के

लिए सनीचर की ताकत का एक हिस्सा होगा और सूरज की ताकत के तीन हिस्से होंगे!

इन सभी तरह की ताकत को कुंडली में इस्तेमाल करने के लिए सबसे पहले यह निर्धारित करना अति आवश्यक होगा कि देखने वाला ग्रह और देखा जाने वाला ग्रह या फिर संयुक्त ग्रह की स्तिथी कुंडली में कैसी है! हर तरह से कायम ग्रह अपनी पूरी ताकत रखता है!

सबसे ऊपर संयुक्त के साथ लफ़्ज़ मुश्तरका दिया है, मुश्तरका का मतलब भी इकट्ठे हुआ करता है लेकिन केंद्र (बन्द मुट्ठी) के घरों में बैठे हुए देखने वाले और देखा जाने वाले ग्रह भी मुश्तरका हुआ करते हैं क्योंकि नियमानुसार देखने वाला ग्रह देखा जाने वाले ग्रह में अपना पूरा असर इस तरह से मिलाया करता है कि दोनों एक ही हुआ करते मालूम होते हैं!

बाहमी (आपसी) मदद

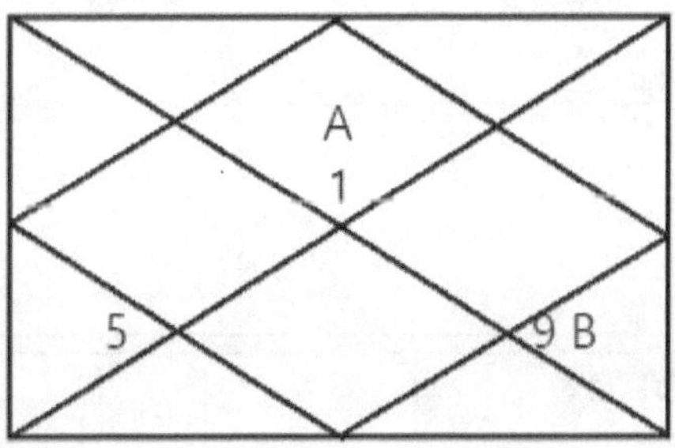

द्दष्टि योग बंधन के असूल पर खाना नंबर-1 खाना नंबर-5 को देख सकता है और खाना नंबर-1 की बुनियाद का घर खाना नंबर-9 होगा , और खाना नंबर-1 ख़ुद खाना नंबर-5 की बुनियाद है यानि नौवाँ हमारे बुज़ुर्ग (बाप) और पहला पांचवें की बुनियाद, यानि एक दूसरे की आपसी मदद!

आम हालत

हर एक घर गिनने पर हर सातवें घर के ग्रह आम हालत के होते हैं और उनका बरताओ आपस में दोस्ती और दुश्मनी के असूल से ही बरताओ का पैमाना रखते हैं!

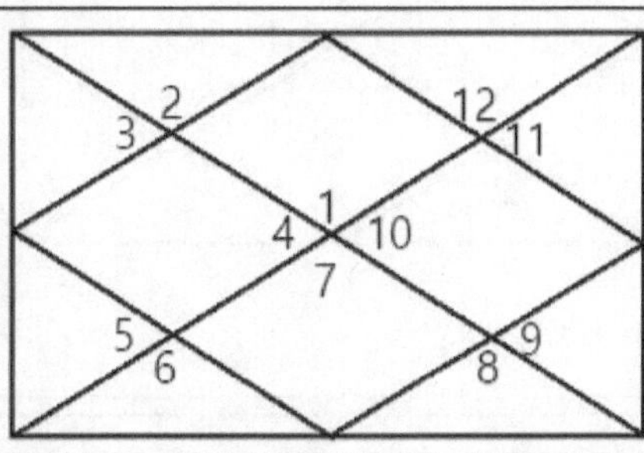

टकराओ

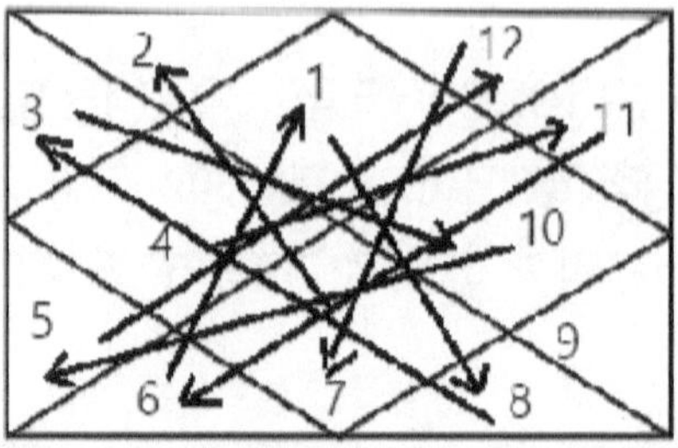

हर एक घर और उसमें बैठा हुआ ग्रह अपने से आठवें घर और उसमें बैठे ग्रह को टक्कर मारा करता है! तस्वीर के अनुसार तीर शुरू होने वाला घर टकराव का होगा और तीर खत्म होने वाले घर को टक्कर देगा!

बुनियाद के घर

हर घर से गिनने पर नौवाँ घर बुनियादी घर होता है, यानि खाना नंबर-1 की बुनियाद खाना नंबर-9 में और खाना नंबर-9 की बुनियाद खाना नंबर-5 में, खाना नंबर-1 टेवे वाला ख़ुद तो खाना नंबर-9 उसका बाप और खाना नंबर-5 उसकी औलाद (बाप-बेटे-बाप की मुश्तरका क़िस्मत)!

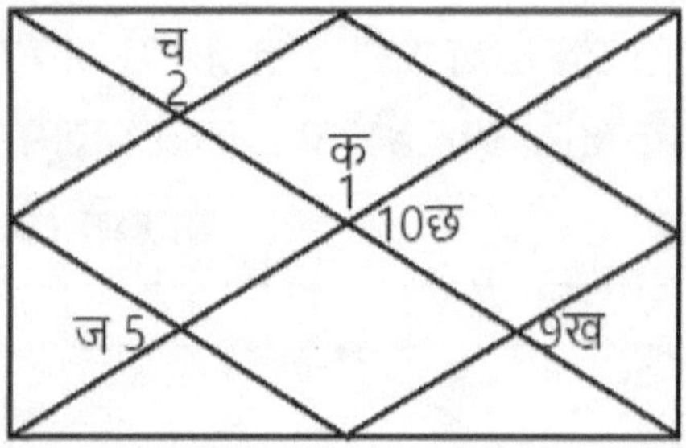

धोका का घर

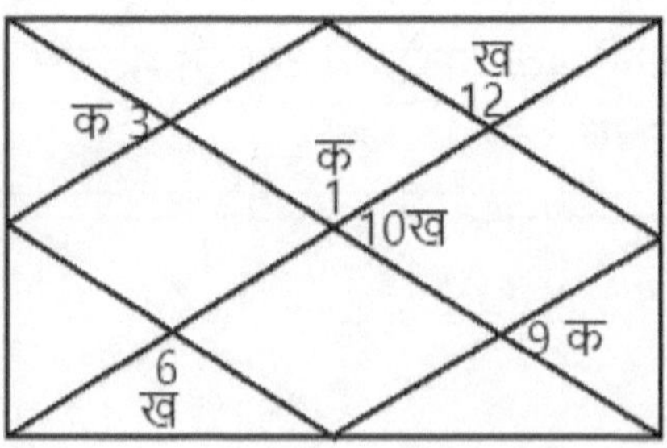

हर घर से 10 वां घर धोके का घर होता है, धोके का मतलब किसी घटना बिना अनुमान या सोचे होना (घटना अच्छी भी हो सकती है और बुरी भी) अगर धोके का ग्रह नेक साबित हुआ दो गुना नेक असर देगा और अगर मंदा हुआ तो असर भी दो गुना मंदा होगा!

मुश्तरका दीवार के घर

दो ख़ानों को अलग करने वाली लकीरों को दीवार गिना है, जैसे खाना नंबर-1 और खाना नंबर-2 की बीच की दीवार दोनों घरों की मिलकीयत होगी! दो घरों में अलग-अलग बैठे ग्रह आपस में मिलने की ताक़त रखते हैं, इसलिए इनको मिला हुआ गिन कर भी फैसला करना होगा!

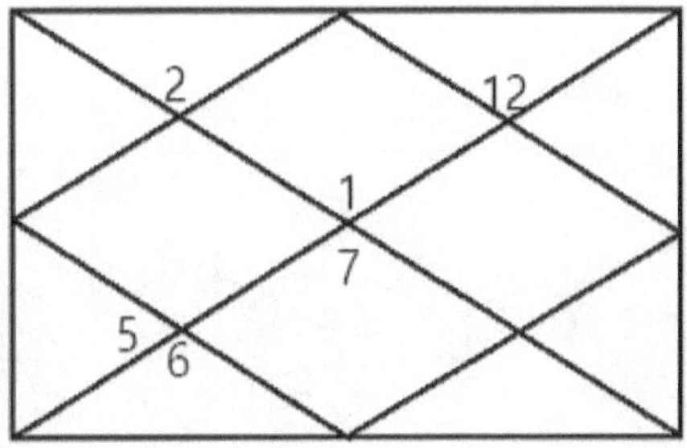

अचानक चोट

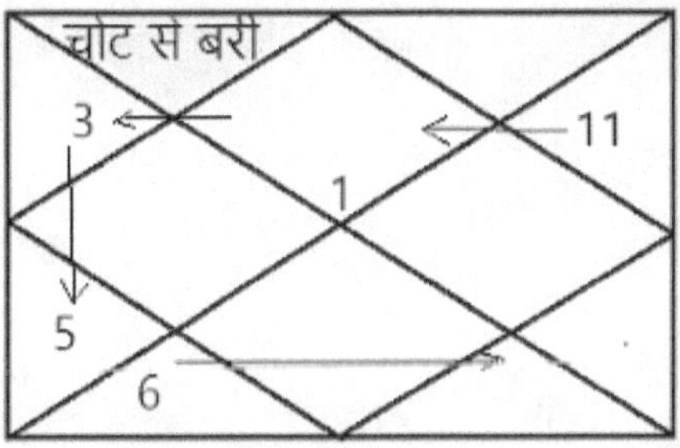

हर घर से गिनने पर तीसरे घर को चोट होती है, यानि पहला घर तीसरे घर को, तीसरा घर पांचवें घर को चोट देते हैं! चोट का असर आमतौर पर खराब होता है!

दूसरे घर धरम अस्थान होने की वजह से किसी घर की चोट से बरी है!

अध्याय नंबर-8

CAPRICORN
AQUARIUS
PISCES
AIRES
TAURUS
GEMINI
CANCER
LEO
VIRGO
LIBRA
SCORPIO
SAGITTARIUS

ऋण पितृ का ग्रह

घर 9 वें हो ग्रह कोई बैठा,	बुध बैठा जड़ साथी हो
ऋण पितृ उस घर से होगा,	असर ग्रह सब निष्फल हो
साथी ग्रह जब जड़ कोई काटे,	दृष्टि मगर वह छुपता हो
5-12-2-9 कोई मंदे,	ऋण पितृ बन जाता हो

पितृ ऋण का मतलब खुफिया असर हुआ करता है और धोके के ग्रह धक्के से ज़ाहिर हुआ करता है! इस ऋण का असल मतलब है कि गुनाह किसी का किया हुआ लेकिन भुगतना किसी और को पड़ता है लेकिन भुगतने वाला हर हाल में गुनाह करने वाले के करीबी या यूं समझें कोई खून का रिश्तेदार होगा! कुंडली के खाना नंबर-9 के ग्रहों का मतलब होगा जब इस घर में या बृहस्पति के दूसरे घरों में कोई ऐसा ग्रह या ऐसे ग्रह हों जो आपस में दुश्मन हों या फिर बृहस्पति की ताकत को खराब कर रहे हों या बृहस्पति की नेकी में जहर मिला रहे हों तो पितृ ऋण होगा! राहू एक ऐसा ग्रह जो बृहस्पति को चुप करवाता है ऐसे में राहू बृहस्पति के घरों में या पक्के घर में हो तो वो अपना असर बृहस्पति में शामिल कर अपना मंदा असर बृहस्पति की चीजों पर देने लगता है ऐसे में ऋण पितृ का बोझ होगा! इसी तरह से दूसरे ग्रेहों का ऋण हुआ करता है! उधाहरण के तौर पर किसी जातक के बाप या बाबा नें कुत्तों को बेवजह मरवाया हो तो केतू (कुत्ता) का ऋण होगा लेकिन बाप या बाबा (बृहस्पति) के द्वारा किए हुये पाप के कारण पैदा हुआ ऋण का मंदा असर ख़ुद जातक की 16 या 24 साल की उम्र तक मंदा हुआ करता है और ये मंदा असर बिना उपाओ ठीक नहीं होगा! इसी तरह से बाकी ग्रहों के ऋण, उनके कारण व निवारण निर्धारित हैं! ऋण की मोजूदगी में कुंडली में लाख राजयोग होते हुए भी फल देने में असमर्थ हुआ करते हैं, इसलिए ऋण का कारक ग्रह और ऋण पैदा करने वाले ग्रह दोनों के उपाओ के बिना कोई लाभ नहीं हुआ करता, जैसे किसी के बाप नें कुत्ते मारे या मरवाये हों तो केतू (कुत्ता) का ऋण बाप (बृहस्पति) के कारण पैदा हुआ और इसके लिए इन दोनों ग्रहों का उपाओ ज़रूरी हुआ करता है!

किस का पाप	पिता का पाप	माता का पाप	अपना ख़ुद का पाप	कुटुम्बी पाप	हक़ीक़ी रिशतेदारों का पाप	धी, बहन का पाप	जानवरों का पाप	ससुराल का पाप	फ़कीर/कुत्ता का पाप
ऋण का नाम	पितृ ऋण	मातृ ऋण	ज़ाती ऋण	स्त्री ऋण	भाई का ऋण	बहन का ऋण	ज़ालिमाना ऋण	अजन्मे का ऋण	दरगाही ऋण
किस ग्रह का	बृहस्पति	चंदर	सूरज	शुकर	मंगल	बुध	सनीचर	राहू	केतू
कैफ़ियत/ कारण	सराप	नीयत बद	आकिबत ख़राब	पेट मार	मित्र मार	ज़बानी धोका	जीव हत्या	दगा बेइमानी	बदचलनी
बालगी दिन	16 साल	24 साल	22 साल	25 साल	28 साल	34 साल	36 साल	42 साल	48 साल

सबसे ऊपर के खाने में किस व्यक्ति के पाप के कारण हुआ, दूसरे खाने में ऋण का नाम, अगले खाने में किस ग्रह के कारण, अगले खाने में ऋण का कारण, और आखिरी खाने में ग्रह के असर की उम्र दी है, यानि पिता (बृहस्पति) नें कुत्ते (केतू) मारे या मरवाये तो केतू का सराप पिता को हुआ और इसका असर बृहस्पति की अपनी उम्र 16 साल या केतू की आधी उम्र 24 साल तक अशुभ ही होगा चाहे कुंडली में सारे के सारे ग्रह उंच, पक्के खानों या हर तरह से उतम हालत में ही क्यों न हों! इसलिए अब बृहस्पति और केतू का इक्ठा उपाओ करने के बाद ही इनका मंदा असर खत्म होगा!

बुध की नाली की दृष्टि बवक़्त ऋण पितृ

असर ग्रह घर तीसरा पहले,	बुध नाली जब मिलता हो
बुध ग्रह घर दोनों रद्दी,	शत्रु मित्र ख़्वाह बैठा हो
हाल मंदा न तीन का होगा,	मिला असर ख़्वाह तीसरे हो
बुध मिले ख़ुद टेवे ऐसा,	बदल असर सब देवे वह

जनम कुण्डली में जिस ग्रह की जड़ में उसका दुश्मन ग्रह बैठ कर उस ग्रह के फल को रद्दी कर रहा हो और साथ ही रद्दी करने वाला ग्रह भी मंदा हो रहा हो तो ऋण पितृ होगा और इसकी निशानी होगी कि व्यक्ति के बाप, बाबे, भाई व दूसरे खून के रिशतेदारों की कुंडलियों में भी वही ग्रह किसी न किसी कारण मंदा हो रहा होगा, इसका अर्थ यह नहीं कि मंदा होने वाला ग्रह सभी रिशतेदारों

की कुंडलियों में एक ही घर का होगा बल्कि वो ग्रह ठहराए हुये किसी भी मंदे घर में हो सकता है, उधाहरण के लिए राहू खाना नंबर-11, सनीचर खाना नंबर-4 या 6, बुध खाना नंबर-2 या 3 या 8 या 11 या 12 में मंदे गिने जाते हैं! अब एक कुण्डली में बुध खाना नंबर-11 में हो, दूसरे की कुण्डली में बुध खाना नंबर-8 में और किसी एक की कुण्डली में बुध खाना नंबर-12 में हो तो यह ऋण का ग्रह होगा!

दरअसल यह हालत खाना नंबर-9 में या बृहस्पति के ठहराए दूसरे किसी घर में कोई एक या एक से ज़्यादा ऐसे ग्रह बैठे हों जो आपस में दुश्मनी पर हों और साथ ही बृहस्पति के साथ भी दुश्मनी का सव्भाव रखते हों और बृहस्पति के असर में ज़हर मिलाने का काम कर रहे हों तो पितृ ऋण होगा! राहू ग्रह बृहस्पति को चुप कराने वाला हुआ करता है, ऐसे में राहू यदि ऐसी स्तिथी में हो कि बृहस्पति का मुंह बन्द कर रखा हो और खुद राहू भी बृहस्पति के अपने घरों या पक्के घरों में हो तो ऋण पितृ गिना जाना चाहिए! इसी असूल के आधार पर बाकी ग्रह स्तिथी के अनुसार बाकी ग्रहों का ऋण गिना जाएगा!

ऋण पितृ साबित हो जाने की अवस्था में दो ही ग्रेहों का उपाओ किया जाता है, जैसे बृहस्पति कुण्डली के खाना नंबर-9 में हो और उसी वक़्त राहू खाना नंबर-2 या 11 (बृहस्पति के घर) में हो तो ऐसे में राहू 2 या 11 में ठहराए हुये उपाओ राहू के लिए होंगे और दूसरा उपाओ बृहस्पति खाना नंबर-9 में बरबाद होने के वक़्त लिखा गया है किया जाएगा! ऋण पितृ के वक़्त उपाओ 40 से 43 दिन की जगह 40 या 43 हफ़्ते किया जाएगा यानि हफ़्ते में एक बार लेकिन लगातार 40 या 43 हफ़्ते के लिए! ख़्याल रहे कि कोई दो उपाओ एक ही समय में नहीं करने चाहिएँ इसलिए पहला उपाओ 40 या 43 दिन लगातार करें और कुछ दिन छोड़ने के बाद 40 या 43 हफ़्ते का उपाओ करना चाहिए! उपाओ करते वक़्त मान लो 38 या 39 दिन के बाद उपाओ टूट जाता है तो उपाओ का कोई असर नहीं होगा!

ऋण की किस्में, जैसी करनी वैसी भरनी नहीं की तो करके देख

पहली हालत			दूसरी हालत		तीसरी हालत			
9 में हो ग्रह	उसकी जड़ में	ग्रह बैठा हो	**9 में हो ग्रह**	**बुध हो खाना में**	ग्रह	इन घरों से बाहर कहीं भी	खाना नंबर में ऋण कारक ग्रह	ऋण कारक ग्रह कौनसा होगा

9 में हो ग्रह	उसकी जड़ में	ग्रह बैठा हो	**9 में हो ग्रह**	**बुध हो खाना में**	ग्रह	इन घरों से बाहर कहीं भी	खाना न्बर में ऋण कारक ग्रह	ऋण कारक ग्रह कौनसा होगा
बृहस्पति	2,5,9,12	शुकर,बुध,राहू	**बृहस्पति**	**12**	बृहस्पति	2,3,5,6,9,12	2,5	शनि2,5 में,बुध शुकर9 में,राहू 12 में
सूरज	5	शुकर या पापी	**सूरज**	**5**	सूरज	1,11	5	शुकर या पापी
चंदर	4	केतू	**चंदर**	**4**	चंदर	4	4	शुकर, बुध शनि
शुकर	2,7	सूरज,चंदर ,राहू	**शुकर**	**2,7**	शुकर	1,8	2,7	सूरज चंदर राहू
मंगल	1,8	बुध, केतू	**मंगल**	**1,8**	मंगल	7	1,8	बुध केतू
बुध	3,6	चंदर	**सनीचर**	**10,11**	बुध	2,12	3,6	चंदर
सनीचर	10,11	सूरज, चंदर,मंगल	**राहू**	**12**	सनीचर	3,4	10,11	सूरज चंदर मंगल
राहू	12	सूरज,शनि मंगल	**राहू**	**12**	राहू	6	12	सूरज शुकर
केतू	6	चंदर, मंगल	**केतू**	**6**	केतू	2	6	चंदर, मंगल

तीनों हालतों को समझने के लिए :

1-बृहस्पति हो खाना नंबर-9 में और उसकी जड़(खाना नंबर-12) में बुध बैठा हो!

2-बृहस्पति हो खाना नंबर-9 में और उसके घरों 2-5-9-12 में बुध, शुकर, राहू में से कोई एक, दो या तीनों बैठे हों!

3-बृहस्पति अपने ठहराए हुये घरों या पक्के घरों से बाहर हो और उसी समय खाना नंबर-9 में सनीचर या 2-5-9-12 में बुध, शुकर, राहू में कोई एक,दो या तीनों बैठे हों!

ऋण पितृ की तीनों हालतें समझने के लिए नीचे के चित्र देखें

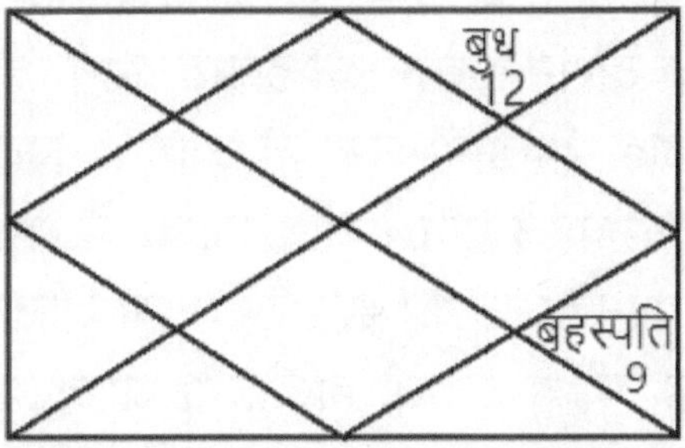

पहली हालत: बृहस्पति बैठा हो खाना नंबर-9 में और उसकी जड़ (खाना नंबर-12) में बुध बैठा हो तो ऋण पितृ के एक हालत गिनी जाएगी

दूसरी हालत: बृहस्पति बैठा हो खाना नंबर-9 में और उसी वक़्त खाना नंबर-2, 5 या 9 में बुध,शुकर, राहू में कोई एक या दो या तीनों, या अलग-अलग कोई एक खाना नंबर-2 में, दूसरा खाना नंबर-5 में बैठा होवे!

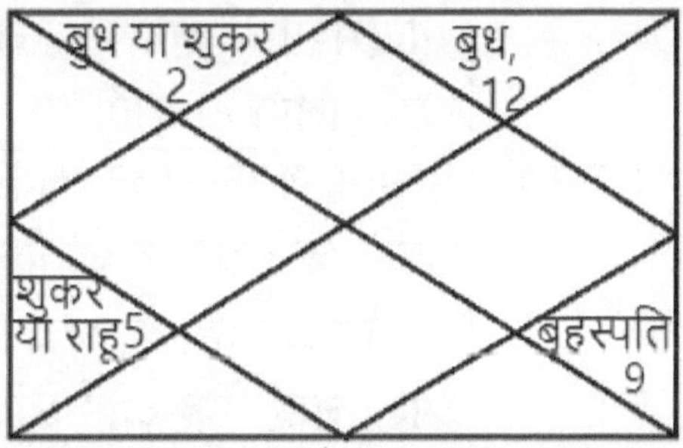

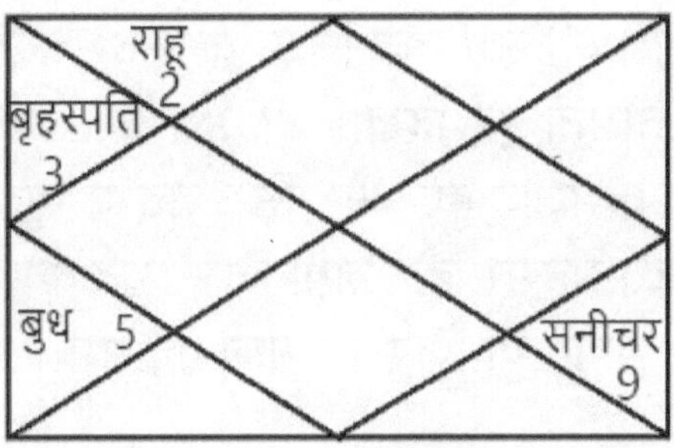

तीसरी हालत: बृहस्पति खाना नंबर-2, 5, 9, 12 से बाहर बैठा होवे उसी वक़्त खाना नंबर-9 में सनीचर पापी और खाना नंबर-2 में राहू या बुध या शुकर हो और खाना नंबर-5 में बुध या शुकर या राहू होवे! राहू हर हाल में पहले घरों में होना चाहिए

ऋण पितृ की निशानियाँ

ग्रह का नाम	ऋण के ज़ाहिर होने की निशानी
बृहस्पति	बृहस्पति मान इज़्ज़त का प्रतीक है इसलिए ज्यों-ज्यों इन्सान (मर्द या औरत) की उम्र बढ़ती है बालों में सफेदी दिखाई देने लगती है और इस उम्र के दौरान इन्सान की इज़्ज़त बढ़ने की जगह बदनामी (कारण कोई भी) होनी शुरू हो जाए तो वक़्त ऐसा होगा कि घर का सोना पहले पीतल और आखिर में जंग खाया हुआ लोहा हो जाए यानि इज़्ज़त का हर तरह घटना बल्कि इज़्ज़त की जगह बे-वजह की बे-इज़्ज़ती होने लगे! जो काम खुद-ब-खुद हो जाया करते थे ऐसे वक़्त में लाख यतनों के बाद भी दम तोड़ने लगें! सुख के सांस की जगह दुख की काली खांसी जैसे हालात हो जाएँ!
सूरज	इन्सान जवान हुआ लेकिन राजदरबार से हर तरह की मंदी खबरें आने लगें! क़र्ज़ा किसी नें लिया हो और बेवजह मुकदमा इन्सान के नाम! कसूर कोई और करे लेकिन सज़ा टेवे वाले को मिले! तकलीफ कोई लेकिन बीमारी का नाम कोई कर उसी का इलाज यानि हर तरह की ज़हमत का गले पड़ना ! अर्थात लियाकत और किस्मत को उठती जवानी से बुढ़ापे के शुरू तक आमतौर पर 48 साल की उम्र तक जिस्म के अंदर दबी हुई हर एक इच्छा दम तोड़ती हुई दिखाई दी और ज्यों-ज्यों आज़ा (जिस्म के हिस्से) कमज़ोर हुए और सिर खुद-ब-खुद हिलने लगा तो कुच्छ राहत महसूस होने लगी जिस वक़्त कोई बच्चा खासकर पोता 11 महीने या फिर 11 साल की उम्र का हुआ!

चंदर	जब भी कोई निशानी पुरानी तालीम से संबन्धित परेशानी, या दूध देने वाले जानवर परेशान करने लगें, पानी ज़हर का असर देने लगे, आमदन का ज़रिया ख़त्म होने लगे, जमा किया हुआ पैसा मुर्दों के कफ़न/दफ़न पर खर्च होने लगे! कभी ऐसा भी समय आए कि दिल नें खुश होकर खुद-ब-खुद दूध मांगा हो या किसी यार दोस्त को बिना मांगे ही दूध पिलाया हो तो किसी दूसरे की पगड़ी या दोस्त के जूते को मुफ़्त उड़ाने की इच्छा पैदा हुई हो तो मातृ ऋण की निशानी होगी!
शुकर	शादी हुई या होने को हो, जिल्द चमकने लगी खूबसूरती नें साथ दिया और पति या पत्नी बन बैठे लेकिन मिलन (वसल) की रात कोई नतीजा नेक न पाया! कहीं जिल्द में फुलबहरी का हो जाना या इधर शादी हो रही हो और उधर घर में से कोई मुर्दा जलाने की ख़बर आना, यानि संक्षिप्त में खुशी के मौके पर गमी भी साथ होगी! लेकिन पता न चल सका कि शादी शुदा औरत या मर्द में से भागवान कौन है जिसके कारण ऐसे शुभ अवसर पर भी मिट्टी उड़ कर सिर में पढ़ने लगी, गऊ (शुकर) और माता (चंदर) का फल खराब होने लगा! एक चूड़ी टूटी तो दूसरी को तोड़ने की कोशिश की गई, या खुद-ब-खुद टूट गई लेकिन भेद न खुल सका ऐसी मंदी घटनाओं के समय स्त्री ऋण का साथ समझना चाहिए!
मंगल	जिस्म में खून पैदा हुआ, मुंह पर मूंछे (मर्दों) आने लगीं या माहवारी (औरत) का शुरू होना तो बच्चा पैदा करने का समय आया! जिस भी नए काम में हाथ डाला नतीजा खुद-ब-खुद नेक हुआ! दुश्मन झिझकने लगे और दोस्त आशा रखने लगे! जो भी दांतों में आया खुद-ब-खुद पिस्ता चला गया! मैदानी जंग, राज सभा, यार दोस्त (स्त्री के लिए दरबार व माता का परिवार) सब के सब नेक फल दे रहे थे कि अचानक पल भर में गुमनाम आग भड़क उठी, छत पर पहुँचने के लिए थोड़ा झुका कि कमर की

	हड्डियाँ टूटती महसूस हुईं, मुसीबतों के पहाड़ टूटने लगे लेकिन कोई यार दोस्त मदद पर नहीं आया, गुस्सा इतना तेज़ हो गया कि मिट्टी की मामूली डली के लिए खून तक बहा दिया यानि रहम (मंगल नेक) नें साथ छोड़ दिया! मुंसिफ़ नें नज़रें फेर लीं और ज़िंदा ही कब्र में गाढ़ दिया! व्यक्ति खुद अपने धर्म ईमान पर चलता रहा लेकिन ज़ाहिरदारी में दुनिया नें खाण्ड की जगह रेत दी! अचानक मौत का शिकार हुआ या बिना किसी कारण तबाह-ओ-बरबाद हो गया! उम्र के 28 साल से 36 साल के बीच हर तरह से नुकसान, ज़हमत व बीमारियाँ गले पढ़ने लगीं यानि जवानी क्या आई कि मूँछें भी मौत की किरणें साबित होने लगीं तो खून के रिशतेदारों के ऋण की निशानी होगी!
बुध	घर में लड़की पैदा हुई बुध का आना हुआ लेकिन किसी कारण किसी भी तरह के मंदे असर आने लगे जैसे चलती चक्की (कारोबार से संबन्धित) में कुच्छ आ फंसा हो, चक्की की ताकत घटाई लेकिन उसका चलना कम नहीं हुआ, अक्ल कुछ इस तरह से साथ छोड़ने लगी की जहां दायें हाथ का इस्तेमाल चाहिए था वहाँ बायाँ हाथ जा लगा, जुबान इस कदर खराब हुई कि एक शब्द तलवार से ज़्यादा नुकसान कर गया! घर में लड़का पैदा हुआ तो शुक्र मनाया लेकिन बाप का धन-दौलत रेत होने लगा, नाड़ियाँ एंठने लगीं, दांत बिना कारण हिलने लगे और चक्की का धुरा ही काम करना बन्द कर गया! ख़ुशहाल और तंदरुस्त होते हुये भी जैसे व्यक्ति के यहाँ बेटा पैदा हुआ तो हालत ऐसे खराब होने शुरू हुये कि व्यक्ति दिन रात आँसू बहाने पर मजबूर हुआ लेकिन बर्तन में गुमनाम सुराख़ का भेद न खुल सका! अगर कोई औरत माता बनने पर ज़िंदा रही तो वह अपनी मंदी हालत के कारण आखिरी दम तक सारा जीवन रोते और सिसकते हुये बिताने पर मजबूर हुई! पिता अपनी पूरी

	कोशिश से अपने कारोबार को चलाने की कोशिशों में लगा रहा लेकिन इस बात को न पहचान पाया कि खुद की व जद्दी जायदाद को बरबाद करने वाला कीड़ा कहाँ और कैसा है! साल भर मेहनत कर के दो पैसे जमा किए तो खर्च दो आने यानि चार गुना हुआ और आखिर में डेढ़ आना मनफ़ी साबित हुआ! उस नमक हराम लौंडी (बुध) ने कई खानदानों को इस तरह तबाह-ओ-बरबाद किया कि कोई नाम लेने वाला भी न बचा, अपने शरीक भाईचारा, आमदन के मददगार खानदान की पालना करने वाले बुजुर्ग, माता खानदान के रिश्तेदार सब के सब बरबाद होते हुये दिखाई दिये सिर्फ वही व्यक्ति भला मालूम हुआ जिसके ज़ुबान नहीं थी यानि जिसने अपनी ज़ुबान गंदी नहीं की! जहां कुछ भी नहीं था वहाँ कोढ़ी का फन्दा ज़रूर था लेकिन फन्दा लगाने वाले शिकारी का कोई पता नहीं था! दांत आए और चले गए, ससुराल खत्म हुआ यानि बरबाद हुआ, मामूँ दर-ब-दर हुये लेकिन उस छुपे लड़की (बुध) के चक्कर का भेद न खुलने पाया! उम्र 34 से 48 हुई या बोलने सीखने के समय से दांत निकल जाने के समय तक हर तरह से कोशिश करके जानने की कोशिश की कि भेद क्या है तो यही पता चला कि : **हजारों भटकते हैं — लाखों दाना करोड़ों सयाने** **जो खूब करके देखा आखिर — खुदा की बातें खुदा ही जाने** जिसने कुछ काम न किया वो बदनाम हुआ और जिसने किया वो गुमनाम हुआ लेकिन बुध के इस दायरे की शुरुआत और अन्त का पता न चल सका

सनीचर	जब सनीचर से सम्बन्धित चीजों पर या चीजों का बेवजह नुकसान होना शुरू हो जाए तो समझना चाहिए कि कुंडली में ज़ालिमाना ऋण है, निशानियाँ होंगी मशीनों का सौदा हो जाना लेकिन ग्राहक का दुबारा वापिस न आना, बारिश ज़ोरों की हुई और मकान के सामान का बरबाद हो जाना, गोदाम में नारियल और लकड़ी का बारदाना रखा हुआ था उसमें अचानक आग लगना और इसी आग के कारण कुछ रिशतेदारों की टांगों का जल जाना, अचानक साँप का निकलना, मकान बनवा रहे थे कि बिना छत की दीवारों का गिर जाना, ससुराल खानदान में अचानक नाहक लड़ाई झगड़ों का होना! लड़का निहायत लायक और मकानों, मशीनरी खानों आदि की पढ़ाई कर रहा था कि अचानक उसको सिफर नंबर देकर निकाल देना, जिस कदर लायक था उसी कदर बेकद्री होने लगी! अगर कोई बना बनाया मकान खरीदा तो तो उसकी सीढ़ियाँ दरमियान से टूटी हुई मिली या उनको बार-बार तुड़वा कर बनवाना पड़ें! कई बार ऐसा भी होता है कि जिस नें मकान बनवाया हो उसको उस मकान में एक दिन भी रहना नसीब नहीं हुआ और अगर कहीं उस मकान में सोया तो सुबह उठा ही नहीं! बहुत कोशिशों के बावजूद भी इन सब घटनाओं के कारण का पता नहीं चल सका!
राहू	शाम का समय हुआ नींद का दौ जारी हुआ कि अचानक बिजली की लहर फट निकली यानि बिजली की तारों में आग लगना (short circuit) और सजे सजाये मकान का जल जाना! ख्वाब भूले, नींद खराब हुई और जान के लाले पड़ गए! सेठ साहिब नीलम के बहुत बड़े व्योपरी थे करोड़ों अरबों का कारोबार कि पल भर में नौबत दिवाले तक आ गई! सोने का गुम हो जाना, चोरी-ठगी-गबन-धोका आदि के झूठे मुकदमों के कारण धन हानी होने लगना! ससुराल की तरफ का कोई भी रिश्तेदार 16 से 21 साल की उम्र के बीच सिर से ज़ख़्मी होना, गन्दे खयालात

	का मालिक, बेडौल जिस्म वाला, बीमारी का मारा हुआ और नौजवानी में ही बूढ़ा दिखाई देने लगा! खानदान के बच्चे तंदरुस्त लेकिन अचानक सांस के घुटने की बीमारी का शिकार होने लगे, दमा-मिर्गी व सांस की दूसरी बीमारियों से परेशानी होने लगना! बेगुनाह होते हुये भी जेल जाना पढ़े और अचानक मौतों का होना आदि! खुद व्यक्ति निहायत शरीफ लेकिन फिर भी बिना कारण जुर्माना भर्ना पढ़ा और कई बार जेल जाने का बहाना बना! ज़मीन की तय से छत तक नज़र दौड़ाई, नीले समन्दर से आसमान तक छान मारा, सुबह तड़के के समय से पक्की शाम तक गौरो खास किया लेकिन नज़र आया तो सिर्फ मन का वहम
केतू	केतू का ऋण फ़कीर या कुत्ते की बद दुआ का नतीजा हुआ करता है और यह ऋण अचानक बच्चों पे मुसीबत ज़ाहिर किया करता है! जैसे बच्चे खुशी से खेल रहे हों और साथ ही घर का कुत्ता भी हो कि अचानक किसी अनजाने डर से कुत्ता भागा और बच्चों को काटने लगा, घर के पालतू कुत्ते का बिना किसी कारण मर जाना या किसी बच्चे का किसी हादसे में गुज़र जाना और इस हादसे के वक़्त किसी का सलाह मशवरा भी काम नहीं आया, कानों नें जैसे सुनना बन्द कर दिया हो और बच्चे की माता की ऐसी अनजानी घटना के बाद रीड़ की हड्डी के टूटने जैसा हुआ करता है! कुछ देर पहले तीन थे लेकिन अब एक भी नहीं था! खानदान में किसी के नर औलाद का न होना या फिर हो कर मर जाना, किसी की टांगें ही नकारा होती चली गईं! अगर किसी नें जवानी देखी तो कानों से बहरा हुआ, पेशाब की नाली से संबन्धित बीमारियों नें आ घेरा, अधरंग यानि फ़ालिज का मरीज़ हुआ! अगर अपना खानदान बचा तो मामूं खानदान की मिट्टी उड़ी! अगर मुश्किल के साथ कुछ पैसे जमा हुये तो वो बिना मतलब के सफ़र में बरबाद हुये! किसी से कोई सलाह मांगी तो वो भी गुमराह करके चलता हुआ, लेकिन इस अचानक होने वाली मंदी घटनाओं का कारण समझ में न आ सका!

खास: ऊपर दी गई निशानियाँ या बिना मतलब के मंदी घटनाओं का होना कुंडली में ऋण की निशानी होगी! किस ग्रह के कारण ऋण की स्तिथी बनी यह सब इन्हीं घटनाओं की मंदी हवा से पता चलेगा! ऋण के इस मंदे ज़हर से बचने के लिए पूजा पाठ, आम उपाओ की चीजों का विस्तार से वर्णन है लेकिन ऋण की मंदी ज़हर से बचाव के लिए कुछ खास उपाओ निर्धारित हैं जोकि निहायत ज़रूरी होंगे!

ऋण पितृ के उपाओ

ऋण अर्थात कर्ज़ और पितृ अर्थात बुजुर्गों से संबन्धित हो यानि ऐसा पाप या गुनाह जो किया तो बुजुर्गों नें हो लेकिन उसका भुगतान इस समय की पीढ़ी को करना पढ़ रहा हो, ऐसे ग्रह से संबन्धित चीजों, रिश्तेदार या कारोबार आदि का बेड़ा तक गर्क कर सकता है! इसलिए ऋण के उपाओ के वक़्त खून के कुल रिश्तेदार जहां तक व्यक्ति की पहुँच हो यानि लड़की-पोती-बहू-बहन-दोहता-पोता-बाबा आदि सब के सब उपाओ में अपना-अपना हिस्सा डालेंगे यह ज़रूरी है लेकिन टेवे वाले के ससुराल के सदस्य उसमें हिस्सा लें ऐसी कोई शर्त नहीं! टेवे वाले व्यक्ति की लड़की-बहन-बुआ-दोहता-भांजा-भांजी आदि का हिस्सा शामिल करना जायज़ ही नहीं ज़रूरी लिखा है लेकिन फिर भी कोई खून का रिश्तेदार शामिल न होना चाहे तो उनको यह बात ज़ाहिर कर देनी चाहिए कि जो लोग उपाओ से बाहर रह जाएंगे उनके ऊपर इस ऋण का बोझ चलता रहेगा और यही है "**नहीं किया तो करके देख**"! लेकिन टेवे वाले का फर्ज़ होगा कि बाहर रह जाने वाले सदस्यों के हिस्से के पैसे या समान अपने पास से शामिल कर ले लेकिन एक बात ध्यान रखनी होगी कि खुद की तरफ से डाला हुआ हिस्सा आम हिस्से से दस गुना ज़्यादा होना चाहिए! उपाओं के सम्बंध में आम उपाओ और ऋण साबित होने पर कुछ खास उपाओ का ज़िक्र आगे अलग-अलग दिया गया है!

नीचे की पहली तालिका (नक्शे) में हर एक ग्रह के हालत जैसे रंग, पूजा के लिए देवता और आम चीजों का वर्णन है! यह सब पूजा पाठ जीवन का एक खास हिस्सा होना चाहिए ताकि अनचाही मुसीबत से बचाव होता रहे! इसके ईलावा दूसरी तालिका में हर एक ग्रह को शांत रखने के लिए कुछ आम उपाओ दिये हैं और यह उपाओ भी कारगार हुआ करते है लेकिन ग्रंथकार का मानना है कि

ऋण पितृ साबित होने पर दिये गए निर्धारित उपाओ ज़रूरी हैं! उपाओ करते वक़्त दी गई शर्तों की पालना भी अति आवश्यक है!

1	2	3	4	5	6	7
गैबी ताकत में	किस्म ग्रह	न्बर ग्रह	नाम ग्रह	रंग ग्रह	उपाओ वास्ते औलाद व दीगर वजूहात	उपाओ की आम चीज़ें
ब्रह्मा जी	नर ग्रह	1	बृहस्पति	ज़र्द	हरी पूजन	दाल चना,केसर,सोना
विष्णुभगवान	नर ग्रह	2	सूरज	गंदुमी	कथा हरिबंस	गेहूं,गुड़,तांबा
शिव भोले	स्त्री ग्रह	3	चंदर	दूध जैसा	आराध्य पूजन	चावल,दूध,चाँदी
लक्ष्मी जी	स्त्री ग्रह	4	शुकर	दही जैसा	लोगों की पालना	घी,दही,कफूर
हनुमान जी	नर ग्रह	5	मंगल	सुर्ख	गायत्री पाठ	दाल मसूर,शहद,मूंगा
दुर्गा जी	मुखनस	6	बुध	सब्ज़	दुर्गा पाठ	मूंग साबुत,पन्ना
भैरों जी	मुखनस	7	सनीचर	स्याह	राजा की उपासना	माश साबुत,लोहा
सरस्वती जी	मुखनस	8	राहू	नीला	कन्या दान	सरसों,नीलम
गणेश जी	मुखनस	9	केतू	चितकबरा	दान कपिला गाय	तिल

नाम ग्रह	**उपाओ**
मंगल बद	गुड़ की रेवड़ियाँ पानी में बहाएँ।
बृहस्पति	केसर नाभि पर और ज़बान पर लगाएँ या खाएं।
सूरज	गुड़ चलते पानी में बहाएँ।
चंदर	दूध/पानी का भरा बर्तन सिरहाने रख कर सोएँ, सुबह कीकर के पेड़ को डालें।
शुकर	गऊ दान करें या हरी चरी गऊओं का खिलाएँ।
मंगल नेक	मीठा भोजन दान करें या बताशे पानी में बहाएँ।
बुध	तांबे के पैसे/टुकड़े में सुराख़ कर के पानी में बहाएँ।
सनीचर	तेल का छाया पात्र दान करें।
राहू	मूली दान करें या कच्चे कोयले दरिया/तेज़ चलते पानी में बहाएँ।
केतू	कुत्तों को रोटियाँ खिलाएँ।

नाम ग्रह	उपाओ
बृहस्पति	कुल ख़ानदान के हर सदस्य से (जहां तक खून की रिश्तेदारी हो) एक समान पैसे लेने लेकर धरम मन्दिर में एक ही दिन और एक समय में दें! या व्यक्ति अपने ख़ानदानी घर से बाहर आकर पीठ मकान की तरफ करके जहां तक नज़र जा सके देखे या खासकर अपने बाएँ हाथ की तरफ और नज़र के अंदर 16 कदमों की दूरी पर कोई धरम स्थान दिखाई दे या पीपल का दरख़्त हो तो इस धरम स्थान या पीपल की सेवा करे! दूरी 16 कदम से ज़्यादा भी हो तो कोई वहम नहीं!
सूरज	खून के हर एक रिश्तेदार (जहाँ तक आना जाना हो), चाहे वो लड़कियों की ससुराल ही क्यों न हो, सबसे एक समान/गिनती में पैसे लेकर धरम स्थान में यज्ञ करना चाहिए!
चंदर	कुल ख़ानदान के हर एक सदस्य से बराबर मात्रा में चाँदी लेकर दरिया में एक ही दिन एक ही समय में बहाएँ! चाँदी की जगह चावल का इस्तेमाल किया जा सकता है लेकिन चावल सफ़ेद रंग के होने चाहिएँ!
शुकर	कुल ख़ानदान के हर सदस्य से एक ही गिनती में पैसे लेकर 100 गऊओं (कोई गऊ अंगहीन नहीं होनी चाहिए) को स्वादिष्ट भोजन खिलाएँ!

मंगल	जब अपने गाँव/मोहल्ले में दाखिल होते वक़्त कोई दरमियान की दुकान सनीचर का कारोबार करने वाले व्यक्ति की हो, उसको कुल ख़ानदान के सदस्य कोई ऐसी चीज़ दें जो उसके कारोबार से संबन्धित हो और उसको प्रार्थना करें कि कुछ ज़रूरतमन्द लोगों को वो चीज़ मुफ्त देता रहे! **ऐसे व्यक्ति की निशानी :** गाँव या मोहल्ले में मशरिक (पूर्व) से दाखिल होने के बाद जो भी पहला चौराहा मिले वहाँ रुक कर अपने दायें हाथ की दिशा में देखने पर कोई ऐसी दुकान मिलेगी जिसका दरवाजा भी व्यक्ति के दायें हाथ की तरफ होगा! बाएँ हाथ की तरफ अगर कोई दुकान हुई तो उसका मालिक उसको बेच चुका होगा! जिसने खरीदी उसका लड़का मर गया होगा या उसके यहाँ नर औलाद ही नहीं होगी और अगर होगी तो वो शख़्स औलाद की जवानी भी न देख सका होगा, मतलब ऐसा व्यक्ति सनीचर नंबर-4 का मारा हुआ था जो हकीम/वैद/डाक्टर होते हुये भी सनीचर की चीज़ें अपने फायदे के लिए बेचने का आदि होगा! अगर लोहे का कारीगर हुआ तो कच्चे लोहे को पक्का कह कर बेचता होगा यानि सनीचर की चीजों को ऐसे धोके से बरबाद करता चला गया और उसके बुरे असर को सिर्फ गैबी ताकत का मालिक ही समझ पाया
बुध	कुल ख़ानदान का हर एक सदस्य (जहां तक भी खून का असर हो) पीले रंग की एक-एक कौड़ी एक ही जगह इकट्ठी करके जलाकर उसकी राख को दरिया में बहाना चाहिए!

सनीचर	कुल ख़ानदान के सदस्य बराबर की गिनती के पैसों से मच्छलियों के खाने की चीज़ 100 अलग-अलग जगह के दरियाओं मच्छलियों को खिलाएँ!
राहू	कुल ख़ानदान के लोगों, जहां तक भी खून के सम्बंध हों, से एक-एक नारियल जमा करें और उसी दिन एक ही समय में दरिया में बहा दें!
केतू	कुल ख़ानदान के सदस्य एक ही गिनती में पैसे इकट्ठे करके सांझी रकम से एक ही दिन 100 कुत्तों को स्वादिष्ट खाना खिलाएँ! या अपने ख़ानदानी मकान में दाखिल होते वक़्त दरवाज़े पर रुक कर ख़ुद के घर के साथ लगने वाले घर (बायीं तरफ) में कोई बेवा (विधवा) औरत रहती होगी जोकि छोटी उम्र में ही दुखिया हो चुकी होगी उसकी सेवा करके आशीर्वाद लेना चाहिए!

अध्याय नंबर-9

CAPRICORN
AQUARIUS
PISCES
AIRES
TAURUS
GEMINI
CANCER
LEO
VIRGO
LIBRA
SCORPIO
SAGITTARIUS

महादशा का ग्रह

("मर्ज़ बढ़ता गया जूं-जूं दवा की" और डरते-डरते आखिर एक दिन मौत का ख़्वाब अजल का फरिश्ता ही बन बैठा)

ख़ास ग्रह बवक़्त महादशा	
मंगल देखता 8 चौथे को,	गुरु देखे 5-9 वें घर
शनि देखे घर 10 तीजे को,	दृष्टि होवे कुल पूर्ण घर
एक अकेला या मुश्तरका,	बन्द मुट्ठी के खानों में
9 ही ग्रह घर 6 वें बैठे,	देखा करें उन तरफ़ों को

महादशा का निर्णय चंदर के राशि में अंशों के आधार पर होता है लेकिन लाल-किताब नियम अनुसार **"राशि छोड़ी नक्षत्र भूला"** यानि न तो प्राचीन ज्योतिष के आधार पर राशियों को लिया जाएगा और न ही किसी नक्षत्र को इसलिए महादशा के इस्तेमाल का तरीका भी अलग ही है जो कि आगे विस्तार से दिया गया है!

मंगल की अपनी जगह से चौथे और आठवें की दृष्टि, बृहस्पति की अपनी जगह से पाँचवीं और नौवीं दृष्टि तथा सनीचर की अपने बैठे हुए स्थान से तीसरी व दसवीं दृष्टि हुआ करती है जिसका इस्तेमाल प्रचल्लित ज्योतिष में होता है लेकिन महादशा के वक़्त इन ग्रहों की इन विशेष दृष्टियों का इस्तेमाल होना भी जरूरी लिखा है!

कुंडली के बन्द मुट्ठी (1-4-7-10) के खानों में किसी एक में, दो में, तीन में या चारों में ही अकेले या इकट्ठे बैठे ग्रह हों तो खाना नंबर-6 में कुल नौ ग्रहों में चाहे जो भी बैठा हो वो बन्द मुट्ठी में बैठे ग्रह वाले घर को देखा करते हैं यानि खाना नंबर-6 के ग्रह मंदे असर के हुआ करते हैं इसलिए बन्द मुट्ठी के ग्रह/ग्रहों पर मदद की आस होगी!

1-आम 35 साला चक्कर का लगातार अशुभ असर देने का मतलब होगा कि उस समय महादशा का ग्रह अपना असर कर रहा है! उम्र के 35 साला

चक्कर में सिर्फ एक ही ग्रह महादशा में हुआ करता है और किस्मत के सम्बंध में "ग्रहण" या इन्सान की उम्र में ऐसा ज़माना अधिक से अधिक 39 साल हुआ करता है! एक महादशा के फौरन बाद दूसरी महादशा शुरू होती मालूम हो तो ख़त्म होने वाली महादशा का आखिरी समय और अगली शुरू होने वाली महादशा का शुरू का समय कभी मंदा असर नहीं दिया करता!

2-क़िस्मत का ग्रह, राशिफल का ग्रह, उंच राशि का ग्रह, नेक ग्रह और हर तरह से कायम ग्रह कभी महादशा में न होगा!

3-जब बन्द मुट्ठी के खानों (1-4-7-10) में कोई भी ग्रह बैठा हो और साथ ही मुट्ठी के बाहर के ऊंच राशि वाले घरों में ग्रह हों यानि चंदर खाना नंबर-2, राहू खाना नंबर-6 में, बुध और/या राहू खाना नंबर-6 में, केतू खाना नंबर-9 में, शुकर या केतू खाना नंबर-12 में या ख़ुद चंदर खाना नंबर-4 में हो तो ऐसे बैठे ग्रह कभी महादशा में नहीं हुआ करते यानि कुंडली में बन्द मुट्ठी के खानों के ग्रह और बन्द मुट्ठी के बाहर के ऊंच घरों के ग्रह कभी महादशा में नहीं होंगे!

4-महादशा के वक़्त **"धोके का ग्रह"** तब्दीली के हालात पैदा किया करता है जो कि हर सातवें साल राहू के द्वारा और हर आठवें साल खाना नंबर-8 के ग्रह के द्वारा नज़र आया करते हैं!

5-महादशा में हो चुके ग्रह का दूसरों पर कोई बुरा असर नहीं हुआ करता! महादशा के वक़्त हर ग्रह (कोई एक) जो महादशा में हो गया हो नीचे की तालिका में दिये हुए सालों में अपना ज़ाती (ख़ुद का) असर (वर्षफल अनुसार) देगा!

ग्रह की उम्र का अर्सा : जब कोई ग्रह हर तरह से कायम, नेक और पूरी ताकत को हो (चाहे उंच, नीच या घर का मालिक ग्रह हो और किसी दूसरे मंदे ग्रह का असर इसमें शामिल न हो रहा) तो यह अपनी कुल ठहराइ हुई उम्र तक नेक असर देता रहेगा या इसकी उम्र होगी बृहस्पति 16वें साल, सूरज 22 वें साल, चंदर 24 वें साल, शुकर 25 वें साल, मंगल 28 वें साल, बुध 34 वें साल, सनीचर 36 वें साल, राहू 42 में साल और केतू 48 वें साल अर्थात यह ग्रहों के असर की उम्र है जिस साल में शुरू होगी!

ग्रह के असर का आम अर्सा : अपनी हालत से बाहर जब कोई ग्रह ऊपर की शर्त (ग्रह की उम्र का अर्सा) से हट कर दोस्तों या दुश्मनों के बरताओ में हो जाए तो उस के असर के लिए बृहस्पति 6 साल, सूरज 2 साल, चंदर 1 साल, शुकर 3 साल, मंगल 6 साल, बुध 2 साल, सनीचर 6 साल, राहू 6 साल और केतू 3 साल लेंगे!

हर ग्रह के असर का अरसा और दौरे में दरमियानी ग्रह									
ग्रह का नाम	**बृहस्पति का**	**सूरज का**	**चंदर का**	**शुकर का**	**मंगल का**	**बुध का**	**सनीचर का**	**राहू का**	**केतू का**
अरसा	6 साल	2 साल	1 साल	3 साल	6 साल	2 साल	6 साल	6 साल	3 साल
पहला हिस्सा	केतू 2 साल	सूरज 8 माह	बृहस्पति 4 माह	मंगल 1 साल	मंगल 2साल	चंदर 8 माह	राहू 2 साल	मंगल 2 साल	सनीचर 1 साल
दूसरा हिस्सा	बृहस्पति 2 साल	चंदर 8 माह	सूरज 4 माह	शुकर 1 साल	सनीचर 2 साल	मंगल 8 माह	बुध 2 साल	केतू 2 साल	राहू 1 साल
तीसरा हिस्सा	सूरज 2 साल	मंगल 8 माह	चंदर 4 माह	बुध 1 साल	शुकर 2 साल	बृहस्पति 8 माह	सनीचर 2 साल	राहू 2 साल	केतू 1 साल
हर ग्रह के असर करने का कुल अरसा और उसमें दरमियान के ग्रहों का अरसा, आम दौरे के ग्रह के साथ दरमियान के ग्रह को ध्यान में रखना निहायत ज़रूरी होगा !									

इस ऊपर की तालिका (नक़्शे) को देखेगे तो एक दौरे में कुल सालों के पहले हिस्से, दरमियान के हिस्से और आखिर के हिस्से में से एक हिस्सा असर करने वाले ग्रह का हुआ करता और बाकी के दो हिस्सों में दूसरे ग्रहों का असर शामिल हुआ होता है, जैसे बृहस्पति के असर के कुल 6 साल हुआ करते हैं उन 6 सालों को तीन हिस्सों में बांटने पर दो-दो साल का एक हिस्सा हुआ और पहले हिस्से में केतू का असर, दूसरे हिस्से में खुद बृहस्पति का असर और तीसरे हिस्से में सूरज का असर शामिल हुआ करता है!

गौर करने वाली बात यह है कि कुंडली में अगर बृहस्पति पूरी तरह से नेक व कायम हालत में हुआ तो दूसरे हिस्से का असर तीन हिस्सों में से प्रबल होगा! कुंडली में केतू अगर मंदी हालत में हो तो बृहस्पति का असर उतम और केतू का निकक्मा यानि असर दरमियानी होगा इसी तरह सूरज की हालत को देखना होगा! मतलब है ग्रह के साथ-साथ दूसरे ग्रहों का असर उनकी कुंडली में स्तिथी के अनुसार शामिल हुआ लिया जाएगा!

तालिका में ग्रहों की कुल उम्र के आधार पर बाकी के हिस्सों के असर का समय दिखाया गया है जैसे चंदर की कुल उम्र एक साल यानि 12 महीने की है तो चंदर की उम्र के समय तीन हिस्से क्रमश 4-4 महीने के होंगे!

खास: कई बार वर्षफल में दरमियानी ग्रह के चलते असर खराब हुआ करता है उस समय इस दरमियान के ग्रह का उपाओ निहायत ज़रूरी होगा!

ग्रह की महादशा : जब अपनी मियाद के दौरान कोई ग्रह लगातार बुरा असर दे रहा हो तो उस ग्रह का महादशा में होना गिना जाना चाहिए और महादशा के लिए आम ज्योतिष के अनुसार ठहराए हुये साल लिए जाएंगे जैसे बृहस्पति-16 साल, सूरज-6 साल, चंदर-10 साल, शुकर-20 साल, मंगल-4 साल, बुध-17 साल, सनीचर-19 साल, राहू-18 साल और केतू-7 साल!

विशेष :

1-जब बृहस्पति, मंगल, सनीचर में से जो भी ग्रह महादशा में गया साबित होगा तो तीनों ही ग्रेहों की दृष्टियाँ भी अलग होंगी जो प्रचल्लित ज्योतिष में मानी गईं हैं!

2-महादशा के ज़माने हर एक ग्रह के कुल दशा के सालों में से मंदे साल इस तरह से होंगे (बृहस्पति तीन साल, सूरज एक साल, चंदर एक साल, शुकर आठ साल, मंगल चार साल, बुध सात साल, सनीचर चार साल, राहू ग्यारह साल और केतू तीन साल यानि कुल 120 साल की महादशा में से 42 साल मंदे हुआ करते हैं)!

महादशा के साल आम ज्योतिष के अनुसार ग्रह के साल	ग्रह हो खाना नंबर में		बराबर के ग्रह किन घरों में हों	जनम कुण्डली में ही ग्रह चाल हो तो कौन-कौन सा साल मंदा होगा	वर्षफल के अनुसार खाना नंबर (अलिफ़) का ग्रह कायम हो तो महादशा का कौनसा साल मंदा होगा
16	बृहस्पति	10	राहू 9-12, केतू 3-6,सनीचर 1	20,21,22वां साल	11,12,13वां साल
6	सूरज	7	बुध खाना नंबर-12 में हो	उम्र का 12वां साल	महादशा का 6वां साल
10	चंदर	8	शुकर-6, सनीचर-1, मंगल-4, बृहस्पति-10	उम्र का 17वां साल	महादशा का 10वां साल
20	शुकर	6	मंगल-4, बृहस्पति-10	25,27,9,11,12,13,17,18,20	1,3,4,5,9,10,12,17,19
7	मंगल	4	शुकर-6, सनीचर-1, राहू 9-12	4,5,6,9	1,2,3,6
17	बुध	12	सनीचर-1, केतू-3,6, मंगल-4, बृहस्पति-10	11,14,15,17,22, 24.28	1,3,4,6,11,13,17
19	सनीचर	1	केतू-3,6 बृहस्पति-10	1,2,11,13	1,2,11,13
18	राहू	9	बृहस्पति-10, चंदर-8	6,8,9,10,14,15,16, 17,18,20,22	1,3,4,5,9,10,11,12,13,15,17
		12	बृहस्पति-10, सनीचर-1, बुध-12,	12,14,16,17,20,23, 24	1,2,3,5,6,9,11,12,13,
7	केतू	3	बृहस्पति-10,	9,3,4,6	1,3,5,6,17,18
		6	सूरज-7	9,12,13	1,4,5
कुल 120	अलिफ़ (अ)	बे (ब)	जीम (क)	दाल (ख)	सीन (ग)

काबिल-ए-गौर:

1-सबसे पहले ग्रह के खुद के असर करने के समय के अनुसार ग्रह के दौरा को लिया जाएगा, जैसे ग्रह अपने असर की मियाद के अनुसार ग्रह का समय लिया जाएगा जैसे बृहस्पति का असर 16 वें साल से, सूरज का 22 वें साल से चंदर का 24 वें साल से वगैरह!

2-अगर दौरा का ग्रह किसी भी तरह दुश्मन ग्रहों के बर्ताव में हो जाए तो ग्रह के आम अर्सा के असर के नियमअनुसार ग्रह का 35 साला चक्कर इस्तेमाल होगा जैसे बृहस्पति-6 साल, सूरज-2 साल वगैरह!

3-ऊपर की दोनों हालतों में से जो भी लागू हो और दौरा का ग्रह अगर मंदा असर दे रहा हो तो उसको महादशा में होना लिया जाएगा और इस मंदे असर से बचाव के लिए राशि नंबर के हिसाब से बोलने वाले ग्रह के उपाओ की मदद लेनी चाहिए! इसके साथ ही नीचे लिखी दोनों हालतों पर गौर करना भी ज़रूरी

है, महादशा में जाने वाले ग्रह के नियम ध्यान में रखने ज़रूरी हैं इसके लिए नीचे दी हुई तालिका पर ध्यान दें!

4-ग्रह के लगातार मंदा असर देने का मतलब होगा कि दौरे का ग्रह महादशा में चला गया लेकिन किसी भी ग्रह के महादशा में चले जाने के कुछ ख़ास असूल हैं और उनके लिए नीचे दिये हुए नियम ध्यान में रखना बहुत ज़रूरी होगा!

क	ग्रह के महादशा में हो जाने के नियम											
ख	1	2	3	4	5	6	7	8	9	10	11	12
बृहस्पति	सनीचर	--	केतू	--	--	केतू	--	--	राहू	बृहस्पति	--	राहू
सूरज	--	--	--	--	--	--	सूरज	--	--	--	--	बुध
चंदर	सनीचर	--	--	मंगल	--	शुकर	--	चंदर	--	बृहस्पति	--	--
शुकर	--	--	--	मंगल	--	शुकर	--	--	--	बृहस्पति	--	--
मंगल	सनीचर	--	--	मंगल	--	शुकर	--	--	राहू	--	--	राहू
बुध	सनीचर	--	केतू	मंगल	--	केतू	--	--	--	बृहस्पति	--	बुध
सनीचर	सनीचर	--	केतू	--	--	केतू	--	--	--	बृहस्पति	--	--
राहू	--	--	--	--	--	--	--	चंदर	राहू	बृहस्पति	--	राहू
केतू	सनीचर	--	केतू	--	--	केतू	सूरज	--	--	बृहस्पति	--	बुध

कौनसा ग्रह महादशा में जाएगा इसके लिए ख़ास-ख़ास असूल:

1-जिस भी ग्रह का दौरा हो और वो लगातार मंदा असर (यानि ग्रह ख़ुद भी और इसके दरमियान के ग्रह भी) दे रहा हो तो ऊपर की तालिका (नक़्शे) में दिये गए असूलों के हिसाब से ग्रह का महादशा में होना या चला जाना लिया जाएगा!

2-महादशा में होने वाला ग्रह सिर्फ उस हालत में ही महादशा में होना लिया जाएगा जब उसके ठहराए हुए बराबर के ग्रह अपनी नीच की राशि/खाना में हों! खाना नंबर 5 और 11 में कोई ग्रह ऊंच या नीच का नहीं होता!

3-बुध को सनीचर का दोस्त गिनते हैं लेकिन महादशा में होने के लिए बुध और सनीचर बराबर के ग्रह होंगे और यह असूल सिर्फ़ बुध और सनीचर के लिए ही है!

1-जब किसी ग्रह के "बराबर के ग्रह" रद्दी हो रहे हों लेकिन ग्रह ख़ुद रद्दी न हो रहा हो और वर्षफल के हिसाब जिस साल भी तख़्त का मालिक होगा और उम्र के सालों के हिसाब से बोलने वाली राशि का मालिक ग्रह भी रद्दी हो रहा होवे तो तख़्त पर आने वाला ग्रह जिस साल/माह/हफ़्ता/दिन बोलने वाली राशि के मालिक ग्रह से टकराव पर होगा उस दिन से तख़्त पर होने वाला ग्रह महादशा में हुआ या चला गया जानेंगे असूल के तौर पर इसका फैसला महीने या हफ़्ते की कुंडली से होगा!

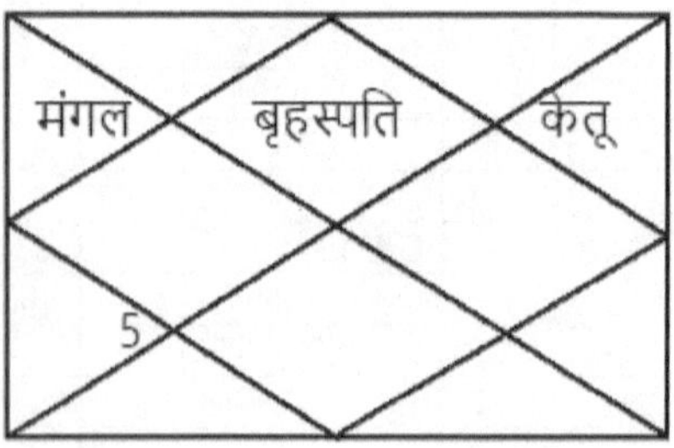

जैसे किसी का बृहस्पति 22वें साल में तख़्त पर आया, बृहस्पति के बराबर के ग्रह हैं सनीचर, राहू और केतू! और उस साल केतू खाना नंबर-11 में होवे और खाना नंबर-3 से मंगल की दृष्टि के चलते ख़राब हो रहा हो, एक तो खाना नंबर-11 का केतू वैसे ही ख़राब गिना है और दूसरे मंगल की दृष्टि से रद्दी भी हो रहा है!

बृहस्पति के बराबर का ग्रह केतू रद्दी हो रहा है! और 22वें साल में बोलने वाली राशि सिंह होती है जिसका मालिक सूरज है और यह सूरज वर्षफल कुण्डली की जगह माहवारी कुण्डली में खाना नंबर-8 में आया तो अब बृहस्पति और सूरज टकराव पर होंगे और अब बृहस्पति महादशा में हुआ ग्रह होगा, 22वें से साल से सूरज की उम्र का समय है

तो सूरज के दौरे में बृहस्पति का 8 महीने का हिस्सा मंदा असर देगा!

2-जब कभी वर्षफल के हिसाब से तख़्त पर आने वाला ग्रह ख़ुद ही रद्दी हो रहा हो और उसक्र बराबर का/के ग्रह भी रद्दी हो रहे हों तो जिस दिन ग्रह तख़्त का मालिक हुआ उसी दिन से महादशा में हुआ/चला गया लिया जाएगा! अब इस असूल के हिसाब से बोलने वाली राशि की कोई एहमियत नहीं गिनी जाएगी! अगर कोई ग्रह या कई ग्रह बोलने वाली राशि के मालिक ग्रह महादशा में होने

वाले ग्रह के दोस्त ग्रह हुए तो महादशा में होने वाला ग्रह न तो कोई नेक असर देगा और न ही बुआ!

किसी का सनीचर 28वें साल में तख़्त पर हुआ होवे, अब सनीचर अपने नीच के घर में होगा, और उसी साल सूरज खाना नंबर-6 में होवे जहाँ से सूरज अब सनीचर को टकराव देगा तो सनीचर रद्दी हुआ लिया जाएगा, सनीचर के बराबर का ग्रह केतू भी रद्दी हो रहा तो यह सनीचर वर्षफल के दिन से महादशा में हुआ लिया जाएगा!

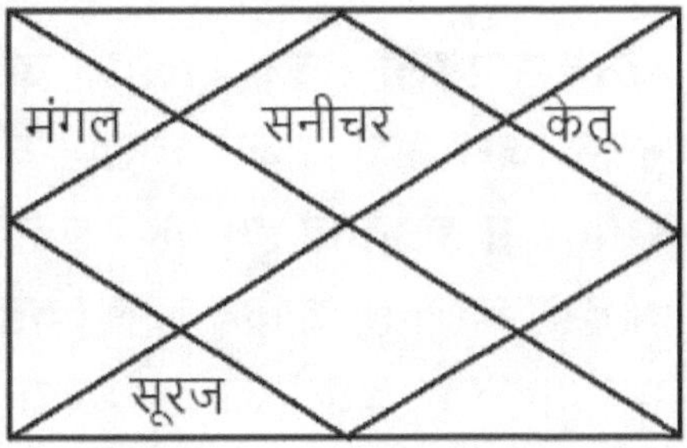

ग्रह	महादशा के कुल साल	ज़ाती असर कायम रखने का साल	कैफ़ियत (असर या हालत)
बृहस्पति	16	10वां	यह दसवां साल बृहस्पति की पदवी/दक्षिणा या रियायती साल होगा !
सूरज	6	ताक या टोंक	जो साल दो पर विभाजित न होते हों 1-3-5
चंदर	10	जुफ़्त या जोड़ा	जो साल दो पर विभाजित होते हों 2-4-6
शुकर	20	11वां	इस ग्रह के आम दौरा के 3 साला अर्सा का पहला साल शुकर में मंगल का असर प्रबल होगा !
मंगल	7	चौथा	
बुध	17	5वां	
सनीचर	19	6 छठा	
राहू	18	7वां	
केतू	7	3सरा	

ख़ास: अगर कुल असूलों को गौर से देखा जाए तो तो किसी भी कुण्डली में महादशा में हुआ या चला गया ग्रह बहुत ही कम मिलेगा! इसलिए ग्रह का आम दौरा और ग्रह की उम्र के अरसा के असूल पर 35 साला चक्कर के हिसाब से ही फलादेश किया जाना चाहिए!

जिस भी ग्रह की महादशा हो या जो भी ग्रह महादशा में हो गया हो वह अपनी महादशा के ज़माने में उस महादशा के नीचे दिए हुए सालों में (इन्सान की उम्र या ग्रह की उम्र के हिसाब से नहीं, बल्कि सिर्फ महादशा के अर्सा की मियाद

के सालों में खास-खास साल) अपना आम असर जैसा कि कुंडली में उन खास-खास सालों में ग्रह की स्तिथी के अनुसार हो कायम रखा करते हैं यानि ज़रूरी नहीं कि अगर ग्रह मंदा असर दे रहा हो तो उन खास सालों में भी मंदा ही होगा!

चंदर कुण्डली : जब कुण्डली वगैरह बन जाए तो प्रचल्लित ज्योतिष के अनुसार जिस राशि में जन्मकालीन चंदर हो उसको लगन के खाने/घर में रख कर चंदर से ही गिनते हुए ग्रह रख दिये जाते हैं और इसको जन्म कुण्डली के साथ देखा जाता है! लेकिन लाल किताब के अनुसार चंदर कुण्डली बनाने का नियम अलग है, इसमें जो राशि लगन में उसमें चंदर को रखा जाता है और टेवे में चंदर से ही गिनते हुए ग्रेहों को हर एक खाना/घर में रख दिया जाता है! समझाने के लिए नीचे उधारण स्वरूप कुच्छ कुंडलियाँ दी गईं हैं जिनमें जनम कुण्डली में लगन में कुम्भ राशि है और बृच्छिक राशि का चंदर खाना नंबर-10 में है, प्रचल्लित ज्योतिष के हिसाब से लगन में बृच्छिक राशि लिख कर चंदर को उसमें रख कर बाकी के ग्रह चंदर से गिनते हुए जनम कुण्डली के खानों/घरों में रख दिये लेकिन रहें उन्हीं राशियों में लेकिन जब लाल किताब के हिसाब/नियम से चंदर कुण्डली बनेगी तो तरीका अलग होगा!

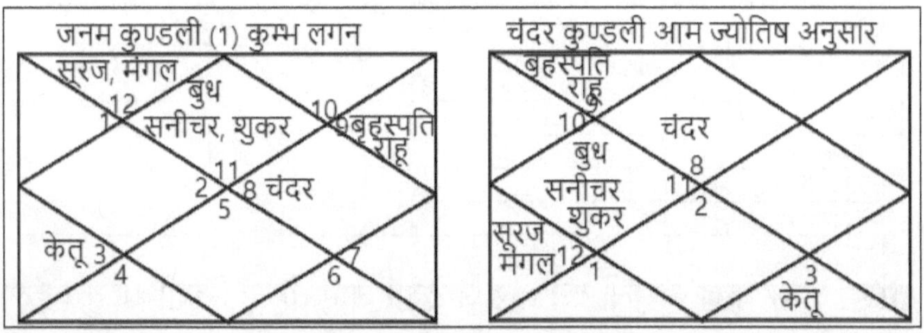

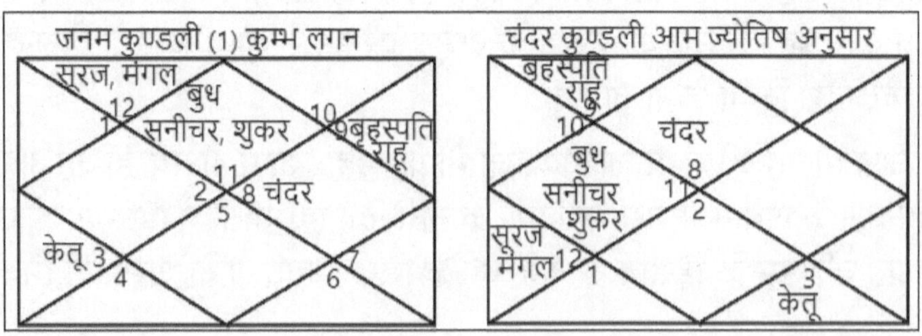

असूल:

1-जनम कुण्डली (नंबर-1) कुम्भ लगन है और लगन में बुध, सनीचर व शुकर हैं, घर नंबर-2 में सूरज व मंगल मीन राशि में, घर नंबर-5 में केतू मिथुन राशि का, घर नंबर-10 में चंदर बृच्छिक राशि का और घर नंबर-11 में बृहस्पति व राहू धनु राशि में!

2-प्रचल्लित ज्योतिष के अनुसार चंदर बैठा होने वाली राशि बृच्छिक को लगन में लिख कर चंदर लिख दिया गया और चंदर से गिनकर क्रमानुसार बाकी के ग्रह लिख दिये गए जिसके कारण ग्रेहों के घर तो तब्दील हुए लेकिन राशियाँ वही रहीं जो जन्मकालीन कुण्डली में थीं!

3- अब लाल किताब के नियम अनुसार जनम कुण्डली के लगन में कुम्भ राशि को रख कर चंदर इसमें लिख दिया गया और बाकी के ग्रह चंदर से गिनते हुए लिख दिये गए तो ग्रह घरों के अनुसार ही आए लेकिन राशियाँ तब्दील हो गईं जैसे बृहस्पति व राहू खाना नंबर-2 में (चंदर की जन्मकालीन स्तिथी अनुसार) आ गए लेकिन राशि मीन में!

4- सभी ग्रहों को कुण्डली नंबर-3 (2) के अनुसार लिखा गया और फिर लाल किताब के खानों के नियम को अपनाते हुए लगन में खाना नंबर-1 और क्रमअनुसार खाना नंबर-12 तक लिख कर चंदर को खाना नंबर-11 में लिख कर बाकी के ग्रह चंदर से गिनते हुए लिख दिये गए और यही लाल किताब की चंदर कुण्डली होगी!

महादशा का धोका : लम्बे अर्से वाली अकेली और छोटे-छोटे अर्से वाली मुश्तरका यानि एक के बाद उसी ग्रह की महादशा में बारह (12) साल का धोका सा लगा करता है कि शायद मौत ही आने वाली है मगर वह सिर्फ धोका या वहम हुआ करता है, और बे-मायनी महादशा का जो साल होवे इस अर्सा के सालों से एक दो वगैरह ता बारह साल में हर साल के मुतल्लिका ग्रह कुण्डली के मुताबिक़ अपने असर में धोका दिया करते हैं चाहे इन बारह सालों में धोका देने वाला ग्रह महादशा में हो या न हो! महादशा के वक़्त न सिर्फ महादशा वाले ग्रह का असर मंदा होगा बल्कि उस महादशा वाले ग्रह के "बराबर के ग्रह" भी

ख़्वाह वह कुण्डली में अपनी-अपनी जगह ऊंच फल के हों या उस महादशा वाले ग्रह के के साथी ग्रह हों या फिर साथ एक ही खाना में होते हुए भी सो जाया करते हैं! यही हाल दोस्त ग्रहों का होगा जो किसी तरह मदद नहीं कर सकते सिर्फ मातमपुर्सी कर के चले जाया करते हैं लेकिन खुद बुरा भी नहीं किया करते!

महादशा के वक़्त असर के लिए महादशा के ग्रह की जन्मकुंडली में स्तिथी महत्वपूर्ण हुआ करती है क्योंकि महादशा का ग्रह कुंडली में जिस घर में होगा उस घर में महादशा के ग्रह की जानदार व बेजान चीजों पर ही मंदा असर हुआ करता है! महादशा के ग्रह के "बराबर के ग्रह" इस महादशा के ग्रह के लिए सो जाया करते हैं! इसी के साथ यह ख़्याल रहे कि धोके के 12 साला चक्कर में हर सातवाँ (राहू का) या आठवाँ (ख़ुद मौत निमाणी का) साल तब्दीली-ए-हालात हुआ करता है! इस हालात की तब्दीली के सम्बंध में **लाल किताब के फरमान-23, सफ़ह-10 पर दर्ज़ है कि किसी भी रेखा का हथेली पर टूटना या एक खास जगह पर अचानक ख़त्म हो जाना और उसी के साथ दूसरी रेखा का शुरू हो जाना रेखा का टूटना या ख़त्म होना नहीं माना जाएगा बल्कि यह किसी तब्दीली की तरफ इशारा हुआ करता है चाहे** वो तब्दीली अच्छे के लिए हो या बुरे के लिए, अगर ऐसी रेखा किसी बुरे ग्रह या बुरे परबत की तरफ को हो और कुच्छ मंदा होने का इशारा कर रही हो तो **दान से रिहाई और नेक** असर मिल सकता है!

धोके का 12 साला चक्कर: महादशा के अलावा धोके का ग्रह कुल उम्र पर भी अपना असर किया करता है! इस चक्कर के 12 सालों में हर साल के सामने (तालिका के अनुसार) लिखे हुये ग्रह अगर दुरुस्त और कायम या कुंडली में अपनी बुनियाद पर खड़े न हों (यानि बुध के कारण बुनियाद खोखली हो रही हो या दुश्मन ग्रेहों के कारण बरबाद हो रहे हों या फिर नष्ट ग्रेहों के असूल पर खराब हो रहे हों) तो नाबालिग ग्रह की तरह असर बेमायनी हुआ करता है और बालिग के लिए ये धोका (जो भी ग्रह उम्र के हिसाब से मालूम हो) राशिफल का होगा यानि शक का फायदा उठाया जा सकता है!

धोके के ग्रह का धक्का: जिस तरह उम्र का पहला 35 साला चक्कर जब दुबारा आता है तो अपने पहले दौरे के बुरे ग्रहों के असर में तब्दीली कर दिया करता है, उसी तरह से ये 12 साला धोके का चक्कर महादशा के ज़माने में और उम्र के आम ज़माने में जब दूसरी बार **(एक ही ग्रह जब दूसरे दौरे में भी धोके का ग्रह हो)** तो सोए हुए ग्रहों के असर को जगाया करता है और तब्दीली-ए-हालात (अच्छी या बुरी) पैदा किया करता है!

धोके का 12 साला चक्कर की तालिका											
सूरज	चंदर	केतू	मंगल	बुध	सनीचर	राहू	मौत	पितृ ग्रह	बृहस्पति	शुकर	राशि ख़त्म
1	2	3	4	5	6	7	8	9	10	11	12
13	14	15	16	17	18	19	20	21	22	23	24
25	26	27	28	29	30	31	32	33	34	35	36
37	38	39	40	41	42	43	44	45	46	47	48
49	50	51	52	53	54	55	56	57	58	59	60
61	62	63	64	65	66	67	68	69	70	71	72
73	74	75	76	77	78	79	80	81	82	83	84
85	86	87	88	89	90	91	92	93	94	95	96
97	98	99	100	101	102	103	104	105	106	107	108
109	110	111	112	113	114	115	116	117	118	119	120

महादशा चाहे किसी भी ग्रह की हो उस ग्रह को खाना नंबर-1 में लिख कर उसी तरतीब से खानावार हर एक ग्रह को लिखा जाएगा! उधारण के तौर पर किसी भी व्यक्ति की शुकर की महादशा शुरू हो तो पहले खाने में शुकर लिखा जाएगा और तरतीब अनुसार **शुकर से आगे के खाने में राशि ख़त्म फिर सूरज, चंदर, केतू मंगल वगैरह!**

अब यहाँ पर शुकर की महादशा को लिया गया है और अगर पहली महादशा के बाद दूसरी महादशा भी शुकर की ही हो तो शुकर से लेकर शुकर तक के बीच के खानों के ग्रह नहीं लिए जाएंगे क्योंकि इनका असर बिलकुल नहीं होगा!

ऊपर की तालिका के आधार पर धोके के चक्कर की तरतीब महादशा के अनुसार											
शुकर	राशि ख़त्म	सूरज	चंदर	केतू	मंगल	बुध	सनीचर	राहू	मौत	पितृ ग्रह	बृहस्पति
1	2	3	4	5	6	7	8	9	10	11	12
13	14	15	16	17	18	19	20	21	22	23	24
25	26	27	28	29	30	31	32	33	34	35	36
37	38	39	40								

इन्हीं चालीस मंदे सालों के धोके को खोलने के लिए चालीस रियायती दिन या चालीस दिन तक हर उपाओ की मियाद तय है!

1-ऊपर के खाने में दिए हुये नंबर (हिन्दसे) उम्र के साल न होकर महादशा के शुरू और ख़त्म होने के साल हैं! अब ये मालूम करना है कि उम्र के किस साल में महादशा के दौरान कौन-कौन सा ग्रह धोके का ग्रह होगा इसके लिए जिस भी उम्र में कोई महादशा शुरू हुई हो उस साल के नीचे या उस ग्रह के नीचे उम्र का साल लिख दें!

2-मान लो किसी भी व्यक्ति की 23 साल की उम्र में शुकर की महादशा शुरू हुई हो तो पहले खाने में शुकर के नीचे 23 का अंक (हिंदसा) लिखना चाहिए तो आगे के खाने में 24वां अंक होगा यानि महादशा का हरेक साल!

3-अगर शुकर की पहली महादशा 20वें साल में ख़त्म हुई और दूसरी महादशा भी शुकर की ही हो तो दरमियान यानि 20वें से 21वें साल को छोड़ देना चाहिए क्योंकि इस साल का असर खराब नहीं गिना गया! मान लो किसी के पहले साल में शुकर की महादशा शुरू हुई और 20वां साल इस महादशा का आखिरी साल होगा और अगर तालिका के नीचे देखें तो 20वें साल के ऊपर सनीचर लिखा है, अब जन्म कुंडली के हिसाब से देखें कि शुकर व सनीचर की स्तिथी कैसी है जैसी स्तिथी होगी वैसा ही असर होगा यानि अब **शुकर व सनीचर का असर तो कुंडली में उनकी स्तिथी के अनुसार होगा और बीच के खानों के सभी ग्रह धोके के ग्रह गिने जाएंगे!**

4-अब तरीका यह होगा कि शुकर और सनीचर के दरमियान जो ग्रह हों उनको लिख लें, उसके बाद वर्षफल के अनुसार जिस ग्रह का दौरा हो उसको लिखें और तीसरी तरफ उम्र के सालों के हिसाब से राशि नंबर के हिसाब से बोलने वाला ग्रह लिख लें! अब शुकर से सनीचर के दरमियान के छह ग्रह हुए, दौरे के अनुसार एक ग्रह और राशि नंबर के हिसाब से बोलने वाला एक ग्रह अब इन सभी ग्रहों में से जो ग्रह दो या तीनों जगह पर दिखाई देगा वही धोके का ग्रह होगा और महादशा के ज़माने अच्छा या बुरा फल देगा!

5-शुकर की महादशा में सूरज, चंदर व राहू ही बुरा फल देंगे क्योंकि शुकर के दुश्मन ग्रह हैं! बृहस्पति व मंगल दोनों ही शुकर के बराबर के ग्रह हैं इसलिए चुप होंगे या सो जाएँगे! बाकी ग्रह बुध, सनीचर व केतू हैं जो सभी शुकर के दोस्त हैं, यह तीनों ग्रह न तो अच्छा करेंगे और न ही बुरा सिर्फ मातमपुर्सी किया करते हैं!

6-फर्ज़न उम्र के चल रहे साल में बुध धोके के ग्रह की फ़ेहरिस्त में होवे और वर्षफल के हिसाब से जारी साल के लिए **(1) बोलने वाली राशि का मालिक ग्रह भी बुध हो तो आम उम्र के लिहाज़ से बुध धोके का ग्रह भी एक ही हो जावे तो बुध धोके का ग्रह होगा!**

अगर उम्र में धोके का ग्रह और और तालिका (फ़ेहरिस्त) के हिसाब से भी धोके का ग्रह एक ही तो मौत तक नौबत का धोका होगा (2) धोके का ग्रह ज़रूरी नहीं कि कोई नीच का ग्रह या नष्ट ग्रह ही होगा, टेवे का सबसे ऊंच या क़ायम ग्रह भी धोके का ग्रह साबित हो सकता है!

खास: नाबालिग ग्रह या नाबालिग रहने के दिन तक यह ग्रह ग्रहफल का या पक्का धोके का ग्रह होगा और उम्र तक ख़त्म कर सकता है! मगर बालिग होने के दिन से यह ग्रह राशिफल (यानि काबिल-ए-उपाओ) का होगा!

इसके इलावा ऊपर की तालिका में राशि ख़त्म, मौत व पितृ ग्रह का ज़िक्र है, उसके लिए नीचे देखें :

(क)**राशि ख़त्म:** राशि ख़त्म से मतलब खाना नंबर-12 में बैठे ग्रह/ग्रहों से होगा, अगर खाना नंबर-12 खाली हो कोई ग्रह नहीं लिया जाएगा!

(ख)**मौत:** यानि खाना नंबर-8 के ग्रह गिने जाएंगे अगर खाना नंबर-8 खाली हुआ तो तो मौत के खाने के नीचे कोई ग्रह नहीं लिया जाएगा और इन सालों में कोई ग्रह धोके का ग्रह नहीं होगा! अगर जन्मकुंडली के हिसाब से खाना नंबर-8 में कोई एक ग्रह/कई ग्रह हों तो वह अपने-अपने सालों में (जहां कि ऊपर की तालिका में हैं) धोका देंगे!

(ग)**पितृ ग्रह:** यानि जो भी ग्रह जन्मकुंडली के खाना नंबर-9 में होगा वो तालिका के अनुसार जिन-जिन सालों में दिखाया है धोका देगा, पितृ ग्रह के

लिए सिर्फ जन्मकुंडली का खाना नंबर-9 का ग्रह लिया जाएगा न कि चंदर कुंडली से!

फ़ेहरिस्त (तालिका) में सालों की जगह महीन ही समझें और महीनों के वक़्त खाना नंबर-1 से मुराद होगी बैसाख और इसके बाद आम देसी महीनों के नाम होंगे जैसे शुरू से (1)बैसाख, (2)जेठ, (3)अशाढ़, (4)सावन, (5)भादों, (6) असौज, (7)कार्तिक, (8)मघर, (9)पोह (10)माघ, (11)फागुन और (12)चैत इसी तरतीबवार होंगे! अगर मानें तो साल के 12 महीनों इन लिखे हुए महीनों में सूरज के हर खाने में होने की बात होगी!

(लाल-किताब 1940 के सफ़ह नंबर-86 पर दी हुई तालिका में खाना नंबर-8 के ऊपर मौत, खाना नंबर-9 के ऊपर पितृ ग्रह और खाना नंबर-12 के ऊपर राशि ख़त्म लिखा है जबकि लाल-किताब 1952 सफ़ह नंबर-149 पर दी हुई तालिका में खाना नंबर-8 के ऊपर खाना नंबर-8 का ग्रह, खाना नंबर-9 के ऊपर खाना नंब-9 का ग्रह और खाना नंबर-12 के ऊपर खाना नंबर-12 का ग्रह लिखा है (तालिका नीचे दी गई है) अब 1940 के अनुसार ग्रंथकार का मत है कि खाली खाने के वक़्त कोई ग्रह नहीं लेना चाहिए लेकिन लाल-किताब 1952 के सफ़ह नंबर-149 के अनुसार ग्रंथकार का मत है कि खाना नंबर-8 खाली हो तो मंगल व सनीचर को लेना चाहिए और खाना नंबर-9 व 12 खाली होने के वक़्त बृहस्पति को लेना चाहिए),

धोके के ग्रह के लिए पेशानी के ग्रहों का असूल

सूरज	चंदर	केतू	मंगल	बुध	सनीचर	राहू	खाना नंबर-8 के ग्रह	खाना नंबर-9 के ग्रह	बृहस्पति	शुकर	खाना नंबर-12 के ग्रह
1	2	3	4	5	6	7	8	9	10	11	12

1-धोके के ग्रह की तलाश के लिए ग्रहों के लिखने की तरतीब ऊपर दी हुई तालिक (फ़ेहरिस्त) के हिसाब से होगी!

2-कोई भी ग्रह दो बार लिखा हुआ मिल सकता है लेकिन इस बात का कोई वहम नहीं होना चाहिए!

3-अगर किसी कुण्डली में सूरज खाना नंबर-11 में होवे तो सूरज के 12 वें घर में फिर से सूरज ही होगा से फ़ेहरिस्त के हिसाब से ग्रह लिखते चले जाएँ यानि सूरज दो बार लिखा होगा (सिवाय खाना नंबर-1 के सूरज के)!

4-टेवे में या वर्षफल कुण्डली में सूरज खाना नंबर-1 में होवे तो मौत (खाना नंबर-8), पितृ ग्रह (खाना नंबर-9) और राशि ख़त्म (खाना नंबर-12) जैसे के तैसे ही रहेंगे लेकिन सूरज किसी और घर का हुआ तो जिस घर में सूरज हुआ (पेशानी के ग्रह लिखने पर) वहीं से यह घर लिए जाएंगे!

5-जब भी सूरज किसी भी खाना में लिखा जाएगा तो अकेला सूरज ही लेंगे चाहे उयाके साथ कितने भी ग्रह क्यों न हों, जैसे किसी भी टेवे में सूरज, बुध और मंगल इकट्ठे खाना नंबर-10 में (चाहे जनम कुण्डली हो या वर्षफल कुण्डली) बैठे हों तो ग्रह लिखते वक़्त खाना नंबर-10 में सिर्फ सूरज को लिखा जाएगा और उसके बाद पेशानी पर लिखे ग्रहों को तरतीब के हिसाब से लिखते जाना हैं सिर्फ खाना नंबर-8, खाना नंबर-9 और खाना नंबर-12 के लिए असूल के हिसाब से ग्रहों को लिखना हैं!

ऊपर दी हुई तालिका के अनुसार ही धोके के ग्रह को देखा जाएगा सिर्फ कुच्छ एक घरों को छोड़ कर जैसे

(क)-अगर सूरज जनम कुण्डली या वर्षफल कुण्डली के अनुसार खाना नंबर-6 में हो तो सूरज को खाना नंबर-9 में समझ कर धोके के ग्रह की तलाश करनी होगी और यदि सूरज खाना नंबर-9 में हो तो सूरज को खाना नंबर-6 में समझ कर धोके के ग्रह की तलाश करनी चाहिए!

(ख)-सूरज अगर जन्म कुण्डली या वर्ष कुण्डली के खाना नंबर-7 में हो और खाना नंबर-1 खाली हो तो सूरज को खाना नंबर-5 में समझ कर धोके का ग्रह देखें वरना ऐसे ही!

(ग)-धोके के ग्रह को देखने के लिए नीचे सूरज खाना नंबर-1 से सूरज खाना नंबर-12 तक की कुंडलियाँ डाली गईं हैं ताकि पाठकों को सुविधा रहे!

खास: महादशा दरअसल किसी ग्रह के ख़ास हिस्से के ग्रह के सो जाने से मुराद होगी जैसे कुल जिस्म के किसी ख़ास अंग का नकारा हो जाना!

सूरज खाना नंबर-1

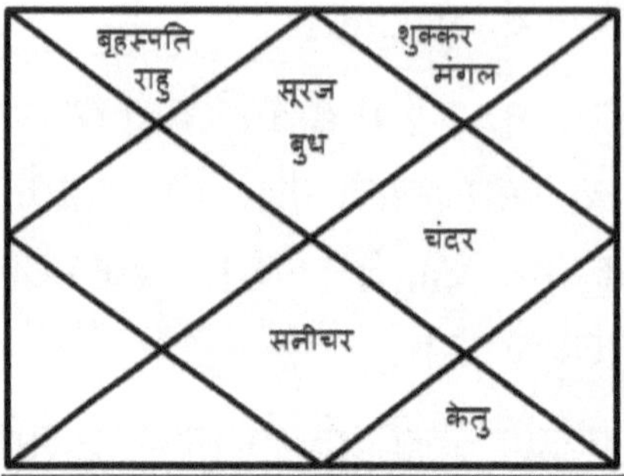

इस कुंडली में सूरज व बुध खाना नंबर-1 में है, इसलिए सूरज को तालिका में खाना नंबर-1 में रखा गया। उसके बाद तालिका के माथे (पेशानी) की तरतीब अनुसार ग्रह लिखे गए। कुंडली के खाना नंबर-8 में केतु है, इसलिए तालिका में खाना नंबर-8 में उसको लिखा गया, खाना नंबर-9 खाली तो तालिका में खाना नंबर-9 में बृहस्पति को लिया गया। खाना नंबर-12 में शुक्कर-मंगल है, इसलिए तालिका में खाना नंबर-12 में उनको लिखा गया।

सूरज ख़ाना नंबर-1 वाली कुंडली											
1	2	3	4	5	6	7	8	9	10	11	12
सूरज	चंदर	केतु	मंगल	बुध	सनीचर	राहु	केतु	बृहस्पति	बृहस्पति	शुक्कर	शुक्कर, मंगल
1	2	3	4	5	6	7	8	9	10	11	12
13	14	15	16	17	18	19	20	21	22	23	24
25	26	27	28	29	30	31	32	33	34	35	36
37	38	39	40	41	42	43	44	45	46	47	48
49	50	51	52	53	54	55	56	57	58	59	60
61	62	63	64	65	66	67	68	69	70	71	72
73	74	75	76	77	78	79	80	81	82	83	84
85	86	87	88	89	90	91	92	93	94	95	96

- सूरज अकेला हो या उसके साथ कोई ग्रह हो तो भी सिर्फ सूरज को ही ख़ाना नंबर 1 में रखा गया, उसके बाद ग्रहों के लिखने की तरतीब वही होगी जो तालिका में दिखाई गई सिवाए कुंडली के खाना नंबर-8-9-12 के ग्रहों के, यदि इन खानों में कोई ग्रह हो तो तालिका में वह लिखा जाएगा वरना खाना नंबर-8 के लिए मंगल व सनीचर, खाना नंबर-9 और 12 के लिए बृहस्पति लिखा जाएगा। कोई ग्रह दो दफ़ा लिखा जाने का वहम न करे।

सूरज खाना नंबर-2

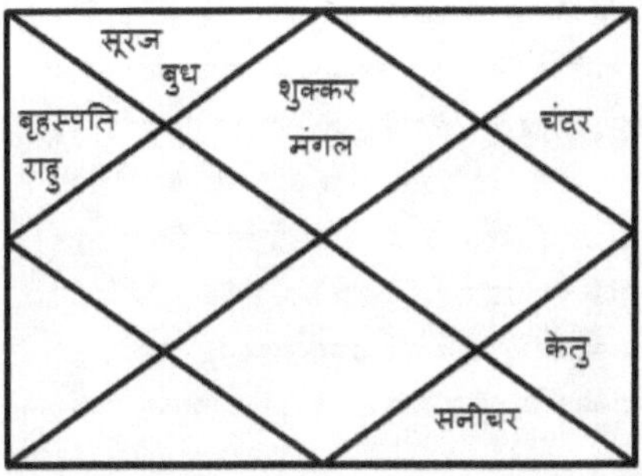

इस कुंडली में सूरज व बुध खाना नंबर-2 में हैं, इसलिए सूरज को तालिका में खाना नंबर-2 में रखा गया। उसके बाद तालिका के माथे (पेशानी) की तरतीब अनुसार ग्रह लिखे गए। कुंडली के खाना नंबर-8 में सनीचर है, इसलिए तालिका में खाना नंबर-9 में उसको लिखा गया, खाना नंबर-9 में केतु है, इसलिए तालिका में खाना नंबर-10 में उसको लिखा गया। खाना नंबर-12 खाली है, इसलिए तालिका में खाना नंबर-1 में बृहस्पति लिखा गया।

सूरज ख़ाना नंबर-2 वाली कुंडली											
1	2	3	4	5	6	7	8	9	10	11	12
बृहस्पति	सूरज	चंदर	केतु	मंगल	बुध	सनीचर	राहु	सनीचर	केतु	बृहस्पति	शुक्कर
1	2	3	4	5	6	7	8	9	10	11	12
13	14	15	16	17	18	19	20	21	22	23	24
25	26	27	28	29	30	31	32	33	34	35	36
37	38	39	40	41	42	43	44	45	46	47	48
49	50	51	52	53	54	55	56	57	58	59	60
61	62	63	64	65	66	67	68	69	70	71	72
73	74	75	76	77	78	79	80	81	82	83	84
85	86	87	88	89	90	91	92	93	94	95	96

- सूरज अकेला हो या उसके साथ कोई ग्रह हो तो भी सिर्फ सूरज को ही ख़ाना नंबर 2 में रखा गया, उसके बाद ग्रहों के लिखने की तरतीब वही होगी जो तालिका में दिखाई गई सिवाए कुंडली के खाना नंबर-8-9-12 के ग्रहों के, यदि इन खानों में कोई ग्रह हो तो तालिका में वह लिखा जाएगा वरना खाना नंबर-8 के लिए मंगल व सनीचर, खाना नंबर-9 और 12 के लिए बृहस्पति लिखा जाएगा। कोई ग्रह दो दफ़ा लिखा जाने का वहम न करे।

सूरज खाना नंबर-3

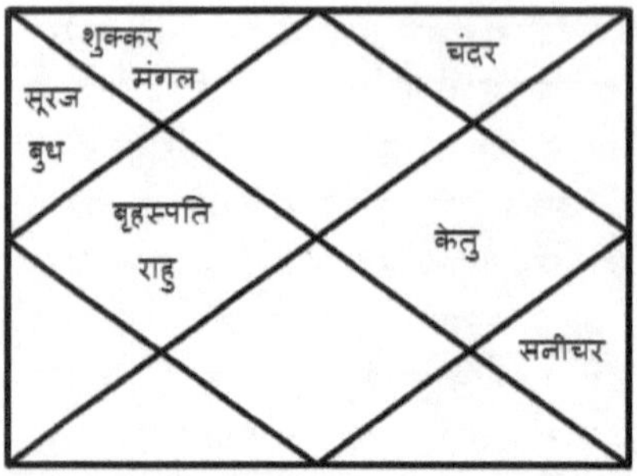

इस कुंडली में सूरज व बुध खाना नंबर-3 में हैं, इसलिए सूरज को तालिका में खाना नंबर-3 में रखा गया। उसके बाद तालिका के माथे (पेशानी) की तरतीब अनुसार ग्रह लिखे गए। कुंडली का खाना नंबर-8 खाली है, इसलिए तालिका में खाना नंबर-10 में मंगल-सनीचर लिखा गया, खाना नंबर-9 में सनीचर है, इसलिए तालिका में खाना नंबर-11 में उसको लिखा गया। खाना नंबर-12 में चंदर है, इसलिए तालिका में खाना नंबर-2 में उसको लिखा गया।

सूरज ख़ाना नंबर-3 वाली कुंडली											
1	2	3	4	5	6	7	8	9	10	11	12
शुक्कर	चंदर	सूरज	चंदर	केतु	मंगल	बुध	सनीचर	राहु	मंगल, सनीचर	सनीचर	बृहस्पति
1	2	3	4	5	6	7	8	9	10	11	12
13	14	15	16	17	18	19	20	21	22	23	24
25	26	27	28	29	30	31	32	33	34	35	36
37	38	39	40	41	42	43	44	45	46	47	48
49	50	51	52	53	54	55	56	57	58	59	60
61	62	63	64	65	66	67	68	69	70	71	72
73	74	75	76	77	78	79	80	81	82	83	84
85	86	87	88	89	90	91	92	93	94	95	96

- सूरज अकेला हो या उसके साथ कोई ग्रह हो तो भी सिर्फ सूरज को ही ख़ाना नंबर 3 में रखा गया, उसके बाद ग्रहों के लिखने की तरतीब वही होगी जो तालिका में दिखाई गई सिवाए कुंडली के खाना नंबर-8-9-12 के ग्रहों के, यदि इन खानों में कोई ग्रह हो तो तालिका में वह लिखा जाएगा वरना खाना नंबर-8 के लिए मंगल व सनीचर, खाना नंबर-9 और 12 के लिए बृहस्पति लिखा जाएगा। कोई ग्रह दो दफ़ा लिखा जाने का वहम न करे।

सूरज खाना नंबर-4

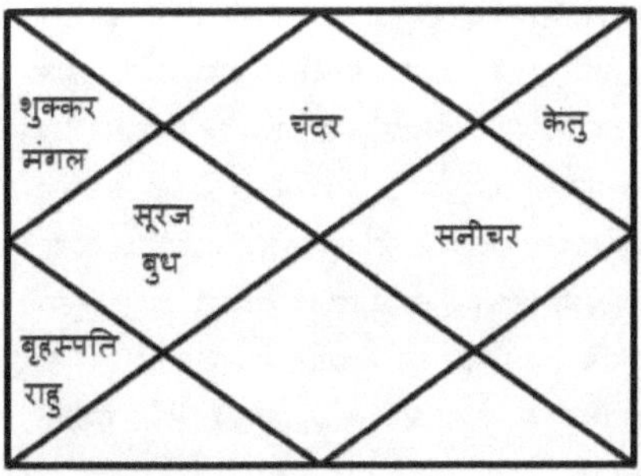

इस कुंडली में सूरज व बुध खाना नंबर-4 में हैं, इसलिए सूरज को तालिका में खाना नंबर-4 में रखा गया। उसके बाद तालिका के माथे (पेशानी) की तरतीब अनुसार ग्रह लिखे गए। कुंडली का ख़ाना नंबर-8 ख़ाली है, इसलिए तालिका में खाना नंबर-11 में मंगल-सनीचर लिखा गया, ख़ाना नंबर-9 और 12 भी ख़ाली हैं, इसलिए तालिका में खाना नंबर-12 और 3 में बृहस्पति को लिखा गया।

सूरज ख़ाना नंबर-4 वाली कुंडली											
1	2	3	4	5	6	7	8	9	10	11	12
बृहस्पति	शुक्कर	बृहस्पति	सूरज	चंदर	केतु	मंगल	बुध	सनीचर	राहु	मंगल, सनीचर	बृहस्पति
1	2	3	4	5	6	7	8	9	10	11	12
13	14	15	16	17	18	19	20	21	22	23	24
25	26	27	28	29	30	31	32	33	34	35	36
37	38	39	40	41	42	43	44	45	46	47	48
49	50	51	52	53	54	55	56	57	58	59	60
61	62	63	64	65	66	67	68	69	70	71	72
73	74	75	76	77	78	79	80	81	82	83	84
85	86	87	88	89	90	91	92	93	94	95	96

- सूरज अकेला हो या उसके साथ कोई ग्रह हो तो भी सिर्फ सूरज को ही ख़ाना नंबर 4 में रखा गया, उसके बाद ग्रहों के लिखने की तरतीब वही होगी जो तालिका में दिखाई गई सिवाए कुंडली के खाना नंबर-8-9-12 के ग्रहों के, यदि इन खानों में कोई ग्रह हो तो तालिका में वह लिखा जाएगा वरना खाना नंबर-8 के लिए मंगल व सनीचर, खाना नंबर-9 और 12 के लिए बृहस्पति लिखा जाएगा। कोई ग्रह दो दफ़ा लिखा जाने का वहम न करें।

सूरज खाना नंबर-5

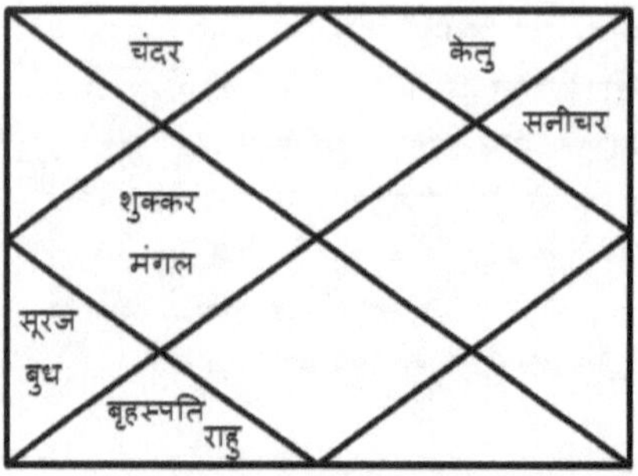

इस कुंडली में सूरज व बुध ख़ाना नंबर-5 में हैं, इसलिए सूरज को तालिका में ख़ाना नंबर-5 में रखा गया। उसके बाद तालिका के माथे (पेशानी) की तरतीब अनुसार ग्रह लिखे गए। कुंडली का ख़ाना नंबर-8 खाली है, इसलिए तालिका में खाना नंबर-12 में मंगल-सनीचर लिखा गया, खाना नंबर-9 भी ख़ाली है, इसलिए तालिका में खाना नंबर-1 में बृहस्पति को लिखा गया। खाना नंबर-12 में केतु है, इसलिए तालिका में खाना नंबर-4 में उसको लिखा गया।

सूरज ख़ाना नंबर-5 वाली कुंडली											
1	2	3	4	5	6	7	8	9	10	11	12
बृहस्पति	बृहस्पति	शुक्कर	केतु	सूरज	चंदर	केतु	मंगल	बुध	सनीचर	राहु	मंगल, सनीचर
1	2	3	4	5	6	7	8	9	10	11	12
13	14	15	16	17	18	19	20	21	22	23	24
25	26	27	28	29	30	31	32	33	34	35	36
37	38	39	40	41	42	43	44	45	46	47	48
49	50	51	52	53	54	55	56	57	58	59	60
61	62	63	64	65	66	67	68	69	70	71	72
73	74	75	76	77	78	79	80	81	82	83	84
85	86	87	88	89	90	91	92	93	94	95	96

- सूरज अकेला हो या उसके साथ कोई ग्रह हो तो भी सिर्फ सूरज को ही ख़ाना नंबर 5 में रखा गया, उसके बाद ग्रहों के लिखने की तरतीब वही होगी जो तालिका में दिखाई गई सिवाए कुंडली के खाना नंबर-8-9-12 के ग्रहों के, यदि इन खानों में कोई ग्रह हो तो तालिका में वह लिखा जाएगा वरना खाना नंबर-8 के लिए मंगल व सनीचर, खाना नंबर-9 और 12 के लिए बृहस्पति लिखा जाएगा। कोई ग्रह दो दफ़ा लिखा जाने का वहम न करे।

सूरज खाना नंबर-6

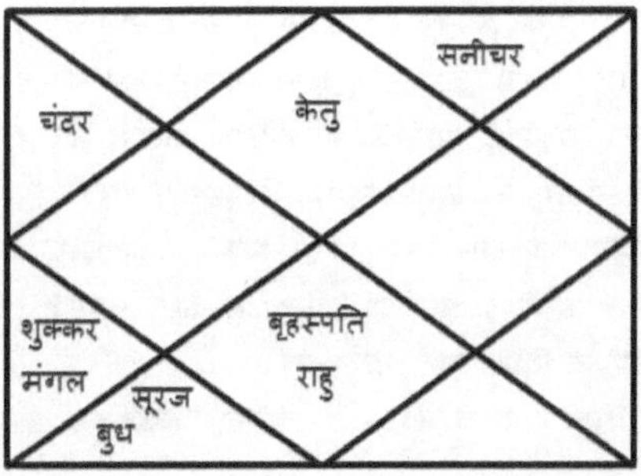

इस कुंडली में सूरज व बुध ख़ाना नंबर-6 में हैं, इसलिए सूरज को तालिका में ख़ाना नंबर-9 में रखा गया। उसके बाद तालिका के माथे (पेशानी) की तरतीब अनुसार ग्रह लिखे गए। कुंडली का ख़ाना नंबर-8 खाली है, इसलिए तालिका में खाना नंबर-4 में मंगल-सनीचर लिखा गया, खाना नंबर-9 भी ख़ाली है, इसलिए तालिका में खाना नंबर-5 में बृहस्पति को लिखा गया। खाना नंबर-12 में सनीचर है, इसलिए तालिका में खाना नंबर-8 में उसको लिखा गया।

सूरज ख़ाना नंबर-6 वाली कुंडली											
1	2	3	4	5	6	7	8	9	10	11	12
बुध	सनीचर	राहु	मंगल, सनीचर	बृहस्पति	बृहस्पति	शुक्कर	सनीचर	सूरज	चंदर	केतु	मंगल
1	2	3	4	5	6	7	8	9	10	11	12
13	14	15	16	17	18	19	20	21	22	23	24
25	26	27	28	29	30	31	32	33	34	35	36
37	38	39	40	41	42	43	44	45	46	47	48
49	50	51	52	53	54	55	56	57	58	59	60
61	62	63	64	65	66	67	68	69	70	71	72
73	74	75	76	77	78	79	80	81	82	83	84
85	86	87	88	89	90	91	92	93	94	95	96

- सूरज अकेला हो या उसके साथ कोई ग्रह हो तो भी सिर्फ सूरज को ही ख़ाना नंबर 9 में रखा गया, उसके बाद ग्रहों के लिखने की तरतीब वही होगी जो तालिका में दिखाई गई सिवाए कुंडली के खाना नंबर-8-9-12 के ग्रहों के, यदि इन खानों में कोई ग्रह हो तो तालिका में वह लिखा जाएगा वरना खाना नंबर-8 के लिए मंगल व सनीचर, खाना नंबर-9 और 12 के लिए बृहस्पति लिखा जाएगा। कोई ग्रह दो दफ़ा लिखा जाने का वहम न करे।

सूरज खाना नंबर-7

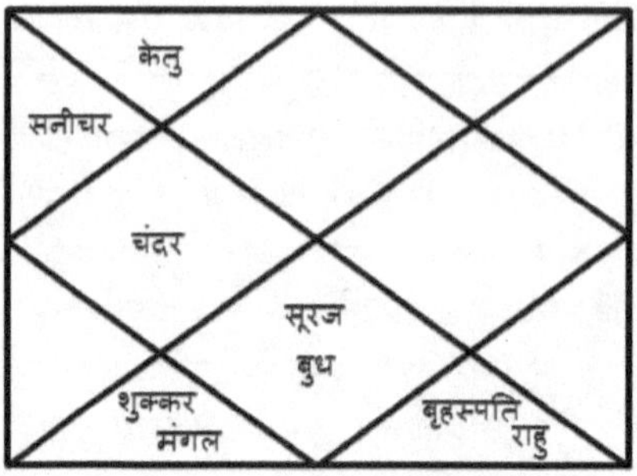

इस कुंडली में सूरज व बुध ख़ाना नंबर-7 में हैं, इसलिए सूरज को तालिका में ख़ाना नंबर-5 में रखा गया। उसके बाद तालिका के माथे (पेशानी) की तरतीब अनुसार ग्रह लिखे गए। कुंडली के ख़ाना नंबर-8 में बृहस्पति-राहु हैं, इसलिए तालिका में खाना नंबर-12 में उनको लिखा गया, खाना नंबर-9 ख़ाली है, इसलिए तालिका में खाना नंबर-1 में बृहस्पति को लिखा गया। खाना नंबर-12 भी ख़ाली है, इसलिए तालिका में खाना नंबर-4 में बृहस्पति लिखा गया।

सूरज ख़ाना नंबर-7 वाली कुंडली - जब ख़ाना नंबर 1 खाली हो											
1	2	3	4	5	6	7	8	9	10	11	12
बृहस्पति	बृहस्पति	शुक्कर	बृहस्पति	सूरज	चंदर	केतु	मंगल	बुध	सनीचर	राहु	बृहस्पति, राहु
1	2	3	4	5	6	7	8	9	10	11	12
13	14	15	16	17	18	19	20	21	22	23	24
25	26	27	28	29	30	31	32	33	34	35	36
37	38	39	40	41	42	43	44	45	46	47	48
49	50	51	52	53	54	55	56	57	58	59	60
61	62	63	64	65	66	67	68	69	70	71	72
73	74	75	76	77	78	79	80	81	82	83	84
85	86	87	88	89	90	91	92	93	94	95	96

- सूरज अकेला हो या उसके साथ कोई ग्रह हो तो भी सिर्फ सूरज को ही ख़ाना नंबर 5 में रखा गया, उसके बाद ग्रहों के लिखने की तरतीब वही होगी जो तालिका में दिखाई गई सिवाए कुंडली के खाना नंबर-8-9-12 के ग्रहों के, यदि इन खानों में कोई ग्रह हो तो तालिका में वह लिखा जाएगा वरना खाना नंबर-8 के लिए मंगल व सनीचर, खाना नंबर-9 और 12 के लिए बृहस्पति लिखा जाएगा। कोई ग्रह दो दफ़ा लिखा जाने का वहम न करे।

सूरज खाना नंबर-7 A

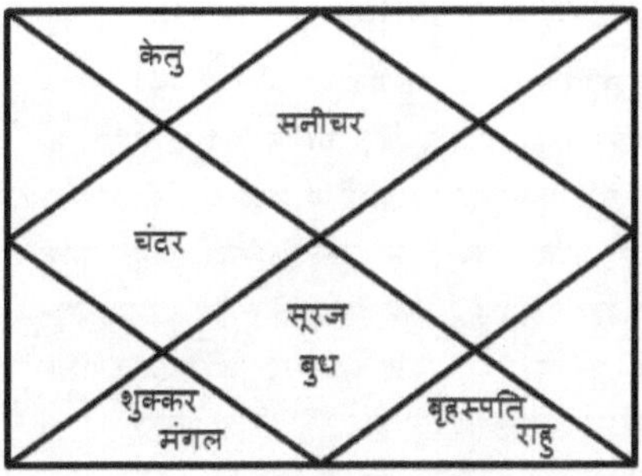

इस कुंडली में सूरज व बुध ख़ाना नंबर-7 में हैं, इसलिए सूरज को तालिका में ख़ाना नंबर-7 में रखा गया। उसके बाद तालिका के माथे (पेशानी) की तरतीब अनुसार ग्रह लिखे गए। कुंडली के ख़ाना नंबर-8 में बृहस्पति-राहु हैं, इसलिए तालिका में खाना नंबर-2 में उनको लिखा गया, खाना नंबर-9 ख़ाली है, इसलिए तालिका में खाना नंबर-3 में बृहस्पति को लिखा गया। खाना नंबर-12 भी ख़ाली है, इसलिए तालिका में खाना नंबर-6 में बृहस्पति लिखा गया।

सूरज ख़ाना नंबर-7 वाली कुंडली - जब ख़ाना नंबर 1 खाली न हो											
1	2	3	4	5	6	7	8	9	10	11	12
राहु	बृहस्पति, राहु	बृहस्पति	बृहस्पति	शुक्कर	बृहस्पति	सूरज	चंदर	केतु	मंगल	बुध	सनीचर
1	2	3	4	5	6	7	8	9	10	11	12
13	14	15	16	17	18	19	20	21	22	23	24
25	26	27	28	29	30	31	32	33	34	35	36
37	38	39	40	41	42	43	44	45	46	47	48
49	50	51	52	53	54	55	56	57	58	59	60
61	62	63	64	65	66	67	68	69	70	71	72
73	74	75	76	77	78	79	80	81	82	83	84
85	86	87	88	89	90	91	92	93	94	95	96

- सूरज अकेला हो या उसके साथ कोई ग्रह हो तो भी सिर्फ सूरज को ही ख़ाना नंबर 9 में रखा गया, उसके बाद ग्रहों के लिखने की तरतीब वही होगी जो तालिका में दिखाई गई सिवाए कुंडली के खाना नंबर-8-9-12 के ग्रहों के, यदि इन खानों में कोई ग्रह हो तो तालिका में वह लिखा जाएगा वरना खाना नंबर-8 के लिए मंगल व सनीचर, खाना नंबर-9 और 12 के लिए बृहस्पति लिखा जाएगा। कोई ग्रह दो दफ़ा लिखा जाने का वहम न करे।

सूरज खाना नंबर-8

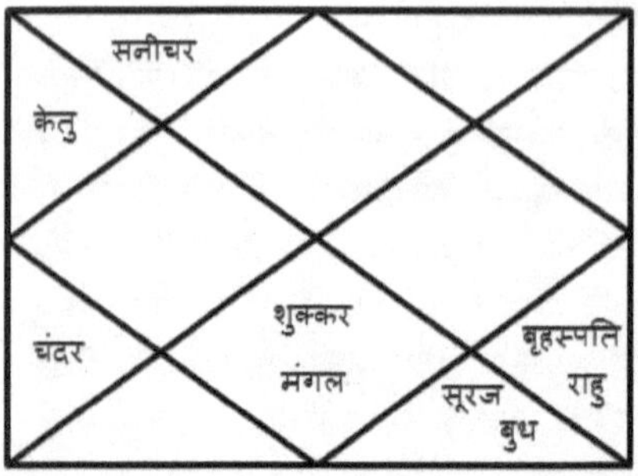

इस कुंडली में सूरज व बुध ख़ाना नंबर-8 में हैं, इसलिए सूरज को तालिका में ख़ाना नंबर-8 में रखा गया। उसके बाद तालिका के माथे (पेशानी) की तरतीब अनुसार ग्रह लिखे गए। कुंडली के ख़ाना नंबर-8 में सूरज-बुध हैं, इसलिए तालिका में खाना नंबर-3 में उनको लिखा गया, खाना नंबर-9 में बृहस्पति-राहु हैं, इसलिए तालिका में खाना नंबर-4 में उनको लिखा गया। खाना नंबर-12 ख़ाली है, इसलिए तालिका में खाना नंबर-7 में बृहस्पति लिखा गया।

सूरज ख़ाना नंबर-8 वाली कुंडली											
1	2	3	4	5	6	7	8	9	10	11	12
सनीचर	राहु	सूरज, बुध	बृहस्पति, राहु	बृहस्पति	शुक्कर	बृहस्पति	सूरज	चंदर	केतु	मंगल	बुध
1	2	3	4	5	6	7	8	9	10	11	12
13	14	15	16	17	18	19	20	21	22	23	24
25	26	27	28	29	30	31	32	33	34	35	36
37	38	39	40	41	42	43	44	45	46	47	48
49	50	51	52	53	54	55	56	57	58	59	60
61	62	63	64	65	66	67	68	69	70	71	72
73	74	75	76	77	78	79	80	81	82	83	84
85	86	87	88	89	90	91	92	93	94	95	96

- सूरज अकेला हो या उसके साथ कोई ग्रह हो तो भी सिर्फ सूरज को ही ख़ाना नंबर 8 में रखा गया, उसके बाद ग्रहों के लिखने की तरतीब वही होगी जो तालिका में दिखाई गई सिवाए कुंडली के खाना नंबर-8-9-12 के ग्रहों के, यदि इन खानों में कोई ग्रह हो तो तालिका में वह लिखा जाएगा वरना खाना नंबर-8 के लिए मंगल व सनीचर, खाना नंबर-9 और 12 के लिए बृहस्पति लिखा जाएगा। कोई ग्रह दो दफ़ा लिखा जाने का वहम न करे।

सूरज खाना नंबर-9

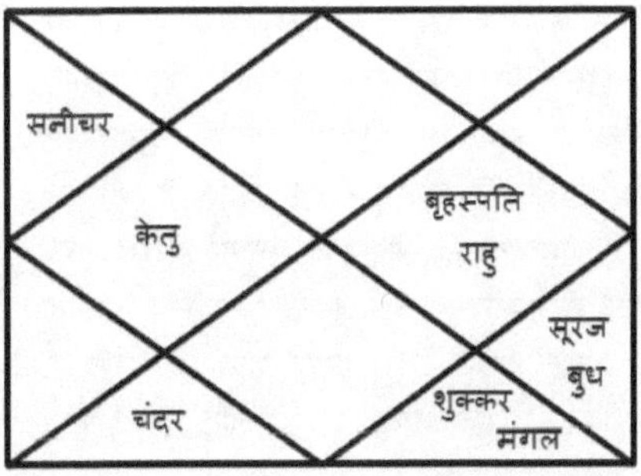

इस कुंडली में सूरज व बुध ख़ाना नंबर-9 में हैं, इसलिए सूरज को तालिका में खाना नंबर-6 में रखा गया। उसके बाद तालिका के माथे (पेशानी) की तरतीब अनुसार ग्रह लिखे गए। कुंडली के ख़ाना नंबर-8 में शुक्कर-मंगल हैं, इसलिए तालिका में खाना नंबर-1 में उनको लिखा गया, खाना नंबर-9 में सूरज-बुध हैं, इसलिए तालिका में खाना नंबर-2 में उनको लिखा गया। खाना नंबर-12 ख़ाली है, इसलिए तालिका में खाना नंबर-5 में बृहस्पति लिखा गया।

सूरज ख़ाना नंबर-9 वाली कुंडली											
1	2	3	4	5	6	7	8	9	10	11	12
शुक्कर, मंगल	सूरज, बुध	बृहस्पति	शुक्कर	बृहस्पति	सूरज	चंदर	केतु	मंगल	बुध	सनीचर	राहु
1	2	3	4	5	6	7	8	9	10	11	12
13	14	15	16	17	18	19	20	21	22	23	24
25	26	27	28	29	30	31	32	33	34	35	36
37	38	39	40	41	42	43	44	45	46	47	48
49	50	51	52	53	54	55	56	57	58	59	60
61	62	63	64	65	66	67	68	69	70	71	72
73	74	75	76	77	78	79	80	81	82	83	84
85	86	87	88	89	90	91	92	93	94	95	96

- सूरज अकेला हो या उसके साथ कोई ग्रह हो तो भी सिर्फ़ सूरज को ही ख़ाना नंबर 6 में रखा गया, उसके बाद ग्रहों के लिखने की तरतीब वही होगी जो तालिका में दिखाई गई सिवाए कुंडली के खाना नंबर-8-9-12 के ग्रहों के, यदि इन खानों में कोई ग्रह हो तो तालिका में वह लिखा जाएगा वरना खाना नंबर-8 के लिए मंगल व सनीचर, खाना नंबर-9 और 12 के लिए बृहस्पति लिखा जाएगा। कोई ग्रह दो दफ़ा लिखा जाने का वहम न करे।

सूरज खाना नंबर-10

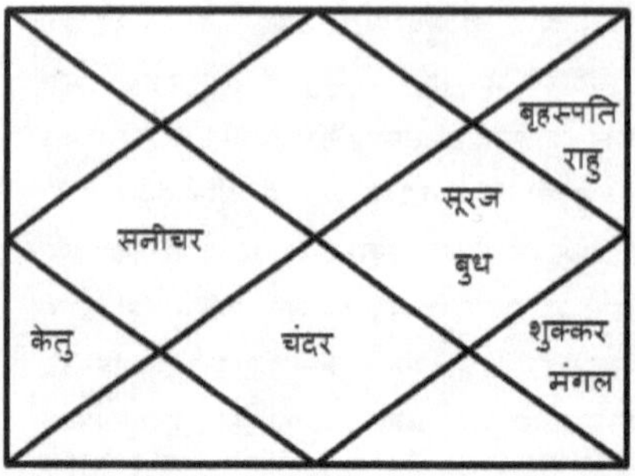

इस कुंडली में सूरज व बुध ख़ाना नंबर-10 में हैं, इसलिए सूरज को तालिका में ख़ाना नंबर-10 में रखा गया। उसके बाद तालिका के माथे (पेशानी) की तरतीब अनुसार ग्रह लिखे गए। कुंडली का ख़ाना नंबर-8 खाली है, इसलिए तालिका में खाना नंबर-5 में मंगल-सनीचर लिखा गया, खाना नंबर-9 में शुक्कर-मंगल हैं, इसलिए तालिका में खाना नंबर-6 में उनको लिखा गया। खाना नंबर-12 ख़ाली है, इसलिए तालिका में खाना नंबर-9 में बृहस्पति लिखा गया।

सूरज ख़ाना नंबर-10 वाली कुंडली											
1	2	3	4	5	6	7	8	9	10	11	12
मंगल	बुध	सनीचर	राहु	मंगल, सनीचर	शुक्कर, मंगल	बृहस्पति	शुक्कर	बृहस्पति	सूरज	चंदर	केतु
1	2	3	4	5	6	7	8	9	10	11	12
13	14	15	16	17	18	19	20	21	22	23	24
25	26	27	28	29	30	31	32	33	34	35	36
37	38	39	40	41	42	43	44	45	46	47	48
49	50	51	52	53	54	55	56	57	58	59	60
61	62	63	64	65	66	67	68	69	70	71	72
73	74	75	76	77	78	79	80	81	82	83	84
85	86	87	88	89	90	91	92	93	94	95	96

- सूरज अकेला हो या उसके साथ कोई ग्रह हो तो भी सिर्फ सूरज को ही ख़ाना नंबर 10 में रखा गया, उसके बाद ग्रहों के लिखने की तरतीब वही होगी जो तालिका में दिखाई गई सिवाए कुंडली के खाना नंबर-8-9-12 के ग्रहों के, यदि इन खानों में कोई ग्रह हो तो तालिका में वह लिखा जाएगा वरना खाना नंबर-8 के लिए मंगल व सनीचर, खाना नंबर-9 और 12 के लिए बृहस्पति लिखा जाएगा। कोई ग्रह दो दफ़ा लिखा जाने का वहम न करे।

सूरज खाना नंबर-11

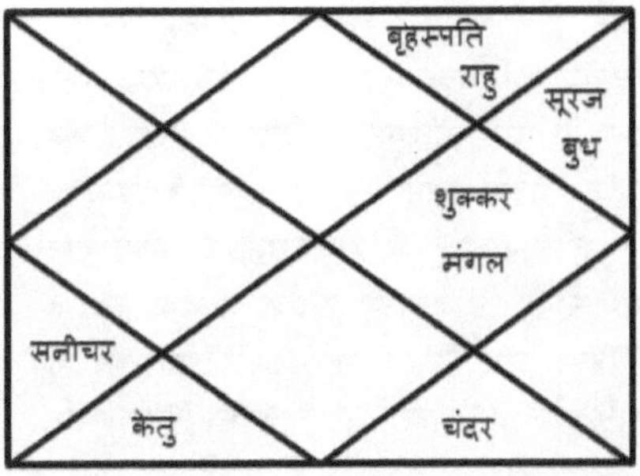

इस कुंडली में सूरज व बुध ख़ाना नंबर-11 में हैं, इसलिए सूरज को तालिका में ख़ाना नंबर-11 में रखा गया। उसके बाद तालिका के माथे (पेशानी) की तरतीब अनुसार ग्रह लिखे गए। कुंडली के ख़ाना नंबर-8 में चंदर हैं, इसलिए तालिका में खाना नंबर-6 में उसको लिखा गया, खाना नंबर-9 ख़ाली है, इसलिए तालिका में खाना नंबर-7 में बृहस्पति लिखा गया। खाना नंबर-12 में बृहस्पति-राहु हैं, इसलिए तालिका में खाना नंबर-10 में उनको लिखा गया।

सूरज ख़ाना नंबर-11 वाली कुंडली											
1	2	3	4	5	6	7	8	9	10	11	12
केतु	मंगल	बुध	सनीचर	राहु	चंदर	बृहस्पति	बृहस्पति	शुक्कर	बृहस्पति, राहु	सूरज	चंदर
1	2	3	4	5	6	7	8	9	10	11	12
13	14	15	16	17	18	19	20	21	22	23	24
25	26	27	28	29	30	31	32	33	34	35	36
37	38	39	40	41	42	43	44	45	46	47	48
49	50	51	52	53	54	55	56	57	58	59	60
61	62	63	64	65	66	67	68	69	70	71	72
73	74	75	76	77	78	79	80	81	82	83	84
85	86	87	88	89	90	91	92	93	94	95	96

- सूरज अकेला हो या उसके साथ कोई ग्रह हो तो भी सिर्फ सूरज को ही ख़ाना नंबर 11 में रखा गया, उसके बाद ग्रहों के लिखने की तरतीब वही होगी जो तालिका में दिखाई गई सिवाए कुंडली के खाना नंबर-8-9-12 के ग्रहों के, यदि इन खानों में कोई ग्रह हो तो तालिका में वह लिखा जाएगा वरना खाना नंबर-8 के लिए मंगल व सनीचर, खाना नंबर-9 और 12 के लिए बृहस्पति लिखा जाएगा। कोई ग्रह दो दफ़ा लिखा जाने का वहम न करे।

सूरज खाना नंबर-12

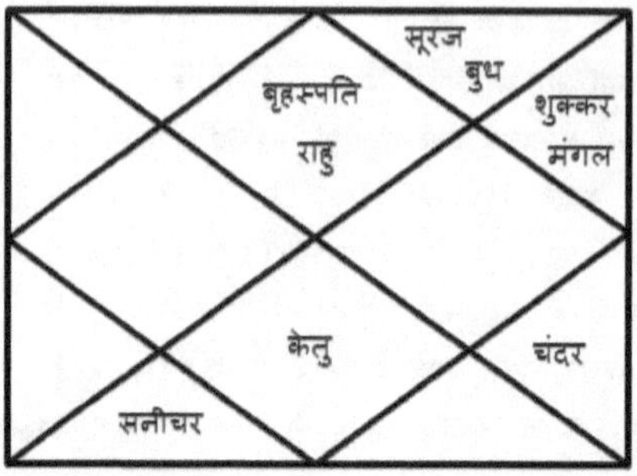

इस कुंडली में सूरज व बुध ख़ाना नंबर-12 में हैं, इसलिए सूरज को तालिका में ख़ाना नंबर-12 में रखा गया। उसके बाद तालिका के माथे (पेशानी) की तरतीब अनुसार ग्रह लिखे गए। कुंडली के ख़ाना नंबर-8 ख़ाली है, इसलिए तालिका में खाना नंबर-7 में मंगल-सनीचर लिखा गया ख़ाना नंबर-9 में चंदर हैं, इसलिए तालिका में खाना नंबर-8 में उसको लिखा गया। खाना नंबर-12 में सूरज-बुध हैं, इसलिए तालिका में खाना नंबर-11 में उनको लिखा गया।

सूरज ख़ाना नंबर-12 वाली कुंडली											
1	2	3	4	5	6	7	8	9	10	11	12
चंदर	केतु	मंगल	बुध	सनीचर	राहु	मंगल, सनीचर	चंदर	बृहस्पति	शुक्कर	सूरज, बुध	सूरज
1	2	3	4	5	6	7	8	9	10	11	12
13	14	15	16	17	18	19	20	21	22	23	24
25	26	27	28	29	30	31	32	33	34	35	36
37	38	39	40	41	42	43	44	45	46	47	48
49	50	51	52	53	54	55	56	57	58	59	60
61	62	63	64	65	66	67	68	69	70	71	72
73	74	75	76	77	78	79	80	81	82	83	84
85	86	87	88	89	90	91	92	93	94	95	96

- सूरज अकेला हो या उसके साथ कोई ग्रह हो तो भी सिर्फ सूरज को ही ख़ाना नंबर 12 में रखा गया, उसके बाद ग्रहों के लिखने की तरतीब वही होगी जो तालिका में दिखाई गई सिवाए कुंडली के खाना नंबर-8-9-12 के ग्रहों के, यदि इन खानों में कोई ग्रह हो तो तालिका में वह लिखा जाएगा वरना खाना नंबर-8 के लिए मंगल व सनीचर, खाना नंबर-9 और 12 के लिए बृहस्पति लिखा जाएगा। कोई ग्रह दो दफ़ा लिखा जाने का वहम न करे।

अध्याय नंबर-10

CAPRICORN
AQUARIUS
PISCES
AIRES
TAURUS
GEMINI
CANCER
LEO
VIRGO
LIBRA
SCORPIO
SAGITTARIUS

मददगार उपाओ

1-रूह और बुत के झगड़े की तरह ग्रह को रूह और राशि को बुत मान कर चलें तो ग्रह यानि ग्रह फल के उपाओ की इस इल्म में कोई गुंजाइश नहीं यानि जो ग्रह ठहराए हुए नियम के आधार पर ग्रह फल का होगा उसका कोई उपाओ नहीं हुआ करता इसके उलट राशि फल के ग्रह का उपाओ या शक का फायदा उठाना इन्सानी ताकत में संभव है! पापी ग्रह सब ग्रहों पर अपना धक्का लगाते हैं और इन पापी ग्रहों को मारने/असर कम करने के लिए खुद अपना ही पाप (लफ़्ज़ पाप का मतलब राहू व केतू होगा और पापी से मतलब सनीचर, राहू व केतू होगा यानि राहू के मंदे असर को केतू के उपाओ द्वारा और केतू के मंदे असर को राहू के उपाओ द्वारा ठीक किया जाएगा) महाबली हुआ करता है जैसे कि पाप के बेढ़ी भर कर ही डूबती है!

2-लाल-किताब नियम अनुसार हर एक पक्के ग्रह में दो ग्रहों के अंश हुआ करते हैं या यूं कहें कि दो ग्रहों के मिलने से एक ग्रह बनता है और दो ग्रहों के इन अंशों से मिलकर बनने ग्रह को मसनुई ग्रह कह कर पुकारा है और उपाओ के लिए किसी भी पक्के ग्रह के मंदे असर के वक़्त एक मसनुई ग्रह को हटा कर ग्रह को दुरुस्त कर लिया जाता है, जैसे कुंडली में सनीचर मंदा हो रहा हो तो इसके मसनुई ग्रेहों "शुकर-बृहस्पति" में से बृहस्पति को हटाने के बुध कायम करने से शुकर बाकी रह जाएगा और शुकर व बुध इक्ठे होने से सनीचर नेक हो जाएगा! इसी नियम के आधार पर शुकर अगर मंदा असर दे रहा हो तो इसके मसनुई ग्रेहों "राहू-केतू" में से राहू का उपाओ करने से नेक असर मिलने लगेगा! बुध व बृहस्पति दोनों को ही कायम रख कर चलाने के लिए बुध के हरे रंग के कागज़ में बृहस्पति का सोना रखना चाहिए!

मंगल बद का इलाज :

1-जहाँ चंदर को उम्र का मालिक गिना गया है वहीं मंगल बद सबके लिए मौत का फन्दा लिए फिरने वाला ग्रह माना गया है! जहाँ चंदर होगा वहाँ मंगल बद नहीं होगा और जहाँ मंगल बद हुआ वहाँ चंदर नहीं होगा यानि मंगल बद का

सबसे उतम इलाज चंदर है और इस नियमअनुसार मंगल बद का इलाज चंदर पूजन या चंदर की मदद से होगा!

2-तन्दर में बनी मीठी रोटियाँ खैरात में बाँटने से से भी मंगल बद का असर दूर हुआ करता है!

3-राहू का मंदा असर दूर करने के लिए जौ किसी चीज़ में बन्द करके किसी अंधेरी जगह पर बोझ के नीचे दबाने चाहिएँ या दूध से धोकर चलते पानी में बहाने चाहिएँ! अगर तपेदिक या लम्बा बुखार तंग कर रहा हो तो जौ को गाए के पेशाब से धोकर किसी लाल कपड़े में बान्ध कर रखें और गाए के पेशाब से दांत साफ करने चाहिएँ!

4-जो ग्रह उंच का हो उस से संबन्धित चीजों की मदद से मंदे ग्रहों का असर दूर हो जाया करता है!

5-हथेली पर मच्छ रेखा/काग रेखा जब अपनी ठहराइ हुई जगह से हटकर किसी दूसरी पर मौजूद हो तो जिस ग्रह के बुर्ज (परबत) पर या रेखा पर दिखाई दे तो उस ग्रह की पूजा से नेक असर मिलेगा जैसे मच्छ/काग रेखा बुध की सिर रेखा पर मौजूद हो तो बुध व सनीचर की चीजों यानि स्याह (सनीचर) परिन्द (बुध) की पालना/सेवा नेक फल देगी, इसी तरह मच्छ/काग रेखा शुकर के बुर्ज पर हो तो काली (सनीचर) गाए (शुकर) की पूजना या सेवा नेक फल देगी!

6-धोके के ग्रह असर छुपा छुपाया हुआ करता है उसको भी ध्यान में रखना ज़रूरी है! अगर लड़का या लड़की या दोनों ही अपनी पैदाइश के साथ बाप के लिए मंदे साबित हो रहे हों तो सूरज (लड़का) या बुध (लड़की) के गले में तांबे का टुकड़ा धारण करना नेक हुआ करता है इससे बुध दबा रहता है!

7-जब कुंडली में दो पापी ग्रह (सनीचर राहू या सनीचर केतू) इकट्ठे हों तो मंगल कायम करना चाहिए लेकिन यह देख लेना ज़रूरी होगा कि मंगल राशिफल का होना चाहिए यानि खाना नंबर-1 या 8 या 3 का न हो अगर ऐसा हो तो बुध का उपाओ काम देगा!

8-इसी तरह ही स्त्री ग्रहों (चंदर व शुकर) में बुध की ताक़त मदद देगी लेकिन बुध खाना नंबर-3, 6, 7 या 9 का नहीं होना चाहिए, अगर बुध इन घरों में से किसी एक में हो तो मंगल की मदद लेनी चाहिए यानि उपाओ करते वक़्त यह देखना ज़रूरी है कि जिस ग्रह की मदद ली जा रही है वो कहीं ग्रहफल का तो नहीं!

8-खाना नंबर-9 के ग्रेहों का उपाओ मकान के फर्श के रंग के ज़रिया से हुआ करता है यानि कोई ग्रह मंदा होकर खाना नंबर-9 में हो तो उस ग्रह के दोस्त ग्रह की पालना करनी चाहिए इसके साथ ही जो नेक ग्रह खाना नंबर-9 से संबन्धित उस ग्रह के रंग की चीज़ें पाँव के नीचे फर्श नहीं लगनी चाहिएँ यानि उस नेक ग्रह के रंग का फर्श नहीं लगवाना चाहिए!

9-जब आम उपाओ काम न दे रहे हों तो घंटों के अन्दर-अन्दर ही फैसला करने के लिए नीचे की तालिका में ग्रह अनुसार दिये उपाओ करने चाहिएँ!

नाम ग्रह	उपाओ
मंगल बद	गुड़ की रेवड़ियाँ पानी में बहाएँ !
बृहस्पति	केसर नाभि पर या ज़बान पर लगाएँ या खाने को दें !
सूरज	गुड़ पानी में बहाएँ !
चंदर	दूध या पानी का बर्तन सिरहाने रखकर सोएँ सुबह कीकर के पेढ़ को डालें !
शुकर	गऊ दान करें या चरी दान करें !
मंगल नेक	मीठा भोजन दान करें या बताशे दरिया में डालें !
बुध	तांबे के पैसे/टुकड़े में सुराख करके पानी में बहाएँ !
सनीचर	तेल का छाया पात्र दान करें !
राहू	मूली दान करें या कच्चे कोयले दरिया में बहाएँ !
केतू	कुत्ते को रोटियाँ डालें !

जनम दिन और जनम वक़्त के हिसाब से मददगार उपाओ

जनम वक़्त का ग्रह उपाओ के काबिल नहीं हुआ करता उसका असर ग्रह स्तिथी के अनुसार बुरा हो या भला तय शुदा हुआ करता है इसलिए जनम वक़्त के ग्रह का उपाओ जनम दिन के ग्रह द्वारा किया जा सकता है, उधारण के तौर पर किसी का जनम दोपहर के बाद पक्की शाम को सोमवार के दिन हुआ हो तो जनम दिन का ग्रह चंदर (सोमवार) होगा और जनम वक़्त का ग्रह राहू (पक्की शाम) होगा! राहू अगर मंदा असर दे रहा हो और कुंडली में कहीं भी बैठा हो उसको खाना नंबर-4 में मान कर चंदर का उपाओ किया जाएगा!

इस बात को अच्छी तरह से समझने के लिए यह उधारण देखें कि किसी का जनम मंगलवार को सूर्योदय के बाद के पहले हिस्से में हुआ हो तो जनम दिन का ग्रह मंगल होगा और जनम समय का ग्रह बृहस्पति हुआ, अब जनम वक़्त का ग्रह बृहस्पति मंगल के पक्के खाने में होगा और खाना नंबर-3 में बृहस्पति अगर बीमारी पर बीमारी खड़ी करता जाए तो मंगल को राशिफल का मान कर हालांकि मंगल सिर्फ खाना नंबर-4 व 6 में होता हुआ राशिफल का लिखा गया है फिर ऐसी स्तिथी में मंगल को राशिफल का मान कर आम उपाओ किया जाएगा!

ग्रह या राशि का निशान

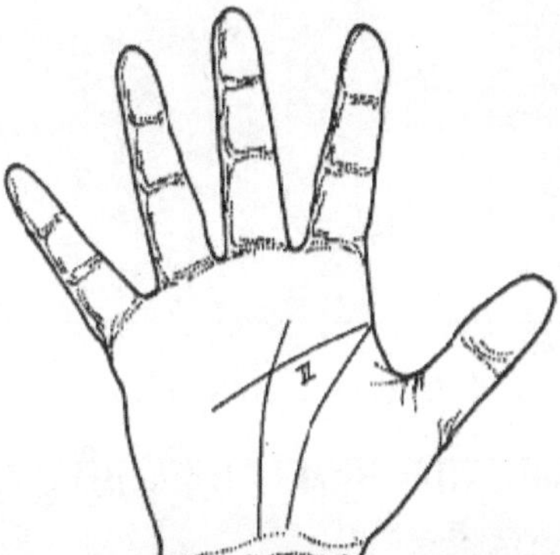

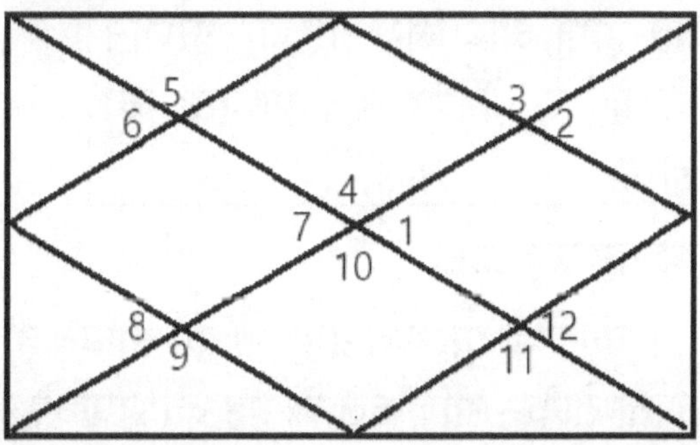

अगर किसी राशि का निशान अपनी ठहराई हुई जगह से हटकर खानों की हदबंदी के असूल किसी दूसरी जगह पर दिखाई देवे तो राशि के नाम पर उस को हथेली पर दिखाई देने वाले खाने में में लिख कर बाकी की राशियों को बचे हुए खानों में लिख कर कुण्डली त्यार करें! जैसे कि तस्वीर में मिथुन राशि का निशान खाना नंबर-12 में दिखाई दे रहा है इसलिए मिथुन को कुण्डली के खाना नंबर-12 में लिखें और बाकी के खानों बची हुई राशियाँ! यही कुण्डली वाले की जनम राशि होगी और इस राशि का मालिक ग्रह हमेशा राशिफल का होगा!

इसी असूल पर जब किसी ग्रह का निशान हथेली पर किसी ख़ास खाने में नज़र आए तो उस ग्रह को उस खाने में लिखना चाहिए! जैसे तस्वीर में चंदर का निशान हथेली खाना नंबर-5 (सिर रेखा और सूरज की तरक़्क़ी रेखा के मिलने की जगह) पर दिखाई दे रहा है, तो चंदर खाना नंबर-5 में लिखा जाएगा! **ख़ास:** राशि का निशान हथेली पर हो तो राशि का मालिक ग्रह राशिफल का होगा और जिस ग्रह का निशान दिखाई दे वो ग्रह ख़ुद ग्रहफल का होगा!	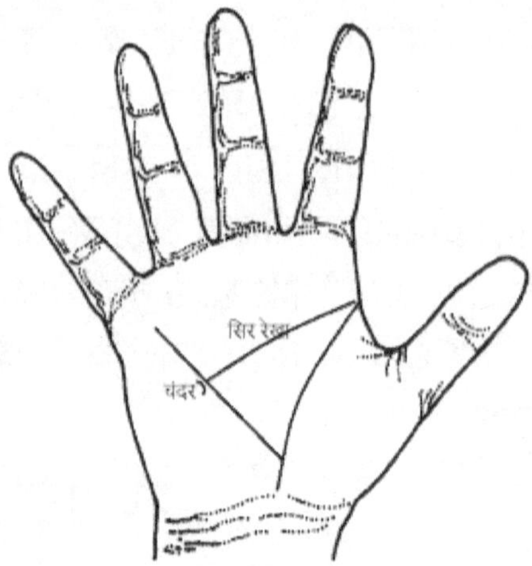

ग्रह का उपाओ:

1-कोई भी ग्रह जब ग्रहफल का साबित हो जाए तो उसका उपाओ नहीं हुआ करता लेकिन राशिफल के ग्रह का उपाओ सम्भव है!

2-उपाओ का वक़्त सूरज निकलने से सूरज छुपने तक का समय होगा (फिर भी सूरज जब सिर पर हो उपाओ का सबसे उतम समय है), रात को सनीचर का राज माना है जिसमें उपाओ करना कई बार ख़तरनाक हो सकता है इसलिए बेहतर यही होगा कि रात को कोई उपाओ न किया जाए!

3-हर एक उपाओ की मियाद कम से कम 40 दिन और ज़्यादा से ज़्यादा 43 दिन होगी! मातृ ऋण, पितृ ऋण आदि के वक़्त उपाओ की मियाद तो 40 से 43 दिन रोज़ाना की बजाए हफ़्तेवार होगा यानि हफ़्ते में एक बार लेकिन कुल अर्सा 40 या 43 हफ़्ते ही होगा! उपाओ करने के दौरान 39वें या 40वें दिन/हफ़्ते उपाओ करना भूल जाएँ तो सब करा कराया निष्फल होगा और दुबारा नए सिरे से उपाओ शुरू किया जाएगा तभी नेक असर मिलेगा! कभी किसी मजबूरी की

वजह कोई उपाओ बन्द करना पढ़े लेकिन पहले किए उपाओ का असर भी जारी रहे तो चावल दूध में धोकर अपने पास रखें!

4- उपाओ शुरू करने के दिन पूरी धूप होनी ज़रूरी है! रविवार को छोड़ कर उपाओ किसी भी दिन शुरू किया जा सकता है सिवाय मंगल व राहू के उपाओ के! रविवार के दिन कोई उपाओ शुरू नहीं किया जा सकता लेकिन उपाओ शुरू करने के बाद बीच में रविवार आए तो वहम नहीं करें इसी तरह बारिश या बादलों के दौरान उपाओ शुरू नहीं होगा लेकिन एक बार शुरू हो चुका उपाओ बारिश व बादलों में भी जारी रहेगा!

मददगार उपाओ

1-रूह और बुत के झगड़े की तरह ग्रह को रूह और राशि को बुत मान कर चलें तो ग्रह यानि ग्रह फल के उपाओ की इस इल्म में कोई गुंजाइश नहीं यानि जो ग्रह ठहराए हुए नियम के आधार पर ग्रह फल का होगा उसका कोई उपाओ नहीं हुआ करता इसके उलट राशि फल के ग्रह का उपाओ या शक का फायदा उठाना इन्सानी ताकत में संभव है! पापी ग्रह सब ग्रहों पर अपना धक्का लगाते हैं और इन पापी ग्रहों को मारने/असर कम करने के लिए खुद अपना ही पाप (लफ़्ज़ पाप का मतलब राहू व केतू होगा और पापी से मतलब सनीचर, राहू व केतू होगा यानि राहू के मंदे असर को केतू के उपाओ द्वारा और केतू के मंदे असर को राहू के उपाओ द्वारा ठीक किया जाएगा) महाबली हुआ करता है जैसे कि पाप के बेढ़ी भर कर ही डूबती है!

2-लाल-किताब नियम अनुसार हर एक पक्के ग्रह में दो ग्रहों के अंश हुआ करते हैं या यूं कहें कि दो ग्रहों के मिलने से एक ग्रह बनता है और दो ग्रहों के इन अंशों से मिलकर बनने ग्रह को मसनुई ग्रह कह कर पुकारा है और उपाओ के लिए किसी भी पक्के ग्रह के मंदे असर के वक़्त एक मसनुई ग्रह को हटा कर ग्रह को दुरुस्त कर लिया जाता है, जैसे कुंडली में सनीचर मंदा हो रहा हो तो इसके मसनुई ग्रेहों "शुकर-बृहस्पति" में से बृहस्पति को हटाने के बुध कायम करने से शुकर बाकी रह जाएगा और शुकर व बुध इक्ठे होने से सनीचर नेक हो जाएगा! इसी नियम के आधार पर शुकर अगर मंदा असर दे रहा हो तो इसके

मसनुई ग्रेहों “राहू-केतू” में से राहू का उपाओ करने से नेक असर मिलने लगेगा! बुध व बृहस्पति दोनों को ही कायम रख कर चलाने के लिए बुध के हरे रंग के कागज़ में बृहस्पति का सोना रखना चाहिए!

मंगल बद का इलाज :

1-जहाँ चंदर को उम्र का मालिक गिना गया है वहीं मंगल बद सबके लिए मौत का फन्दा लिए फिरने वाला ग्रह माना गया है! जहाँ चंदर होगा वहाँ मंगल बद नहीं होगा और जहाँ मंगल बद हुआ वहाँ चंदर नहीं होगा यानि मंगल बद का सबसे उतम इलाज चंदर है और इस नियमअनुसार मंगल बद का इलाज चंदर पूजन या चंदर की मदद से होगा!

2-तन्दर में बनी मीठी रोटियाँ खैरात में बाँटने से से भी मंगल बद का असर दूर हुआ करता है!

3-राहू का मंदा असर दूर करने के लिए जौ किसी चीज़ में बन्द करके किसी अंधेरी जगह पर बोझ के नीचे दबाने चाहिएँ या दूध से धोकर चलते पानी में बहाने चाहिएँ! अगर तपेदिक या लम्बा बुखार तंग कर रहा हो तो जौ को गाए के पेशाब से धोकर किसी लाल कपड़े में बान्ध कर रखें और गाए के पेशाब से दांत साफ करने चाहिएँ!

4-जो ग्रह उंच का हो उस से संबन्धित चीजों की मदद से मंदे ग्रहों का असर दूर हो जाया करता है!

5-हथेली पर मच्छ रेखा/काग रेखा जब अपनी ठहराइ हुई जगह से हटकर किसी दूसरी पर मौजूद हो तो जिस ग्रह के बुर्ज (परबत) पर या रेखा पर दिखाई दे तो उस ग्रह की पूजा से नेक असर मिलेगा जैसे मच्छ/काग रेखा बुध की सिर रेखा पर मौजूद हो तो बुध व सनीचर की चीजों यानि स्याह (सनीचर) परिन्द (बुध) की पालना/सेवा नेक फल देगी, इसी तरह मच्छ/काग रेखा शुकर के बुर्ज पर हो तो काली (सनीचर) गाए (शुकर) की पूजना या सेवा नेक फल देगी!

6-धोके के ग्रह असर छुपा छुपाया हुआ करता है उसको भी ध्यान में रखना ज़रूरी है! अगर लड़का या लड़की या दोनों ही अपनी पैदाइश के साथ बाप के

लिए मंदे साबित हो रहे हों तो सूरज (लड़का) या बुध (लड़की) के गले में तांबे का टुकड़ा धारण करना नेक हुआ करता है इससे बुध दबा रहता है!

7-जब कुंडली में दो पापी ग्रह (सनीचर राहू या सनीचर केतू) इकट्ठे हों तो मंगल कायम करना चाहिए लेकिन यह देख लेना ज़रूरी होगा कि मंगल राशिफल का होना चाहिए यानि खाना नंबर-1 या 8 या 3 का न हो अगर ऐसा हो तो बुध का उपाओ काम देगा!

8-इसी तरह ही स्त्री ग्रहों (चंदर व शुकर) में बुध की ताक़त मदद देगी लेकिन बुध खाना नंबर-3, 6, 7 या 9 का नहीं होना चाहिए, अगर बुध इन घरों में से किसी एक में हो तो मंगल की मदद लेनी चाहिए यानि उपाओ करते वक़्त यह देखना ज़रूरी है कि जिस ग्रह की मदद ली जा रही है वो कहीं ग्रहफल का तो नहीं!

8-खाना नंबर-9 के ग्रेहों का उपाओ मकान के फर्श के रंग के ज़रिया से हुआ करता है यानि कोई ग्रह मंदा होकर खाना नंबर-9 में हो तो उस ग्रह के दोस्त ग्रह की पालना करनी चाहिए इसके साथ ही जो नेक ग्रह खाना नंबर-9 से संबन्धित उस ग्रह के रंग की चीज़ें पाँव के नीचे फर्श नहीं लगनी चाहिएँ यानि उस नेक ग्रह के रंग का फर्श नहीं लगवाना चाहिए!

9-जब आम उपाओ काम न दे रहे हों तो घंटों के अन्दर-अन्दर ही फैसला करने के लिए नीचे की तालिका में ग्रह अनुसार दिये उपाओ करने चाहिएँ!

नाम ग्रह	उपाओ
मंगल बद	गुड़ की रेवड़ियाँ पानी में बहाएँ !
बृहस्पति	केसर नाभि पर या ज़बान पर लगाएँ या खाने को दें !
सूरज	गुड़ पानी में बहाएँ !
चंदर	दूध या पानी का बर्तन सिरहाने रखकर सोएँ सुबह कीकर के पेढ़ को डालें !
शुकर	गऊ दान करें या चरी दान करें !
मंगल नेक	मीठा भोजन दान करें या बताशे दरिया में डालें !
बुध	तांबे के पैसे/टुकड़े में सुराख करके पानी में बहाएँ !
सनीचर	तेल का छाया पात्र दान करें !
राहू	मूली दान करें या कच्चे कोयले दरिया में बहाएँ !
केतू	कुत्ते को रोटियाँ डालें !

जनम दिन और जनम वक़्त के हिसाब से मददगार उपाओ

जनम वक़्त का ग्रह उपाओ के काबिल नहीं हुआ करता उसका असर ग्रह स्तिथी के अनुसार बुरा हो या भला तय शुदा हुआ करता है इसलिए जनम वक़्त

के ग्रह का उपाओ जनम दिन के ग्रह द्वारा किया जा सकता है, उधारण के तौर पर किसी का जनम दोपहर के बाद पक्की शाम को सोमवार के दिन हुआ हो तो जनम दिन का ग्रह चंदर (सोमवार) होगा और जनम वक़्त का ग्रह राहू (पक्की शाम) होगा! राहू अगर मंदा असर दे रहा हो और कुंडली में कहीं भी बैठा हो उसको खाना नंबर-4 में मान कर चंदर का उपाओ किया जाएगा!

इस बात को अच्छी तरह से समझने के लिए यह उधारण देखें कि किसी का जनम मंगलवार को सूर्योदय के बाद के पहले हिस्से में हुआ हो तो जनम दिन का ग्रह मंगल होगा और जनम समय का ग्रह बृहस्पति हुआ, अब जनम वक़्त का ग्रह बृहस्पति मंगल के पक्के खाने में होगा और खाना नंबर-3 में बृहस्पति अगर बीमारी पर बीमारी खड़ी करता जाए तो मंगल को राशिफल का मान कर हालांकि मंगल सिर्फ खाना नंबर-4 व 6 में होता हुआ राशिफल का लिखा गया है फिर ऐसी स्तिथी में मंगल को राशिफल का मान कर आम उपाओ किया जाएगा!

ग्रह या राशि का निशान

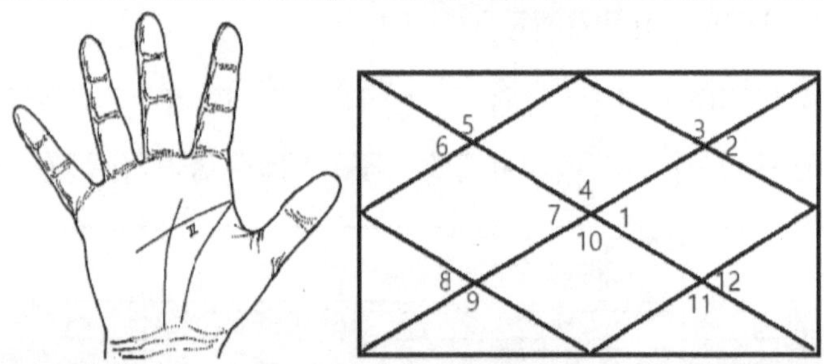

अगर किसी राशि का निशान अपनी ठहराई हुई जगह से हटकर खानों की हदबंदी के असूल किसी दूसरी जगह पर दिखाई देवे तो राशि के नाम पर उस को हथेली पर दिखाई देने वाले खाने में में लिख कर बाकी की राशियों को बचे हुए खानों में लिख कर कुण्डली त्यार करें! जैसे कि तस्वीर में मिथुन राशि का निशान खाना नंबर-12 में दिखाई दे रहा है इसलिए मिथुन को कुण्डली के खाना नंबर-12 में लिखें और बाकी के खानों बची हुई राशियाँ! यही कुण्डली वाले की जनम राशि होगी और इस राशि का मालिक ग्रह हमेशा राशिफल का होगा!

इसी असूल पर जब किसी ग्रह का निशान हथेली पर किसी ख़ास खाने में नज़र आए तो उस ग्रह को उस खाने में लिखना चाहिए! जैसे तस्वीर में चंदर का निशान हथेली खाना नंबर-5 (सिर रेखा और सूरज की तरक़्क़ी रेखा के मिलने की जगह) पर दिखाई दे रहा है, तो चंदर खाना नंबर-5 में लिखा जाएगा!

ख़ास: राशि का निशान हथेली पर हो तो राशि का मालिक ग्रह राशिफल का होगा और जिस ग्रह का निशान दिखाई दे वो ग्रह ख़ुद ग्रहफल का होगा!

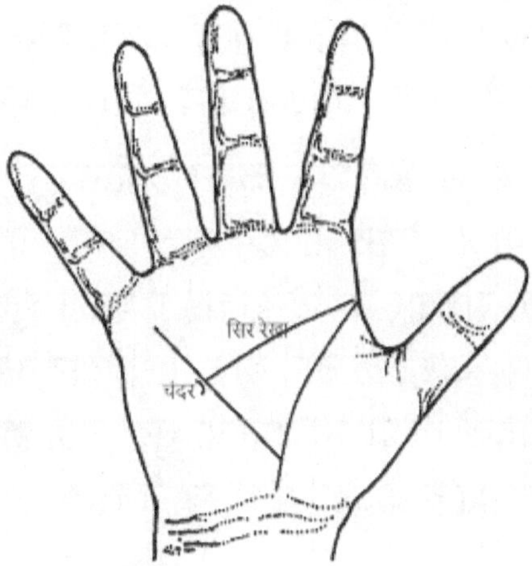

ग्रह का उपाओ:

1-कोई भी ग्रह जब ग्रहफल का साबित हो जाए तो उसका उपाओ नहीं हुआ करता लेकिन राशिफल के ग्रह का उपाओ सम्भव है!

2-उपाओ का वक़्त सूरज निकलने से सूरज छुपने तक का समय होगा (फिर भी सूरज जब सिर पर हो उपाओ का सबसे उतम समय है), रात को सनीचर का राज माना है जिसमें उपाओ करना कई बार ख़तरनाक हो सकता है इसलिए बेहतर यही होगा कि रात को कोई उपाओ न किया जाए!

3-हर एक उपाओ की मियाद कम से कम 40 दिन और ज़्यादा से ज़्यादा 43 दिन होगी! मातृ ऋण, पितृ ऋण आदि के वक़्त उपाओ की मियाद तो 40 से 43 दिन रोज़ाना की बजाए हफ़्तेवार होगा यानि हफ़्ते में एक बार लेकिन कुल अर्सा 40 या 43 हफ़्ते ही होगा! उपाओ करने के दौरान 39वें या 40वें दिन/हफ़्ते उपाओ करना भूल जाएँ तो सब करा कराया निष्फल होगा और दुबारा नए सिरे

से उपाओ शुरू किया जाएगा तभी नेक असर मिलेगा! कभी किसी मजबूरी की वजह कोई उपाओ बन्द करना पढ़े लेकिन पहले किए उपाओ का असर भी जारी रहे तो चावल दूध में धोकर अपने पास रखें!

4- उपाओ शुरू करने के दिन पूरी धूप होनी ज़रूरी है! रविवार को छोड़ कर उपाओ किसी भी दिन शुरू किया जा सकता है सिवाय मंगल व राहू के उपाओ के! रविवार के दिन कोई उपाओ शुरू नहीं किया जा सकता लेकिन उपाओ शुरू करने के बाद बीच में रविवार आए तो वहम नहीं करें इसी तरह बारिश या बादलों के दौरान उपाओ शुरू नहीं होगा लेकिन एक बार शुरू हो चुका उपाओ बारिश व बादलों में भी जारी रहेगा!

अध्याय नंबर-11

CAPRICORN
AQUARIUS
PISCES
AIRES
TAURUS
GEMINI
CANCER
LEO
VIRGO
LIBRA
SCORPIO
SAGITTARIUS

फ़रमान नंबर-10

ग्रह का असर

लाल किताब ज्योतिष के अनुसार किसी भी घर में बैठा ग्रह रौशनी के जलते हुए लैम्प की तरह है, जिस तरह एक लैम्प की रौशनी में दूसरे लैम्प की रौशनी के मिलने से एक तीसरे रंग की रौशनी पैदा होती है जो अलग किस्म का नज़ारा पेश करती है! इसी नियम के आधार पर जब दो ग्रह आपस में मिलते हैं तो एक तीसरे किस्म का किस्मत का नज़ारा हुआ करता है!

लैम्प का बुझना यानि रौशनी का ख़त्म होना ग्रह के असर का ख़त्म होना माना जाएगा और लैम्प का जालना यानि किसी दूसरी रौशनी का हो जाना मतलब होगा कि दूसरे ग्रह का असर शुरू हुआ! इस तरह से ग्रहों के असर की अदला-बदली किस्मत के मैदान में अच्छे या बुरे असर का आना जाना लगा रहेगा! मतलब यह कि हर ग्रह के लिए उसका घर उसकी मालकीयत, पक्का घर, उंच हालत या नीच हालत आदि हालात हमेशा के लिए तय शुदा हुआ करती हैं चाहे वह ग्रह किसी और घर में बैठा हो! मियाद ग्रह से मतलब वो ग्रह कितने अरसा तक अपना असर दे सकता है जैसे किसी लैम्प की रौशनी देने की ताकत उसके अंदर की केंडल में हुआ करती है!

राशि नंबर	राशि का मालिक ग्रह	किस ग्रह का पक्का घर है	किस ग्रह का असर नेक होगा
2	शुकर	बृहस्पति	शुकर का नेक असर होगा !
3	बुध	मंगल	बुध का असर नेक होगा अगर कुंडली में मंगल नेक व कायम होगा !
5	सूरज	सूरज व बृहस्पति	सूरज का असर नेक होगा !
6	बुध व केतू	केतू	बुध का असर उतम, केतू का असर केतू की चीजों के लिए मंदा लेकिन दूसरों के लिए अच्छा, अगर बुध व केतू इक्ठे हों तो बुध का बुध की चीजों पर असर अच्छा लेकिन केतू की चीजों व दूसरों के लिए मंदा होगा !
7	शुकर	शुकर व बुध	शुकर का असर नेक, बुध बाकियों को भी मदद देवे !
8	मंगल	मंगल सनीचर (चंदर उम्र)	अगर तीनों में हर कोई अकेला बैठा हो तो असर नेक होगा वरना मंदा !
11	सनीचर	बृहस्पति	सनीचर का नेक बाकी ग्रह बेरी के गला घोंटने वाले बेरों की तरह मंदा, बेर जो देखने में खूबसूरत मगर असर झाग के पताशे की तरह (यानि धोका और मंदा असर) !

ग्रह दृष्टि : दृष्टि के सम्बंध में विस्तार से वर्णन हो चुका है फिर भी घरों की दृष्टियाँ पूरी तरह से ठहराइ हुई हैं जैसे कुछ घर 100 प्रतिशत दृष्टि रखते हैं, कुछ की दृष्टि 50 प्रतिशत है और कुछ 25 प्रतिशत दृष्टि रखते हैं!

लैम्प/ग्रह की जगह : हर एक खाने की पक्की तौर पर ठहराइ हुई चीज़ें जैसे खाना नंबर-1 अपना राज दरबारी लैम्प होगा, खाना नंबर-इज़्ज़त, दौलत व धरम स्थान, खाना नंबर-3 भाई बन्धु, जंगल की जगह!

1-हर ग्रह अपनी ठहराइ हुई राशि में नेक फल दिया करता है चाहे वो राशि किसी दूसरे ग्रह का पक्का घर ही क्यों न हो! ग्रह जिस घर में बैठा हो और बैठा होने वाले घर के लिए नेक हो तो तो उस ग्रह से संबन्धित चीज़ें कायम करने से ग्रह का असर उतम हुआ करता है, जैसे केतू खाना नंबर-9 में हो तो जद्दी मकान में केतू की चीज़ें कुत्ता आदि कायम करना चाहिए!

2-जनम कुंडली में जो ग्रह जिस स्तिथी में (उंच, नीच, घर का या अपने पक्के घर का वगैरह) में बैठा हो वो अपनी स्तिथी अनुसार असर उस साल देगा जिस साल वर्षफल के अनुसार अपनी ठहराइ हुई राशि, पक्के घर या उंच के घर में आयेगा उधारण के लिए बृहस्पति उंच खाना नंबर-4 में होता है लेकिन उसका उंच राशि में बैठे होने का फल उस साल मिलेगा जिस साल वर्षफल के अनुसार यह बृहस्पति अपनी उंच के खाने (4) या पक्के घरों में आयेगा यानि जनम से अपने उंच के खाने में बैठा बृहस्पति अपना नेक फल उस साल ही दे पाएगा जिस साल वो उसके ठहराए हुये नेक घरों में आयेगा! यही नियम हर ग्रह पर लागू होगा और फल नेक भी हो सकता और मंदा भी लेकिन यह टेवे में ग्रह स्तिथी के आधार पर होगा!

3- यही हाल धोका के ग्रह का होगा यानि धोका का ग्रह जिस साल धोका के घर में (तालिका अनुसार) आयेगा उस साल पूरा धोका देगा (नेक या मंदा), उधारण के लिए धोके का ग्रह (जब खाना नंबर-2 यानि किस्मत के ग्रह का घर) खाना नंबर-11 में आयेगा (किस्मत को जगाने वाले ग्रह का घर) तो तो नेक तरफ का धोका होगा यानि अचानक नेक असर होगा और यही ग्रह जब खाना

नंबर-8 में आयेगा तो असर निहायत मंदा होगा! इसी असूल पर धोके के ग्रह का अच्छा या बुरा फल हर घर के लिए लिया जाएगा!

4-नेक असर देने वाले ग्रह का मंदा असर उसी हिसाब से होगा जैसा कि उसकी खानों में असर देने की हालत हुआ करती है! इसके उलट अगर खुद कोई ऐसी हरकत की जाए जो कि ग्रह के बरखिलाफ़ हो तो नतीजा बहुत भयानक हुआ करता है, उधारण के तौर पर राहू खाना नंबर-4 में पाप न करने की कसम लिए होता है लेकिन जब वर्षफल अनुसार राहू खाना नंबर-4 में आए और उस साल व्यक्ति राहू से संबन्धित चीज़ें खड़ी करे जैसे गर्की बनवाना, कोयलों के कारोबार के लिए कोयलों की बोरियों के अम्बार लगाना, किसी काने या लावल्द इन्सान से सांझेदारी में कारोबार शुरू करना, पाखाने आदि को बदलवाना या फिर घर की छत आदि बदलवाना, तो राहू बिना मतलब के झगड़े व कानूनी परेशानियाँ पैदा करने लगेगा!

5-इसी तरह कुंडली में या वर्षफल में बृहस्पति अति उतम हालत में हो तो व्यक्ति यदि पीपल आदि कटवाने लगे, साधू संतों का अपमान करे या बुजुर्गों का अनादर करे तो बृहस्पति का सोना मिट्टी होता होगा यानि बृहस्पति नेक फल देने की जगह मंदा असर देगा! यही नियम हर एक ग्रह के लिए लागू होगा! इसके इलावा द्दष्टि व टकराव की स्तिथी में भी यही हाल होगा!

अध्याय नंबर-12

SAGITTARIUS
CAPRICORN
AQUARIUS
PISCES
AIRES
TAURUS
GEMINI
CANCER
LEO
VIRGO
LIBRA.
SCORPIO

कुण्डली बनाने का तरीका

आम ज्योतिष से बनी हुई कुंडली में लगन में कोई भी राशि (मेख से मीन तक) हो सकती है लेकिन अगर किसी कुंडली में लगन के खाना में 7 नंबर यानि तुला राशि हो तो आम गिनती के असूल पर खाना नंबर-12 में 6 नंबर यानि कन्या राशि पढ़ेगी लेकिन लाल-किताब के नियम अनुसार इसी कुंडली के लगन के खाना से 7 नंबर हटा कर 1 नंबर लिख देना है और खाना नंबर-12 में 6 नंबर की जगह 12 नंबर लिखा जाएगा या यूं कहें कि "काल-पुरुष" की कुंडली ली जाएगी! लेकिन जब सूरज की बात करेंगे तो ग्रंथकार नें लाल-किताब 1952 के सफ़ह नंबर-195 पर एक तालिका दी है जिस में यह साफ है कि बैसाख से लेकर चैत तक के महीनों में सूरज किस-किस राशि/खाना या घर में होना चाहिए (नीचे तालिका देखें)!

इल्म ज्योतिष में जनम कुंडली बनाने का तरीका बमुजिब इल्म ज्योतिष सूरज गिना जाएगा												
राशि नंबर	1	2	3	4	5	6	7	8	9	10	11	12
नाम राशि	मेख	बृख	मिथुन	कर्क	सिंह	कन्या	तुला	बृच्छक	धनु	मकर	कुम्भ	मीन
घण्टे मिनट	1-12	1-36	2-0	2-24	2-24	2-24	2-24	2-24	2-24	2-00	1-46	1-12
मियाद सूरज हर दिन राशि में	घड़ी 3	घड़ी 4	घड़ी 5	घड़ी 6	घड़ी 6	घड़ी 6	घड़ी 6	घड़ी 6	घड़ी 6	घड़ी 5	घड़ी 4	घड़ी 3
नाम महीना	बैसाख	जेठ	हाड़	सावन	भादों	असौज	कार्तिक	मघर	पोह	माघ	फागन	चैत
एक घड़ी 24 मिंट के बराबर होती है !				राशि 1और12 =3 घड़ी राशि 2और11 =4 घड़ी राशि 3और10 =5 घड़ी					राशि 4,5,6,7,8,9 हरेक में 6 घड़ी होती हैं !			

ऊपर दी गयी तालिका ग्रंथकार नें लाल किताब-1952 के सफ़ह नंबर-195 पर दी है अगर इस तालिका को आधार माना जाए जोकि इससे ज़ाहिर होता है तो लाल-किताब का गणित सूरज का किस महीने में में किस राशि में होना बताया गया है और स्पष्ट शब्दों में लिखा है कि लाल-किताब का इल्म ज्योतिष सूरज की स्तिथी पर आधारित है!

फ़ेहरिस्त (तालिका) में सालों की जगह महीन ही समझें और महीनों के वक़्त खाना नंबर-1 से मुराद होगी बैसाख और इसके बाद आम देसी महीनों के नाम होंगे जैसे शुरू से (1)बैसाख, (2)जेठ, (3)अशाढ़, (4)सावन, (5)भादों, (6) असौज, (7)कार्तिक, (8)मघर, (9)पोह (10)माघ, (11)फागुन और (12)चैत इसी तरतीबवार होंगे! अगर मानें तो साल के 12 महीनों इन लिखे हुए महीनों में सूरज के हर खाने में होने की बात होगी!

नीचे चित्र नंबर-1 में मेख राशि को लगन में रख कर मीन तक लिखा और चित्र-2 में खाना नंबर-1 में बैसाख, 2 में जेठ इसी क्रमानुसार आखिरी खाने में चेत लिख कर दिखाया गया है!

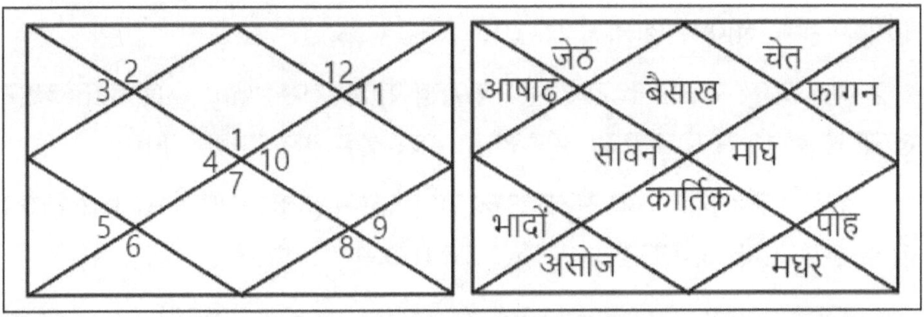

इसके ताल्लुक में लाल-किताब 1941 जोकि गुटखा के नाम से मशहूर है से सूरज की व्याख्या करते समय ग्रंथकार नें सपष्ट किया है कि ऊपर दिये गए चंदर मास के आधार पर सूरज किस राशि और किस खाना नंबर में होना चाहिए! इस बात का स्पष्टीकरन करने के लिए सूरज की व्याख्या जो गुटखा-1941 में स्फ़ह नंबर-55 से 72 तक है उसकी पहली पंक्तियाँ प्रस्तुत हैं!

	1	2	3	4	5	6	7	8	9	10	11	12
17	6.53	8.47	11.1	1.23	3.45	6.7	8.29	10.49	12.53	2.35	4.0	5.21
18	6.49	8.43	10.57	1.19	3.41	6.3	8.25	10.45	12.49	2.31	3.56	5.17
19	6.45	8.39	10.53	1.15	3.37	5.59	8.21	10.41	12.45	2.27	3.52	5.13
20	6.41	8.35	10.49	1.11	3.33	5.55	8.17	10.37	12.41	2.23	3.48	5.9
21	6.37	8.31	10.45	1.7	3.29	5.51	8.13	10.33	12.37	2.19	3.44	5.5
22	6.33	8.27	10.41	1.3	3.25	5.47	8 9	10.29	12.33	2.15	3.40	5.1
23	6.29	8.23	10.37	12.59	3.21	5.43	8.5	10.25	12.29	2.11	3.36	4.57
24	6.25	8.19	10.33	12.55	3.17	5.39	8.1	10.21	12.25	2.7	3.32	4.53

यह असल लगन सारणी का सफ़ह है जो पंडित जी की खुद की बनाई हुई है यहाँ बैसाख के महीन यानि लगभग 14 अप्रैल के बाद सूरज एक नंबर यानि मेख राशि में होगा और इस लगन सारणी में सूरज जिस खाने में रहेगा उसको लाल/दूसरे रंग में दिया है, सिर्फ बात को समझने के लिए इस सारणी का एक सफ़ह यानि कुछ दिनों का ही इस्तेमाल किया है!

विशेष : इस लगन सारणी के आधार पर कुछ बातें उभर कर आती हैं जिन पर गौर करना अति आवश्यक है :

1-क्या किसी जातक का जनम बैसाख के महीने में (15 अप्रैल से 15 मई) हो और समय शाम के 6:00 बजे हो तो प्रचल्लित ज्योतिष के अनुसार सूरज मेष राशि में होगा लेकिन खाना नंबर-7 में!

2-अब अगर खाना नंबर-1 में मेष/मेख राशि लिखा जाए और तरतीबवार खाना नंबर-12 में मीन राशि और खाना नंबर-7 में तुला राशि आएगी!

3-इस नियमानुसार अब सूरज उच्च राशि का न होकर अपनी नीच राशि का हो जाएगा जोकि अपने उच्च के फल देने में असमर्थ होगा!

4-इसके इलावा अगर खाना नंबर-7 में सूरज को तुला राशि में रखा गया तो क्या जनम कार्तिक मास का गिना जाएगा क्योंकि तुला में सूरज कार्तिक मास में हुआ करता है!

5-क्योंकि लाल-किताब में कुंडली निर्माण से लेकर फलादेश और उपाओं आदि तक आधार सूरज ग्रह है इसलिए जिस तरह नाबालिग टेवे को बालिग होने के सूरज की महतवपूर्ण भूमिका है उसी तरह हर एक व्यक्ति के जीवन में भी सूरज की भूमिका है!

6-इसलिए बारह महीनों में बैसाख से चैत तक सूरज एक-एक महिना मेष राशि से मीन राशि में रहा करता है और हर एक राशि में सूरज का महीने के अनुसार प्रभाव रहा करता है!

7-इसलिए सिर्फ खाने में नंबर बादल देने से सूरज का वो असर नहीं गिना जा सकता जोकि एक खास राशि में महीने के अनुसार हुआ करता है इसलिए नंबरों के साथ ही सूरज की स्तिथी को भी तब्दील करना ज़रूरी होगा!

8-बाकी के ग्रह सूरज से गिन कर रखे जाएँ या फिर सिर्फ सूरज को और उसके साथ बैठे ग्रह/ग्रेहों को ही तब्दील किया जाए यह एक चर्चा का विषय है!

9-यहाँ पर इन दोनों नियमों के आधार पर कुंडलियाँ निर्मित की जाएंगी ताकि बात समझ आ सके!

खाना नंबर	1	2	3	4	5	6	7	8	9	10	11	12
महिना	वैसाख	जेठ	असाढ़	सावन	भादों	असौज	कार्तिक	मघर	पोह	माघ	फागन	चेत
लगभग 10	अप्रैल	मई	जून	जुलाई	अगस्त	सितंबर	अक्तूबर	नवंबर	दिसंबर	जनवरी	फरवरी	मार्च
से 12 तक	मई	जून	जुलाई	अगस्त	सितंबर	अक्तूबर	नवंबर	दिसंबर	जनवरी	फरवरी	मार्च	अप्रैल

अब अगर सबसे ऊपर की तालिका (लाल किताब-1952 व स्फ़ह नंबर-195) पर गौर करें और उसके साथ-साथ (लाल किताब-1942, स्फ़ह-55 से 72) को भी मिलाया जाए तो कहीं-न-कहीं ग्रंथकार का मानना है कि लाल-किताब के नियमानुसार कुंडली सूरज की स्तिथी अनुसार बनेगी, जैसे किसी जातक का जन्म बैसाख के महीने में हुआ हो जब सूरज मेष राशि में होगा तो सूरज को अब मेष राशि में रख कर बाकी ग्रहों को सूरज से गिनते हुये उसी क्रमानुसार रखें तभी उस जातक को सूरज के खाना नंबर-1 जहां कि मेष राशि होगी और सूरज उंच फल का होगा के फल प्राप्त होंगे, नीचे उधाहरण देखें! इसके अलावा लाल-किताब-1942, सफ़ह नंबर-336 पर लिखा है कि **लगन की बुनियाद तलु आफ़ताब (जबकि असल लफ़्ज़ तुलूअ है जिसका अर्थ है तारे या सूरज का उदय होना**) इसलिए यहाँ तलु आफ़ताब की जगह **तुलूअ-ए-आफ़ताब** होना चाहिए और मतलब हुआ सूरज के उदय होने पर आधारित है! अब यहाँ इसी सफ़ह पर एक कुंडली का ज़िक्र है जिसमें चंदर बृच्छक राशि यानि राशि नंबर-8 में है और साथ ही साफ-साफ लिखा है कि इसको खाना नंबर-8 में लिख देंगे! इस असूल के आधार पर यदि चंदर बृच्छक राशि में कहीं भी पड़ा है उसको खाना नंबर-8 में लिखा जाएगा और चंदर की स्तिथी के अनुसार बाकी के ग्रह लिखे जाएंगे! अब इसी नियम-अनुसार सूरज को खानावार लिया जाएगा!

ग्रहों के नाम और निशान		
बृहस्पति	Jupiter	♃ इंद्रियाँ ||| खड़े ख़त
सूरज	Sun	सितारा शाखाइ
चंदर	Moon	टेढ़े ख़त
शुकर	Venus	= − लेटे ख़त
मंगल	Mars	□ मंगल नेक
बुध	Mercury	○ दायरा
सनीचर	Saturn	+ नरयुग्म
राहू	Raho	जाल
केतू	Ketoo	तीन टांगें

राशियों के नाम और निशान

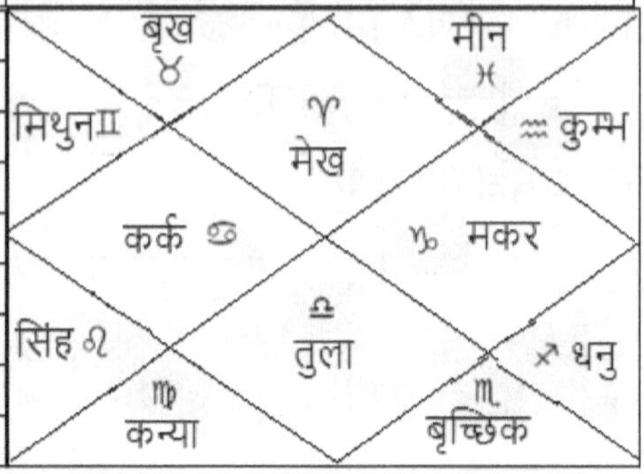

ख़ास: इसके अलावा मंगल बद के लिए (< > v) त्रिकोण का निशाना होगा! सनीचर के लिए (: ..) विसर्ग का निशान भी होगा!

1-अगर हथेली पर किसी राशि का निशान हो और हदबन्दी के असूल से जिस खाना में हो उसमें रख कर सिलसिले वार गिनते हुए कुण्डली बनानी चाहिए जैसे किसी की हथेली पर मीन राशि का निशान खाना नंबर-6 में मिले तो खाना नंबर-6 में मीन राशि (12) लिख कर सिलसिले वार आगे लिखें! अब मीन राशि का मालिक ग्रह बृहस्पति राशिफल का होगा!

2-इसी असूल पर अगर किसी के हाथ में किसी ग्रह का निशान हो तो उसको हदबन्दी के असूल से देखा जाए कि खाना में है और फिर उसको उस खाना में लिख दें, जैसे किसी हथेली पर बृहस्पति के बुर्ज (खाना नंबर-2) पर सनीचर का (+) त्रिशूल हो तो सनीचर को खाना नंबर-2 में लिखा जाएगा और यह सनीचर ग्रहफल का होगा!

नीचे दी हुई तस्वीर-1 में कुण्डली प्रचल्लित ज्योतिष के आधार पर है जिसमें तुला लगन है और सूरज खाना नंबर-2 में बृच्छक राशि का है जोकि मघर महीने में हुआ करता है! अब इसी कुण्डली को लाल-किताब के अनुसार बनाते वक़्त यह बताया गया है कि ग्रह स्तिथी को ऐसे ही रख कर सिर्फ खानों/भावों में राशियाँ तब्दील कर दी जाएँ यानि लगन में तुला की जगह मेष और गिनती के आधार पर गिनते हुये इस से आगे 2,3,4......... और खाना नंबर-12 में 12 का हिंदसा यानि मीन राशि होगी! अब प्रशन यह है बृच्छक राशि का सूरज यानि मघर महीने के

जन्मे व्यक्ति का सूरज वृषभ राशि यानि ज्येष्ठ महीने का हो गया, यह एक निहायत ध्यान देने योग्य बात है क्योंकि देश, काल व पात्र के नियम अनुसार हर जातक पर महीने के अनुसार भी प्रभाव हुआ करता है इसलिए इस नियम को संशोधित करना पढ़ेगा और नीचे दिये दो उधाहरणों से समझाने का प्रयास किया है!

लाल किताब संस्कर्ण-1952 और सफ़ह नंबर-10 पर दी हुई कुंडलियाँ

चित्र-1

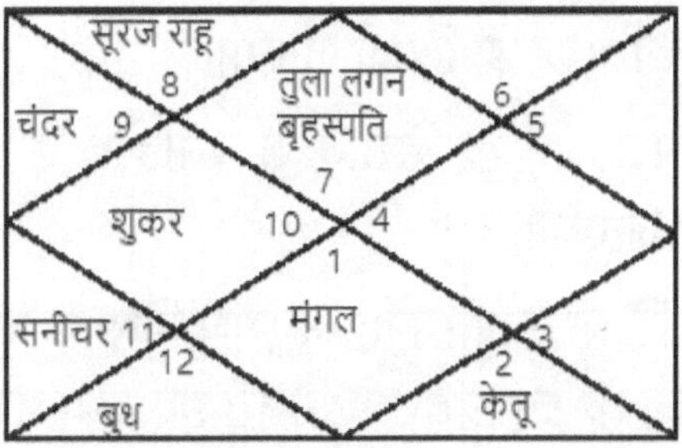

चित्र-2

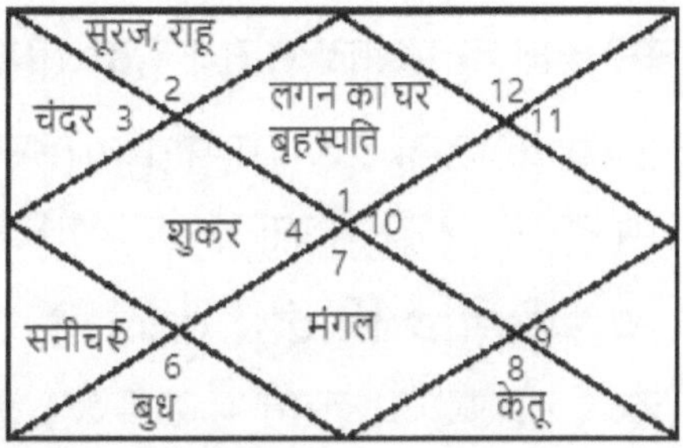

ख़ास: तुला राशि में सूरज कार्तिक मास में होता और सूरज उगने के समय तुला राशि लगन में हुआ करती है! अगर इस तुला (7) राशि को तब्दील कर 1 का हिंदसा दिया जाए तो क्या सूरज मेख राशि का और इन्सान का जनम का महीना बैसाख हो जाएगा! यह कतई मुमकिन नहीं और चर्चा का विषय है!

काबिल-ए-गौर:

1-लाल किताब-1952, सफ़ह नंबर-24 पर ग्रंथकार ने लिखा है कि "इस इल्म में जहां कहीं भी खाना नंबर का ज़िक्र होगा तो मुराद होगी कि कुण्डली का खाना नंबर है, राशि नंबर से मुराद न होगी, खाना नंबर-1 को लगन भी कहते हैं!

2-लाल किताब-1952, सफ़ह नंबर-193 पर ग्रंथकार ने लिखा है: **इल्म ज्योतिष से बनाई हुई जनम कुण्डली:** इल्म ज्योतिष और सामुद्रिक में राशियों के एक ही नंबर मुकर्रर हैं, कुण्डली वाले के जनम के मुताबिक जो राशि नंबर होता है पंजाब में इल्म ज्योतिष वाले वह हिंदसा सबसे ऊपर की चोकोर जगह में लिखते हैं! इस नंबर को वह लोग जनम लगन गिनते हैं! इल्म सामुद्रिक के इसी चोकोर को खाना नंबर-1 दे दिया गया है ताकि बारबार न गिनना पड़े कि

हर एक ग्रह जनम लगन से कौनसे नंबर के घर में या यूं कहिए कि पंजाब में कुण्डली के बारह खानों की शक्ल पक्के तौर पर मुकर्रर है ख़्वाह इल्म ज्योतिष वाले ऊपर के चोकोर खाना में जनम वक़्त की राशि का हिंदसा लिख देवें ख़्वाह सामुद्रिक वाले उस ऊपर के चोकोर को खाना नंबर-1 दे देवें!

खास:

1-जनम समय के हिसाब से पंचांग से बनी हुई कुण्डली के खाना नंबर-1 में जनम वक़्त के हिसाब से तय शुदा राशि का नंबर ही लिखा जाएगा!

2-जो कुण्डली इल्म सामुद्रिक (हस्त रेखाओं) के हिसाब से बनाई जाएंगी उनमें लगन के घर में खाना नंबर-1 दिया जाएगा!

लाल-किताब की चंदर कुण्डली: प्रचल्लित ज्योतिष के अनुसार जिस राशि में चंदर हो उसको लगन में रख कर बाकी के ग्रह चंदर से गिनते हुए क्रमवार (तरतीब से) लिख दिये जाते हैं और इसको चंदर कुंडली कहा जाता है, उधारण के लिए नीचे दी हुई कुंडली जोकि लाल किताब-1952 के सफ़ह नंबर-194 के अनुसार है!

जन्म कुंडली कुम्भ लगन

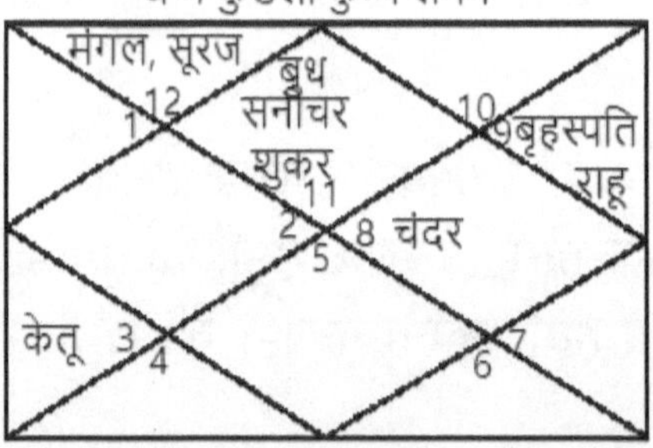

चंदर कुंडली प्रचल्लित ज्योतिष अनुसार

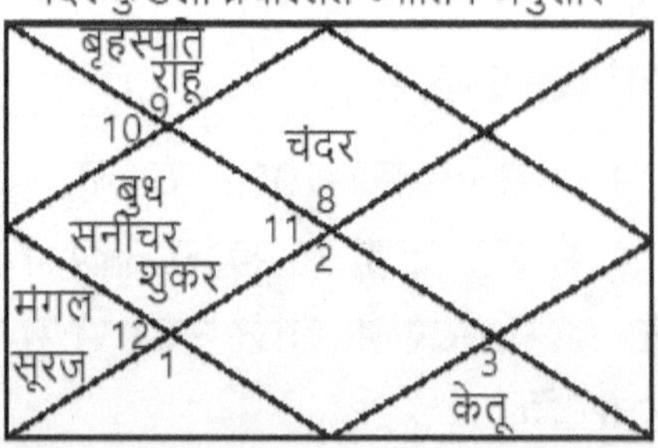

जन्म कुंडली में कुम्भ लगन उदय हो रहा है और बाकी के ग्रह उस दिन की ग्रह स्तिथी के अनुसार रखे हुए हैं! जन्म कुंडली में चंदर बृच्छिक राशि में खाना नंबर-10 में है, अब इस बृच्छिक राशि को लगन में रख कर बाकी के ग्रह चंदर की स्तिथी से गिनते हुए रख दिये तो इसको चंदर कुंडली का नाम दिया गया! लेकिन लाल-किताब में चंदर कुंडली का निर्माण अलग तरीके से किया जाता है और इसी कुम्भ लगन की कुंडली को उधारण के रूप में लेकर देखते हैं!

लाल किताब अनुसार चंदर कुंडली-1

लाल किताब अनुसार चंदर कुंडली-2

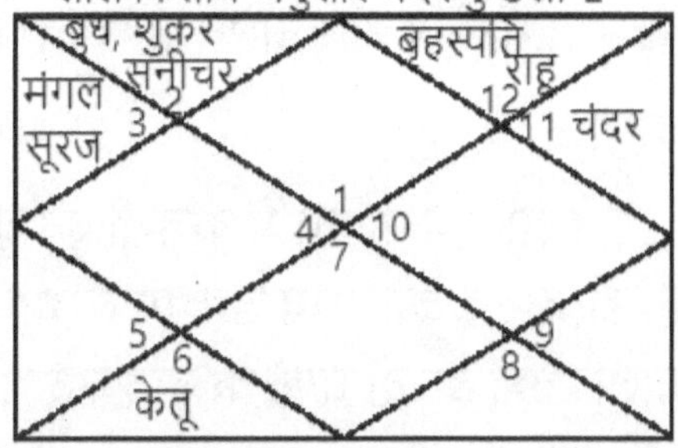

लाल किताब नियमानुसार जो राशि जन्म कुंडली में हो उसमें चंदर को लिख दिया जाता है और बाकी के ग्रह जन्म कुंडली में चंदर से गिनने पर जिस स्थान पर आते हों वहाँ लिखे जाएंगे, जैसे जन्म लगन में कुम्भ राशि है तो चंदर अब कुम्भ राशि में लिखा जाएगा, चंदर से गिनने पर दूसरे घर में बृहस्पति व राहू हैं तो इनको चंदर से दूसरा घर मिलेगा, चंदर से गिनने पर चौथे घर में बुध, शुकर व सनीचर हैं अब इनको चंदर से गिनते हुए चौथे घर में रखा जाएगा और इसी गिनती के आधार पर बाकी के सभी ग्रह रख दिये जाएंगे!

अब लाल किताब की बिना राशियों को ध्यान में रखते हुए पहले घर में खाना नंबर-1 लिखा जाएगा और इसी तरतीब से (क्रम अनुसार) लिखते हुए आखिरी खाने में नंबर-12 होगा और ग्रहों को अब इसी क्रम से घुमाते हुए लिखा जाएगे यानि खाना नंबर-2 में बुध, शुकर व सनीचर, खाना नंबर-3 में सूरज व मंगल, खाना नंबर-6 में केतू, खाना नंबर-11 में चंदर और खाना नंबर-12 में बृहस्पति व राहू लिए जाएंगे और यह लाल किताब के खानों के नियमानुसार कुंडली होगी!

अब इस लाल किताब की कुंडली का असर कभी-कभी अचानक हुआ करता है और वो भी महादशा के खाली रखे हुए सालों में! यह अब राशिफल की कुंडली होगी जिसके शक का फ़ायदा उठाया जा सकता है! जिस तरह से व्यक्ति के जीवन का हाल जन्म कुंडली से देखा जाता है उसी तरह से उसकी औरत के बारे में चंदर कुंडली देखी जाएगी फर्क सिर्फ इतना है कि शादी से पहले चंदर अचानक और बिना बताए असर दिया करती है लेकिन औरत के आने के बाद से यदि शादी के

दिन से चंदर कुंडली का अपना पूरा असर हुआ करता है जो कुच्छ भी औरत की किस्मत में होगा और औरत राशिफल की तरह मदद दिया करती है!

वहम :

1-इल्म-ए-ज्योतिष में कुंडली की बुनियाद जनम वक़्त का लगन हुआ करता है! हर लगन का समय लगभग दो घण्टे हुआ करता है यानि लगन में उदय होने वाली राशि हर दो घण्टे के बाद बदला करती है! जैसे 2 बजे से 4 बजे तक पैदा होने वाले बच्चों का लगन एक ही होगा!

2-इल्म सामुद्रिक में 12 साल की उम्र तक ग्रहों का या नाबालिग बच्चे की रेखा का एतबार नहीं गिनते!

3-ऊपर के दोनों ही वहम या भ्रम का हल दोनों ईल्मों (प्रचल्लित ज्योतिष व लाल किताब) के अनुसार बनी हुई कुंडलियों के मिल जाने से दूर होगा, लेकिन किसी वजह से इन दोनों कुंडलियों के साथ भी समस्या हल न हो तो दोनों ही को गलत समझ लेना मुनासिब न होगा!

4-प्रचल्लित ज्योतिष वाली कुंडली सिर्फ व्यक्ति के खुद के हालात के बारे में बता सकती है लेकिन हस्त रेखा (सामुद्रिक) की कुंडली बच्चे की गुज़श्ता (गुज़रा हुआ समय यानि भूतकाल) पुश्तों का हाल बताने में सक्षम होगी यानि अगर कुंडली के हालात अगर व्यक्ति के खुद से न मिलें तो तो उसके बाप या बाबे से ज़रूर मिलेंगे और हालात के न मिलने का कारण पितृ ऋण या मातृ ऋण हुआ करता है! इसलिए इल्म ज्योतिष/हस्त रेखा वाले टेवों के लिए इस ऋण का उपाओ सबसे पहले ज़रूरी होगा!

5-मर्द का दायाँ हाथ (सूरज) तदबीर ज़ाहिरा यानि अपने कर्मों के द्वारा और बायाँ हाथ (चंदर) यानि तकदीर, बुजुर्गों का हिस्सा व गैबी मदद से संबन्धित है!

6-औरत का यही हाल उलट हाथों यानि बायाँ तदबीर होगा और दायाँ हाथ तकदीर होगा! अगर किसी मर्द या औरत के दायाँ और बायाँ हाथ फर्क बता रहे हों तो दोनों ही हाथों को अलग-अलग देख कर दोनों के नतीजों को मिला लेना चाहिए! आम ज़िंदगी में दायाँ हाथ ज्यादा असर किया करता है लेकिन बाएँ हाथ

का असर अचानक हुआ करता है खासकर चंदर व शुकर के वक़्त में (यानि इन ग्रहों के असर करने की अपनी उम्र)!

7-नर ग्रह सूरज, बृहस्पति व मंगल का फल दायें हाथ पर ज़्यादा होगा और बाकी मुखन्नस ग्रह (न ही नर न ही मादा यानि खुसरे या हिंजड़े) हैं इसलिए दोनों हाथों पर अपने हिसाब से असर दे दिया करते हैं!

8-आमतौर पर इन्सान दिमाग के बाएँ हिस्से से काम ज़्यादा लेता है जिसके असर का संबंध दायें हाथ से हुआ करता है और दिमाग के दायें तरफ के खानों से कम काम लिया करता है और इसका असर बाएँ हाथ पर हुआ करता है, इसलिए यदि कोई रेखा बाएँ हाथ पर तो हो लेकिन दायें हाथ पर न हो तो ऐसी रेखा का असर बहुत कम या न के बराबर हुआ करता है लेकिन कुदरती तौर पर इसका असर ज़ाहिर हो सकता है!

सामुद्रिक (हस्त रेखा) से जनम कुंडली बनाने का ढंग

विशेष : हस्त रेखा या सामुद्रिक के नियमानुसार बनी हुई कुण्डली में ही खाना नंबर बोला जाएगा न कि राशि नंबर, जैसे किसी की हथेली पर सूरज का निशान खाना नंबर-12 की जगह पर हो तो सूरज खाना नंबर-12 में लिखा जाएगा अब यदि राहू का निशान हथेली पर नहीं मिला तो राहू भी खाना नंबर-12 में ही लिखा जाएगा!

असूल यह है कि हथेली के खानों (हदबन्दी के असूल पर) में नर ग्रहों की तलाश करनी चाहिए और जो नर ग्रह जिस खाने में दिखाई दे उसको कुण्डली के खाने में लिख कर बाकी के ग्रह तत्कालीन ग्रह स्तिथी के आधार पर लिख देनी चाहिए! यदि एक से अधिक नर ग्रह हथेली पर दिखाई दे रहे हों तो सबसे ताकतवर ग्रह को लिया जाएगा!

जब कोई रेखा एक बुर्ज (पर्बत) से निकल कर दूसरे बुर्ज पर चली जाए तो जिस बुर्ज से वो रेखा निकली थी तो उस तरफ के बुर्ज का घर कुंडली की वो जगह होगी जहां जाकर वो रेखा ख़त्म हुई यानि अगर चंदर के बुर्ज से रेखा सनीचर को जा निकले तो सनीचर को खाना नंबर-4 मिलेगा और चंदर खाना नंबर-10 में होगा!

बाकी जिस किसी भी ग्रह का निशान जिस भी बुर्ज पर होगा तो वह ग्रह उसी खाना नंबर में कुंडली में होगा यानि अगर □ चोकोर निशान सनीचर के बुर्ज पर हुआ तो मंगल कुंडली के खाना नंबर-10 में लिया जाएगा/होगा!

अगर हथेली पर कोई निशान न मिले और न ही कोई पूरी तरह से रेखा ही हो तो बुर्जों की ऊंचाई या नीचाई से कुंडली को पूरा किया जाना चाहिए!

इसी तरह बुर्जों के घर और निशान एक तरतीब (क्रम) से हमेशा के लिए मुकर्रर हैं इसलिए जिस बुर्ज का निशान जहां कहीं पाया जाए उसी हिसाब से ग्रेहों को कुंडली में भर लिया जाएगा!

जो बुर्ज नीचा (दबा) हो और वो ग्रह जिसका निशान न मिल रहा हो नीच फल और नीच राशि के लिए जाएंगे, अगर बुर्ज कायम हो लेकिन ग्रह का निशान न हो तो अपने घर का ग्रह गिना जाएगा और बुर्ज से संबन्धित रेखा से शक दूर होगा!

1-हर एक ग्रह की मुकर्ररा रेखा भी उस ग्रह का खाना नंबर होगा!

2-सनीचर और बृहस्पति यानि मध्यमा और तर्जनी के मध्य का हिस्सा कुंडली का खाना नंबर-11 होगा!

3-जिस जगह पर सेहत रेखा उम्र से मिले/काटे वो जगह सनीचर का हेडकवाटर खाना नंबर-8 लिया जाना चाहिए!

4-आगे हथेली पर जिस ग्रह का निशान हों तो ग्रह कुंडली के किस घर/खाने में होगा!

3 चक्कर, 3 संख या सदफ़, 3 सीधे खड़े खत ।।।, 6 खत ।।।।।। चार चक्कर पाँच संख, या शुकर का बृहस्पति हो यानि बृहस्पति का बुर्ज बहुत बड़ा हो या नरम हाथ का बृहस्पति हो या औलाद रेखा शादी रेखा को काट रही हो या क़िस्मत रेखा की जड़ में बुध दायरा O हो या शुकर के बुर्ज पर भाइयों की लम्बी-लम्बी व टेढ़ी रेखाएँ हों या सिर रेखा उम्र रेखा से न निकल कर बृहस्पति के बुर्ज से निकलती दिखाई दे!	7

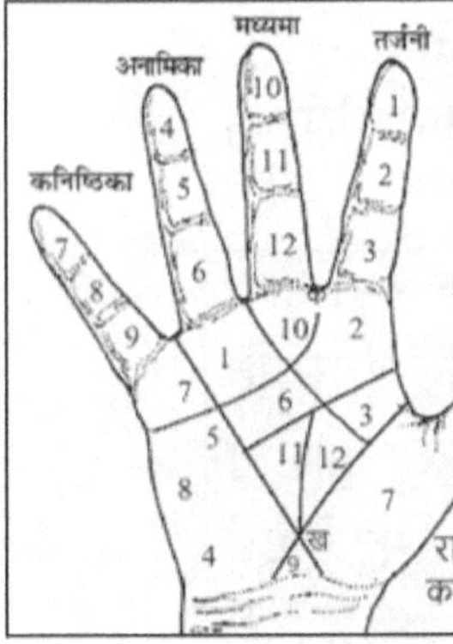

इस चित्र में उँगलियों पर राशियाँ जैसे तर्जनी उंगली के तीन पोर मेष, बृख और मिथुन के हैं, अनामिका पर कर्क, सिंह, कन्या, कनिष्का पर तुला, बृच्छिक, धनु और मध्यमा पर मकर, कुम्भ, मीन हैं !

हथेली पर तर्जनी उंगली के नीचे खाना नंबर-2, अनामिका के नीचे खाना नंबर-3, कनिष्का के नीचे खाना नंबर-7 व मध्यमा के नीचे खाना नंबर-10 है और यह बुर्ज या परबत भी कहे गए हैं !

तर्जनी व मध्यमा के मध्य (क) खाना नंबर-11 है और सेहत रेखा व उम्र रेखा के मिलने की जगह (ख) खाना नंबर-8 या सनीचर का हेडकवाटर है ! इन बुरजों या परबतों पर जिस ग्रह का निशान होगा उसको कुंडली के खाना नंबर में रखा जाएगा, जैसे मान लो बृहस्पति के बुर्ज (2) पर राहू का जाल ▦ हो तो राहू को कुंडली के खाना नंबर-2 में लिखा जाएगा !

राहू व केतू को बुर्ज नहीं दिया गया और हथेली पर राहू चंदर के बुर्ज के नीचे कलाई पर और केतू शुकर के बुर्ज के नीचे कलाई के हिस्से पर लिया गया है!

बृहस्पति का ग्रह

अगर हथेली पर ग्रहों के ठहराए निशान हों	ग्रह होगा कुंडली के खाना नंबर में
क़िस्मत रेखा की जड़ में चार शाखाइ रेखा या बृहस्पति का खास निशान ♃ या सूरज के बुर्ज पर एक चक्कर (बुध) के बुर्ज की तरफ हो या दोनों पर गिनती करने पर कुल उँगलियों पर सिर्फ एक संख या एक चक्कर मिले या बृहस्पति का एक सीधा खत। बृहस्पति के अपने बुर्ज पर हो!	1
बृहस्पति के बुर्ज पर दो सदफ़ हों या दो सीधे खड़े खत ॥ हों!	2
3 सदफ़, या दोनों हाथों पर 7 चक्कर या 7 सीधे खड़े खत ||||||| या गृहस्त रेखा बृहस्पति के बुर्ज पर!	3
4 सदफ़ या चार संख या चार सीधे खड़े खत |||| या 2 चक्कर चंदर के बुर्ज पर एक संख होवे या सदफ़ एक, चंदर रेखा बृहस्पति के बुर्ज पर खत्म हो रही हो!	4
5 सदफ़, 5 चक्कर या 5 सीधे खत ||||| कुल उँगलियों पर हों या सेहत रेखा नीचे जाकर क़िस्मत रेखा के शुरू होने वाले हिस्से से जा मिले यानि कलाई से क़िस्मत रेखा निकल कर सेहत रेखा से जा मिले!	5

6 चक्कर या क़िस्मत रेखा की जड़ में केतू का निशान हो या बृहस्पति के बुर्ज से शाख निकल कर हथेली पर खाना नंबर-6 की जगह पर खत्म हो!	6
3 चक्कर, 3 संख या सदफ़, 3 सीधे खड़े खत |||, 6 खत |||||| चार चक्कर पाँच संख, या शुकर का बृहस्पति हो यानि बृहस्पति का बुर्ज बहुत बड़ा हो या नरम हाथ का बृहस्पति हो या औलाद रेखा शादी रेखा को काट रही हो या क़िस्मत रेखा की जड़ में बुध दायरा O हो या शुकर के बुर्ज पर भाइयों की लम्बी-लम्बी व टेढ़ी रेखाएँ हों या सिर रेखा उम्र रेखा से न निकल कर बृहस्पति के बुर्ज से निकलती दिखाई दे!	7
2 संख-आठ सीधे खत ||||||||, गृहस्त रेखा उर्दू के लफ़्ज़ अलिफ़ की तरह हो, उंगलियों पर आठ चक्कर या ग्यारह चक्कर (उस वक़्त जब हाथ में 6 उँगलियाँ हों)! क़िस्मत रेखा किसी भी तरह सूरज रेखा से न मिले! बृहस्पति का बुर्ज बिलकुल न हो यानि सपाट! क़िस्मत रेखा या दिल रेखा दो शाखाइ -< हो! हाथ पर ^< ^ △ त्रिकोण (आधा या पूरा) हो या क़िस्मत रेखा की जड़ पर त्रिकोण हो!	8
क़िस्मत रेखा सीधे डंडे की तरह खड़ी हो!	9
सूरज के बुर्ज बुध के बुर्ज की तरफ एक सदफ़ हो! कुल उँगलियों पर दस ◎चक्कर हों या उम्र रेखा चंदर पर खत्म हो रही हो यानि पितृ रेखा बन रही हो! हथेली पर ऊर्ध रेखा पाई जाए!	10
बृहस्पति और सनीचर के बुर्ज दो शाखाइ रेखा (क़िस्मत रेखा से शाख सनीचर को) से मिल रहे हों! उँगलियों पर 9 चक्कर हों या सिर की श्रेष्ठ रेखा हथेली पर मौजूद हो!	11

3 सीधे खत III, 6 संख, 12 चक्कर (जब उँगलियाँ 6 हों), क़िस्मत रेखा की जड़ पर राहू का ▦ निशान हो या मच्छ रेखा शुकर के बुर्ज पर या शुकर व चंदर दोनों ग्रेहों के बुर्जों के मध्य में यानि हथेली के खाना नंबर-9 पर ऊपर को मुंह किए हुए और ऊर्ध रेखा या उम्र उसके मुंह में दिख रही हो!	12

विशेष : उँगलियों की पोरियों की निशनियों के हिसाब से लिया हुआ बृहस्पति राशि नंबर का होगा और हाथ की हथेली से लिए निशान से बृहस्पति बुर्जों के खाना नंबर का होगा लेकिन ऐसा बृहस्पति संख, चक्कर या सदफ़ के निशान से लिया हुआ नहीं होना चाहिए क्योंकि ऐसा बृहस्पति राशि नंबर का हुआ करता है! सिर्फ बृहस्पति की रेखा या बृहस्पति के खास निशान ♃ से लिया हुआ बृहस्पति ही बुर्ज नंबर का गिना जाएगा!

सूरज का ग्रह

अगर हथेली पर ग्रहों के ठहराए निशान हों	ग्रह होगा कुंडली के खाना नंबर में
शुकर व बुध के बुर्ज सेहत रेखा ज़रिए आपस में मिल रहे हों और हथेली पर सूरज रेखा भी हथेली पर खाना नंबर-1 के स्थान कायम व दुरुस्त हालत में हो! सूरज का सितारा ⊛ सूरज के बुर्ज पर लेकिन बुध के बुर्ज की तरफ हो तो सूरज खाना नंबर-1 का उस समय होगा जब यह सितारा हर तरह से कायम हो वरना सूरज खाना नंबर-5 में लेना चाहिए! (सूरज रेखा या सेहत रेखा हथेली पर खाना नंबर-11 तक होनी चाहिए)	1
सूरज रेखा खुद या कोई शाख सूरज रेखा से चल कर बृहस्पति के बुर्ज को जा निकले!	2
सूरज रेखा से कोई शाख निकल कर मंगल नेक के बुर्ज पर जा निकले!	3

सूरज के बुर्ज से कोई शाख़ या खुद सूरज रेखा ही चंदर के बुर्ज पर जा निकले लेकिन इस रेखा को मंगल बद के बुर्ज से दूर होना चाहिए! कोई रेखा सूरज व चंदर के बुर्जों के मध्य में हो, दोनों बुर्जों को मिलाती हुई नज़र आए लेकिन मिला न रही हो!	4
सूरज रेखा अपने बुर्ज पर ही हो और सूरज के पक्के घर में ही मालूम हो साथ ही सूरज का बुर्ज भी कायम हो! सेहत रेखा बुध से चल कर हथेली पर खाना नंबर-11 में खत्म हो रही हो!	5
सूरज रेखा हथेली की बड़ी आयत (मुस्ततील) में खत्म हो रही हो!	6
शुकर के बुर्ज से शाख़ सूरज बुर्ज पर जा निकले, शुकर का पतंग हथेली पर कायम हो (खाना नंबर-7 में जो बुध का भी घर है, बुध जुदा असर नहीं करता)!	7
सूरज के बुर्ज से किसी शाख़ का मंगल बद के बुर्ज पर जा निकलना! हथेली पर किस्मत रेखा और सूरज रेखा का न होना या सूरज रेखा व किस्मत रेखा दोनों का आपस में न मिलना!	8
किस्मत रेखा की जड़ (शुरू होने की जगह) पर चार  रेखा हो!	9
सूरज रेखा खुद सनीचर के बुर्ज निकलती दिखाई दे या सूरज के बुर्ज से किसी शाख़ का सनीचर के बुर्ज पर जा निकलना!	10
सूरज रेखा हथेली पर खाना नंबर-11 आय/बचत पर खत्म हो रही हो!	11
सूरज रेखा हथेली पर खाना नंबर-12 खर्च में खत्म हो रही हो!	12

चंदर का ग्रह

अगर हथेली पर ग्रेहों के ठहराए निशान हों	ग्रह होगा कुंडली के खाना नंबर में
चंदर के बुर्ज से कोई रेखा या शाख़ सूरज के बुर्ज को जा निकले!	1
किस्मत रेखा या मोहब्बत रेखा चंदर से शुरू हो कर बृहस्पति के बुर्ज पर खत्म हो!	2

मंगल नेक से कोई शाख़ चंदर रेखा या बुर्ज को हो या चंदर रेखा मंगल नेक पर खत्म हो!	3
धन रेखा जब चंदर से शुरू हो या सिर रेखा के नीचे त्रिकोण △ हो!	4
दिल रेखा (चंदर रेखा) सूरज के बुर्ज के नीचे खत्म हो रही हो! चंदर के बुर्ज से कोई शाख़ निकल कर सेहत रेखा में जा मिले!	5
चंदर के बुर्ज से कोई रेखा सिर रेखा को अबूर (काट) कर बड़ी आयतकार (मुस्ततील) में खत्म हो!	6
दिल रेखा जब बुध के बुर्ज (कनिष्का की जड़) पर खत्म हो रही हो! दिल रेखा (चंदर रेखा) सिर रेखा से मिलकर खत्म हो जाए तो उम्र खत्म मालूम देगी ऐसी हालत में फकीरी रेखा नशा बाज़ी की रेखा यानि सिर और दिल रेखा मिल जाएँ! सेहत रेखा दिल रेखा को काटे और आगे न बढ़े!	7
सिर रेखा पर ऊपर की तरफ त्रिकोण △ हो, मंगल बद के बुर्ज से रेखा का चंदर की तरफ को जा निकलना, पितृ (उम्र) रेखा या किस्मत रेखा चंदर के बुर्ज पर त्रिकोण△ बना दें! उम्र रेखा या किस्मत रेखा दो शाखाइ ^ हो खाना नंबर-9 के करीब मिलकर!	8
किस्मत रेखा का चंदर के बुर्ज से कलाई से शुरू होना!	9
दिल रेखा सनीचर के बुर्ज के नीचे मध्यमा की जड़ पर खत्म हो रही हो! उम्र रेखा दिल रेखा से मिल रही हो! सिर रेखा, दिल रेखा और उम्र रेखा तीनों ही मिल जाएँ!	10
दिल रेखा (चंदर रेखा) बृहस्पति के बुर्ज की तरफ को लेकिन बीच में ही खत्म हो या हथेली के खाना नंबर-11 को रेखा या रेखा से शाख़ जा निकले!	11
चंदर रेखा खुद या चंदर रेखा से कोई शाख़ हथेली पर खाना नंबर-12 को जा निकले!	12

शुकर का ग्रह

अगर हथेली पर ग्रहों के ठहराए निशान हों	ग्रह होगा कुंडली के खाना नंबर में होगा
शुकर के बुर्ज पर अंगूठे की जड़ में सूरज का सितारा ⊛ हो! शुकर के बुर्ज से कोई शाख सूरज के बुर्ज को जा निकले! शुकर का पतंग पूरा हो!	1
अकेली शुकर रेखा बृहस्पति के बुर्ज पर हो! मोहब्बत रेखा या औलाद रेखा शादी रेखा को काट रही हो! भाइयों की लम्बी-लम्बी लेकिन टेढ़ी रेखाएँ बृहस्पति के बुर्ज को जा निकलें!	2
गृहस्त रेखा मंगल नेक से चल कर अंगूठे की जड़ में झुक रही हो! धन रेखा शुकर के बुर्ज से शुरू होकर मंगल नेक पर खत्म हो रही हो!	3
शुकर और चंदर के बुर्जों को आपस में मिलाती हुई सीधी लेटी (फ़कीरी, नशा रेखा या शराफत रेखा) रेखा मौजूद हो!	4
सेहत रेखा या सूरज की तरक्की रेखा शुकर से चलकर बुध के बुर्ज (पर्बत) पर खत्म हो रही हो!	5
सेहत रेखा या सूरज की तरक्की रेखा शुकर के बुर्ज से शुरू होकर हथेली की बड़ी आयत (मुस्ततील, जो खाना नंबर-6 है) में खत्म हो! शुकर के बुर्ज पर राहू ▦ का निशान हो!	6
सेहत रेखा या सूरज की तरक्की रेखा बुध के बुर्ज से शुरू होकर शुकर के बुर्ज में खत्म हो या शुकर के बुर्ज पर बुध का दायरा O हो!	7
शुकर से कोई शाख मंगल बद के बुर्ज को जा निकले!-8	
धनु राशि (कनिष्का उंगली की तीसरी पोरी) कोई खत निकल कर शादी रेखा को काट रही हो!	9
शुकर का पतंग या शुकर रेखा मध्यमा के नीचे सनीचर के बुर्ज पर मौजूद हो!-10	

शुकर के बुर्ज से कोई शाख निकल कर हथेली पर खाना नंबर-11 के स्थान पर खत्म हो!	11
शुकर के बुर्ज से कोई शाख निकल कर हथेली पर खाना नंबर-12 में खत्म हो या हथेली पर मच्छ रेखा हो!	12

मंगल नेक का ग्रह

अगर हथेली पर ग्रहों के ठहराए निशान हों	ग्रह होगा कुंडली के खाना नंबर में
सूरज के बुर्ज पर चोकोर □ निशान हो! मंगल नेक से शाख सूरज के बुर्ज पर जा निकले	1
गृहस्त रेखा बृहस्पति के बुर्ज में जा निकले!	2
मंगल नेक पर चोकोर □ निशान हो या गृहस्त रेखा मंगल नेक में खत्म हो	3
श्रेष्ठ धन रेखा या पितृ रेखा चंदर के बुर्ज से शुरू होकर मंगल नेक पर खत्म हो!	4
मंगल नेक से कोई शाख चलती हुई सेहत रेखा को काटे!	5
मंगल नेक से चलकर कोई शाख बड़ी आयत (मुस्ततील खाना नंबर-6) में खत्म होवे!	6
मंगल नेक से गृहस्त रेखा शुकर पर खत्म हो! मंगल नेक से कोई शाख बुध में जा निकले!	7
मंगल नेक से कोई रेखा/शाख मंगल बद पर जा निकले!	8
किस्मत रेखा की जड़ (शुरू होने की जगह) पर चोकोर □ निशान हो!	9
गृहस्त रेखा सनीचर के बुर्ज पर खत्म हो रही हो!	10
मंगल नेक से कोई शाख चलकर हथेली पर खाना नंबर-11 के स्थान पर खत्म हो!	11
मंगल नेक से कोई शाख चलकर हथेली पर खाना नंबर-12 के स्थान पर खत्म हो!	12

मंगल बद का ग्रह

अगर हथेली पर ग्रहों के ठहराए निशान हों	ग्रह होगा कुंडली के खाना नंबर में
मंगल बद के स्थान से कोई शाख/रेखा सूरज के बुर्ज को जा निकले!	1
मंगल बद के स्थान से कोई शाख/रेखा बृहस्पति के बुर्ज को जा निकले!	2
मंगल बद के स्थान से कोई शाख/रेखा मंगल नेक के बुर्ज को जा निकले!	3
मंगल बद के स्थान से कोई शाख/रेखा चंदर के बुर्ज को जा निकले!	4
मंगल बद से कोई रेखा निकल कर सेहत रेखा को काटे या कलाई रेखा हथेली में घुस जाए!	5
मंगल बद के स्थान से कोई शाख/रेखा बड़ी आयत (मुस्ततील खाना नंबर-6) को जा निकले!	6
शुकर से कोई शाख मंगल बद में या सिर रेखा मंगल बद पर खत्म हो या सिर रेखा आखिर में दो शाखाई हो!	7
सिर रेखा के ऊपर त्रिकोण △ का निशान हो!	8
किस्मत रेखा की जड़ में त्रिकोण △ का निशान हो या किस्मत रेखा शुरू में दो ^ शाखाइ हो	9
उम्र रेखा दो शाखाई ^ हो या मंगल बद से शाख/रेखा सनीचर के बुर्ज पर जा निकले!	10
मंगल बद के स्थान से कोई शाख/रेखा हथेली पर खाना नंबर-11 को जा निकले!	11
मंगल बद के स्थान से कोई शाख/रेखा हथेली पर खाना नंबर-12 को जा निकले! हथेली पर काग रेखा 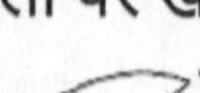 मंगल बद की पूरी निशानी	12

बुध का ग्रह

अगर हथेली पर ग्रहों के ठहराए निशान हों	ग्रह होगा कुंडली के खाना नंबर में
सूरज के बुर्ज से कोई रेखा बुध के बुर्ज पर जा निकले!	1
सिर रेखा उम्र रेखा से अलग होकर शुरू हो और उसका रुख बृहस्पति के बुर्ज की तरफ हो!	2
सिर रेखा मंगल नेक पर खत्म हो रही हो या मंगल नेक से शुरू हो रही हो	3
सिर रेखा और दिल रेखा आपस में मिल जाएँ! सेहत रेखा दिल रेखा को काट रही हो! सिर रेखा झुक कर चंदर के बुर्ज में खत्म हो रही हो!	4
सेहत रेखा दुरुस्त व कायम हो, ज़रूरी नहीं कि शुकर के बुर्ज तक जा रही हो बल्कि सही हालत यह होगी कि हथेली पर खाना नंबर-11 की जड़ तक हो!	5
बुध से शुकर तक सेहत रेखा कायम हो और सिर की श्रेष्ठ रेखा मौजूद हो!	6
सिर रेखा की लम्बाई सेहत रेखा तक ही हो और शादी की दो रेखाएँ = बुध के बुर्ज पर हों	7
सिर रेखा मंगल बद पर जा निकले या सिर रेखा आखिर में दो शाखाई हो!	8
धनु राशि (कनिष्का की तीसरी पोरी) से रेखा बुध के बुर्ज तक हो या किस्मत रेखा की जड़ में बुध का दायरा O हो!	9
बुध का दायरा O सनीचर के बुर्ज पर हो!	10
बुध के बुर्ज से शाख हथेली के खाना नंबर-11 पर जा निकले!	11
बुध के बुर्ज से शाख हथेली के खाना नंबर-12 पर जा निकले!	12

सनीचर का ग्रह

अगर हथेली पर ग्रेहों के ठहराए निशान हों	ग्रह होगा कुंडली के खाना नंबर में
सूरज का सितारा⊛ सनीचर के बुर्ज पर या सूरज के बुर्ज पर ही हो लेकिन सनीचर बुर्ज की तरफ खिसका हुआ हो या सनीचर के बुर्ज से कोई शाख सूरज के बुर्ज पर जा निकले!	1
उम्र रेखा बृहस्पति के बुर्ज से शुरू हो रही हो!	2
सनीचर के बुर्ज से कोई शाख उम्र रेखा को काट कर मंगल नेक के बुर्ज पर जा निकले या गृहस्त रेखा सनीचर के बुर्ज पर!	3
सनीचर रेखा और दिल रेखा आपस में मिल जाएँ!	4
सनीचर से कोई शाख चल कर सेहत रेखा को काटे!	5
सनीचर रेखा से कोई शाख बड़ी आयत (मुस्ततील) में जा निकले!	6
सनीचर रेखा और उम्र रेखा आपस में मिली होंवें या सनीचर से शाख सिर रेखा को या शुकर के बुर्ज को जा निकले!	7
मंगल बद से कोई शाख सनीचर में! सनीचर का हेडकवाटर खाना नंबर-8 होता है!	8
किस्मत रेखा की जड़ पर + त्रिशूल (सनीचर का अपना निशान) हो, उर्ध रेखा होवे!	9
सनीचर के बुर्ज पर खुद सनीचर की रेखा का होना!	10 अच्छा
सनीचर व बृहस्पति की उँगलियों मध्य (जोकि खाना नंबर-11 है) पर सनीचर का निशान!	11 बुरा
हथेली पर मच्छ रेखा जब उम्र रेखा या उर्ध रेखा मच्छ रेखा के मुंह में हो!	12

राहू केतू : इन दोनों ग्रेहों की कोई रेखा मुकर्रर (तय) नहीं सिर्फ निशान ही मुकर्रर हैं **राहू** के लिए 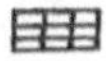 जाल और **केतू** के लिए  चारपाई या तीन टांगें! हथेली के जिस खाने (हदबन्दी के असूल पर) में दोनों में से जिस ग्रह का निशान मिले वहाँ लिख देना चाहिए! अगर निशान कहीं भी दिखाई न दे तो दोनों ही ग्रह अपने पक्के घरों के लिए जाएंगे यानि राहू खाना नंबर-12 में और केतू खाना नंबर-6 में! हथेली पर मच्छ रेखा मौजूद होने के वक़्त दोनों ही ग्रह अपने उंच के घरों में गिने जाएंगे यानि राहू 6-3 में और केतू 12-9 में, अंतिम फैसला दुरुस्ती के असूल पर होगा कि राहू 6 में है या 3 और केतू 12 में है 9 में!

बन्द मुट्ठी व कुण्डली का बाहमी (आपसी) ताल्लुक (सम्बंध)

बन्द मुट्ठी के खाने : खाना नंबर 1-4-7-10 हैं और इनको बन्द मुट्ठी इसलिए कहा गया हैं कि जब आम सामान्य हालत में इन्सान अपनी हाथों की मुट्ठी को बन्द करता है तो उसकी उँगलियों की पहली पोरी सिर रेखा या बुध रेखा के कुछ नीचे ही हुआ करती है इसलिए कुण्डली के या हथेली के इन खानों को बन्द मुट्ठी के खानों के नाम से पुकारा गया, इस हालत में मुट्ठी के अन्दर खाना नंबर-1 सूरज का बुर्ज, खाना नंबर-10 सनीचर का बुर्ज, खाना नंबर-4 के लिए चंदर रेखा व खाना नंबर-7 के लिए सिर रेखा को लिया गया है, किसी भी ग्रह की रेखा को उस ग्रह का खाना नंबर कहा गया है!

बुध (आकाश) और हवा (बृहस्पति) को गाँठ लगा कर इकट्ठा कर देने वाली चीज़ ग्रह हुई

और इन नौ ग्रहों की मिलाई हुई चीज़ हर इन्सान की किस्मत का खज़ाना, और इन गाँठो से बंधा इल्म सामुद्रिक के नाम से जाना गया, जो सब भेद खोलने के लिए मुकर्रर हुआ,और इस इल्म से बनी कुण्डली आम ज्योतिष के असूल पर न होकर ग्रहों की हालत को हथेली पर तय शुदा खानों में रख कर बनी कुण्डली को खानों की कुण्डली कहा गया जो आम ज्योतिष के असूल हटकर हुई जिसमें बन्द मुट्ठी के खानों (1,4,7,10) को इन्सान (बच्चा) साथ लाई हुई मोया या क़िस्मत का नाम दिया, इसी असूल पर बाकी खानों के ग्रहों और उनके ताल्लुकदारों से इन्सान का ताल्लुक और आम मिलने वाली चीजों के लिए हर एक खाना को तय कर

जवानी का हाल देखने के लिए खाना नंबर 1,4,7,10 हुए तो अपना बचपन और वालदैन का हाल देखने के लिए खाना नंबर 9,11,12 होंगे, खुद की औलाद और अपनी मौत के बाकी बचने वाले ताल्लुकदारों का हाल खाना नंबर 2,3,5,6 ठहराए तो मौत बीमारी के लिए खाना नंबर-8 हुआ जिसको मारग/मारक अस्थान कह कर पुकारा!

अपवाद : खाना नंबर-6 जो हथेली की बड़ी मुस्ततील (आयत दिल रेखा, सिर रेखा, क़िस्मत व सूरज रेखा के कारण बनती है) भी मुट्ठी में दिखाई देती है लेकिन बन्द मुट्ठी के खानों में गिनी नहीं जाती! इसका कारण शायद यह होगा कि इसका एक हिस्सा क़िस्मत रेखा जो खाना नंबर-2 को और दूसरा हिस्सा सूरज रेखा है का कुछ हिस्सा मुट्ठी के बाहर की हद में रहता है!

1-100% दृष्टि के खाने 1-4-7-10 होंगे, साथ लाए हुए भरे ख़ज़ाने!

2-50% दृष्टि के खाने 3-11-5-9 होंगे, दूसरों की की मदद से पैदा करदा चीज़ें!

3-25% दृष्टि के खाने 2-6-12 होंगे, रिशतेदारों से ली हुई चीज़ें!

(यहाँ दृष्टि के लिए खाना नंबर-1 खाना नंबर-7 को देख सकता है जबकि खाना नंबर-7 व 10 नहीं देख सकते! इसी तरह खाना नंबर-3 खाना नंबर-9 व 11 को और खाना नंबर-5 खाना नंबर-9 को देख सकता है लेकिन खाना नंबर-9 व 11 नहीं देखा करते और आखिर में खाना नंबर-2 देखेगा खाना नंबर-6 को और खाना नंबर-6 खाना नंबर-12 को और खाना नंबर-12 खाना नंबर-8 को लेकिन खाना नंबर-12 खाना नंबर-6 व खाना नंबर-6 खाना नंबर-2 को नहीं देख सकता! इस हर एक खाने की दृष्टि के लिए बुध सबसे अलग है क्योंकि वो जहां से जिस खाने को देख सकता है तो जब उस देखा जाने वाले खाने में बैठा हो तो भी दृष्टि रखेगा! इसी तरह सनीचर, सूरज व चंदर के लिए दृष्टि के कुछ विशेष नियम हैं)!

राशियों के बगैर सिर्फ ग्रेहों से ही खाना का असर देखने का ढंग

पहले यह देखना ज़रूरी होगा कि कहीं भी बैठा हुआ ग्रह अपनी किस स्तिथी में है और कुण्डली के किस खाने में है! उधारण के तौर पर कुण्डली में बृहस्पति

व शुकर किसी ऐसे घर में बैठे हों जहां इनका असर रद्दी हो रहा हो तो अब इन ग्रेहों के रद्दी होने के कारण खाना नंबर-2 का असर मंदा होगा क्योंकि खाना नंबर-2 का राशिपति शुकर है और इस घर का पक्का ग्रह बृहस्पति है! इसी तरह से बाकी ग्रेहों का असर भी देखना ज़रूरी होगा जैसा कि नीचे की तालिका में दिखाया गया है!

खाना नंबर	1	2	3	4	5	6	7	8	9	10	11	12
किस ग्रह का असर किस घर का होगा	बुध	खाना नंबर-2	बुध	बृहस्पति	बृहस्पति	बुध	शुकर	मंगल	बृहस्पति	सनीचर	सनीचर	राहू
आपस में संयुक्त या दृष्टि सम्बंध से मिलते ग्रह	सूरज,मंगल,सनीचर	शुकर, बृहस्पति	सनीचर, मंगल	सूरज का चंदर से सम्बंध	सूरज राहू व/या केतू का सम्बंध	केतू, शुकर	बुध	सनीचर व चंदर का सम्बंध	बृहस्पति बजाते ख़ुद	सनीचर, राहू या केतू से दायें बाएँ से मिले	बृहस्पति व सनीचर का साथ	बृहस्पति से सनीचर का सम्बंध

कैफ़ियत : इस तालिका के हिसाब से जब दिये हुए ग्रह आपस में संयुक्त हों या किसी तरह भी दृष्टि से मिल रहे हों (यहाँ खानों की ठहराइ हुई दृष्टि ही ली जानी चाहिए लेकिन दृष्टि का दर्जा (%) चाहे कोई भी हो तो सामने दिये हुए ग्रह का असर उसके सामने दिये हुए घर के लिए पैदा हो जाएगा जैसे :

1-कुण्डली में मंगल व सनीचर संयक्त हों तो बुध चाहे कुण्डली के राजयोग देने वाले घरों में ही बैठा हो लेकिन खाना नंबर-3 में दिया बुध का असर साथ होगा!

2-बुध कुण्डली में अकेला जैसा भी बैठा हो वैसा ही असर शुकर खाना नंबर-7 का देगा चाहे खुद कहीं भी बैठा हो!

3-सनीचर व चंदर का किसी भी तरह का सम्बंध बन रहा तो मंगल चाहे अपने उंच के घर में हो या अपने पक्के घर में लेकिन खाना नंबर-8 के मंगल का असर साथ होगा!

नर ग्रह बोलते जुफ़्त के घर में	स्त्री ग्रह बोलते ताक में हैं
बुध बोलता 3-6 में	तो पापी नहीं बोलते 2 में हैं

नर ग्रह कुण्डली के किसी भी खाना में बैठा हो और बैठा होने वाले घर के अनुसार इसका असर कुण्डली के जुफ़्त (सम-जो दो से विभाजित हों) जैसे 2-4-6-8-10-12 में मिल रहा होगा या प्रभावशाली हुआ करते हैं, उसी तरह स्त्री ग्रह ताक (विषम-जो दो से विभाजित न हों) जैसे 1-3-5-7-7-9 में अपना असर दिया करते हैं या प्रभावशाली हुआ करते हैं! बुध खाना नंबर-3 (आकाश) व 6 (पाताल) यानि दोनों ही जहान में प्रभावशाली हुआ करता है और पापी ग्रह हर एक घर में अपनी स्तिथी के अनुसार प्रभावशाली हुआ करते हैं सिवाए खाना नंबर-2 जो कि हर ग्रह का मुश्तरका धरम अस्थान है, इस घर में पापी चुप रहते हैं!

ख़त (रेखा) "A-B" बुध की रेखा लिखी गई है, जो शुकर के बुर्ज में जा निकलती है! हथेली पर यही रेखा सेहत रेखा

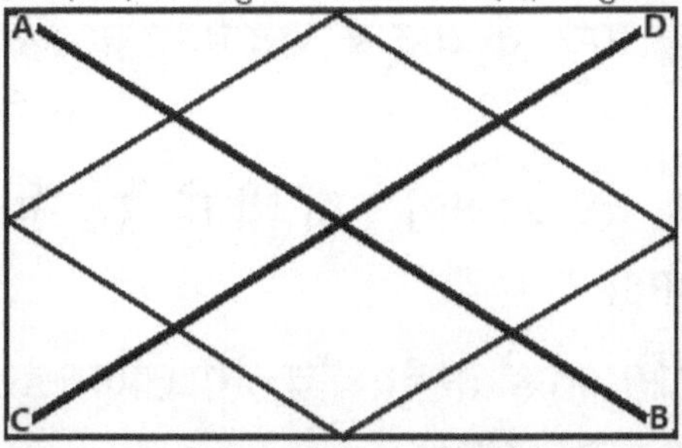

या सूरज की तरक़्क़ी रेखा के नाम से जानी जाती है। ख़त "D-C" बृहस्पति की रेखा है जो चंदर के बुर्ज से चल कर बृहस्पति को जा निकलती है और यह रेखा पितृ रेखा के नाम से भी जानी जाती है।

(क)ख़त "BA" के नीचे के तरफ़ की त्रिकोण (मशलश) "A-B-C" के किसी भी खाने (खाना नंबर-3 से 8 तक) में बुध-सूरज इक्ठे बैठे हों या अलग-अलग तो बुध मदद देगा सूरज को ऊंच फल का होने में यानि अब सूरज उम्र के वास्ते, ख़ुद कुण्डली वाले व कुण्डली के कुल कबीले के लिए।

(ख)ख़त "BA" के ऊपर की तरफ़ की त्रिकोण (मशलश) "A-D-B" के खानों के (1-2-9 से 12) में किसी भी खाने में बुध-सनीचर इक्ठे बैठे हों या या अलग-अलग तो बुध मदद सनीचर को ऊंच फल के देने के लिए यानि व्यक्ति की ख़ुद की उम्र व कबीले के लिए नेक फल का होगा।

(च) ऊपर की त्रिकोण (मशलश) "A-D-B" के किसी भी खाने में सूरज हो और नीचे की त्रिकोण (मशलश) "A-B-C" के किसी भी खाने में सनीचर तो (क) व (ख) के असूल पर बुध का असर नहीं लिया जाएगा और न ही ऐसी स्तिथी में जब सूरज और सनीचर मुश्तरका(इक्ठे) बैठे हों!

(छ) जब "C-A-D" से बनने वाली त्रिकोण (मशलश) के किसी भी खाने (1 से 5 व 12) में बृहस्पति बैठा हो तो ख़ुद बृहस्पति ऊंच फल का होगा और सूरज (चाहे कहीं भी बैठा हो) को मदद देगा!

(ज) जब "C-B-A" से बनने वाली त्रिकोण (मशलश) के किसी खाने (खाना नंबर-6 से 11) में बैठा बृहस्पति ऊंच फल का होगा और सनीचर को मदद देगा सनीचर ख़ुद खाना नंबर-1 से 5 या 12 में किसी भी घर में बैठा हो!

(झ) बृहपति टेवे के खाना नंबर-1 से 5 में बैठा हो तो सूरज को मदद देगा और खाना नंबर-6 से 11 में बैठा हुआ बृहस्पति सनीचर को मदद देगा!

1-जिस कुण्डली में केतू नेक व कायम स्तिथी में हो उस कुण्डली में बुध/राहू नीच हुआ करते या बुध नर ग्रहों से घिरा होगा और राहू स्त्री ग्रहों से घिरा होगा!

2-जिस कुण्डली में बुध हर तरह नेक व कायम या फिर उंच के घर में हो उस कुण्डली में केतू नीच घर का या कमजोर हुआ करता है!

3-जब बुध व केतू एक ही हालत के हों तो लड़का-लड़की (केतू-बुध) दोनों ही एक ताकत के होंगे या जिस कुण्डली में बुध व केतू दोनों ही एक ही ताकत

के हों (यानि दोनों ही कायम व नेक) तो एक ही बतन (पेट) से लड़का व लड़की इक्ठे पैदा हुए हों तो लड़का (केतू) कुछ समय के बाद बरबाद होगा या ख़त्म होगा!

4-अगर केतू खाना नंबर-6 में हो या बुध के साथ कहीं भी तो केतू नीच समझना चाहिए लेकिन बुध नीच नहीं होगा!

5-अगर बुध व राहू खाना नंबर-12 में संयुक्त हों तो बुध नीच होगा लेकिन इस स्तिथी में राहू नीच न होकर उंच का समझना चाहिए!

ग्रह कुण्डली की मकान के हिसाब से दुरुस्ती की जांच

कुण्डली के खाना नंबर-1 से खाना नंबर-9 की गिनती के असूल पर बैठे हुए ग्रहों को देखें और अब मकान से बाहर निकलते वक़्त मकान का जो हिस्सा दायीं तरफ को होगा उस तरफ कुण्डली में खाना नंबर-1 से लेकर खाना नंबर-8 में बैठे हुए ग्रह असर देते हुए मिलेंगे! इस असूल पर जब मकान में दाखिल हुआ जाए तो दायीं तरफ की हिस्से में (बाहर निकलते वक़्त यही हिस्सा बायीं तरफ का होगा) कुण्डली के खाना नंबर-12 से खाना नंबर-9 (उल्टा यानि 12->11->10->9) में बैठे हुए ग्रह असर देते मिलेंगे!

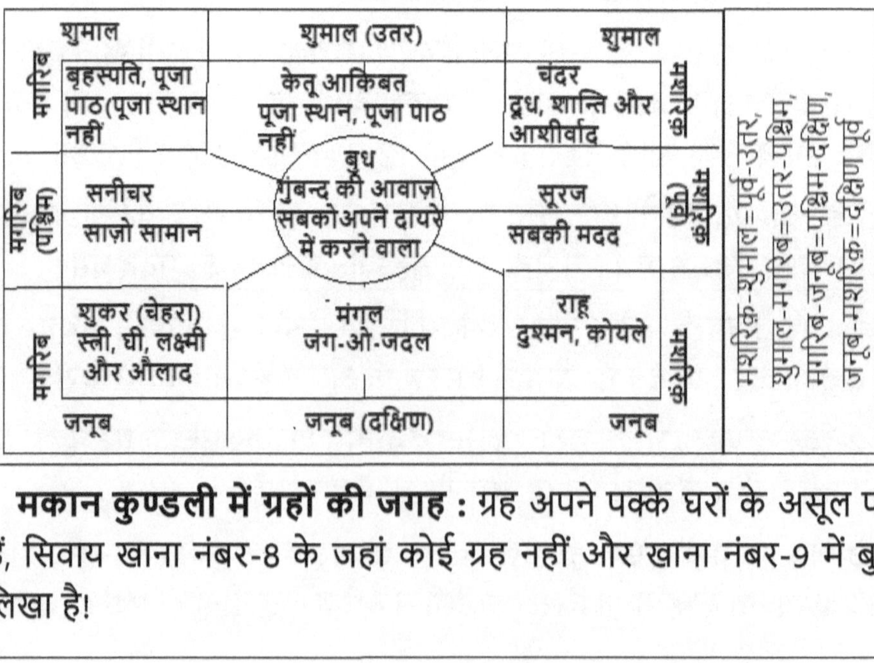

मकान कुण्डली में ग्रहों की जगह : ग्रह अपने पक्के घरों के असूल पर हैं, सिवाय खाना नंबर-8 के जहां कोई ग्रह नहीं और खाना नंबर-9 में बुध लिखा है!

खाना नंबर-1 सूरज, खाना नंबर-2 बृहस्पति, खाना नंबर-3 मंगल नेक, खाना नंबर-4 चंदर, खाना नंबर-7 शुकर, खाना नंबर-10 सनीचर, खाना नंबर-12 राहू!

खाना नंबर-9 बुनियाद (मकान का मध्य (दरमियान) वाला हिस्सा, बुनियाद!

खाना नंबर-5 बृहस्पति (पूर्व दिशा की दीवार का मध्य (दरमियान) वाला हिस्सा!

खाना नंबर-6 केतू (उतर दिशा की दीवार का मध्य (दरमियान) वाला हिस्सा

खाना नंबर-8............ (दक्षिण दिशा की दीवार का मध्य (दरमियान) वाला हिस्सा!

खाना नंबर-11 बृहस्पति (पश्चिम दिशा की दीवार का मध्य (दरमियान) वाला हिस्सा

मकान से टेवे की दुरुस्ती

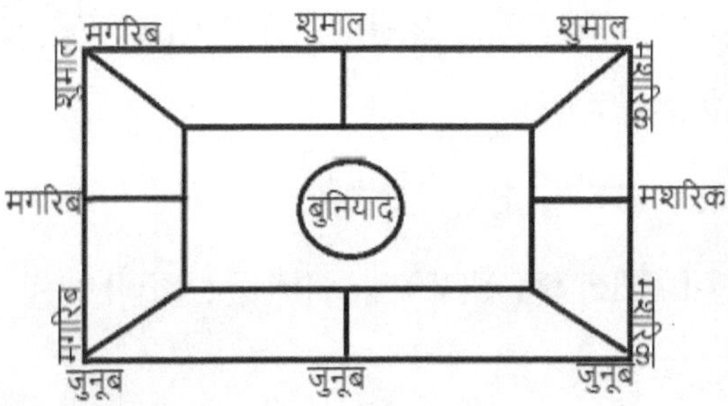

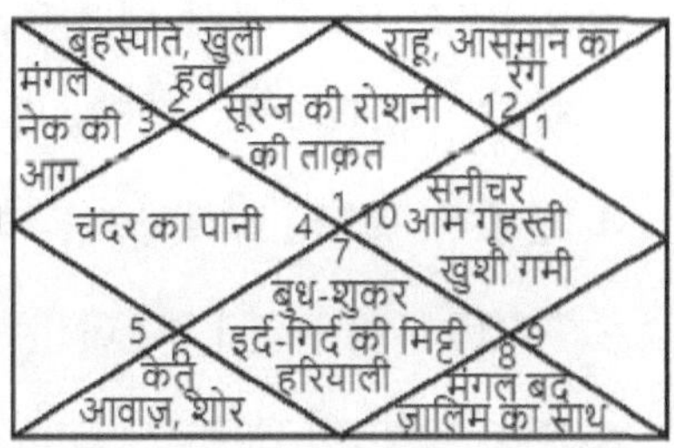

तमाम दिशाएँ:

1-मशरिक(पूर्व)----पूर्व दिशा की कुल दीवार का मध्य (दरमियान) कुण्डली का खाना नंबर-5

2-मशरिक़-शुमाल(उतर-पूर्व)—, पूर्व की दीवार और उतर की दीवार के मिलने की जगह वाला कोना

3-शुमाल(उतर)----उतर दिशा की कुल दीवार का मध्य(दरमियान) कुण्डली का खाना नंबर-6

4-शुमाल-मगरिब(उतर-पश्चिम)--उतर की दीवार और पश्चिम की दीवार के मिलने वाली जगह का कोना

5-मगरिब(पश्चिम)----पश्चिम की कुल दीवार का मध्य(दरमियान) कुण्डली का खाना नंबर-11

6-मगरिब-जुनूब(पश्चिम-दक्षिण)---पश्चिम की दीवार और दक्षिण की दीवार के मिलने की जगह का कोना

7-जुनूब(दक्षिण)----दक्षिण दिशा की कुल दीवार का मध्य(दरमियान) कुण्डली का खाना नंबर-8

8-जुनूब-मशरिक---दक्षिण के दीवार और पूर्व की दीवार के मिलने की जगह का कोना

तमाम ग्रहों मकान से संबन्धित चीज़ें:

1-बृहस्पति : हवाई रास्ते, दरवाज़े या बृहस्पति का सामान!

2-सूरज : रोशनी, धूप, राज हुकूमत, राजदरबार से संबन्धित सामान या चीज़ें!

3-चंदर : चंदर की जानदार व बेजान चीज़ें!

4-शुकर : कच्ची दीवार, गाय या शुकर की दूसरी चीज़ें!

5-मंगल : खाने पीने की जगह या मंगल का साधन या जानदार चीज़ें!

6-बुध : बुध की जानदार या बेजान चीज़ें!

7-सनीचर : लकड़ियों की जगह वरना जिस जगह सनीचर का समान जानदार या बेजान हो

8-राहू : मकान का गंदा पानी बाहर जाने की जगह, गर्की, धुएँ की जगह!

9-केतू : घर के अंदर रोशनदान केतू के हैं, रोशनदान अगर ज़्यादा हों तो तो जिस तरफ/कमरा में दूसरे कमरों से कम रोशनदान होंगे वो केतू की जगह होगी!

विशेष : अगर किसी भी ग्रह की जानदार और बेजान चीज़ें दोनों ही हों तो जानदार चीजों को महत्व देना चाहिए! जिस ग्रह की कोई चीज़ न हो वो ग्रह अपने पक्के घर का समझना चाहिए! ऊपर के ढंग से जब कुण्डली बन जाए तो आम कुण्डली में नकल करें!

लाल-किताब के नियमानुसार जब कुण्डली को खाना नंबर-1 देकर और आखिरी खाने में खाना नंबर-12 लिखने पर जब कुण्डली तयार हो जाए तो कुण्डली में दिखाई देने वाले कुल ग्रेहों को उनके खाने के अनुसार मकान कुण्डली के खानों में लिख दें, मकान कुण्डली की हर एक दिशा मुकर्रर (तय) है जैसा ऊपर चित्र में दिखाया गया है! उधारण के लिए जनम कुण्डली में सूरज खाना नंबर-9 में हो तो सूरज को कुण्डली के मरकज़ (मध्य) में लिखा जाएगा और इस बात की दुरुस्ती या पुष्टि के लिए व्यक्ति के जद्दी मकान या खुद के बनाए मकान के के मध्य में खुला सहन होगा यानि सूरज की रोशनी पढ़ती होगी! यदि कुण्डली में शुकर खाना नंबर-5 में हो तो मकान की पूर्वी दीवार में कच्ची मिट्टी के होगी या गाय बांधने का स्थान इस दीवार के साथ लगा हुआ होगा!

बचाव सिर्फ यह है कि कुण्डली के मंदे ग्रेहों की चीज़ें मकान कुण्डली के उस हिस्से में स्थापित न होने दें जो कुण्डली के खानों के अनुसार मकान कुण्डली का हिस्सा हो! एक बाप के कई बेटे (एक से अधिक) हों तो ज़रूरी नहीं सब-के-सब के साथ मकान कुण्डली मेल खाती होगी!

कुण्डली मुश्तरका खानदान-सूरज जिस घर में टेवे वाले की अपनी कुण्डली में हो		
मुश्तरका (इक्ठा) असर सात पीढ़ी (पुश्तों) तीन पीढ़ियाँ टेवे वाले से पहले की और तीन पीढ़ियाँ टेवे वाले से बाद की और मध्य (दरमियान) यानि चौथी पीढ़ी खुद टेवे वाला होगा	बृहस्पति-बाबा चंदर-माता शुकर-स्त्री मंगल-बड़ा भाई बुध-बहन सनीचर-हमउम्र लेकिन रिश्ते में फ़र्क राहू-ससुराल केतू-औलाद लड़का	जिस खाने में बाबे की कुण्डली में बृहस्पति लिखा खुद टेवे वाले की कुण्डली के उसी खाने में बृहस्पति लिखें! इसी नियम के अनुसार बाकी के रिश्तेदार ज़िन्दा हों या मर चुके हों, से संबन्धित ग्रह टेवे वाले के अपने खुद के टेवे में ग्रेहों के ठहराए हुए खानों में लिखें !

कुण्डली की जांच

अगर किसी व्यक्ति को जनम की तारीख, समय आदि नहीं मालूम या कोई शक हो तो ग्रंथकार ने जीवन में हुई महत्वपूर्ण घटनाओं, हथली पर ग्रेहों के निशान और मकान कुण्डली की मदद लेने का ज़िक्र किया है और तरीका "लाल-किताब-1952 के सफ़ह नंबर-208 पर ब्यान किया है!

एक शख़्स ने फरमाया कि उसका जनम 3 भादों, संवत 1968 को हुआ इस के मुताबिक तारीख 18 अगस्त 1911 को शायद सूरज निकलने से पहले 3 से 5 बजे दरमियान या सूरज छुपने के 3 से 5 घण्टे बाद हुआ! माता-पिता गुज़र चुके हैं और सलाह लेने के समय 39 वां साल चल रहा था! कोई पक्की शहादत यानि वाकया या घटना भी याद नहीं सिर्फ हाथ का खाका है या फिर अपने जद्दी मकान का हाल मालूम है! कभी-कभी अपनी माता से इतना ज़रूर सुना करता था कि मेरा जनम श्री कृष्ण के जनम वक़्त से मिलता जुलता है!

सुबह 3 और 5 के दरमियान (कर्क लगन) 5 बजकर 19 मिनट तक !

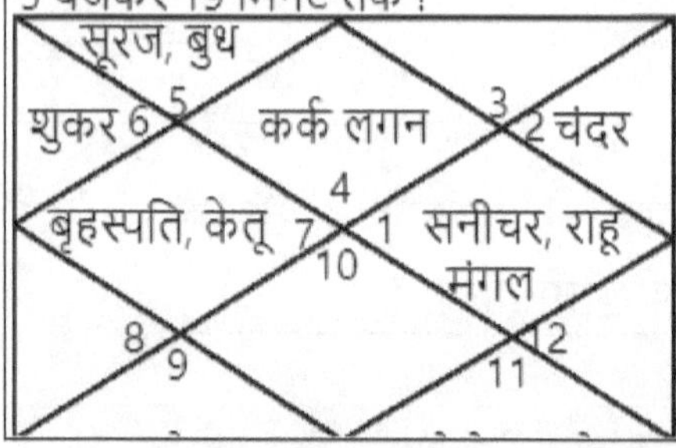

कर्क लगन वाली कुंडली जो सुबह के बनी उसके फलादेश के लिए !

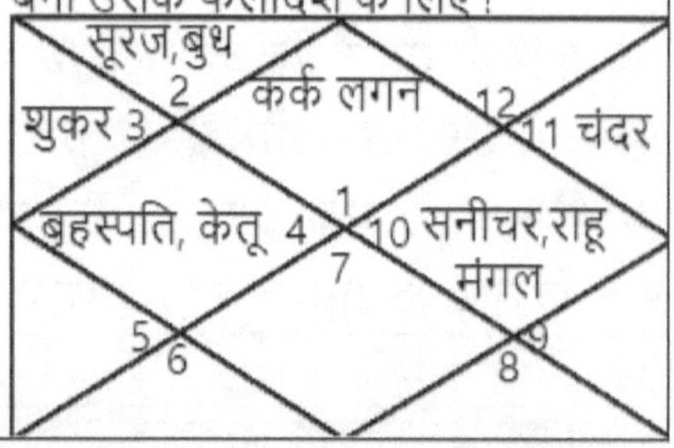

यह कुण्डली सुबह के समय सूरज निकलने से 3 घण्टे या 5 घण्टे पहले के दरमियान की है जिसमें पंचांग के आधार पर कुण्डली बना कर उसको फलादेस्ग के लिए एक, दो, तीन से गिन कर बारह तक के खाने दे दिये गए!

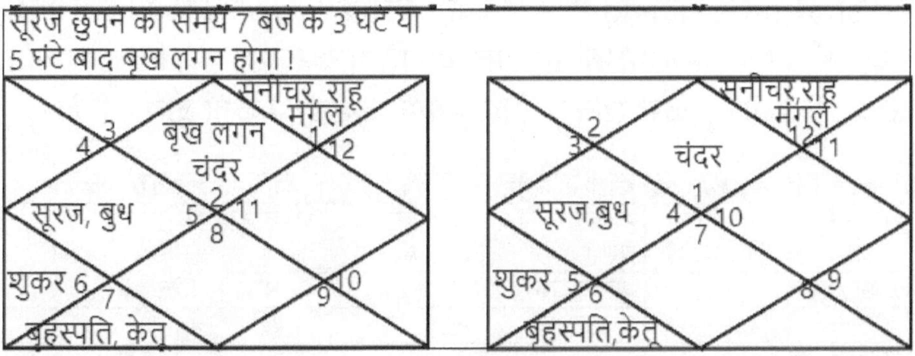

दूसरी कुण्डली सूरज छुपने के 3 घण्टे से 5 घण्टे के दरमियान की है!

अपवाद: अगर सुबह की कुण्डली में सूरज खाना नंबर-2 में है तो शाम की कुण्डली में यह सूरज खाना नंबर-6 में होना चाहिए क्योंकि किसी भी कुण्डली का खाना नंबर-1 सूरज उदय के समय की राशि लिए होता है और खाना नंबर-7 सूरज अस्त के समय की राशि लिए होता है!

पहली मकान कुंडली कर्क लगन को खानों में बदलने के बाद की है और दूसरी मकान कुंडली बृख के अनुसार खानों में ग्रहों को रखने के बाद की है, दोनों ही कुंडलियाँ व्यक्ति से पूछे गए हालत को देखकर तयार की हुईं हैं!

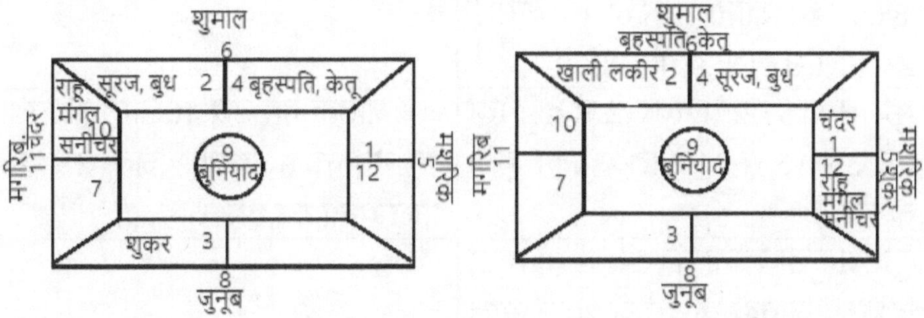

प्रचल्लित ज्योतिष के अनुसार बनी हुईं जनम कुंडलियों में दिखाये हुए हिंदसों को मिटा कर लगन को खाना नंबर-1 देकर (खाना नंबर-1 है न कि राशि नंबर-1) तरतीबवार सभी खानों के हिन्दसे लिख दिये और उनमें हिंदसों के हिसाब से ग्रहों को रख दिया गया! अब मकान कुंडली जिसमें की सभी दिशाएँ

तय हैं! हर ग्रह से संबन्धित चीज़ें (अश्या), कारोबार व रिश्तेदार तय हैं इसलिए ऊपर की दोनों कुंडलियों की ग्रह चाल को मिला कर देखा गया कि कौन-कौन सा ग्रह कुंडली के किस खाने या फिर मकान कुंडली में कहाँ बोल रहा है!

सुबह 3 बजे से 5 बजे वाली कुंडली के अनुसार			रात को 11:30 बजे की कुंडली के अनुसार	
नाम ग्रह	किस घर में	मकान के किस तरफ	किस घर में	मकान के किस तरफ
सूरज, बुध	2	शुमाल, मगरिब में	4	शुमाल, मशरिक़ में
शुकर	3	दक्खन में	5	मशरिक की दीवार में
बृहस्पति, केतू	4	शुमाल, मशरिक़ में	6	शुमाल की दीवार में
मंगल, राहू, सनीचर	10	मगरिब(मकान का अंदर)	12	जुनूब, मशरिक में
चंदर	11	मगरिब दीवार में	1	मशरिक (मकान का अंदर)

ग्रह सपष्टी (ग्रहों की दुरुस्ती)

ग्रह चाल (स्तिथी) के अनुसार क्या होना चाहिए	असल में ठीक-ठीक क्या हुआ
सूरज, बुध खाना नंबर-2 में तो खुद कमाई (नौकरी या वजीफा) 25 साल की उम्र से शुरू होनी चाहिए!	वजीफा 1935 में मिला और उस वक़्त तारीख 17-18 या 20-22 अगस्त थी, बहरहाल 18 अगस्त जनम दिन के लगभग ही घटना हुई!
सूरज, बुध खाना नंबर-4 तो कमाई 24 साल से शुरू होनी चाहिए!	
बुध अकेला खाना नंबर-2 में तो पिता की उम्र 16 से 21 साल शक्की हुआ करती है!	जब जातक की उम्र 10 साल से पिता का देहान्त हुआ और जब उम्र 20 साल माता का देहान्त हुआ!
बुध अकेला खाना नंबर-4 में तो माता की उम्र जातक के 16 से 20 वें साल में शक्की हुआ करती है!	
शुकर खाना नंबर-3 मकान का जुनूबी (दक्षिण दिशा) हिस्सा कच्चा होना चाहिए!	मकान सारे का सारा कच्चा था!

शुकर खाना नंबर-5 में तो मकान का मशरिक (पूर्वी दिशा) का हिस्सा कच्चा होना चाहिए!	
बृहस्पति, केतू खाना नंबर-4 तो धरम स्थान शुमाल-मशरिक (उतर-पूर्व) दिशा में होना चाहिए!	उतर और उतर-पूर्व के दरमियान धरम मन्दिर है! जब तक पिता जीवित थे जीवन शाहाना था!
बृहस्पति, केतू खाना नंबर-6 में तो धरम स्थान शुमाल (उतर) दिशा में होना चाहिए!	
केतू अकेला खाना नंबर-4 में तो औलाद 29 साल की उम्र में कायम होनी चाहिए!	औलाद 29वें साल में हुई लेकिन लड़की पैदा हुई और उसी वक़्त के लगभग बहन के यहाँ भी औलाद हुई!
केतू अकेला खाना नंबर-6 में तो जब व्यक्ति के यहाँ औलाद पैदा हो उसके लगभग बहन के घर भी औलाद पैदा हुआ करती है!	
मंगल, सनीचर, राहू खाना नंबर-10 में तो बड़ा भाई, चाचा व ससुर तीनों ही राजा की तरह सरकार से संबन्धित होंगे यानि उच्च पदवी के मालिक!	दो भाई सरकार की तरफ से रायबहादुर और तीसरा भाई सरकारी ठेकेदार था! खुद जातक और बही सभी बाल बच्चों वाले लेकिन ससुर व चाचा दोनों ही लावल्द
चंदर खाना नंबर-11 तो औलाद माता के देहान्त के बाद पैदा होगी और माता जातक की शादी से पहले चल बसेगी! औरत के भाई 3 ज़रूर होंगे!	
चंदर खाना नंबर-1 मकान के मशरिक (पूर्वी) हिस्से में कुआं होगा लेकिन खाना नंबर-2 खाली होने के कारण कुआं खुश्क होगा!	कुआं मशरिक़ (पूर्वी) हिस्से में मौजूद लेकिन पानी से भरा हुआ!

मंगल, सनीचर, राहू खाना नंबर-10 अगर शराब का आदी हो तो 34 साल की उम्र में मैदान-ए-जंग में मुर्दों के दरमियान लगभग मुर्दे की तरह या बिजली का करंट लग सकता है या साँप भी काट सकता है!	कभी-कभी मामूली शराब बतौर शुगल 34 साल की उम्र में मैदान-ए-जंग में 7 गोलियां लगने से ज़ख्मी होकर मुर्दों की लाशों में से उठाकर लाया गया, अंगूठा (मसनुई शुकर) और बाजू (मंगल) दोनों ही कट गए मगर कटे हुए अंगूठे व बाजू का हाथ पूरा काम करता हुआ!
बृहस्पति, केतू खाना नंबर-9 में घर में पूजा स्थान जान बख्शवा गया! लड़का मौजूद नहीं था! चाल-चलन उतम मदद देगा!	दरअसल घर में पूजा के लिए एक स्थान तय था जिसकी पालना पूरी श्रद्धा से की जाती थी! अपनी औरत के सिवा किसी दूसरी औरत से कोई सम्बंध नहीं!

खास: इस कुण्डली की दुरुस्ती के बाद ग्रंथकार ने लिखा है कि कुच्छ बातों की कर्क लगन की कुण्डली से पुष्टि हो रही थी और कुच्छ बातों की बृख लगन को लेकर इस नियम पर मकान कुण्डली भी जवाब दे रही थी, इसलिए इसको सिर्फ इल्म-ए-कियाफा या हस्त रेखा से ही देखा जा सकता था!

हस्त रेखा का नियम है कि नर ग्रेहों को हथेली पर तलाश करना चाहिए और तीनों नर ग्रहों (बृहस्पति, सूरज व मंगल) में से जिसका निशान हथेली पर जिस खाने (खानों की हदबन्दी के असूल पर) में दिखाई दे उसको कुण्डली के उस खाने में रख बाकी के ग्रह पचांग से उस दुरुस्त ग्रह से गिनते हुये रख दें और फिर फलादेश करना चाहिए! इस शख्स के हाथ पर बृहस्पति का ख़त खाना नंबर-4 में दिख रहा था इसलिए कर्क लगन की कुण्डली को ठीक माना गया! अगर दो नर ग्रह के निशान हों तो उनमें से जो ज़्यादा ताकतवर होगा वही लिया जाएगा!

अध्याय नंबर-13

CAPRICORN
AQUARIUS
PISCES
AIRES
TAURUS
GEMINI
CANCER
LEO
VIRGO
LIBRA
SCORPIO
SAGITTARIUS

वर्ष फल!

किसी भी इन्सान की जनम कुण्डली चाहे वह आम प्रचल्लित ज्योतिष के असूल पर हो या फिर लाल किताब के सामुद्रिक के असूल पर! हर एक इन्सान के जनम से साथ लेकर आए और आगे की होने वाली घटनाओं (अच्छी या बुरी) का लेखा जोखा हुआ करता है , इन्सान के दादा का परिवार, उसका जद्दी मकान आदि! लेकिन ग्रहों के लगातार चलने के कारण हर साल के फलादेश के लिए **"वर्षफल"** का सहारा लिया जाता है! वैसे तो महीनों, हफ़्तों, दिनों, घण्टों और मिनटों की कुंडलियाँ बनाने का ज़िक्र भी ग्रंथकार ने बाखूबी किया है जो हर एक होने वाली घटना को और भी करीब से देखने में मददगार होगा!

क़िस्मत का सालावार (सालाना) यानि साल भर का हाल देखने के लिए वर्षफल एक निहायत ज़रूरी जुज़ (हिस्सा) है! ग्रंथकार ने स्पष्ट किया है सामुद्रिक के असूल पर बना हुआ वर्षफल या फिर किसी खास **वाकिया** (घटना) के असूल से बना वर्षफल ज़्यादा तसल्ली बख़्श होगा! **वाकियात** (घटनाओं) से मुराद होगी खुशी या गमी के पक्के वाकियात से होती है जैसे शादी का दिन, महीना और साल! किसी रिश्तेदार की पैदाइश या किसी ताल्लुकदार की मौत! नर ग्रहों, स्त्री ग्रहों या मुखन्नस ग्रहों में किसी एक से ताल्लुक रखने वाला पक्का वाकिया! जनम दिन का ग्रह (तारीख न होकर दिन जैसे इतवार सूरज के लिए, सोमवार चंदर के लिए वगैरह-वगैरह **(जनम दिन के लिए खास बात यह होगी कि एक सूर्योदय से लेकर अगले दिन के सूर्योदय तक एक ही दिन होगा)**! इस जाँच के लिए मंगल और सनीचर, सूरज और चंदर, चंदर और सूरज व बुध असर के लिए एक ही गिने जाएंगे!

6 साल वृहस्पति था	2 साल सूरज था	1 साल चंदर था	3 साल शुकर होगा	6 साल मंगल होगा	2 साल बुध होगा	6 साल सनीचर होगा	6 साल राहू होगा	3 साल केतू होगा
							1 से 4	5 से 7
8-13	14-15	16	17-19	20-25	26-27	28-33	34-39	40-42
43-48	49-50	51	52-54	55-60	61-62	63-68	69-74	75-77
78-83	84-85	86	87-89	90-95	96-97	98-103	104-109	110-112
113-118	119-120	• दोनों हिन्दसे (जैसे शुकर 17-19 लिखा) ग्रह की कुल मियाद होगी ! • जितने साल उम्र चलती या हो जाने वाली होवे लिख देवें !						

पहचान: क्या वर्षफल ठीक है या गलत जाँचने के लिए जनम दिन/साल तक पीछे को जाना होगा कि जनम के पहले सालों में किस ग्रह का दौरा था, जैसे इस मिसाल में पीछे चलने पर मालूम हुआ कि 1 से 4 साल की उम्र तक राहू का दौरा था, अब असूल यह होगा कि व्यक्ति के जनम के समय राहू खाना नंबर-9 या खाना नंबर-1 में होना चाहिए!

1-यदि दौरे का ग्रह (जैसा ऊपर तलाश किया है) कुण्डली के खाना नंबर नौ या खाना नंबर एक में न मिले तो:

2-जिस ग्रह का असर/दौरा जनम के समय शुरू हो उस ग्रह के स्वामी ग्रह खानों की मालकीयत के असूल पर बृहस्पति या मंगल होंगे!

3-व्यक्ति का जद्दी मकान जनम से असर/दौरा शुरू होने वाले ग्रह से मिलता होगा या वो व्यक्ति खुद उस ग्रह का होगा!

4-व्यक्ति का जनम दिन का ग्रह भी असर/दौरा के ग्रह का हो सकता है! ग्रंथकार ने जनम समय के ग्रह का कोई ज़िक्र नहीं किया लेकिन जनम समय के ग्रह की महत्वता को ध्यान में रखते हुए उस ग्रह को भी शामिल करना चाहिए!

खास: सभी विद्वानों की सहूलियत को ध्यान में रखते हुए एक असल कुण्डली के द्वारा चार घटनाओं को लेकर समझाने का प्रयास किया है जिसका उधारण नीचे प्रस्तुत है!

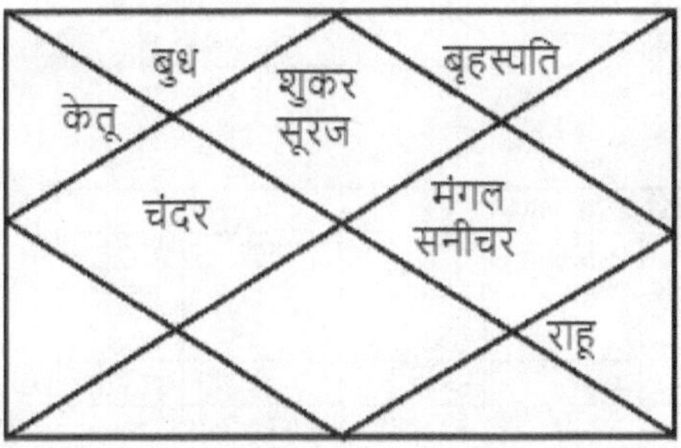

जन्म तारीख 10/11-11-1945
जन्म समय 06:00 AM (प्रातकाल)
दिन सनीचर वार
सूर्योदय 11-11-1945 को 06:43AM (प्रातकाल)
सूर्योदय के बाद का दिन रवि वार
खाना नंबर-1 की ज़मीन का स्वामी ग्रह: मंगल

29वें साल में शादी हुई								
6 साल बृहस्पति होगा	2 साल सूरज होगा	1 साल चंदर होगा	3 साल शुकर होगा	6 साल मंगल होगा	2 साल बुध होगा	6 साल सनीचर होगा	6 साल राहू होगा	3 साल केतू होगा
				1-2	3-4	5-10	11-16	17-19
20-25	26-27	28	29-31	32-37	38-39	40-45	46-51	52-54
55-60	61-62	63	64-66	67-72	73-74	75-80	81-86	87-89
90-95	96-97	98	99-101	102-107	108-109	110-115	116-120	
29वें साल में शादी हुई तो पीछे को चलते हुये पाया कि 1 से 2 साल की उम्र तक मंगल का असर/दौरा का समय था! मंगल कुंडली के खाना नंबर-1 की ज़मीन का स्वामी होने के कारण वर्षफल दुरुस्त पाया !								

49वें साल में जातक के पिता की मृत्यु हुई								
6 साल बृहस्पति होगा	2 साल सूरज होगा	1 साल चंदर होगा	3 साल शुकर होगा	6 साल मंगल होगा	2 साल बुध होगा	6 साल सनीचर होगा	6 साल राहू होगा	3 साल केतू होगा
							1-5	6-8
9-14	15-16	17	18-20	21-26	27-28	29-34	35-40	41-43
44-49	50-51	52	53-55	56-61	62-63	64-69	70-75	76-78
79-84	85-86	87	88-90	91-96	97-98	99-104	105-110	111-113
114-119								
पिता की मृत्यु का साल 49वां था और अभी बृहस्पति का ग्रह अपने असर/दौरा में था! बृहस्पति से पीछे की तरफ को चलने पर देखा कि जनम से राहू का असर/दौरा था और राहू जनम कुंडली के खाना नंबर-9 में पाया गया !								

56वें साल में जातक की पत्नी की मृत्यु हुई								
6 साल बृहस्पति होगा	2 साल सूरज होगा	1 साल चंदर होगा	3 साल शुकर होगा	6 साल मंगल होगा	2 साल बुध होगा	6 साल सनीचर होगा	6 साल राहू होगा	3 साल केतू होगा
							1-6	7-9
10-15	16-17	18	19-21	22-27	28-29	30-35	36-41	42-44
45-50	51-52	53	54-56					
54 साल से शुकर का असर/दौरा शुरू हुआ और जन्म तारीख़ के अनुसार 56वां साल शुकर के ख़त्म होने का समय पाया गया! शुकर की असर/दौरा से पीछे को गिनने पर पाया गया कि जनम के समय राहू का असर/दौरा था! राहू जनम कुंडली के खाना नंबर-9 में पाया गया !								

64वें साल में जातक की माता की मृत्यु हुई								
6 साल बृहस्पति होगा	2 साल सूरज होगा	1 साल चंदर होगा	3 साल शुकर होगा	6 साल मंगल होगा	2 साल बुध होगा	6 साल सनीचर होगा	6 साल राहू होगा	3 साल केतू होगा
				1-3	4-5	6-11	12-17	18-20
21-26	27-28	29	30-32	33-38	39-40	41-46	47-52	53-55
56-61	62-63	64						
64वें साल में चंदर शुरू हुआ और चंदर का असर/दौरा भी एक साल का ही है और इसी एक साल में चंदर ख़त्म भी हो गया! चंदर के 64वें साल से पीछे को गिनने पर पाया की एक से तीन साल की उम्र तक मंगल अपने असर/दौरा में था, मंगल जनम कुंडली के खाना नंबर-1 की ज़मीन का मालिक पाया गया !								

विशेष : आखिरी दो कुंडलियों में ग्रह के असर/दौरा का समय घटना क्रम के समय तक ही लिया गया है क्योंकि पहले ही साफ कर दिया है कि जहां उम्र चले यानि जिस भी जातक के जिस किसी रिश्तेदार के बारे में जानना वहाँ तक ही दौरा का चक्कर बनाना चाहिए!

यदि ऊपर ब्यान शुदा वाकियात (घटना क्रम) में से कोई ना मिल रही हो तो **"वर्षफल"** की दी हुई तालिका (फ़ेहरिस्त/नक़्शा) से वर्षफल कुण्डली बनानी चाहिए! इन्सान की 70 साल की उम्र बाद क़िस्मत का कोई एतबार नहीं हुआ करता यानि इन्सान 70या-72या हुआ होगा और उसकी क़िस्मत दूसरों के लिए होगी!

35 साला चक्कर में कुल नौ के नौ ग्रह अपना चक्कर (दौरा) पूरा करते हैं और हर एक ग्रह के असर के साल सिर्फ उस इन्सान की उम्र के हिसाब से दिए हैं जो लाल किताब के असूल से तय शुदा मियाद के अंदर पैदा हुआ हो या इल्म-ए-सामुद्रिक के असूल से बनाई हुई कुण्डली होवे, और जो भी ग्रहों की उमरें तय की गई हों! किसी ख़ास ग्रह का फल/असर देखने के लिए चालू उम्र के सालों को ग्रह बैठा होने वाले खाना नंबर से तकसीम (भाग) करें जो बाकी बचे ग्रह का असर उस घर खाना नंबर (बाकी बचने वाला नंबर) में रख का देखना चाहिए! अगर कोई ग्रह खाना नंबर-9 में बैठा हो और चालू उम्र 58 वां साल हो तो चालू उम्र को नौ से भाग देने पर जो अंक (58/9=6 से विभाजित और बाकी 4) बचे ग्रह को उस घर में रखना है, भाग देने के लिए खाना नंबर-1, 2, 3 के लिए असूल अलग से हैं:

1-अगर खाना नंबर-1 में बैठे ग्रह का असर देखना हो तो चालू उम्र के सालों को 12 से भाग दें

2- अगर खाना नंबर-2 में बैठे ग्रह का असर देखना हो तो चालू उम्र के सालों को 11 से भाग दें

3- अगर खाना नंबर-3 में बैठे ग्रह का असर देखना हो तो चालू उम्र के सालों को 10 से भाग दें

बाकी बचे हुए खानों को (4 से लेकर 12 तक) के लिए कोई असूल नहीं!

अगर बाकी सिफ़र (0) बचे तो ग्रह को उसी घर में रखें जहां वो वर्षफल कुण्डली में बैठा हो!

खाना नंबर	1	2	3	4	5	6	7	8	9	10	11	12
नाम राशी	मेख	बृख	मिथुन	कर्क	सिंह	कन्या	तुला	बृच्छिक	धनु	मकर	कुम्भ	मीन
उम्र	1 से 3	4 से 6	7 से 9	19 से 21	22 से 24	25 से 27	28 से 30	31 से 33	34 से 36	10 से 12	13 से 15	16 से 18
के	37 से 39	40 से 42	43 से 45	55 से 57	58 से 60	61 से 63	64 से 66	67 से 69	70 से 72	46 से 48	49 से 51	52 से 54
	73 से 75	76 से 78	79 से 81	91 से 93	94 से 96	97 से 99	100 से 102	103 से 105	106 से 108	82 से 84	85 से 87	88 से 90
साल	109 से 111	112 से 114	115 से 117						118 से 120			

ख़ास: जो भी वाकिया (घटना) देखनी हो उससे ताल्लुक खाना नंबर और जिस ग्रह के ज़रिया देखनी हो तो खाना के मालिक ग्रह और ताल्लुकदार ग्रह किस साल और किस घर में मिल रहे हैं और उस ग्रह को आगे चलाएं जहां कि उस ग्रह का दुश्मन ग्रह बैठा हो जैसे जनम कुण्डली के खाना नंबर-3 में बैठा चंदर 24 वें साल में खाना नंबर-8 में आया (खाना नंबर-3 और खाना नंबर-8 दोनों ही मौत के घर आपस में मिलते हैं) इसलिए जब भी खाना नंबर-3 का चंदर खाना नंबर चार या पाँच या छह (जिस घर में उसका दुश्मन ग्रह होवे) में दुशमन ग्रह से मिलेगा वो मौत का समय होगा! **यहाँ ग्रंथकार ने सिर्फ इतना ही लिखा है इसलिए चंदर के इस चलने को महीने की कुण्डली में लगाना चाहिए!**

हिस्सा दो (जुज़ दोयम): जब कुण्डली पूरी तरह से दुरुस्ती के बाद ठीक साबित हो जाए तो सालाना हालात देखने के लिए वर्षफल कुण्डली बनानी ज़रूरी होगी! और भी बारीकी से देखने के लिए महिना, हफ़्ता दिन वगैरह की कुण्डली ज़रूरी होगी!

1-माहवारी (महीने) की कुण्डली बनाने के लिए वर्षफल कुण्डली के सूरज को चलाएं!

2-महीने की कुण्डली को रोज़ाना कुण्डली बनाने के लिए मंगल को चलाएं!

3-रोज़ाना कुण्डली से घण्टों के हालात देखने के लिए बृहस्पति को चलाएं!

4-घण्टों की कुण्डली से मिनटों के हालात देखने के लिए सनीचर को चलाएं!

5-मिनटों की कुण्डली से सेकंड के हालात देखने के लिए बुध को चलाएं!

6-सेकंड की कुण्डली से मिली सेकंड के हालात देखने के लिए चंदर को चलाएं!

7-रातों के हालत देखने के लिए दिनों की कुण्डली में राहू को चलाएं!

8-दिन के हालत देखने के लिए दिनों की कुण्डली में केतू को चलाएं!

ख़ास असूल: किसी भी ग्रह नेक या मंदा असर साल से गिनने पर उस महीने में होगा जिस खाना नंबर में ग्रह वर्षफल कुण्डली में होवे! जैसे किसी भी वर्षफल कुण्डली में सूरज खाना नंबर-7 में बैठा हो तो उसका नेक या मंदा (हालत पर) असर जनम दिन से 7 वें महीने में होगा!

लाल किताब-1942, सफ़ह नंबर-89 पर दी हुई कुण्डली मिसाल के तौर पर ली गई है ताकि मज़मून समझने में दिक्कत ना होवे! किसी भी शख़्स की जनम की तारीख 10/05/1898, जनम समय शाम 05 घण्टे 43 मिंट (यानि 17 घण्टे 43 मिंट) पर हुआ दिन मंगलवार, जनम स्थान नहीं दिया लेकिन कुण्डली नीचे दी जा रही है!

1-तारीख़ 11/05/1941 को शाम 05 घण्टे 43 मिंट पर 44वें साल (1941-1898=43पूरे साल) के लिए सालाना (वर्षफल कुण्डली) कुण्डली वर्षफल फ़ेहरिस्त के हिसाब से बनाई गई!

जनम कुण्डली में हर ग्रह ख़ानावार

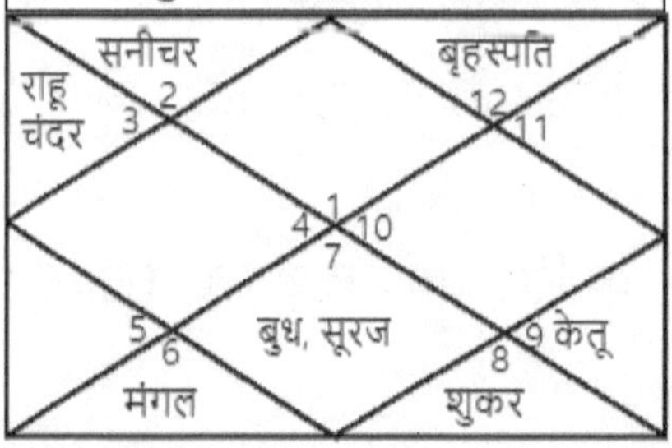

वर्षफल (सालाना) कुण्डली फ़ेहरिस्त से

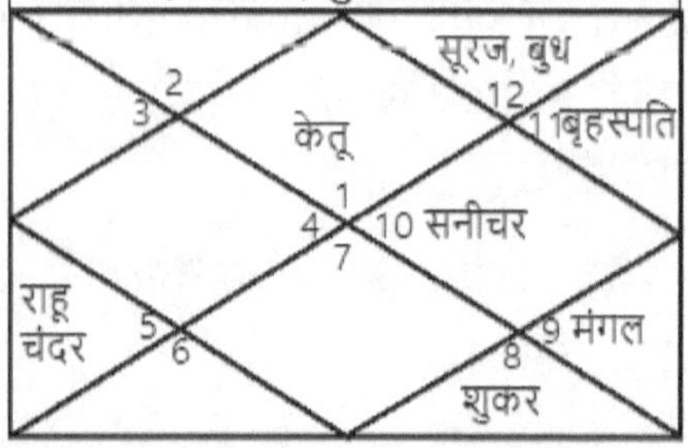

2-10 तारीख़ को 44वां साल शुरू हुआ और तारीख़ 11/09/1941 को शाम 05 घण्टे 43 मिंट पर जनम से पाँचवाँ महीना शुरू हुआ! इस सालाना कुण्डली को माहवारी (महिना) कुण्डली बनाने के सूरज को खाना नंबर-5 में (सूरज के साथ कोई एक या कई ग्रह हों) रखा

और बाकी ग्रहों को सूरज की सालाना कुण्डली में हालत के हिसाब से गिन कर रख दिया गया तो यह महीने की कुण्डली होगी!

3-महीने की कुण्डली के लिए जीतने दिन भोगने हों उनको गिना जाता है, ग्रंथकार ने यहाँ 17 दिन भोगने को लेकर दिनों की कुण्डली के लिए माहवारी कुण्डली में मंगल को 17 बार चलाया गया और फिर मंगल की महीना कुण्डली में बैठे होने के घर सालाना कुण्डली के ग्रहों को रखा गया!

वर्षफल कुण्डली से माहवारी कुण्डली

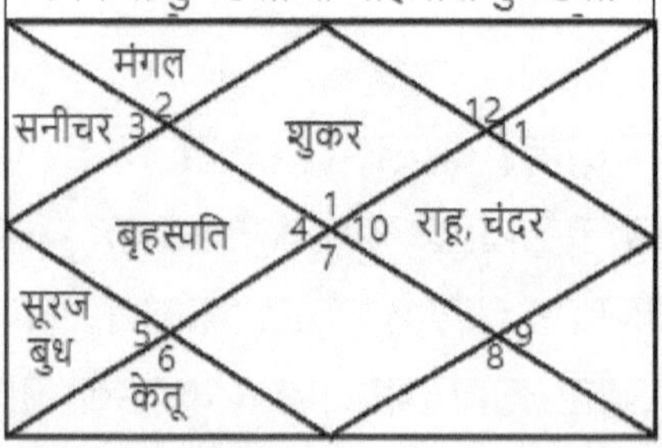

जनम से गुज़रने वाले महीने से अगला महिना

माहवारी कुण्डली से दिनों की कुण्डली

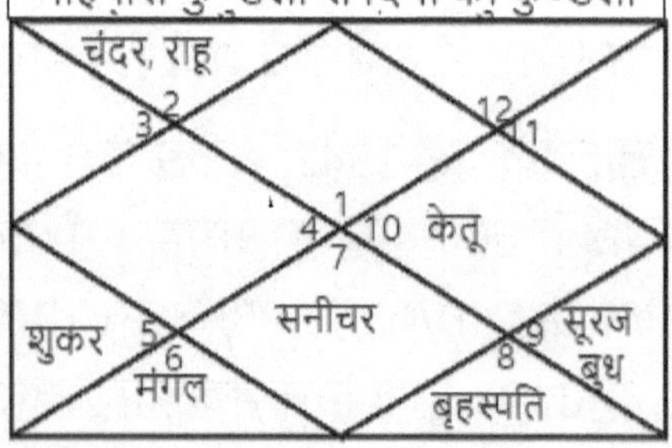

महीने से गुज़रने वाले दिनों से अगले दिन

4-घण्टे की कुण्डली बनाने के लिए भोगने वाले घण्टे गिने जाएंगे और इसके लिए दिनों की कुण्डली में बृहस्पति बैठा होने वाले घर से गिनते हुए उतने ही घर चला कर बृहस्पति को रखा जाएगा और बृहस्पति से गिनते (दिनों की कुण्डली में) हुए बाकी के ग्रहों को!

5-घण्टों की कुण्डली से मिनटों की बनाने के लिए सनीचर को उसकी दिनों की कुण्डली में बैठा होने घर जितने मिंट बाकी भोगने हों उतने घर चलाया जाता है!

दिनों की कुण्डली से घण्टों की कुण्डली

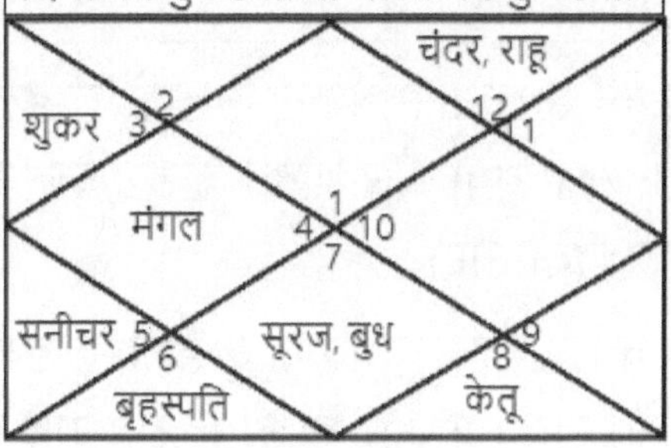

दिन से गुज़रने वाले घण्टों से बाकी के घण्टे

घण्टों वाली कुण्डली से मिंटों की कुण्डली

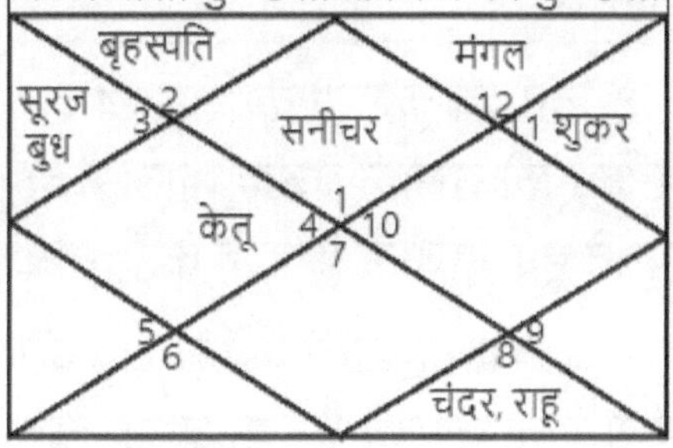

घण्टों से गुजरने वाले मिंट से बाकी के मिंट

6-मिनटों की कुण्डली से सैकंड की कुण्डली बनाने के लिए जितने सैकंड भोगने हों उतने ही बुध मिनटों की कुण्डली में बैठा होने वाले घर बुध को चलाया जाता है!

7-सैकंड की कुण्डली को एक मिंट के 60 मिलीसैकंड के हिसाब से चंदर को उसके मिंट कुण्डली में बैठा होने वाले घर से भोगने वाले मिलीसैकंड के घर चलाया जाता है! इस मिसाल में 53 का हिंदसा है!

मिंटों की कुण्डली से सैकंड की कुण्डली	सैकंड कुण्डलीसे मिलीसैकंड की कुण्डली
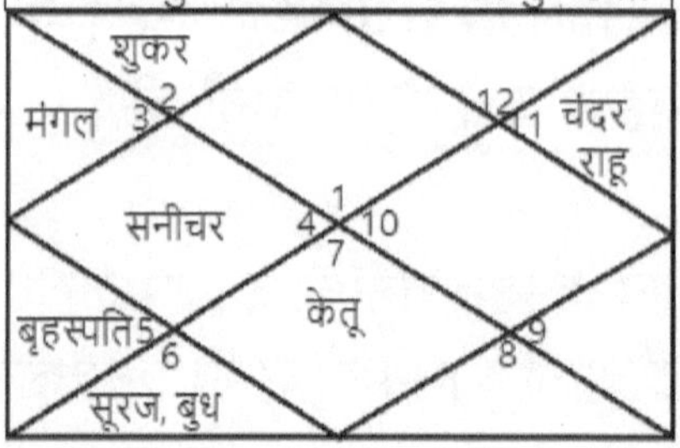	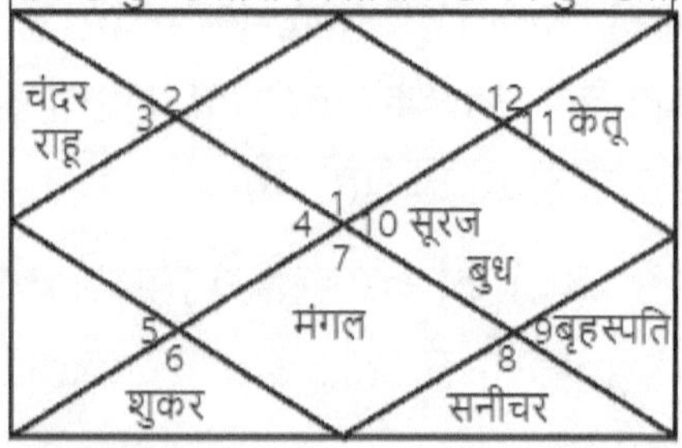
मिंटों के गुज़रने के बाद बाकी के सैकंड	सैकंड के गुज़रने पर बाकी के मिलीसैकंड

8-दिन की कुंडली के लिए 44 वें साल की सालाना (वर्षफल कुंडली) कुंडली में केतू को उसकी बैठक खाना नंबर-2 में रखा गया और बाकी के ग्रह केतू से गिनते हुए सालाना कुंडली के हिसाब से रख दिए गए!

9- रात की कुंडली के लिए 44 वें साल की सालाना (वर्षफल कुंडली) कुंडली में राहू को उसकी बैठक खाना नंबर-2 में रखा गया और बाकी के ग्रह राहू से गिनते हुए सालाना कुंडली के हिसाब से रख दिए गए!

दिन के हाल के लिए वर्षकुंडली	रात का हाल देखने के लिए वर्षकुंडली
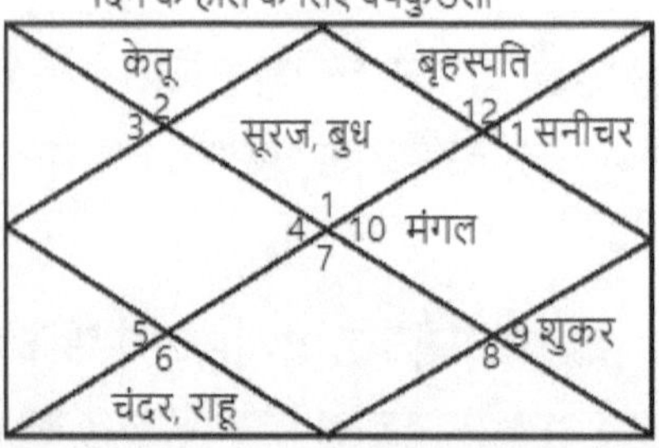	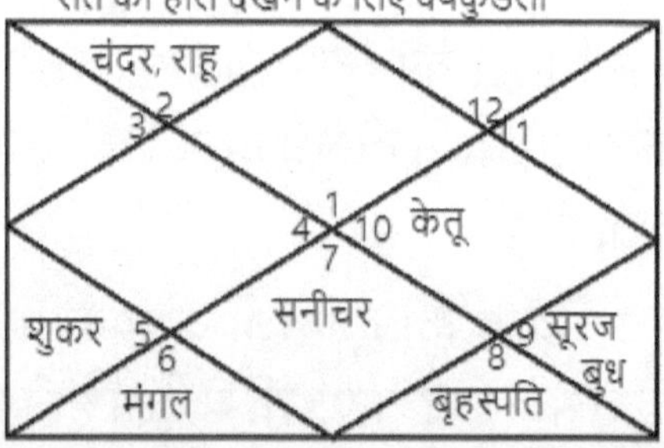

विशेष: सैकंड की कुंडली बनाने के शब्द **डिग्री** इस्तेमाल किया है जबकि ज्योतिष के गणित के हिसाब से देखें तो एक डिग्री एक घण्टे के बराबर है यानि घंटा=60 मिंट, एक मिंट में 60 सैकंड और एक सैकंड में 60 मिलीसैकंड गिनने चाहिएँ!

अगले सफ़ह से लाल किताब वर्षफल बनाने की फ़ेहरिस्त (तालिका) है!

उम्र का साल	तालिका वर्षफल												बोलने वाली राशि
	किस खाने का ग्रह किस खाने में जाएगा												
	1	2	3	4	5	6	7	8	9	10	11	12	
1	1	9	10	3	5	2	11	7	6	12	4	8	1
2	4	1	12	9	3	7	5	6	2	8	10	11	1
3	9	4	1	2	8	3	10	5	7	11	12	6	1
4	3	8	4	1	10	9	6	11	5	7	2	12	2
5	11	3	8	4	1	5	9	2	12	6	7	10	2
6	5	12	3	8	4	11	2	9	1	10	6	7	2
7	7	6	9	5	12	4	1	10	11	2	8	3	3
8	2	7	6	12	9	10	3	1	8	5	11	4	3
9	12	2	7	6	11	1	8	4	10	3	5	9	3
10	10	11	2	7	6	12	4	8	3	1	9	5	10
11	8	5	11	10	7	6	12	3	9	4	1	2	10
12	6	10	5	11	2	8	7	12	4	9	3	1	10
13	1	5	10	8	11	6	7	2	12	3	9	4	11
14	4	1	3	2	5	7	8	11	6	12	10	9	11
15	9	4	1	6	8	5	2	7	11	10	12	3	11
16	3	9	4	1	12	8	6	5	2	7	11	10	12
17	11	3	9	4	1	10	5	6	7	8	2	12	12
18	5	11	6	9	4	1	12	8	10	2	3	7	12
19	7	10	11	3	9	4	1	12	8	5	6	2	4
20	2	7	5	12	3	9	10	1	4	6	8	11	4
21	12	2	8	5	10	3	9	4	1	11	7	6	4
22	10	12	2	7	6	11	3	9	5	1	4	8	5
23	8	6	12	10	7	2	11	3	9	4	1	5	5
24	6	8	7	11	2	12	4	10	3	9	5	1	5
25	1	6	10	3	2	8	7	4	11	5	12	9	6
26	4	1	3	8	6	7	2	11	12	9	5	10	6
27	9	4	1	5	10	11	12	7	6	8	2	3	6

28	3	9	4	1	11	5	6	8	7	2	10	12	7
29	11	3	9	4	1	6	8	2	10	12	7	5	7
30	5	11	8	9	4	1	3	12	2	10	6	7	7
31	7	5	11	12	9	4	1	10	8	6	3	2	8
32	2	7	5	11	3	12	10	6	4	1	9	8	8
33	12	2	6	10	8	3	9	1	5	7	4	11	8
34	10	12	2	7	5	9	11	3	1	4	8	6	9
35	8	10	12	6	7	2	4	5	9	3	11	1	9
36	6	8	7	2	12	10	5	9	3	11	1	4	9
37	1	3	10	6	9	12	7	5	11	2	4	8	1
38	4	1	3	8	6	5	2	7	12	10	11	9	1
39	9	4	1	12	8	2	10	11	6	3	5	7	1
40	3	9	4	1	11	8	6	12	2	5	7	10	2
41	11	7	9	4	1	6	8	2	10	12	3	5	2
42	5	11	8	9	12	1	3	4	7	6	10	2	2
43	7	5	11	2	3	4	1	10	8	9	12	6	3
44	2	10	5	3	4	9	12	8	1	7	6	11	3
45	12	2	6	5	10	7	9	1	3	11	8	4	3
46	10	12	2	7	5	3	11	6	4	8	9	1	10
47	8	6	12	10	7	11	4	9	5	1	2	3	10
48	6	8	7	11	2	10	5	3	9	4	1	12	10
49	1	7	10	6	12	2	8	4	11	9	3	5	11
50	4	1	8	3	6	12	5	11	2	7	10	9	11
51	9	4	1	2	8	3	12	6	7	10	5	11	11
52	3	9	4	1	11	7	2	12	5	8	6	10	12
53	11	10	7	4	1	6	3	9	12	5	8	2	12
54	5	11	3	9	4	1	6	2	10	12	7	8	12
55	7	5	11	8	3	9	1	10	6	4	2	12	4
56	2	3	5	11	9	4	10	1	8	6	12	7	4
57	12	2	6	5	10	8	9	7	4	11	1	3	4
58	10	12	2	7	5	11	4	8	3	1	9	6	5
59	8	6	12	10	7	5	11	3	9	2	4	1	5
60	6	8	9	12	2	10	7	5	1	3	11	4	5
61	1	11	10	6	12	2	4	7	8	9	5	3	6

62	4	1	6	8	3	12	2	10	9	5	7	11	6
63	9	4	1	2	8	6	12	11	7	3	10	5	6
64	3	9	4	1	6	8	7	12	5	2	11	10	7
65	11	2	9	4	1	5	8	3	10	12	6	7	7
66	5	10	3	9	2	1	6	8	11	7	12	4	7
67	7	5	11	3	10	4	1	9	12	6	8	2	8
68	2	3	5	11	9	7	10	1	6	8	4	12	8
69	12	8	7	5	11	3	9	4	1	10	2	6	8
70	10	12	2	7	5	11	3	6	4	1	9	8	9
71	8	6	12	10	7	9	11	5	2	4	3	1	9
72	6	7	8	12	4	10	5	2	3	11	1	9	9
73	1	4	10	6	12	11	7	8	2	5	9	3	1
74	4	2	3	8	6	12	1	11	7	10	5	9	1
75	9	10	1	3	8	6	2	7	5	4	12	11	1
76	3	9	6	1	2	8	5	12	11	7	10	4	2
77	11	3	9	4	1	2	8	10	12	6	7	5	2
78	5	11	4	9	7	1	6	2	10	12	3	8	2
79	7	5	11	2	9	4	12	6	3	1	8	10	3
80	2	8	5	11	4	7	10	3	1	9	6	12	3
81	12	1	7	5	11	10	9	4	8	3	2	6	3
82	10	12	2	7	5	3	4	9	6	8	11	1	10
83	8	6	12	10	3	5	11	1	9	2	4	7	10
84	6	7	8	12	10	9	3	5	4	11	1	2	10
85	1	3	10	6	12	2	8	11	5	4	9	7	11
86	4	1	8	3	6	12	11	2	7	9	10	5	11
87	9	4	1	7	3	8	12	5	2	6	11	10	11
88	3	9	4	1	8	10	2	7	12	5	6	11	12
89	11	10	9	4	1	6	7	12	3	8	5	2	12
90	5	11	6	9	4	1	3	8	10	2	7	12	12
91	7	5	11	2	10	4	6	9	8	3	12	1	4
92	2	7	5	11	9	3	10	4	1	12	8	6	4
93	12	8	7	5	2	11	9	1	6	10	3	4	4
94	10	12	2	8	11	5	4	6	9	7	1	3	5
95	8	6	12	10	5	7	1	3	4	11	2	9	5

96	6	2	3	12	7	9	5	10	11	1	4	8	5
97	1	9	10	0	12	2	7	5	3	4	8	11	6
98	4	1	6	8	10	12	11	2	9	7	3	5	6
99	9	4	1	2	6	8	12	11	5	3	7	10	6
100	3	10	8	1	5	7	6	12	2	9	11	4	7
101	11	3	9	4	1	6	8	10	7	5	12	2	7
102	5	11	3	9	4	1	2	6	8	12	7	10	7
103	7	5	11	3	9	4	1	8	12	10	2	6	8
104	2	7	5	11	3	9	10	1	6	8	4	12	8
105	12	2	4	5	11	3	9	7	10	6	1	8	8
106	10	12	2	7	8	5	3	9	4	11	6	1	9
107	8	6	12	10	7	11	4	3	1	2	5	9	9
108	6	8	7	12	2	10	5	4	11	1	9	3	9
109	1	9	10	6	12	2	7	11	5	3	4	8	1
110	4	1	6	8	10	12	3	5	7	2	11	9	1
111	9	4	1	2	5	8	12	10	6	7	13	11	1
112	3	10	8	9	11	7	4	1	2	12	6	5	2
113	11	3	9	4	1	6	2	7	10	5	8	12	2
114	5	11	3	1	4	10	6	8	12	9	7	2	2
115	7	5	11	3	9	4	1	12	8	10	2	6	3
116	2	7	5	11	3	9	10	6	4	8	12	1	3
117	12	2	4	5	6	1	8	9	3	11	10	7	3
118	10	12	2	7	8	11	9	3	1	6	5	4	9
119	8	6	12	10	7	5	11	2	9	4	1	3	9
120	6	8	7	12	2	3	5	4	11	1	9	10	9

- सबसे पहली लाल रंग की पंक्ति जन्मकालीन ग्रेहों को दिखाती है, उसके बाद नीचे के खानों में किस घर का ग्रह किस घर में जाएगा और आखिर के खाने में उस साल बोलने वाली राशि होगी।

अध्याय नंबर-14

CAPRICORN
AQUARIUS
PISCES
AIRES
TAURUS
GEMINI
CANCER
LEO
VIRGO
LIBRA
SCORPIO
SAGITTARIUS

टेवे की किस्में

शत्रु बाहम घर 10 में बैठे,	टेवा होता ग्रह अन्धा हो
सात शनि हो सूरज चौथे,	आधा अन्धा नहोराता हो
बुध छठे रवि 1-5-11,	टेवा बालिग ग्रह होता हो
खाली मुट्ठी या बुध पापी वां,	असर नाबालिग देता हो
11 शनि या साथ गुरु का,	पाप चंदर 10 चौथे हो
पिछले जनम का साधू होगा,	धरमी टेवा सुख देवे जो
गुरु शुकर हों टेवे मिलते,	चलता जनम खुद अपना हो
असर जनम न लेंगे पिछले,	साल गुज़रते 12 जो

"टेवे की किस्में" वैसे तो पहले के अध्यायों में कई जगह इनका ज़िक्र आया है (जैसे कुण्डली के खाना नंबर-10 में दो ऐसे ग्रह हों जो आपस में दुश्मन हों अंधा टेवा या अंधे ग्रहों का टेवा होगा वगैरह) लेकिन फिर भी ग्रंथकार इसको अलग से लिखा है इसलिए ज़रूरी हिस्सा हो जाता है!

1-शत्रु बाहम यानि ऐसे ग्रह दो या दो से ज़्यादा ग्रह जो आपस में दुश्मन हों जब खाना नंबर-10 में बैठे हों तो टेवे के कुल ग्रह अंधों की तरह होंगे क्योंकि अब सनीचर इन ग्रहों को नज़र देना बन्द कर देता है, ऐसा टेवा अंधे ग्रहों का टेवा कहा जाता है! अंधे ग्रहों का दुनियावी नज़र से कोई ताल्लुक नहीं यानि टेवे वाला ख़ुद अंधा नहीं बल्कि ग्रहों का बरताव अंधों की तरह होगा!

2-टेवे के खाना नंबर-7 में सनीचर बैठा हो और खाना नंबर-4 में सूरज, अब सूरज रात का होगा और रात की स्याही सनीचर है, इसलिए सूरज की हालत कमज़ोर होगी और ऐसा टेवा नहोराते ग्रहों (आधे अंधे) वाला टेवा होगा! ऐसी ग्रहों की हालत के समय कोई नेक काम करना या फैसला लेना नेक असर नहीं हुआ करता!

3-बन्द मुट्ठी के खाने (1-4-7-10) अगर खाली हों या उनमें पापी ग्रह (राहू, केतू या/व सनीचर) बैठे हों या किसी एक घर अकेला बुध ही बैठा हो **(खाली मुट्ठी या बुध, पापी वां)** तो ऐसा टेवा नाबालिग ग्रहों का टेवा होता है और हर ग्रह की हालत शक्की होती है ऐसे टेवे वाले के लिए कोई भी फ़लादेश बे-बुनियाद

होगा! ऐसी ग्रहों की हालत के वक़्त सूरज खाना नंबर-1,5,11में से किसी एक में हो तो टेवा बालिग होगा! इसके अलावा सूरज वर्षफल कुण्डली में जब खाना नंबर-1 में आयेगा तो टेवा बालिग ग्रहों का हो जाएगा! यहाँ पर एक और असूल भी लिखा है **"बुध छटे रवि 1-5-11, टेवा बालिग ग्रह होता है"** इसका मतलब अकेला बुध छटे हो या फिर सूरज खाना नंबर-1,5.11 में होने के समय बुध का छटे होना ज़रूरी होगा (यह चर्चा का विषय है)!

खास: कुच्छ विद्वानों का मानना है कि अगर सूरज जनम समय का ग्रह हो रहा हो तो भी टेवा बालिग गिना जाएगा!

4-सनीचर खाना नंबर-11 में अकेला बैठा हो या बृहस्पति के साथ कहीं भी बैठा हो या पापी ग्रह (राहू और केतू) चंदर के साथ खाना नंबर-4 या खाना नंबर-10 में बैठे हों तो दोनों ही

हालातों में टेवा धरमी ग्रहों वाला होगा! ऐसी ग्रहों की हालत व्यक्ति के पिछले जनम के नेक कर्मों की वजह से बना करती है और ऐसे व्यक्ति की मदद पर गैबी (दैविक) ताक़तें होती हैं जो बड़ी से बड़ी मुसीबत में व्यक्ति की अनजानी मदद किया करती हैं! यहाँ दोनों ही हालात में उल्टी ताक़तें (बृहस्पति=धरम + सनीचर=मन्दी चीज़ें), (राहू/केतू=पाप +चंदर=माता) इसलिए ऐसी ग्रहों की हालत के समय टेवे वाले को भी धरम की पालना करने वाला और नेक चरित्र होना ज़रूरी है, चरित्र की परिभाषा लम्बी है!

5-टेवे में बृहस्पति और शुकर मुश्तरका (इकट्ठे) हों असर हमेशा नेक होगा, 12 साल की उम्र के बाद पिछले जनम के कर्मों (जैसा कि समझा जाता है) का कोई असर नहीं होगा बल्कि व्यक्ति का जीवन अपने ख़ुद के कर्मों पर चलता होगा!

टेवा, मर्द का प्रबल होगा या औरत का

मर्द का टेवा शादी के बाद से औरत के टेवे को ढाँप लिया करता है, लेकिन कई बार बे-लीहाज़ी भी देखने को मिला करती है! औरत की जब तक शादी ना हुई हो उसके अपने टेवे के ग्रह असरदार हुआ करते हैं और शादी के बाद से मर्द के टेवे या क़िस्मत का असर दोनों पर होता है! कभी कोई ऐसा वक़्त आवे कि मर्द

ना रहे (मौत से या वैसे ही अलग होना कानूनी तौर से, या मर्द का किसी दूसरी औरत से ताल्लुक होना) तो ऐसे में दुबारा से औरत का अपना टेवा असरदार हो जाया करता है, यह बिलकुल वैसे ही है जैसे व्यक्ति के बच्चा होने की उम्र में वालदैनी ग्रहों का असर साथ था (बेशक ख़ुद के पिछले कर्मों के चलते क्यों न हो लेकिन वालदैनी सुख भी उन्ही कर्मों का असर होगा) लेकिन व्यक्ति की शादी होते ही औरत का टेवा राशिफल की तरह मददगार होता रहेगा! औरत चल बसी (गुज़र गै या फिर कानूनी तौर से अलग हुई या मर्द के किसी दूसरी औरत से ताल्लुकात हुए) तो क़िस्मत के समन्दर में कई तरह झोंके आने लगेंगे! आसान लफ़्ज़ों में मर्द और औरत का मिलना और फिर बिछड़ना क़िस्मत के मैदान अपना असर ज़रूर दिखाएगा, लेकिन कई बार बिना किसी तीसरे (मर्द या औरत) के आए भी क़िस्मत रंग-बिरंगे नज़ारे दिखाती है लेकिन ऐसा बहुत कम हुआ करता है! लेकिन जब भी इस तरह के वाकियात होते हैं तो इसका कारण मर्द या औरत या दोनों ने ही अपनी ख़ुराक में सनीचर की मन्दी चीज़ों (शराब, शबाब, कबाब) को बहुत ही अधिकता से शामिल कर लिया होता है या फिर ऋण-पितृ के कारण हर तरह की मुश्किलें पेश आया करती हैं!

टेवा देखने का ढंग/तरीका

कियाफा: किसी एक रेखा या ग्रह को देख कर किया फैसला कभी मुकम्मल फैसला नहीं हुआ करता, बल्कि बिना मतलब के वहम और फ़लादेश के लिए धोका साबित होता है! जनम की तारीख की पूरी जानकारी होते हुए प्रचल्लित ज्योतिष के असूलों पर कुण्डली का बनाना ज़रूरी होगा! लेकिन लाल किताब का असूल सामुद्रिक (हस्त-रेखा) और कियाफ़ा (लक्षण) है! इसलिए आम ज्योतिष से बनी कुण्डली और लाल किताब के असूल से बनी कुण्डली को एक साथ देखना ज़रूरी होगा!

1-प्रचल्लित ज्योतिष के असूल पर और लाल किताब के असूल पर बनी हुई कुंडलियों को साथ-साथ पढ़ना चाहिए!

2-प्रचल्लित ज्योतिष में जनम तारीख, जनम समय और जनम स्थान को लेकर पंचांग की मदद से कुण्डली बनाई जाती है!

3-लाल किताब में हथेली पर पक्के खानों की हदबन्दी के असूल पर जिस भी खाने में ग्रह का निशान हो उसको वहाँ रख कर कुण्डली बनाई जाती है!

4-ग्रहों की तसदीक़ के लिए **"कियाफ़ा"** (लक्षण) की मदद ली जाती है, जिसमें इन्सान के बोलने, बात करने **(रफ़्तार-गुफ़्तार)** शामिल होते हैं!

5-कोई ग्रह ना तो आम ज्योतिष के असूल पर बोलता दिखाई दे और ना ही खानों की कुण्डली या कियाफ़ा से तो ऐसे में लाल किताब के मकान कुण्डली का इस्तेमाल ज़रूरी होगा!

मुश्तरका (इकट्ठे) बैठे ग्रहों का असर और अश्या (चीज़ें) अलग-अलग हैं इसलिए मुश्तरका (इकट्ठे) ग्रहों के वक़्त मुश्तरका यानि मसनुई ग्रह का असर है या दोनों ही ग्रह अलग-अलग बोल रहे हैं देखना ज़रूरी होगा! कभी-कभी किसी खाना में अकेला बैठा ग्रह बुरा होता है लेकिन किसी दूसरे ग्रह के साथ हो जाने से नेक हो जाता है जैसे मंगल अकेला खाना नंबर-8 में बुरा और बुध भी खाना नंबर-8 में अकेला बैठा बुरा होता है लेकिन जब बुध और मंगल मुश्तरका (इकट्ठे) खाना नंबर-8 में बैठे हों तो दोनों का असर नेक होता है! इसी असूल पर शुकर अकेला खाना नंबर-9 में अकेला मंदा गिना है लेकिन जब केतू साथ हो जाए तो नेक हो जाता है!

बुध खाना नंबर-3 में निहायत मंदा गिना है और शुकर खाना नंबर-9 में बैठा हो तो बुध और शुकर दोनों का असर निहायत मंदा होगा, लेकिन जब बुध के साथ मंगल मुश्तरका हो तो तीनों ग्रहों का फल नेक हो जाता है!

बुध और मंगल मुश्तरका शुकर से पहले के घरों में बैठे हों तो बुध अपनी नाली के ज़रिए मंगल और शुकर को मिला देता है जिससे टेवे वाला कभी लावल्द नहीं होगा!

जब शुकर और केतू मुश्तरका (इकट्ठे) खाना नंबर-1 में बैठे हों तो मर्द नाकाबिल-ए-औलाद होगा क्योंकि अब केतू सूरज को ऊंच करेगा और शुकर का साथ छोड़ देगा!

ग्रह मुश्तरका: मुश्तरका यानि इकट्ठे बैठे हुए ग्रहों का फ़लादेश किताब के असूल से किया जाना चाहिए जैसे दो ग्रह मुश्तरका या तीन या चार ग्रह

मुश्तरका या फिर पंचायत हो तो कौनसा ग्रह किस ग्रह के साथ है इसका ध्यान ज़रूरी है! जैसे चार ग्रहों मुश्तरका होने के वक़्त तरतीब होगी बृहस्पति-सूरज-चंदर-मंगल और फिर बृहस्पति-सूरज-शुकर-मंगल और तरतीब भी यही रहेगी! यह तरतीब दो ग्रहों, तीन ग्रहों या फिर चार ग्रहों के मुश्तरका होने पर इसी तरह से रहेगी! **पंचायत** के वक़्त पाँच ग्रहों (स्त्री ग्रह, नर ग्रह और पापी) का होना ज़रूरी है लेकिन बुध इस पंचायत में शामिल नहीं होना चाहिए, स्त्री ग्रह ज़्यादा या नर ग्रह ज़्यादा हों ऐसी कोई शर्त नहीं!

खास: किताब में जगह-जगह लिखा है गोश्त खाना, शराबखोरी, पराई औरतों से ताल्लुक, झूठ बोलना, अमानत में ख्यानत वगैरह-वगैरह मना है लेकिन इन सबका परहेज़ खास तौर पर धरमी टेवे और ग्रहों की धरमी हालत वाले टेवों के लिए ज़रूरी है लेकिन फिर भी इन्सान इनसे जितना बचेगा ग्रह उतने ही नेक होंगे **"बद लालच गर दुनिया छोड़े नेक दान को गिनते हैं"** यहाँ बद का मतलब हर तरह की बुराई यानि नीच राहू और लालच यानि बुध, अगर इन्सान इन दो इल्लतों को त्याग दे तो सबसे उतम दान होगा न लालच करेगा और न ही बदी पैदा होगी!

जब कहीं भी लिखा हो कि माता खानदान मातमी हाल में होगा तो समझना चाहिए कि मामूँ खानदान बरबाद होगा और लगातार पुश्त-दर-पुश्त उनकी नस्ल कम होती जाएगी! जब यह लिखा हो कि टेवे वाले की उम्र लम्बी होगी तो कोई बहुत ज़्यादा खुशी की बात नहीं क्योंकि टेवे वाला ख़ुद अपने जीते जी परिवार में मौतें देखता होगा! किसी भी चीज़ के चले जाने (किसी भी कारण) को लेकर सोचते रहना दुख का कारण होता है और किसी भी आने वाले चीज़ के बारे में सोच कर ज़्यादा बे-वजह खुश होना भी दुख देता है! हर इन्सान बीते कल (भूतकाल) और आने वाले कल (भविष्यकाल) में जीता हुआ अपना आज (वर्तमान)भी बरबाद कर लेता है इसलिए हमेशा वर्तमान में जीना सीखना चाहिए!

फ़लादेश की बुनियाद का आम असूल

कुण्डली के खानों में ज़मीन का मालिक ग्रह कोई और ग्रह हो सकता और खाने का पक्का ग्रह कोई और या समझने के लिए ज़मीन किसी और की है

जिस पर घर किसी और ने बना रखा है! इस असूल पर ज़मीन का मालिक ग्रह और जिसने घर बना रखा है वो ग्रह आपस में दोस्ती का सव्भाव रखते हों तो फ़लादेश कुछ और होगा और यदि यह आपस में दुश्मन हों तो फ़लादेश में कुछ तबदीली हो सकती है! जैसे मंगल को शेर और बहादुर कहा है और उसका पक्का घर खाना नंबर-3 है जिसकी ज़मीन का मालिक ग्रह बुध है, दोनों ही ग्रह आपस में दुश्मन है इसलिए मंगल एक ऐसा शेर होगा जो भेढ़-बकरियों (बुध) पला होने कारण उन जैसा व्यवहार करेगा!

इसी असूल पर अगर दो ग्रहों के साथ कोई तीसरा ग्रह भी हो जो दोनों में एक का दोस्त और दूसरे का दुश्मन तो दोस्त ग्रहों के सव्भाव में तबदीली आ जाया करती है, जैसे कि:

1-खाना नंबर-11 सनीचर की ज़मीन है लेकिन इस घर का पक्का ग्रह बृहस्पति है, इस खाना नंबर-11 (धरम की अदालत) में बृहस्पति (फैसला सुनाने वाला), सनीचर (फैसले को अंजाम देने वाला), राहू (बदी की वकालत पर) और केतू (नेकी की वकालत पर) और अब असर कुछ ऐसे होगा, खाना नंबर-11 दुनिया का आगाज़ और इन्सान की ख़ुद की कमाई भी, कुल ब्रह्माण्ड का आगाज़ इस घर से हुआ तो कब्ज़ा बृहस्पति को दिया गया!

2-सनीचर अगर स्याह रंग का मिस्त्री हुआ तो बृहस्पति सोने का काम करने वाला सुनार, बृहस्पति पूजा-पाठी भी है!

3-अब सनीचर और बृहस्पति की राजधानी में राहू भी आन मिला तो हालात भूचाल (राहू) जैसे हुए, जिसके चलते राहू की शरारत के कारण बृहस्पति की सोने की इमारत का रंग पीले से नीला (राहू का रंग) हुआ, पूजा-पाठ ख़त्म हर तरफ बदनामी का पहरा हुआ यानि बृहस्पति का पीला रंग जब राहू के नीले रंग से मिला तो सब्ज़ (हरा) रंग यानि खाली बुध आन निकला और इन सब पर सनीचर का काला रंग चमकने लगा! हाल यह हुआ कि बृहस्पति नष्ट हुआ और आकाश में राहू का धुआँ भर गया और हर तरफ राहू की जल्लादी करवाइयाँ होने लगीं! इसीलिए राहू खाना नंबर-11 में हो तो बृहस्पति को ताक़त देनी चाहिए, शरीर पर सोना धारण करना चाहिए, बुज़ुर्गों के पैर छू कर आशीर्वाद लेना चाहिए!

4-राहू खाना नंबर-11 वाला इन्सान पिता (बृहस्पति) को गोली (राहू) मारे यानि बृहस्पति नष्ट होगा तो पिता की बरबादी चाहे उम्र से हो या धन-दौलत से! बृहस्पति और राहू मिलकर खाली बुध (मसनुई) बनाते हैं और बुध आकाश का दायरा जिसमें बृहस्पति की हवा है और इस जहान और उस जहान (बृहस्पति के दो जहान) की हदबन्दी नीला आसमान (राहू) है, इसी दो जहान को दुनियावी रंग में देखें तो पहला जहान दिन हुआ और दूसरा रात! बृहस्पति दिन में भी चलता है और रात में भी, दिन और रात की हदबन्दी पर भी राहू है (राहू का वक़्त) और राहू से पहले बुध का वक़्त यानि बृहस्पति को इस जहान से दूसरे जहान में जाने के लिए बुध के दायरे में गुज़रना होगा और बुध नेक हुआ तो राहू दरवाज़ा खोलेगा!

चाँद सूरज फ़लकी दुनिया, से जहाँ दो बन गया

1-किसी ग्रह का चुप हो जाना या फिर नेक होना इस बात को ध्यान में रखना ज़रूरी यानि राहू टेवे में नेक असर का हो और उसे चुप करा दिया जाए!

2-किताब में बहुत सी चीज़ें इशारों में हैं जैसे "कहीं आँख दुख न जाए तेरी" यानि मंदा असर सनीचर (आँख) की चीजों पर ज़ाहिर होगा!

3-पक्का घर दूजा "गुरु ब्रह्म गाय अस्थान" यानि दूसरा घर पक्का घर तो बृहस्पति का है लेकिन ज़मीन शुकर (गाय अस्थान) की है!

4-मंगल खाना नंबर-11 में टी लफ़्ज़ों का इस्तेमाल हुआ है **शहद** यानि मंगल ख़ुद, **फूल** यानि बुध और **मक्खी** यानि सनीचर!

इसी तरह से कुल किताब ऐसे ही इशारों में लिखी गई है और इनका समझना ही किताब का असल भेद है!

आगे के सफ़हों पर हर ग्रह की अश्या (चीज़ें), रिश्तेदार और कारोबार हर खाने के हिसाब से दिए गए हैं!

बृहस्पति

बृहस्पति ग्रह से मुतल्लिका (संबन्धित) अश्या (चीज़ें) और खानावार रिश्तेदार व कारोबार					
खाना नंबर	अश्या	खाना नंबर	रिश्तेदार	खाना नंबर	कारोबार
1	शेर नर, सुनार, पेशानी चलता साधू, पीला रंग	1	गद्दीनशीन साधू, बाप, बाबा, दादा बृहस्पति व सूरज मुश्तरका तो बृहस्पति पिता और सूरज लड़का	1	फ़र्ज़ी कीमियागर, पीले रंग की चीज़ों का कारोबार
2	गाय अस्थान, मेहमान नवाज़ी, पूजा, धन माता, चने की दाल, हल्दी	2	जगतगुरु पुजारी, औरत के टेवे में औरत का ससुराल	2	सोने के कारोबार मिट्टी देंगे और मिट्टी के सोना
3	दुर्गा पूजन, दुनियावी तालीम	3	खानदान का मुखिया	3	तालीमी कारोबार
4	बारिश, सोना	4	राजा, महाराजा, पूर्ण ब्रह्म	4	सोना व आबपाशी से संबन्धित कारोबार
5	नाक, केसर	5	सकूल मास्टर	5	खुशबूदार चीजों के कारोबार
6	मुर्ग, गरुड़, कस्तूरी, सेब	6	बुजुर्ग महान	6	कीमती परिंदों के कारोबार
7	किताबें, दमा, मेंडक, आवारा साधू, खाली हवा	7	निर्धन मगर ज्ञानी जो दिल से बूढ़ा बेशक उम्र से जवान हो	7	दूध-दही के काम फायदा देंगे लेकिन किताबों के नुक्सान
8	अफ़वाह, नक्कारा ख़लक़ फकीर का यज्ञ	8	मर्दों में बाबे के बराबर का, दुनियावी हम ज़माना	8	पहाड़ी इलाका के कारोबार
9	जद्दी मकान, मस्जिद, मंदिर, गुरुद्वारा, चलता व उड़ता वजूद, गैस	9	खानदान में उम्र में सबसे बड़ा लेकिन रिश्तेदारी की शर्त नहीं	9	धरम-स्थान व पूजा के कारोबार, गैस के काम
10	सूखा पीपल, नुकसान ज़र, गंधक, तालीम ख़त्म	10	उधारा बाप यानि सिर्फ जन्म देने तक	10	लोहे के कारोबार
11	गिल्ट मुलम्मा	11	खुद-ब-खुद बाप के बराबर का मददगार	11	रोल्ड-गोल्ड-गिल्ट मुलम्मा के कारोबार
12	पीपल का हरा दरख़्त, आम हवा, आम दुनिया, सांस, पीतल	12	बेफ़िक्र बाप जिसको कुल की कोई फ़िक्र न हो	12	पीतल का कारोबार
अश्या लफ़्ज़ शय (चीज़) का बहुवचन है (जैसे "वक़्त की हर शय गुलाम)! कीमियागर-जो तांबे से सोना बनाए! आबपाशी-भूमि व सिंचाई के कारोबार !					

सूरज

सूरज ग्रह से मुतल्लिका (संबन्धित) अश्या (चीज़ें) और खानावार रिश्तेदार व कारोबार					
खाना नंबर	अश्या	खाना नंबर	रिश्तेदार	खाना नंबर	कारोबार
1	दायाँ हिस्सा, आँख नमक सफ़ेद, दिन का वक्त,	1	अपना-आप, हम और हमारा हुक्म	1	राजदरबार से संबन्धित कारोबार
2	गंदुम, बाजरा	2	धार्मिक पेशा लेकिन कानून के नियम पर	2	गंदुम, बाजरा अनाज का कारोबार
3	दिन की औलाद, भतीजे	3	मिन्नत की बजाए पुलिस के डंडे से दोस्त बनाने वाला	3	भतीजों के साथ से कारोबार
4	दायीं आँख का डेला, भुआ का लड़का	4	अपने मुंह की रोटी बच्चों को देने वाला बाप	4	पानी व रेशम या भुआ के लड़के के साथ कारोबार
5	इकलौता लड़का, लाल मुंह वाला बंदर	5	अक्ल का बानी बुजुर्ग, धन, नसीबा की शर्त नहीं	5	बंदरों व बच्चों से संबन्धित कारोबार
6	गंदुमी रंग, पांव की खराबियाँ	6	जब भड़क उठे तो बिना लड़ाई रोटी हज़म न हो	6	दोहते के साथ कारोबार नेक होगा
7	रूहानी नुक्स, लाल गाय, काली गाय मंदा असर देगी, काली गाय भौंडी (बिना सींग) नेक होगी	7	हसद से मारा हुआ गृहस्त यानि दूसरा घर आबाद क्यों और वहाँ रहने वाला खुश क्यों	7	चांदी व दूध के कारोबार नेक लेकिन गाय का व्योपार निकम्मा फ़ल देगा
8	रथ, गाड़ी, सच्ची-पक्की आग खुद-ब-खुद पैदा	8	सारा ब्रहमाण्ड पैदा हो गया लेकिन खुद की आशाएँ अधूरी	8	रथ व गाड़ियों से संबन्धित कारोबार
9	भूरा रीछ, ग्रहण के बाद का सूरज	9	हर किसी की बिगड़ी को बनाने वाला दोस्त	9	मवेशियों से संबन्धित कारोबार
10	भूरा नेवला, भूरी भैंस, सलाजीत (शिलाजीत)	10	खुद के बराबर दूसरा कोई नहीं ऐसी सोच	10	मकान व भैंस से संबन्धित कारोबार
11	सुर्ख तांबा	11	बच्चे निकलने से पहले ही अंडे खाने वाला ज़ालिम, अगर धर्मात्मा हुआ तो अव्वल दर्जा हाकिम	11	तांबे के कारोबार
12	भूरी चिउँटी, दिमागी खराबियाँ	12	मर जाएंगे लेकिन निशानी छोड़े बिना नहीं	12	आटा पीसने की चक्की का कारोबार

चंदर

चंदर ग्रह से मुतल्लिका (संबन्धित) खानावार अश्या (चीज़ें) और रिश्तेदार व कारोबार					
खाना नंबर	अश्या	खाना नंबर	रिश्तेदार	खाना नंबर	कारोबार
1	दिल, दिमाग बायाँ हिस्सा, बायीं आँख का डेला	1	राजा की रानी	1	बाग-बगीचा से संबन्धित कारोबार
2	माता, दूध, सफ़ेद घोड़ा, चावल, रूहानी हिस्सा	2	धर्म माता (कोई भी बुढ़िया जो धर्ममाता तय हो)	2	घोड़ा से संबन्धित कारोबार
3	आम घोड़ा, शिवजी (भोले नाथ), चिरायता	3	हमसाया माई (माता)	3	चिरायता, खून को साफ करने वाली दवाई का कारोबार
4	तालाब, कुआं, चश्मा, शांति ज़मीन के नीचे का पानी	4	मौसी या माता	4	बजाजी, तालाब, कुआं आदि के कारोबार
5	चोकोर परिन्दा, आक का दूध	5	ऐसी माता जो उकसाई गई हो और बिना लड़ाई रोटी न खाए	5	लड़के-लड़कियों की तालीम से संबन्धित कारोबार
6	खरगोश (मादा), सफ़र	6	नानी	6	सफ़र से संबन्धित कारोबार
7	खेती की ज़मीन अपनी या जद्दी, बर्फ़	7	गृहस्ती व्योव्हार की कोई भी नेक स्त्री	7	खेती, तह जमीन व बर्फ़ के कारोबार
8	समंदर, बालाई आमदन, मिर्गी, मुर्दा दिली	8	ताई	8	समंदर से संबन्धित कारोबार
9	गैबी या जद्दी जायदाद, समंदर	9	खानदान में सबसे लंबी उम्र की माता रिश्तेदारी की शर्त नहीं	9	जद्दी जायदाद से संबन्धित कारोबार
10	रात का वक़्त, तह ज़मीन आम पानी लेकिन खारा या कड़वा, अफ़्यून (अफीम)	10	चाची	10	नशे की चीज़ें व तरल दवाइयाँ बुरा असर देंगी लेकिन दिल को तर करने वाली नेक
11	चाँदी, मोती (अनबिंध), खूनी कुआं, उड़ते बादल	11	पेशाब से परिवार तोलने वाली बुढ़िया	11	मोतियों (दूध रंगे) का कारोबार
12	ख़ुशामद, सफ़ेद तिल, मींह का पानी, ओले, मुश्क काफ़ूर	12	सास	12	आम पानी से संबन्धित कारोबार मंदा असर देंगे

शुकर

शुकर ग्रह से मुतल्लिका (संबन्धित) खानावार अश्या (चीज़ें) और रिश्तेदार व कारोबार					
खाना नंबर	अश्या	खाना नंबर	रिश्तेदार	खाना नंबर	कारोबार
1	रुख्सारा, पराई औरत की मोहब्बत	1	ख़ाविंद (औरत के टेवे में) बीवी (मर्द के टेवे में) ऐसी जोड़ी जिसकी बुनियाद सिर्फ धन हो	1	बादशाही औरतों के इस्तेमाल की चीजों के कारोबार
2	आलू, गाय अस्थान, अबरक़, घी(ज़र्द), भोंडी गाय (बगैर सींग)	2	साली (शादी शुदा)	2	आलू, घी,मुश्क काफूर सफ़ेद अबरक़ से संबन्धित कारोबार
3	शादी, सती या सतवंती औरत	3	भाभी या भरजाई यानि भाई की बीवी	3	गृहस्ती औरतों से संबन्धित सामान के कारोबार
4	दही, चौपाया, चरिन्द	4	हमख़्वाब यार दोस्त (बच्चों की शर्त नहीं)	4	चौपाया,चरिन्द, दही के कारोबार
5	कुम्हार का आवा या ईंट का भट्टा, कांसे का बर्तन	5	ऐसे मर्द व औरत जिनको खुद उनके बच्चे बाप न कहेंगे	5	ईंटों के भट्टे का कारोबार
6	चिड़िया,लड़की, सफ़ेद गाय मंदी, खुसरा	6	ऐसी औरत जो रोटी खाने में अव्वल लेकिन बच्चे बनाने में सिफ़र	6	गैस व गुड़ के कारोबार नेक लेकिन परिंदों संबन्धित मंदे असर के
7	चरी (सफ़ेद ज्वार), सफ़ेद गाय	7	स्त्री(मर्द के टेवे में) व मर्द (औरत के टेवे में) गृहस्त में पूरा साथ दे	7	खेती, चरी,कांसे के बर्तन व गाय से संबन्धित कारोबार
8	जीमींकन्द, गाजर, कब्र, भोंडी सफ़ेद गाय मंदी	8	ऐसी बदज़ुबान औरत जो कोई रिश्तेदारी न माने	8	ज़मीन की नीचे पैदा होने वाली सब्जियों के कारोबार
9	सफ़ेद (दही जैसा) रंग, सफ़ेद गाय मंदा असर दे	9	हद से ज़्यादा शर्म की मारी बीमार अबला स्त्री	9	शकरकंदी,फलीदार चीजों व मिठाई के (हलवाई नहीं) काम
10	मिट्टी, कपास	10	हर वक्त धुली-धुलाई दुल्हन, दिखावे की मारी	10	मिट्टी और कपास के कारोबार
11	रुई, मोती सफ़ेद (दही के रंग का)	11	पूरे मर्द के बराबर वरना कुल नामर्द	11	रुई, मोती (दही रंगा) व दही के कारोबार नेक
12	कामधेनू गाय, लक्ष्मी (चौपाया व गृहस्ती औरत) का सुख सागर	12	लक्ष्मी सुख का कारण	12	औरतों व मवेशियों के रात को आराम के सामान का कारोबार

मंगल

मंगल ग्रह से मुतल्लिका (संबन्धित) खानावार अश्या (चीज़ें) और रिश्तेदार व कारोबार					
खाना नंबर	अश्या	खाना नंबर	रिश्तेदार	खाना नंबर	कारोबार
1	दांत 32/31, सौंफ, अनाज की कोठरी	1	तलवार का धनी, नसीब का मालिक, आम भाई	1	सौंफ के कारोबार में लाभ लेकिन दाँतो का कारोबार मंदा असर दे
2	चीता, हिरण	2	बड़ा भाई	2	दरिंदों से संबन्धित कारोबार
3	पेट, हौंठ, छाती	3	ताया	3	हाथी दांत के कारोबार
4	तलवार, डेक का दरख़्त, सुर्ख़ मिर्च, घुंडी, नाभि, मृगशाला मुबारक	4	माता का बड़ा भाई	4	मृगशाला का व्योपार उतम लेकिन कड़वे पेड़ों व तलवार से संबन्धित कारोबार मन्द
5	भाई, नीम का दरख़्त	5	बच्चों के दोस्त	5	हकीम, वैद या डाक्टर
6	नाभि, छुछुंदर	6	बहनोई	6	पेट की बीमारियों व पेट से संबन्धित कारोबार
7	बेलें (फलीदार पौधे), पहला लड़का, दाल मसूर, अजवाइन	7	हक़ीक़ी भाई या हक़ीक़ी साला	7	दाल मसूर, अजवाइन व फलीदार पौधों का कारोबार
8	बाजुओं के बगैर बाकी का जिस्म	8	छोटों के लिए कसाई जैसा भाई	8	मकान के कारोबार जिनमें मशीन का प्रयोग न हो
9	सुर्ख़ रंग (ख़ूनी)	9	बाबा का भाई	9	ख़ुश्क फल, मेवे व ख़ून से संबन्धित चीजों का कारोबार
10	शहद, मीठा भोजन, खांड	10	बाप का धर्म भाई	10	शहद व मीठे भोजन का कारोबार
11	सिंदूर (लाल रंग)	11	बाप का फ़र्ज़ी भाई	11	सिंदूर लाल या लाल धातु का कारोबार
12	बुलंद आवाज़, हाथी का महावत, गिलोय	12	बड़े भाई के ख़ून का प्यासा भाई	12	गिलोय व दूसरी कड़वी दवाओं के कारोबार

बुध

बुध ग्रह से मुतल्लिका (संबन्धित) खानावार अश्या (चीज़ें) और रिश्तेदार व कारोबार					
खाना नंबर	अश्या	खाना नंबर	रिश्तेदार	खाना नंबर	कारोबार
1	ज़ुबान, सिर का ढांचा	1	बड़ी लड़की	1	ज़ुबान व सिर के ढांचे से संबन्धित काम
2	खड़ा अंडा, मूंग साबुत, कलम की निब, साली	2	साली (बगैर शादी)	2	मूंग, ऐश इशरत व कलम की निब के कारोबार
3	भतीजी, चमगादड़, छतर, चौड़े पत्तों के दरख़्त, दीमक, भूत की ताकत, मुर्दा रूहें	3	बड़ी बहन	3	दमा का डाक्टर, भतीजी को मदद देने से व्योपार बढ़े
4	तोता कलमी, खड़ा अंडा, भुआ, मौसी, कच्चा घड़ा	4	अपनी लड़की, मौसी की लड़की	4	तोता कलमी कच्चे घड़े के कारोबार
5	बांस, फ़कीर की आवाज़, दूध वाला बकरा, पोती, आशीर्वाद	5	गैर शादी-शुदा औरत तारने पे आए तो भागवान वरना कुल गारत, हर तरह से दुखी	5	बांस के कारोबार, पोती की मदद से हरदम कारोबारी तरक्की
6	फूल, लड़की, मुतबन्ना, खड़ा अंडा, दोहती, आम, थोहर	6	अपनी लड़की	6	फूल या स्टेशनरी के कारोबार नेक
7	हरी घास, भोंडी गाय, मैना, दूसरी चीजों का ढांचा	7	गृहस्त के संबंध में आम लड़की जो सब को तारे	7	हरी घास, फट्टे या ढांचे (शटरिंग वाले) के कारोबार नेक
8	लेटा अंडा, मुर्दा फूल, बहन	8	बिना बताए सिर काटने वाली कब्रिस्तान की वासी लड़की	8	खांड या खाने पीने के सामान में बेहतरी वरना हर व्योपार नाक़िस
9	भूत-प्रेत, चमगादड़, सब्ज़ रंग, थुथलाना, सब्ज़ जंगल	9	अपने बाबे की लड़की लेकिन हक़ीक़ी खून की शर्त नहीं	9	बुजुर्गी लिटरेचर से संबन्धित कारोबार नेक, जंगली पेढ़ों के नुकसानदेह
10	दांत, खुश्क घास, शराब-कबाब यानि भूत की खुराक, सीढ़ियाँ मकान, हींग, ढ़ोल	10	ज़ाहिरा हो तो बहन मगर जब दिल चाहे औरत बन बैठे फिर बहन हो जावे	10	दांत के काम, शराब के काम और राग-रंग के सामान के कारोबार
11	उल्टा घड़ा, कंठी वाला तोता, सीप, हीरा, फिटकरी	11	अपने बाप की औलाद लेकिन उल्लू की पट्ठी व बेवकूफ़	11	सीप, हीरे, फिटकरी के कारोबार या अदालती कारोबार
12	गंदा अंडा, खिलौने	12	हर दो वक्त और हर दो मर्द और औरत के साथ बेहया लड़की	12	खिलोनों के कारोबार नेक लेकिन सट्टा नाक़िस

सनीचर

सनीचर ग्रह से मुतल्लिका (संबन्धित) अश्या (चीज़ें) और खानावार रिश्तेदार व कारोबार					
खाना नंबर	अश्या	खाना नंबर	रिश्तेदार	खाना नंबर	कारोबार
1	हलक का कव्वा, गंदी आग, गंदा कीड़ा, नमक स्याह, कीकर का पेड़	1	एक तरफ़ा बेलिहाज़ हाकिम तरेगा या फिर मरेगा	1	कीकर के दरख़्त व लकड़ी के कारोबार, हलक के कारोबार
2	माश साबुत, काली मिर्च, चने सफ़ेद व काले, चंदन की लकड़ी	2	ससुर का भाई	2	साबुत माश से संबन्धित कारोबार
3	खजूर का दरख़्त, आबनूस सागवान, कीमती लकड़ी	3	ख़ानदानी मजदूर जो पीढ़ी दर पीढ़ी हो	3	नज़र (बिनाई) का डाक्टर, खजूर की लकड़ी का काम
4	काले कीड़े, मकान, तेल, चील, दयार, कैल की लकड़ी, सफ़ेद संगमरमर	4	मौसा/मासड़ (मौसी का पति)	4	तेल हर किस्म, मकान का सामान लेकिन मकान का काम नहीं
5	सुरमा स्याह, बुधु लड़का	5	बेवफ़ा गुलाम	5	सुरमा काला के काम
6	कौवा, चील, बिनोले, बेरी का पेड़, पत्थर के कोयले	6	नाशुकरा रिश्तेदार, (लड़के/लड़कियों का संबंधी)	6	बिनोले, पत्थर के कोयले का कारोबार, इंजनीयरी (पढ़ाई)
7	दरिंदे, स्याह गाय, सुरमा सफ़ेद, बिनाई, हर किस्म का मसाला	7	अंधों को आंखे देने वाला भण्डारी (चाहे अपना या ससुराल का	7	बिनाई से संबन्धित कारोबार, सफ़ेद सुरमा के कारोबार
8	बिच्छू, कनपटी, छत के बिना खड़ी दीवारें	8	कब्रिस्तान में काम करने वाले का संबंधी	8	संखिया, अफीम, चरस ज़हरीली चीजों का कारोबार
9	पुरानी लकड़ी शीशम, फलाही, आक का पेड़	9	ऊजड़ों को बसाने वाला, बुजुर्गों से संबन्धित रिश्तेदार	9	पुरानी लकड़ी, शीशम या फलाही की लकड़ी के कारोबार
10	मगरमच्छ, साँप, तेल, साबुन, कपड़े धोने की लौंडरी	10	चाचा मगर इज़्ज़त और मान का मालिक	10	दरियाई जानवरों से संबन्धित कारोबार
11	लोहा, फौलाद, टिन	11	पूरा धर्मात्मा और गैरतमंद चौकीदार	11	रेलवे, मकानात या लोहे के कारोबार
12	मसनुई तांबा, मछली, बादाम, तख़्तपोश, सिर पर टटरी	12	कुदरत का भेजा रक्षक, तारता ही जाने वाला मेहरबान दोस्त	12	तख़्तपोश या बादाम के कारोबार

राहू

राहू ग्रह से मुतल्लिका (संबन्धित) अश्या (चीज़ें) और खानावार रिश्तेदार व कारोबार					
खाना नंबर	अश्या	खाना नंबर	रिश्तेदार	खाना नंबर	कारोबार
1	ठोढ़ी, नाना, नानी	1	बनिया तबीयत हाकिम	1	धुएँ के काम या नाना-नानी के साथ किया काम मंदा असर देगा
2	हाथी के पाँव की मिट्टी, सरसों, कच्चा धुआँ	2	ससुर (मर्द के टेवे में) औरत का ससुर बृहस्पति होगा	2	सरसों के कारोबार
3	ज़ुबान का तेंदुआ, जौ, हाथी दांत, स्याह रंगा रिश्तेदार	3	दौलत की दोस्ती को आखिर तक निभाने वाला मुहाफ़िज़	3	कोयला या हाथी दांत के काम गैर मुबारक
4	ख़्वाब का ज़माना, सोया दिमाग, धनिया (सूखा)	4	धर्मात्मा, माता का छोटा भाई	4	लेकचर/कथा वार्ता से संबन्धित कारोबार
5	छत	5	बच्चों का समान बेचने वाला	5	मकान की छत के कारोबार अशुभ, राजदरबार से संबन्धित बिजली के बहुत बड़े काम
6	पूरा काला कुत्ता	6	लड़कियों के ससुर	6	पालतू कुत्तों का सामान
7	नारियल	7	ससुराल ख़ानदान का कोई पागल व्यक्ति	7	चाँदी की ज़ंजीरी के कारोबार
8	झोला (बीमारी माली-खूलिया), दीवार की अंगीठी का धुआँ	8	तलवार को पत्थर की बजाए जिस्म पर तेज़ करने वाला कसाई	8	दिमागी बीमारियों से संबन्धित कारोबार (इन बीमारियों का डाक्टर)
9	दहलीज़, घुंडी (हलक) से ऊपर की बीमारियाँ, नीला रंग	9	नास्तिक दोस्त जो पाख़ाना व पेशाब के लिए मंदिर पसंद करे	9	हलक से ऊपर के हिस्से की बीमारियों का वैद या डाक्टर
10	गंदी नाली, गर्की, भड़भूँजे की भट्टी	10	लोक लाज व मौके अनुसार चलने वाला अपना बुजुर्ग	10	हिफ़ज़ान सेहत से संबन्धित कारोबार
11	नीलम, नीला थोथा, सिक्का (सीसा या रांगा), नरम धातु एलुमीनियम, जस्त	11	ज़ालिम जिसके ख़ून में कई पुश्तों से ज़ुल्म करने का मादा भरा हो	11	नीलम, नीला थोथा, सीसा के कामों में नुकसान लेकिन सोने का काम नेक असर
12	हाथी, समंदर का तेंदुआ, कच्चा कोयला, पदम	12	रात के समय दूसरों की नींद खराब करने वाला	12	हाथी के सामान के काम नेक लेकिन कोयले के काम मंदे

केतू

केतू ग्रह से मुतल्लिका (संबन्धित) अश्या (चीज़ें) और खानावार रिश्तेदार व कारोबार					
खाना नंबर	अश्या	खाना नंबर	रिश्तेदार	खाना नंबर	कारोबार
1	टांग, नानका घर, नाभि के नीचे की बीमारियाँ	1	इकलौता बेटा	1	नाभि के नीचे की बीमारियों का डाक्टर
2	इमली, तिल	2	साला	2	इमली, तिल के कारोबार उतम
3	रीढ़ की हड्डी, फोड़े-फुंसी	3	भतीजा	3	फोड़े-फुंसी का डाक्टर या वैद, केले का काम
4	सुनना (कान)	4	मौसी का बेटा	4	बहरों का डाक्टर/वैद
5	पेशाबगाह	5	पोता, मामूं (माता का छोटा या बड़ा भाई)	5	पेशाबगाह की बीमारी का डाक्टर या वैद
6	चिड़ा, नर खरगोश, पूजा अस्थान, चारपाई, प्याज़ लहसुन, कच्चा चबूतरा	6	दोहता व भांजा	6	खरगोश, पूजा के सामान या प्याज़, लहसुन का कारोबार
7	दूसरा लड़का, सुअर, गधा	7	अपना मगर दूसरा लड़का	7	सुअर व गधों के सामान का कारोबार
8	सुनने की ताकत, छलावा, धोकेबाज़	8	मौतों का मारा, मातम का ठेकेदार	8	केतू से संबन्धित कोई भी कारोबार अशुभ
9	दो रंगा कुत्ता या कुतिया लेकिन लाल रंग नहीं हो	9	ख़ानदान का वफ़ादार गुलाम लड़का	9	कुत्तों का या कुत्तों के सामान का कारोबार
10	चूहा	10	चाचा का लड़का	10	मकानों की नीव में इस्तेमाल किया जाने वाले सामान का काम
11	दो रंगा कीमती पत्थर	11	यतीम खाना का बच्चा लेकिन होनहार	11	दो रंगे कीमती पत्थरों का कारोबार
12	छिपकली, पलंग, केला, मुतबन्ना	12	हर दुख को सुख में बदलने वाला लड़का	12	ऐश-ओ-आराम व बच्चों के लिए खेलों का सामान

मुश्तरका (इकट्ठे) ग्रह

मुश्तरका ग्रहों से मुतल्लिका अश्या	
मुश्तरका ग्रह	**नाम अश्या (चीज़)**
बृहस्पति व केतू	ज़र्द (पीले) निंबू
बृहस्पति व चंदर	बड़ (बरगद) का दरख़्त
सूरज व चंदर	बड़ के दरख़्त का ख़ालिस दूध, लीची, घोड़ा व टांगा
सूरज व शुकर	लाल मनूर, लाल मिट्टी (जल कर लाल हुई) गाचनी लाल, काँसी का कटोरा
सूरज व बुध	सर सब्ज़ पहाड़, लाल फिटकिरी, शीशा सफ़ेद
चंदर व बुध	माँ-धी, दरिया के पानी में रेत, दुनिया तोता, हन्स परिन्दा, कुआं जिसमें सीढ़ियाँ हों
चंदर व सनीचर	काली स्याही, पानी की बावड़ी, कछुआ, खूनी कुआं, बिगड़ा हुआ दूध, मोटर लारी
शुकर व मंगल	मिट्टी का तनूर (तंदूर), मीठा अनार, गेरू (लाल मिट्टी)
शुकर व बुध	मसनुई सूरज, तराज़ू, आटा पीसने की चक्की (पुराने समय की दो पत्थरों वाली)
शुकर व सनीचर	काली मिर्च, घी, स्याह मनूर (काले पत्थर), मिट्टी का खुश्क पहाड़
मंगल (नेक) व बुध	सुत्थर (लाल कपड़ा जो शादी के वक़्त लड़की को पहनाते हैं) जो चमकीला न हो
मंगल (बद) व बुध	आतशी शीशा, अनार के फूल, लड़की के चमकीले लाल कपड़े
मंगल व सनीचर	नारियल, छुहारा
बुध व सनीचर	आम का दरख़्त
बुध व राहू	तिलयर (ऐसा कीड़ा जो बड़ के पेड़ - चंदर+बृहस्पति के फल को बरबाद करता है
बुध व केतू	बर्री या बररी एक जानवर जिससे हाथी भी डरता है
सनीचर व राहू	साँप की मणि या साँप की ज़हर को चूस लेने वाला मनका

अध्याय नंबर-15

CAPRICORN
AQUARIUS
PISCES
AIRES
TAURUS
GEMINI
CANCER
LEO
VIRGO
LIBRA
SCORPIO
SAGITTARIUS

उपाओ, तर्क और तरीका

पूर्व विचार

गलतफ़हमियाँ (भ्रांतियां): लाल किताब को लेकर आम लोगों में कई तरह की धारणाएँ है अगर ठीक लफ़्ज़ इस्तेमाल किया जाए तो यह बात कहने में कोई गुरेज़ नहीं कि कई तरह की गलतफ़हमियाँ हैं जैसे बहुत से लोग इसको तांत्रिक किताब कहते और बहुत से लोग इसको नास्तिक किताब कह कर पुकारते हैं! लेकिन विषय (मज़मून) को समझे बगैर उस के बारे में कोई गलत धारणा क़ायम कर लेना गलतफ़हमी नहीं बल्कि अज्ञानता हुआ करती है क्योंकि जिस ग्रन्थ का मूल आधार कर्म और संस्कार हो वो तांत्रिक या नास्तिक कैसे हो सकती है! कुच्छ लोग यह भी तर्क देते हैं कि यह किताब धरम स्थान (मन्दिर, मस्जिद, चर्च या गुरुद्वारे) जाने से रोकती है लेकिन यह विचार भी पूर्णरूप से अज्ञानता ही कहा जाएगा क्योंकि ज्योतिष के विषय (मज़मून) पर एक मात्र ग्रन्थ है जिसमें लफ़्ज़ धरम स्थान यानि जिस किसी भी धर्म में जिसकी आस्था/एतक़ाद हो, अगर किसी धरम स्थान में जाने से परहेज़ हो तो उपाओ सनीचर के चौराहे (धरम अदालत) पर भी किया जा सकता है और इसके भी आगे चलते हुए चलते हुए दरिया (चंदर) के पानी में उपाओ के लिए जाने को कहता है, हाँ कुच्छ विशेष हालात के ज़ेर-ए-तहत धरम स्थान में जाना मना किया है और साफ़ तौर पर लिखा है कि नुकसान हो सकता है और कुच्छ ख़ास हालात के ज़ेर-ए-तहत धरम स्थान जाने को कहा भी गया है! अगर इस बात को हर कोई किसी बीमारी में लगाए तो यह एक परहेज़ है और फ़िर जो चीज़ नुक्सानदेह हो उससे परहेज़ करना या दूर रहना ज़रूरी भी है, जैसे एक प्रसिद्ध कहावत है "**भट्ठ जाए सोना जो कानों को खाए**"**!** यही बात घर में मन्दिर स्थापित करने को लेकर कही गई कि कुच्छ ग्रहों की हालत को देखते हुए घर में मन्दिर बनाना/स्थापित करना वर्जित है! **बाकी गाए, कुत्ते व कव्वे को रोटी डालना या बुज़ुर्गों के पैर छूना वगैरह अगर तंत्र और नास्तिक होना है तो फिर वास्तव में यह ग्रन्थ तांत्रिक है और नास्तिक होने को भी कहता है! वास्तव में इस ग्रन्थ में नौ ग्रहों के नौ ही रिश्तेदार ब्यान किए हैं अगर आप उनके साथ ताल्लुक ठीक रखो तो कोई ग्रह खराब नहीं होगा!**

नाम ग्रह	गैबी ताक़त	दुनियावी ताक़त
बृहस्पति	ब्रह्मा जी	ख़ुद का बाप
सूरज	विष्णु जी	ख़ुद और राजा
चंदर	शिव जी	ख़ुद की माता
शुकर	लक्ष्मी जी	घर की औरत और आम औरतें
मंगल	हनुमान जी	ख़ुद के भाई
बुध	दुर्गा जी	ख़ुद की बहन, बुआ, बेटी वगैरह
सनीचर	भैरों जी	ख़ुद के चाचे
राहू	सरस्वती जी	ख़ुद का ससुराल ख़ानदान
केतू	गणेश जी	ख़ुद का नानका ख़ानदान

खासः यह फ़ेहरिस्त सिर्फ़ यह बात समझने के लिए है कि **बाप** "अपने मुँह की रोटी बच्चों को देने वाला" शख़्स गैबी ताक़त से कहीं ऊपर है और **माँ** "जिस की गोद में सिर रखने पर जन्नत का सुख मिलता है" गैबी ताक़त से कहीं ऊपर है इसके लिए आ एक अंग्रेज़ी की कहावत है **"God cannot be everywhere so He made Mothers"** यानि जो हाज़िर है उसको छोड़ **"गैब"** के पीछे भागने में कोई अक्लमंदी नहीं, यह मेरी अपनी सोच है कोई ज़बरदस्ती नहीं इसलिए जो ठीक लगे उसको अपनाओ !

दरअसल ग्रहों को ख़राब हम अपने आप ही करते हैं, जैसा कि मैं बार-बार कहता हूँ कि **"अहम और वहम"** से दूर रहो, सिर की हड्डी को राहू कहा है और इससे चलने वाली रीढ़ की हड्डी को शरीर से सीने की हड्डियों से बाँध दिया लेकिन रीढ़ की हड्डी गर्दन से लेकर कन्धे की हड्डी तक दाएँ-बाएँ, ऊपर-नीचे घूम सकती है, झुक भी सकती है और अगर इस गर्दन को झुका कर रखा जाए तो अहम ख़ुद-ब-ख़ुद ख़त्म हो जाता है, लेकिन इन्सान की ज़हनी फ़ितरत है कि गर्दन के झुकाने को वो अपनी बे-अदबी समझता है लेकिन झुकना किसी को सम्मान देना है और ज़रूरत से ज़्यादा गर्दन/सिर को झुकाना जिससे की सिर का अंग वस्त्र ही गिर जाए वो अपनी ही किसी गलती के कारण हुआ करता है इसलिए सम्मान में झुकना आदर है!

इसी के ताल्लुक में उर्दू के शायर **"इक़बाल अज़ीम"** एक खूबसूरत शेयर भी है:

झुक कर सलाम करने में क्या हर्ज़ है मगर
सर इतना मत झुकाओ कि दस्तार गिर पड़े

ख़ैर वापिस विषय (मज़मून) की बात करते हैं मेरा ज्योतिष के हर अंग से गुज़रना हुआ है और आखिरी नतीजा यही निकला कि ज्योतिष इस ब्रह्माण्ड में कोई भी जीव, पेढ़-पौधे, जानदार व बेजान चीज़ें सभी ग्रहों के प्रभाव में रहती हैं!

आगे के सफ़हों पर खानावार ग्रहों के उपाओं के बारे में लिखा है, लेकिन उपाओ करने के पीछे तर्क क्या है और तरीका क्या है यह भी समझना ज़रूरी है, इसलिए सबसे पहले इस बात पर ही गौर करते हैं! किसी भी टेवे एक वक़्त में दो ही ग्रह असरदार हुआ करते एक अच्छा असर देने वाला और दूसरा उस अच्छे ग्रह को खराब करने वाला इसलिए खराब करने वाले ग्रह को उपाओ के ज़रिए बुरा असर देने से रोका जाता है और नेक असर देने वाले ग्रह की चीज़ों को अपनाया जाता है इसके लिए भी मिसाल पर गौर करें:

1-टेवे में ऊंच के घरों के ग्रहों या हर तरह से क़ायम ग्रहों की चीज़ों का दान देना मना है, मतलब साफ़ है कि जो ग्रह नेक/क़ायम हो उसको अगर समझने के लिए खज़ाना मानें तो दान देने या बांटने से ख़ज़ाने में कमी आती चली जाएगी!

2-टेवे में नीच के घरों के ग्रहों या मंदे घरों के ग्रहों की चीज़ें दान (मुफ़्त) में लेना उस ग्रह के मंदे असर को कई गुना ज़्यादा करती चली जाएगी! इसलिए: **नेक और क़ायम ग्रहों की चीज़ों का दान देना और मंदे ग्रहों की चीज़ों का दान (मुफ़्त) लेना मना है!**

1-ग्रह की बेजान चीज़ ग्रह की जानदार चीज़ के हवाले करना: जैसे सूरज का ख़ुद का कोई उपाओ नहीं होता बल्कि उसको ताक़त दी जाती है इसलिए "गुड़ और गेहूं (सूरज की बेजान चीज़ें) बन्दरों (सूरज की जानदार चीज़) को खिलाने से सूरज का असर बढ़ता होगा!

2-ग्रह या ग्रहों की आग (उग्र असर) को ख़ुद उग्र ग्रह को शान्त करना: ग्रहण के वक़्त (सूरज ग्रहण या चंदर ग्रहण) ग्रहण लगाने वाले ग्रहों की आग से सूरज और चंदर को बचाने के लिए राहू का उपाओ किया जाता है!

3-एक ग्रह के ज़रिए दूसरे ग्रह के असर को नेक करना: खाना नंबर-1 का पक्का ग्रह सूरज जब खाना नंबर-1 में और उसी वक़्त खाना नंबर-7 खाली

हो तो सूरज दूसरे ग्रहों की मदद नहीं कर पाता इस बुरे असर को दूर करने के लिए खाना नंबर-7 को मालिक ग्रह शुकर के उपाओ से जगाया जाता है!

4-ग्रह की अश्या (चीजों) से ग्रह को बुरा ना करने की कसम दिलवाना: खाना नंबर-5 के सनीचर को बच्चों के लिए मंदा गिना है इसलिए सनीचर की अश्या (चीज़) बादाम धरम-अस्थान में रख कर बुरा ना करने की कसम दिलवाई जाती है!

5-किसी दुख तकलीफ के वक़्त ग्रह की अश्या (चीज़ें) चंदर के ज़रिए बाँट देना: आम कहा जाता है कि **"दुख बाँटने से कम होता है"** इसलिए टेवे में जब शुकर मंदा हो तो चरी के बीज (शुकर) को पानी (चंदर) में बहा दिया जाता है! आख़िर यह बीज परिंदो और जानवरों में बंट जाते या दरिया के साथ ज़मीन में ऊग जाते हैं जिनको चरिंद आदि खाते है और ग्रह का मंदा असर कई हिस्सों में बंट जाता है! कई बार ग्रह के असर को दूसरे लोगों में बाँट कर उसके मंदे असर को कम या नेक असर को और भी नेक किया जाता है जैसे ग्रह की चीज़ों किसी लंगर या भोज के ज़रिए दूसरे लोगों में तकसीम किया जाता है लेकिन लेकिन ऐसे लंगर या भोज में ख़ुद की शिरकत हुआ करती है!

6-तंग करने वाले ग्रह का उपाओ दोस्त की अश्या के ज़रिए: राहू जब मंदा असर दे रहा हो तो दोस्त बुध के फूल (नीले रंग के) गंदे नाले में फेंकने चाहिएँ!

7-मसनुई ग्रहों के ज़रिए: बृहस्पति और शुकर मुश्तरका (इकट्ठे) खाना नंबर-12 में हो तो औरत/मर्द की मंदी सेहत के वक़्त नीले रंग के फूल (राहू और बुध) ज़मीन में दबाएँ!

8-:ऋण पितृ: अगर किसी भी तरह का ऋण साबित हो जाए तो ऋण का उपाओ सबसे पहले किया जाएगा!

9-नष्ट ग्रह: नष्ट हो चुके ग्रहों की निशानियाँ ज़ाहिर असूलों के तहत तो नष्ट हुए ग्रहों को क़ायम करने के उपाओ होंगे!

ख़ास: हर एक ग्रह को क़ायम रखने के लिए **"बद लालच गर दुनिया मारे, नेक दान को गिनते हैं"** यानि अगर हर इन्सान बदी और लालच को त्याग दे तो सबसे उतम दान गिना जाता है!

उपाओं के लिए ख़ास असूल:

1-कोई भी उपाओ रविवार/इतवार को शुरू नहीं किया जा सकता!

2-उपाओ शुरू करने के दिन पूरी धूप होनी चाहिए!

3-किसी भी घर के दो या अधिक सदस्य एक ही दिन उपाओ शुरू नहीं कर सकते!

4-उपाओ का मुकर्रर वक़्त अगर 43 दिन है तो लगातार 43 दिन बिना नागा उपाओ करें!

5-मंगल के उपाओ के लिए मंगल का दिन और दोपहर का वक़्त तय है!

6-राहू के उपाओ के लिए वीरवार का दिन और पक्की शाम का वक़्त तय है!

खबरदारी:

1-उपाओ टूट जाए तो नुक्सान हो सकता है इसलिए उपाओ के टूट जाने पर एक मुट्ठी चावल को दूध का छींटा देकर सफ़ेद रुमाल में बाँध कर सिरहाने रखें और अगले दिन पानी में बहा दें और उसके बाद दुबारा उपाओ शुरू करें जो कि 43 दिन ही करना होगा!

2-उपाओ करने के दौरान किसी ज़रूरी काम के चलते कहीं जाना पढ़े तो चावल को दूध का छींटा देकर अपने साथ रखलें और वापिस आ कर दुबारा से उपाओ शुरू करें, छूटे हुये दिन भी शामिल गिने जाएंगे!

बृहस्पति

ग्रह से मुतल्ल्का आम अश्या

देवी/देवता	ब्रह्मा जी
उपाओ वास्ते औलाद और दीगर वज़ूहात	हरी पूजन
क़िस्म ग्रह	नर
रंग	ज़र्द (पीला)
पेशा	ब्राह्मण, पूजा-पाठ, सुनार
सिफ़्त	रूहानी पण्डित, पेशवा
ख़ासियत	हवा, रूह व सांस, पिता, गुरु, सुख
ताक़त	हाकिम व महकूम, सांस लेने व दिलाने की ताक़त का मालिक
मुतल्ल्का धातें	सोना, पुखराज
जिस्म पर ग्रह की मुकर्ररा जगह	गर्दन
चेहरे पर ग्रह की मुकर्ररा जगह	नाक बजुज़ माथा व नाक का सिरा
ग्रह से मुतल्ल्का पोशाक	पगड़ी, दस्तार
तरबूज़ में ग्रह का हिस्सा	डंडी
ग्रह से मुतल्ल्का जानवर	शेर बब्बर या शेरनी
ग्रह से मुतल्ल्का दरख्त	पीपल
उपाओ की आम चीज़ें	दाल चना, सोना, केसर

खाना नंबर-1

बृहस्पति खाना नंबर-1 की अश्या, रिश्तेदार और कारोबार	
अश्या/चीज़ें	शेर नर, सुनार (सोने का कारोबारी) पेशानी (माथा) चलता साधू, पीला रंग !
रिश्तेदार	गद्दीनशीन साधू, बाप, बाबा, बृहस्पति व सूरज मुश्तरका (इकट्ठे) तो बृहस्पति पिता सूरज लड़का !
कारोबार	फ़र्ज़ी कीमियागर, पीले रंग की चीज़ों के कारोबार !

असर हर तरह से नेक होता है! व्यक्ति राजा के समान की पदवी पर या फिर राजा की तरह साधू!

अगर कुंडली का 7 वाँ घर खाली हो तो क़िस्मत शादी के बाद जागती होगी लेकिन 28 साल की उम्र से पहले ख़ासकर 24 वें या 27 वें साल में या इन सालों में मकान बने तो पिता की आयु को खतरा हुआ करता है!

बृहस्पति खाना नंबर-1 के वक़्त सनीचर खाना नंबर-9 में होवे तो ख़ुद की सेहत मंदी! राहू खाना नंबर-8 या खाना नंबर-11 में होवे तो पिता की मौत दिल की बीमारी या साँस की बीमारी से हुआ करती है या उसको आँखों से ताल्लुक रखने वाली बीमारी होगी!

जब सूरज और बुध मुश्तरका (इकट्ठे) बुध के लिए लिए मंदे घरों में होवे तो बिना मतलब के मुकदमों में धन-दौलत का नुकसान हुआ करता है!

उपाओ:

1-अगर सनीचर खाना नंबर-5 में हो तो किसी फ़कीर को तांबे का पैसा नहीं देना चाहिए

2-सनीचर, बुध और शुकर से ताल्लुक रखने वाली चीज़ें धरम स्थान में देनी चाहिएँ

3-सनीचर खाना नंबर-9 में होवे तो सनीचर से ताल्लुक रखने वाले कारोबार मंदा असर देंगे

4-गाय की सेवा नेक असर देगी!

5-सनीचर कुंडली के खाना नंबर-11 या 12 होवे तो शराब-शबाब-कबाब से दूर रहें!

6-बुध के बुरे असर से बचने के लिए नाक छिदवा कर चाँदी की तार पहनें!

बृहस्पति खाना नंबर-2

बृहस्पति खाना नंबर-2 की अश्या, रिश्तेदार और कारोबार	
अश्या/चीज़ें	गाय-अस्थान, मेहमान नवाज़ी, पूजा, धर्म माता !
रिश्तेदार	जगतगुरु, पुजारी, औरत के टेवे में औरत का ससुराल !
कारोबार	सोने के कारोबार मिट्टी देंगे लेकिन मिट्टी के कारोबार सोना देवें !

शुकर की ज़मीन (बृख राशि) लेकिन बृहस्पति का पक्का घर! शुकर और बृहस्पति आपस में दुश्मन लेकिन फिर दोनों का अपना-अपना नेक असर होगा!

बृहस्पति खाना नंबर-2 के वक़्त बुध खाना नंबर-9 में तो व्यक्ति कुदरती तौर पर ईर्ष्या/हसद से भरा हुआ होगा!

बृहस्पति खाना नंबर-2 के वक़्त बुध खाना नंबर-8 में और सनीचर खाना नंबर-10 में होवे तो धन हानि, बुज़ुर्ग दुखिया और ख़ुद को जेल जाना पड़ता है!

बृहस्पति खाना नंबर-2 के वक़्त टेवे में शुकर मंदा हो रहा हो और सनीचर खाना नंबर-10 में होवे तो रात की नींद हराम, सेहत खराब और औरत दुखिया होगी!

खाना नंबर-2 धरम-अस्थान, बृहस्पति का पक्का घर होने के साथ-साथ राहू और केतू की बैठक भी है! तीनों दुनियावी कुत्तों के लिए असर मंदा लेकिन ख़ुद के लिए खराब नहीं!

1-खाना नंबर-2 को क़ायम रखने के लिए सनीचर की मंदी चीज़ों (शराब, शबाब, कबाब) से दूर रहें!

2-खाना नंबर-10 के सनीचर के मंदे असर से बचने के लिए साँप को दूध पिलाएँ!

3-बृहस्पति को क़ायम रखने के लिए बुज़ुर्गों और कुलपुरोहित का आशीर्वाद लेते रहें!

4-बृहस्पति खाना नंबर-2 के वक़्त बुध और राहू खाना नंबर-10 में हों तो सनीचर का उपाओ करें!

5-बृहस्पति खाना नंबर-2 के वक़्त खाना नंबर-10 में शुकर होवे तो चंदर का उपाओ करें!

6-बृहस्पति खाना नंबर-2 के वक़्त पाप युक्त सनीचर खाना नंबर-10 में हो तो ख़ुद बृहस्पति का उपाओ करें!

बृहस्पति खाना नंबर-3

बृहस्पति खाना नंबर-3 की अश्या, रिश्तेदार और कारोबार	
अश्या/चीज़ें	दुर्गा पूजन, दुनियावी तालीम !
रिश्तेदार	खानदान का मुखिया !
कारोबार	तालीम से ताल्लुक रखने वाले कारोबार !

खाना नंबर-3 का बृहस्पति आमतौर पर नेक असर होता है लेकिन सेहत के लिए मंदा! अगर बृहस्पति पर दुश्मन ग्रहों (बुध, शुकर, राहू, केतू या पापी सनीचर) का प्रभाव तो व्यक्ति एक-तरफ़ा तबीयत का मालिक हुआ करता है!

बृहस्पति खाना नंबर-3 के वक़्त चंदर खाना नंबर-12 में होवे तो व्यक्ति खुशामद पसन्द हुआ करता है जो बृहस्पति के मंदा होने की निशानी होगी!

बृहस्पति खाना नंबर-3 के वक़्त सनीचर खाना नंबर-4 में हो और बुध टेवे में मंदा हो रहा तो हर किसी को लूट-खसोट कर अमीर बनने वाली उर्ध रेखा का मालिक हुआ करता है! दोस्तों से धोका करने वाला, बुरी और मंदी बातें बोलने का आदि होगा!

बृहस्पति खाना नंबर-3 के वक़्त टेवे में मंगल (खाना का पक्का ग्रह) बद हो तो व्यक्ति बुज़दिल, गप्पी, कमनसीब होगा यानि अब इस घर का बृहस्पति अपना असर ना देकर बुध खाना नंबर-3 और 9 का असर देगा!

उपाओ:

1-दुर्गा सप्तशती का पाठ करना चाहिए!

2-छोटी कन्याओं को मीठा भोजन खिलाना चाहिए!

3-बेवजह की ख़ुशामद पसंदी से दूर रहें!

4-छोटी कन्याओं के पैर छूना सबसे उतम उपाओ है!

बृहस्पति खाना नंबर-4

बृहस्पति खाना नंबर-4 की अश्या, रिश्तेदार और कारोबार	
अश्या/चीज़ें	बारिश, सोना !
रिश्तेदार	राजा-महाराजा, विकर्मआदित्य की तरह, पूर्ण-ब्रह्म !
कारोबार	सोना, आबपाशी (भूमि व सिंचाई) के कारोबार

खाना नंबर-4 का बृहस्पति ऊंच फल का होगा जो व्यक्ति को हर तरह का सुख, धन-दौलत देता है!

बृहस्पति खाना नंबर-4 के वक़्त बुध खाना नंबर-10 में हो तो व्यक्ति अपनी गलत हरकतों से बरबाद हुआ करता है!

बृहस्पति खाना नंबर-4 के वक़्त सनीचर कभी मंदा नहीं हुआ करता जब तक कि व्यक्ति अपनी करतूतों (साँप मरवाना, सनीचर की मंदी चीज़ों का इस्तेमाल और बदकारी) से मंदा ना करे! अगर व्यक्ति ऐसी तबीयत हुआ तो केतू मंदा असर देगा!

बृहस्पति खाना नंबर-4 के वक़्त दुश्मन ग्रह (बुध, शुकर, राहू) खाना नंबर-10 में हों धन-दौलत के लिए असर मंदा!

बृहस्पति खाना नंबर-4 के वक़्त टेवे में राहू मंदा हो रहा हो तो चंदर की चीज़ों के लिए असर बुरा होगा!

बृहस्पति खाना नंबर-4 के वक़्त टेवे में केतू मंदा हो रहा हो तो व्यक्ति किसी मुसीबत के चलते घर छोड़ कर भागे!

उपाओ:

1-अपने बुजुर्गों की सेवा करनी चाहिए!

2-सनीचर की मंदी चीज़ों (शराब, शबाब, कबाब) से दूर रहें!

3-व्यक्ति को नंगे बदन किसी दूसरे के सामने नहीं जाना चाहिए!

बृहस्पति खाना नंबर-5

बृहस्पति खाना नंबर-5 की अश्या, रिश्तेदार और कारोबार	
अश्या/चीज़ें	नाक, केसर !
रिश्तेदार	सकूल मास्टर !
कारोबार	ख़ुशबूदार चीज़ों का कारोबार !

खाना नंबर-5 सूरज की ज़मीन (सिंह राशि) लेकिन बृहस्पति का पक्का घर! सूरज और बृहस्पति मुश्तरका (इकट्ठे) गिने जाएंगे, बृहस्पति बाप हुआ तो सूरज लड़का! दोनों ही नर ग्रह, आपस में दोस्त इसलिए असर हर तरह से नेक!

बृहस्पति खाना नंबर-5 के वक़्त केतू खाना नंबर-11 में हो व्यक्ति धरम के नाम पर दान लेने का आदी हुआ तो लावल्द होगा!

बृहस्पति खाना नंबर-5 के वक़्त खाना नंबर-2, 9, 11,12 में दुश्मन ग्रह बुध, शुकर, राहू, मंदा सनीचर (ज़ाती सव्भाव के असूल पर) तो व्यक्ति अपनी बरबादी का कारण खुद होता है! ऐसे जो ग्रह इन घरों में उनकी अपनी उम्र के बाद नेक हालात होंगे जैसे शुकर 25 साल, बुध 34 साल, सनीचर 36 साल और राहू 48 साल!

बृहस्पति खाना नंबर-5 के वक़्त केतू अगर खाना नंबर-5 या 9 में ना हो तो वर्षफल के हिसाब से जब भी बृहस्पति मंदा होगा टेवे वाले के मामूँ या मामूँ की औलाद के मंदा होगा ऐसे में केतू का उपाओ लाभ देगा!

बृहस्पति खाना नंबर-5 के समय टेवे में राहू मंदा हो रहा हो तो व्यक्ति पैसे की तंगी के चलते इधर-उधर भागता होगा!

उपाओ:

1-राहू और केतू को नेक करना ज़रूरी होगा!

2-धरम के नाम पर दान लेना वर्जित होगा!

3-साधू संतों की सेवा करें!

4-खाना नंबर-2,9,11,12 में बैठे दुश्मन ग्रह का उपाओ करें!

बृहस्पति खाना नंबर-6

बृहस्पति खाना नंबर-6 की अश्या, रिश्तेदार और कारोबार	
अश्या/चीज़ें	मुर्ग, गरुड़, कस्तूरी, सेब।
रिश्तेदार	बुज़ुर्ग महान।
कारोबार	कीमती परिंदों के कारोबार।

खाना नंबर-6 का बृहस्पति रशिपति ग्रह बुध और घर के पक्के ग्रह से प्रभावित होगा! बुध दुश्मन और केतू बृहस्पति का चेला! अगर केतू टेवे में नेक बृहस्पति का हाल उम्दा वरना बुध के असर के चलते ऐसा साधू (बृहस्पति) जिसके पास खाने के लिए ज़रूरत से ज़्यादा लेकिन नक़द माया के नाम पर ठन-ठन गोपाल!

टेवे में बुध मंदा हो तो 34 साल तक क़िस्मत का चक्कर बेमतलब होगा!

उपाओ:

1-बुज़ुर्गों के नाम पर कुछ न कुछ दान करते रहना चाहिए!

2-बृहस्पति की चीज़ें (चने की दाल) धरम-अस्थान में देनी चाहिएँ!

3-मुर्ग (परिंदा) को दाना खिलाएँ!

4-साधू-संतों को दान व वस्त्र दान में देने से पिता का साथ लम्बी उम्र तक हुआ करता है!

5-केतू को नेक रखने से बृहस्पति क़ायम रहेगा!

बृहस्पति खाना नंबर-7

बृहस्पति खाना नंबर-7 की अश्या, रिश्तेदार और कारोबार	
अश्या/चीज़ें	किताबें, दमा, मेंढक, आवारा (चलता) साधू, खाली हवा।
रिश्तेदार	निर्धन मगर ज्ञानी जो जवानी में भी दिल से बूढ़ा।
कारोबार	दूध-दही के कारोबार में फ़ायदा मगर किताबों के कारोबार में नुक्सान।

खाना नंबर-7 का बृहस्पति मंदा हो रहा हो तो औलाद का सुख नहीं हुआ करता खासकर जब खाना नंबर-2,5,9,12,7 में बुध, शुकर, राहू या पापी सनीचर हो!

खाना नंबर-7 के बृहस्पति को गृहस्त का दुख भोगने को मजबूर साधू भी कहा है या फिर गृहस्त के नर्क में फंसा हुआ साधू!

बृहस्पति खाना नंबर-7 के समय खाना नंबर-1 या 2 खाली हों तो पूरी मेहनत के बावजूद पेट भरने को रोटी नसीब ना होवे!

बृहस्पति खाना नंबर-7 के समय टेवे में मंगल बद हो और व्यक्ति मंदे राग-रंग का शौकीन होगा निशानी होगी बहन या बुआ बेवा होगी! धरम के नाम पर दूसरों को लूटने वाला!

उपाओ:

1-बारिश में नहाना सबसे उतम उपाओ है!

2-लाल और काले रंग की रत्तक अपने पास ना रखें!

3-घर में मन्दिर बनाना लावल्द करेगा!

4-किसी साधू, कुलपुरोहित को नए वस्त नहीं देने चाहिएँ!

5-धरम प्रधान मत बनें!

6-सिर पर चोटी रखें!

बृहस्पति खाना नंबर-8

बृहस्पति खाना नंबर-8 की अश्या, रिश्तेदार और कारोबार	
अश्या/चीज़ें	अफ़वाह, नक्कारा-ए-ख़लक़, फ़कीर का यज्ञ !
रिश्तेदार	मर्दों में बाबे के बराबर का, दुनियावी हम ज़माना !
कारोबार	पहाड़ी इलाक़ा के कारोबार !

बृहस्पति खाना नंबर-8 के वक़्त मंगल और सनीचर खाना नंबर-4 या 7 में हों तो खज़ानों को राख़ कर देने वाली क़िस्मत का मालिक!

बृहस्पति खाना नंबर-8 के वक़्त टेवे में मंगल नष्ट हो तो सेहत मंदी और करज़ाई होवे!

बृहस्पति खाना नंबर-8 के वक़्त बुध, शुकर, राहू और पापी सनीचर खाना नंबर-2,5,9,12 में तो क़िस्मत निहायत मंदी!

बृहस्पति खाना नंबर-8 और खाना नंबर-12 खाली तो खून की कमी की बीमारियाँ आम हुआ करतीं हैं!

बृहस्पति खाना नंबर-8 के वक़्त टेवे में बुध मंदा हो तो व्यक्ति बुज़दिल और दलिद्दरी होवे, बीमारी और ज़हमत का भण्डारी!

उपाओ:

1-ज़बान पर काबू, ईर्ष्या चुगली से दूर रहें!

2-शरीर पर सोना धारण करें!

3-केसर का तिलक लगाएँ!

4-सनीचर की मंदी चीजों (शराब, शबाब,कबाब) से दूर रहें!

5-धरम-अस्थान में बृहस्पति की चीज़ें दान करें!

6-राहू की चीज़ें (जौ) पानी में बहाएँ!

7-शमशान में पीपल लगवाएँ और उसकी देख-भाल करें!

बृहस्पति खाना नंबर-9

बृहस्पति खाना नंबर-9 की अश्या, रिश्तेदार और कारोबार	
अश्या/चीज़ें	जद्दी मकान, बजुर्गों द्वारा स्थापित धरम-अस्थान, चलता व उड़ता वजूद !
रिश्तेदार	ख़ानदान में उम्र में सबसे बड़ा बुज़ुर्ग (रिश्तेदारी की कोई शर्त नहीं) !
कारोबार	धरम-अस्थान व पूजा के सामान के कारोबार, गैस के काम !

खाना नंबर-9 बृहस्पति की ज़मीन और बृहस्पति का ही मकान यानि इस घर का बृहस्पति ताकतवर हुआ करता है!

बृहस्पति खाना नंबर-9 के वक़्त खाना नंबर-3 में शुकर और खाना नंबर-5 में चंदर या उलट हालत तो व्यक्ति कभी शाह तो कभी मलंग!

खाना नंबर-9 का बृहस्पति मंदे ग्रहों की वजह से खराब हो रहा हो तो व्यक्ति निर्धन और नास्तिक होगा!

बृहस्पति खाना नंबर-9 के वक़्त बुध, शुकर, राहू और सनीचर मंदे होकर खाना नंबर-5 में बैठे हों व्यक्ति ख़ुदगर्ज़ और ख़ुदपसन्द होगा, औलाद भी मंदी होगी!

बृहस्पति खाना नंबर-9 के वक़्त खाना नंबर-1 खाली होवे तो दिल की बीमारी होने का खदशा होगा!

बृहस्पति खाना नंबर-9 के वक़्त टेवे में बुध मंदा हो तो बृहस्पति मंगल बद का असर देता है

उपाओ:

1-पिता और पिता समान व्यक्तियों के पैर छू कर आशीर्वाद लेना चाहिए!

2-सनीचर की मंदी चीज़ों (शराब, शबाब,कबाब) से दूर रहना चाहिए!

3-बुज़ुर्गों द्वारा बनाए धार्मिक संस्कारों का पालन करना ज़रूरी होगा!

4-चंदर की चीज़ें पानी में बहाएँ!

5-धरम-अस्थान में माथा टेकना बृहस्पति को नेक रखेगा!

बृहस्पति खाना नंबर-10

बृहस्पति खाना नंबर-10 की अश्या, रिश्तेदार और कारोबार	
अश्या/चीज़ें	सूखा पीपल का दरख़्त, नुक्सान ज़र, गंधक, तालीम ख़त्म !
रिश्तेदार	उधारा बाप (यानि ऐसा बाप जिसका ताल्लुक जनम देने तक का ही हो) !
कारोबार	लोहे के कारोबार !

खाना नंबर-10 का बृहस्पति अपने नीच के खाने का, मालिक ग्रह सनीचर, अगर बृहस्पति (दयालु) तो सनीचर (टेढ़ा) यानि बृहस्पति अगर सनीचर की तरह टेढ़ा होगा तो नेक असर!

बृहस्पति खाना नंबर-10 के वक़्त टेवे में केतू मंदा होवे तो सांस तक ज़हरीली होगी, घर का सोना भी राख होवे!

बृहस्पति खाना नंबर-10 के वक़्त सनीचर खाना नंबर-1 या 4 या 10 में होवे और खाना नंबर-2 खाली हालत हर तरह से मंदी होवे!

बृहस्पति खाना नंबर-10 के वक़्त सूरज खाना नंबर-5 (कई जगह कोई भी ग्रह होने की बात हैं) में होवे तो औरत का साथ देर तक नहीं होता!

उपाओ:

1-तांबे के टुकड़े (सिक्के) चलते पानी में गिराएँ 43 दिन तक!

2-नाक का पानी ख़ुश्क रखें!

3-बादाम धरम-अस्थान में चढ़ाएँ!

4-किसी को दयावश रोटी मत खिलाएँ!

5-पिता का इस्तेमाल किया हुआ कपड़ा पीठ के नीचे रख कर सोएँ!

6-सिर पर सफ़ेद या शर्बती रंग की टोपी या पगड़ी का इस्तेमाल करें!

बृहस्पति खाना नंबर-11

बृहस्पति खाना नंबर-11 की अश्या, रिश्तेदार और कारोबार	
अश्या/चीज़ें	गिलट, मुलम्मा !
रिश्तेदार	ख़ुद-ब-ख़ुद बाप के बराबर का मददगार !
कारोबार	रोल्ड-गोल्ड, गिलट, मुलम्मा के कारोबार !

खाना नंबर-11 का बृहस्पति जब मंदा हो तो असर बहन, बुआ पर होगा! व्यक्ति ख़ुद धरम के नाम पर व्योपर का आदि होगा!

खाना नंबर-11 का बृहस्पति सोया हुआ हो या मंदे ग्रहों की दृष्टि में हो या चंदर टेवे में खाना नंबर-1 में तो व्यक्ति मंदे चरित्र वाला और ईर्ष्यालू तबीयत हुआ करता है!

व्यक्ति का ख़ानदान चाहे जितना बड़ा हो लेकिन कफन तक पराया होगा खासकर मंदे ग्रहों के ताल्लुकदार पास नहीं होंगे!

बृहस्पति खाना नंबर-11 के वक़्त मंगल खाना नंबर-3 में हो तो व्यक्ति बेवक्त की मौतों से दुखी होगा!

उपाओ:

1-जब तक पिता जीवित हो पिता के साथ रहना चाहिए!

2-शरीर पर सोना धारण करना चाहिए!

3-लालच, ईर्ष्या व अहम से दूर रहें!

4-सनीचर की मंदी चीज़ों (शराब,शबाब, कबाब) से दूर रहें!

5-तांबे का कड़ा पहनें!

6-पीपल की सेवा करें!

7-लावारिस लाश पर कफन दान करें!

बृहस्पति खाना नंबर-12

बृहस्पति खाना नंबर-12 की अश्या, रिश्तेदार और कारोबार	
अश्या/चीज़ें	पीपल का हरा-भरा दरख़्त, आम हवा, आम दुनिया, सांस, पीतल !
रिश्तेदार	बेफ़िक्र बाप जिसको कुल (परिवार) की कोई फ़िक्र ना होवे !
कारोबार	पीतल के कारोबार !

बृहस्पति खाना नंबर-12 और टेवे में बुध मंदा तो पिता के लिए मनहूस!

बृहस्पति खाना नंबर-12 में दुश्मन ग्रहों से पीढ़ित होवे तो जीवन मौत की तरह होगा!

बृहस्पति खाना नंबर-12 में और टेवे में राहू नीच या खराब हो तो फजूल के ख़र्च और पिता को राहू की उम्र तक धन-दौलत की तरफ से परेशानी हुआ करती है!

उपाओ:

1-गले में माला या हाथ में तस्बीह से परहेज़ करें!

2-साधू-संतो, पीपल और गुरु की सेवा करें!

3-नाक पानी ख़ुश्क रखें!

4-पैसे के लिए नैतिकता मत छोड़ें!

5-रात को सिरहाने पानी रख कर सोएँ और सुबह पौधों को डाल दें!

सूरज

ग्रह से मुतल्ल्का आम अश्या

देवी/देवता	विष्णु भगवान
उपाओ वास्ते औलाद और दीगर वज़ूहात	कथा हरिबंस
क़िस्म ग्रह	नर
रंग	गंदुमी
पेशा	क्षत्रीय, राजपूत
सिफ़त	बहादुर, जिस्म पालन करता
ख़ासियत	आग, गुस्सा, जिस्म, अक्ल, तमाम अंग, ईल्म
ताक़त	गरमी का भण्डारी
मुतल्ल्का धातें	माणिक्य, ताम्बा, सिलाजीत
जिस्म पर ग्रह की मुकर्ररा जगह	तमाम का तमाम जिस्म
चेहरे पर ग्रह की मुकर्ररा जगह	दायाँ हिस्सा
ग्रह से मुतल्ल्का पोशाक	सेहरा (राजा का मुक्ट), कलगी
तरबूज़ में ग्रह का हिस्सा	वज़न
ग्रह से मुतल्ल्का जानवर	बन्दर, बन्दरिया, पहाड़ी गाय, पूरी कपिला गाय
ग्रह से मुतल्ल्का दरख्त	तेजफ़ल का दरख़्त
उपाओ की आम चीज़ें	गेहूँ, गुड़, ताम्बा

सूरज खाना नंबर-1

सूरज खाना नंबर-1 की अश्या, रिश्तेदार और कारोबार	
अश्या/चीज़ें	दाईं आँख का डेला, नमक सफ़ेद, दिन का वक़्त, जिस्म का दायाँ हिस्सा।
रिश्तेदार	अपना आप, हम और हमारा हुक्म।
कारोबार	राजदरबार से ताल्लुक रखने वाले कारोबार।

सूरज खाना नंबर-1 के वक़्त शुकर खाना नंबर-7 में होवे तो पिता की उम्र शक्की होती है, अगर व्यक्ति दिन में संभोग का आदी हो तो व्यक्ति औरत को तपेदिक बुखार व मानसिक रोग हुआ करते हैं!

सनीचर की मंदी चीज़ों (शराब, शबाब, कबाब) का इस्तेमाल धन-दौलत की बरबादी और गृहस्त सुख को नाश करता है!

व्यक्ति अगर परोपकारी और धरम की पालना करने वाला ना हुआ तो औलाद व औरत सुख से वंचित होगा!

सूरज खाना नंबर-1 के वक़्त खाना नंबर-5 में मंगल हो तो औलाद की हानि हुआ करती है मंगल की दुश्मनी के चलते केतू मरेगा!

सूरज खाना नंबर-1 के वक़्त सनीचर खाना नंबर-8 में हो तो औरत पे औरत मरे यानि औरत सुख नहीं होगा!

उपाओ:

1-जद्दी मकान में हैंड-पम्प लगवाना चाहिए!

2-धरम-करम के काम में योगदान ज़रूरी होगा!

3-औरत या मर्द में किसी एक को गुड़ खाने से परहेज़ करना होगा!

4-दिन के वक़्त में संभोग नहीं करना चाहिए!

सूरज खाना नंबर-2

सूरज खाना नंबर-2 की अश्या, रिश्तेदार और कारोबार	
अश्या/चीज़ें	गंदुम, बाजरा !
रिश्तेदार	धार्मिक पेशा लेकिन कानूनन !
कारोबार	गंदुम, बाजरा का कारोबार !

खाना नंबर-2 का मंदा हो रहा सूरज अपने दुश्मन ग्रह शुकर (राशिपति) की चीज़ों (औरत धन, बेवा या माशूका औरत, आलू, अबरक़, घी, बिना सींग की गाय) के अलावा ज़ायका, माता, बुआ, मौसी और शरीर के अंगों में गुदा पर मंदा असर देता है! ज़र, जोरू और ज़मीन के झगड़े खड़े रहा करते हैं!

घर में औरतों की गिनती (ख़ुद की औरत, भाई की औरत और माता आदि) कम होती चली जाएगी! अगर चंदर खाना नंबर-8 में होवे और व्यक्ति मुफ़्तखोरी (दान आदि) लेने का आदी हुआ तो यह आदत तबाही का कारण होगी!

सूरज खाना नंबर-2 के वक़्त मंगल खाना नंबर-1 और चंदर खाना नंबर-12 में हो तो तीनों ही ग्रहों का असर मंदा होगा!

उपाओ:

1-सनीचर की चीज़ें (तेल, नारियल, बादाम वगैरह) धरम अस्थान में देनी चाहिएँ!

2-ज़र, जोरू और ज़मीन के झगड़ों से दूर रहें!

3-मुफ़्तखोरी से बचें ख़ुद की मेहनत की कमाई खाएं!

सूरज खाना नंबर-3

सूरज खाना नंबर-3 की अश्या, रिश्तेदार और कारोबार	
अश्या/चीज़ें	दिन की औलाद, भतीजे
रिश्तेदार	मिन्नत की बजाए पुलिस के डंडे से दोस्त बनाने वाला !
कारोबार	भतीजों के साथ कारोबार !

सूरज खाना नंबर-3 के वक़्त अगर टेवे में चंदर मंदा/नष्ट हो रहा हो तो दिन के वक़्त चोरी हुआ करती है!

सूरज खाना नंबर-3 के वक़्त खाना नंबर-9 मंदा हो रहा हो तो बाप-दादा निर्धन हुआ करते हैं!

सूरज खाना नंबर-3 में और खाना नंबर-11 मंदा हो रहा हो तो पड़ोसी बरबाद हालत में हुआ करते हैं! यदि टेवे में बुध या पापी मंदे हों तो मामूँ खानदान के लिए मंदा असर!

खाना नंबर-3 का सूरज उस वक़्त मंदा होता है जब व्यक्ति का चाल-चलन ढीला हो, व्यक्ति झूठ-फरेब का आदी होवे क्योंकि कुदरती तौर से इस घर सूरज मंदा नहीं हुआ करता!

उपाओ:

1-अपने चल-चलन को नेक रखें और झूठ-फरेब से बचें!

2-सनीचर की मंदी चीज़ों (शराब, शबाब, कबाब) से दूर रहें!

3-माता और माता समान औरतों के पैर छू कर आशीर्वाद लें!

4-दूध, चावल आदि का दान देते रहें!

सूरज खाना नंबर-4

सूरज खाना नंबर-4 की अश्या, रिश्तेदार और कारोबार	
अश्या/चीज़ें	दाईं आँख का डेला, भुआ का लड़का !
रिश्तेदार	अपने मुंह की रोटी बच्चों को देने वाला बाप !
कारोबार	पानी और रेशम का कारोबार या भुआ के लड़कों के साथ कारोबार !

सूरज खाना-4 के वक़्त व्यक्ति अगर लालची तबीयत, धोखेबाज़, मंदे शौक वाला और ख़ुदगर्ज़ हुआ तो सूरज का फल निहायत मंदा होगा!

सूरज खाना नंबर-4 के वक़्त सनीचर खाना नंबर-1 और बृहस्पति खाना नंबर-10 में होवे तो सोना गुम होने का डर होता है!

सूरज खाना नंबर-4 के वक़्त चंदर खाना नंबर-1 या 2 में, शुकर खाना नंबर-5 में और सनीचर खाना नंबर-7 में होवे तो औरत बांझ और मर्द हिंजड़ा (नामर्द) होगा! कम अक्ल और निर्धन भी!

सूरज खाना नंबर-4 के वक़्त चंदर, बृहस्पति या बुध सूरज के बिलमुकाबिल हो तो सिवाय मंगल कुल ग्रहों का असर मंदा होगा!

उपाओ:

1-सनीचर के कारोबार (लोहा, लकड़ी मकानात) से परहेज़ करें!

2-जद्दी मकान में यज्ञ करें और सिर्फ़ अन्धों को भोजन खिलाना मुबारक होगा!

3-लालच, ख़ुदगरज़ी और मंदी चीज़ों से दूर रहें!

4-किसी से भी ख़ासकर ससुराल से बिजली का सामान मुफ़्त मत लें!

सूरज खाना नंबर-5

सूरज खाना नंबर-5 की अश्या, रिश्तेदार और कारोबार	
अश्या/चीज़ें	इकलौता लड़का, लाल मुंह वाला बन्दर !
रिश्तेदार	अक्ल का बानी बुजुर्ग (धन और नसीब की शर्त नहीं) !
कारोबार	बन्दरों के खाने पीने या बच्चों से ताल्लुक रखने वाले कारोबार !

सूरज खाना नंबर-5 के वक़्त बृहस्पति खाना नंबर-10 में हो तो औरत पे औरत मरे यानि गृहस्त जीवन खराब!

सूरज खाना नंबर-5 के वक़्त सनीचर खाना नंबर-3 में हो तो (क) औलाद की कमी लड़के पे लड़का मरे! (ख) सनीचर अब दुखों का ज्वालामुखी पहाड़ होगा जो औलाद की कमी के साथ धन-दौलत की भी हानि करे! (ग) आमतौर पर औलाद हुआ नहीं करती अगर हो जाए तो नालायक और निकम्मी होवे!

1-चाल-चलन को नेक रखना चाहिए!

2-सनीचर की चीज़ें (तेल, स्पिरिट, शराब) कच्ची ज़मीन पर गिराएँ 43 दिन लगातार!

3-घर मशरिक़ (पूर्व दिशा) में रसोई स्थापित करनी चाहिए!

सूरज खाना नंबर-6

सूरज खाना नंबर-6 की अश्या, रिश्तेदार और कारोबार	
अश्या/चीज़ें	गंदुमी रंग, पाँव की खराबियाँ !
रिश्तेदार	जब भड़क उठे तो बिना लड़ाई के रोटी हज़म ना होवे !
कारोबार	दोहते के साथ सांझे में किए कारोबार नेक असर देंगे !

खाना नंबर-6 में अकेला बैठा सूरज जब सोया हुआ हो तो केतू की अश्या (नर औलाद और उसका सुख, मामूँ, नाना-नानी, साहूकारा वगैरह) पर अपना नेक असर देना बन्द कर देता है!

सूरज खाना नंबर-6 और घर की पिछली मगरिबी (पश्चिमी) दीवार तुड़वा कर रोशनदान या खिड़की खुलवा ली जाए तो टेवे वाले के अपने सुख और औलाद की तरफ मिलने वाले सुख के लिए अग्निबाण होगा!

सूरज खाना नंबर-6 के वक़्त खाना नंबर-2 खाली हो तो टेवे वाला और उसका बाप एक ही जगह पर रह कर सरकार से कोई फ़ायदा नहीं उठा सकते!

सूरज खाना नंबर-6 के वक्त टेवे में चंदर मंदा हो और खाना नंबर-5 में पापी ग्रह हों सूरज की आधी उम्र (11वें साल) या पूरी उम्र (22वें साल) में सूरज का ख़ुद का असर निहायत मंदा होगा!

सूरज खाना नंबर-6 के वक़्त सनीचर खाना नंबर-12 में हो तो शादी शुदा ज़िन्दगी बेमायने होगी, औरत पे औरत मरे!

सूरज खाना नंबर-6 के वक़्त टेवे में मंगल खाना नंबर-10 में और घर में ज़मीनदोज़ भट्टियाँ हों तो लड़के पे लड़का मरे!

सूरज खाना नंबर-6 के वक़्त बुध खाना नंबर-12 में हो तो राजदरबार गर्क और नतीजे मंदे, बलड-प्रेशर (Blood-Pressure) की वजह से सेहत मंदी!

सूरज खाना नंबर-6 के वक़्त सनीचर या राहू खाना नंबर-1 में हो तो क़िस्मत को ग्रहण, वालदैन कितने ही अमीर क्यों ना हों सनीचर/राहू की उम्र में हर तरफ ग्रहण का नज़ारा होगा!

सूरज खाना नंबर-6 के वक़्त राहू खाना नंबर-2 और सनीचर खाना नंबर-8 में हो तो सूरज का असर निहायत मंदा होगा!

उपाओ:

1-बन्दरों को गुड़ और गेहूँ खिलाएँ या भूरी चिउँटीओं को गेहूँ और बाजरा डालें!

2-यदि सूरज का ख़ुद का असर खराब हो तो चंदर नष्ट करें!

3-कुत्ते की ख़ुराक की चीज़ें धरम-अस्थान में दें!

4-चंदर की चीज़ें सिरहाने रख कर सोएँ और सुबह धरम-अस्थान में रख आएँ!

5-दूसरे लोगों की दान की हुई चीज़ें धरम-अस्थान से ला कर अपने पास रखें!

6-बुज़ुर्गों द्वारा तय-शुदा पुरानी रस्मों का पालन ज़रूरी होगा!

सूरज खाना नंबर-7

सूरज खाना नंबर-7 की अश्या, रिश्तेदार और कारोबार	
अश्या/चीज़ें	रूहानी नुक्स, लाल गाय, काली गाय (बिना सींग) नेक होगी !
रिश्तेदार	हसद से मारा हुआ गृहस्ती यानि दूसरों की खुशी से दुखी !
कारोबार	चाँदी और दूध के कारोबार नेक, गाय का ब्योपार मंदा असर देवे !

सूरज खाना नंबर-7 में मंदा हो रहा हो तो टेवे वाले के जनम लेने के दिन बोलने तक के दिन के बीच-बीच घर की माली हालत बरबाद होगी और टेवे वाले के जनम दिन से बुआ और मौसी बरबाद होंगी!

सूरज खाना नंबर-7 में राहू वगैरह से खराब हो रहा हो और साथ ही टेवे में बुध व शुकर मंदे/नष्ट हों तो लड़का गूंगा या पागल होगा!

सूरज खाना नंबर-7 में और टेवे वाला नमक ज़्यादा खाने का आदी हो, बाद-मिजाज़ और गंदी मशहूरी का शौक़ीन होवे तो सूरज के मंदा होने की निशानियाँ होंगी!

सूरज खाना नंबर-7 और बाकी के कुल ग्रह मंदे हो रहे हों तो घर में सोने की जगह मिट्टी के ढेर होंगे!

सूरज खाना नंबर-7 के वक़्त खाना नंबर-2 में शुकर या पापी ग्रह हों तो पराई औरतें गले पढ़ी रहा करतीं हैं और उनमें से कोई न कोई दुखिया होवे!

सूरज खाना नंबर-8

सूरज खाना नंबर-8 की अश्या, रिश्तेदार और कारोबार	
अश्या/चीज़ें	रथ-गाड़ी, सच्ची-पक्की आग (ख़ुद-ब-ख़ुद पैदा) !
रिश्तेदार	सारा ब्रह्माण्ड पैदा हो गया लेकिन ख़ुद की उम्मीदें अधूरी !
कारोबार	रथ और गाड़ियों से ताल्लुक रखने वाले कारोबार

टेवे में ग्रहों की हालत	उपाओ और ख़बरदारियाँ
इस घर का मंदा सूरज टेवे वाले के चरित्र (सनीचर के असर के चलते) को खराब करने की पूरी कोशीश करेगा जो तबाही का बहाना होवे! इस मंदे सूरज का असर सनीचर की अश्या (पुड़पड़ी, बिच्छू, दूसरे ज़हरीले जानवर) के ज़रिया ज़ाहिर होगा!	1-टेवे वाले को बड़े भाई और गाय की सेवा करनी चाहिए (सफ़ेद गाय मंदी)! 2-घर का मुख्य द्वार जनूब (दक्षिण) की तरफ का नहीं होना चाहिए! 3-गंदा इशक और सनीचर की मंदी चीज़ें बरबादी का बहाना होंगी!
सूरज खाना नंबर-8 के वक़्त सनीचर खाना नंबर-3 और टेवे में बृहस्पति मंदा, खाना नंबर-1 व 5 खराब या मंगल बद होवे	अगर टेवे वाला अपने बड़े भाई से घृणा करे और द्वेष की भावना हो तो हर तरफ बरबादी का नज़ारा होगा!
सूरज खाना नंबर-8 के वक़्त शुकर खाना नंबर-1 या 5 या 10 में होवे!	तो काग रेखा की तरह असर निहायत मंदा होगा!

आम उपाओ:

1-जलती चिता में ताम्बे के सिक्के (टुकड़े) गिराने चाहिएँ!

2-गुड़ चलते पानी में बहाएँ!

3-सनीचर की मंदी चीजों (शराब, शबाब, कबाब) से दूर रहें!

सूरज खाना नंबर-9

सूरज खाना नंबर-9 की अश्या, रिश्तेदार और कारोबार	
अश्या/चीज़ें	भूरा रीछ, ग्रहण के बाद का सूरज।
रिश्तेदार	हर किसी की बिगड़ी बनाने वाला दोस्त।
कारोबार	मवेशियों से ताल्लुक रखने वाले कारोबार।

टेवे में ग्रहों की हालत	उपाओ और खबरदारियाँ
सूरज खाना नंबर-9 के वक़्त अगर टेवे वाला चंदर की अश्या दान/मुफ़्त में लेने का आदी हुआ तो बरबाद होगा!	चंदर की अश्या दान/मुफ़्त में मत लेवें उलट चंदर की अश्या का दान करना चाहिए!
सूरज खाना नंबर-9 और बुध खाना नंबर-3 या 5 या सूरज के साथ ही हो तो सूरज का मंदा असर ज़ोरों पर होगा!	बुध के इस ज़हर से बचने के लिए घर में पीतल के बड़े-बड़े बरतनों का इस्तेमाल करना चाहिए!
सूरज खाना नंबर-9 के वक़्त राहू खाना नंबर-1 या 3 या 5 में होवे तो टेवे वाला हद से ज़्यादा गुस्से वाला या फिर हद से ज़्यादा नरम होगा और यह आदत तबाही का बायस होगी, टेवे वाला धरम का कच्चा होगा	1-ज़्यादा गुस्से और ज़्यादा नरमी की तबीयत से दूर रहें! 2-धरम की पालना हर हाल में ज़रूरी होगी 3-मुफ़्तखोरी और अय्याशी से परहेज़ निहायत ज़रूरी है!

आम उपाओ:

1-अहम, ईर्ष्या और गुस्से से दूर रहना चाहिए!

2-बुज़ुर्गों द्वारा बनाई पुरानी रस्मों की पालना ज़रूरी होगी!

3-पिता, शिक्षक और कुलपुरोहित का आशीर्वाद लेना ज़रूरी है!

4-नीले काले कपड़ों से परहेज़ करना चाहिए!

5-सनीचर की मंदी चीजों (शराब, शबाब, कबाब) से किनारा करें!

सूरज खाना नंबर-10

सूरज खाना नंबर-10 की अश्या, रिश्तेदार और कारोबार	
अश्या/चीज़ें	भूरा नेवला, भूरी भैंस, सिलाजीत !
रिश्तेदार	ख़ुद के बराबर दूसरा कोई नहीं ऐसी सोच वाला !
कारोबार	मकानों और भैंस से ताल्लुक रखने वाले कारोबार !

टेवे में ग्रहों की हालत	उपाओ और खबरदारियाँ
सूरज खाना नंबर-10 वाला व्यक्ति चाहे कितना भी पढ़ा-लिखा क्यों न हो अगर नंगे	1-सिर पर सफ़ेद या शर्बती रंग की पगड़ी या टोपी का इस्तेमाल करना चाहिए!
सिर रहने का आदी हुआ या घर की मगरिबी (पश्चिमी) दीवार तुड़वा कर रोशनी कायम करे तबाही का बायस होगा!	2-घर की मगरिबी (पश्चिमी) दीवार तुड़वा कर सूरज की रोशनी का इंतज़ाम सूरज और सनीचर के झगड़े का बहाना होगा!
सूरज खाना नंबर-10 के वक़्त टेवे में सनीचर मंदा हो तो सूरज और सनीचर झगड़ा लम्बे वक़्त तक रहेगा जिसके चलते राजदरबार के नतीजे मंदे होंगे अगर राजदरबार नेक हुआ तो सनीचर के मकान बिकेंगे या ख़ुद-ब-ख़ुद गिरेंगे!	सूरज और सनीचर के इस मंदे ज़हर से बचने के लिए कुआँ खुदवाना या हैंड-पम्प लगवाना मददगार होगा!
सूरज खाना नंबर-10 के वक़्त खाना नंबर-4 खाली हो तो टेवे वाले की तमाम लियाकतें और ख़ासियतें सिफ़र होंगी!	इस मंदे ज़हर से बचने के लिए ताम्बे के सिक्के (टुकड़े) दरिया में डालने चाहिएँ 43 दिन लगातार!

आम उपाओ:

1-बुज़ुर्गों के पैर छू कर आशीर्वाद लेना चाहिए!

2-राहू की चीजों के कारोबार से दूर रहें!

3-पापी ग्रहों के मंदे असर से बचने के लिए उनके बैठा होने वाले घर के हिसाब से उपाओ करें!

4-सनीचर की मंदी चीजों (शराब, शबाब, कबाब) से तौबा करनी चाहिए!

सूरज खाना नंबर-11

सूरज खाना नंबर-11 की अश्या, रिश्तेदार और कारोबार	
अश्या/चीज़ें	सुर्ख़ ताम्बा !
रिश्तेदार	बच्चे निकलने से पहले ही अंडे खाने वाला ज़ालिम, अगर धर्मतामा हुआ तो अव्वल दर्जा हाकिम !
कारोबार	ताम्बे के कारोबार !

टेवे में ग्रहों की हालत	उपाओ और खबरदारियाँ
सूरज खाना नंबर-11 के वक़्त चंदर खाना नंबर-5 में होवे तो 12 साल तक उम्र शक्की होगी, नर ग्रहों की मदद ना हो तो औलाद पैदा नहीं होगी या मुर्दा पैदा होगी!	इस मंदे ज़हर से बचने के लिए मूली (पत्तों समेत) सिरहाने रख कर सोएँ और सुबह धरम-अस्थान में छोड़ आएँ या मूलो की जगह बादाम का इस्तेमाल करें!

आम उपाओ:

1-सनीचर की मंदी चीजों (शराब,शबाब, कबाब) से परहेज़ ज़रूरी है!

2-ज़बान के खोटेपन, झूठी शहादत, अमानत में ख़यानत से दूर रहें!

सूरज खाना नंबर-12

सूरज खाना नंबर-12 की अश्या, रिश्तेदार और कारोबार	
अश्या/चीज़ें	भूरी चिउंटियाँ, दिमागी खराबियाँ !
रिश्तेदार	मर जाएंगे लेकिन बिना निशानी छोड़े नहीं !
कारोबार	आटा पीसने की चक्की का कारोबार !

टेवे में ग्रहों की हालत	उपाओ और खबरदारियाँ
सूरज खाना नंबर-12 के वक़्त पापी ग्रह राहू, केतू, सनीचर में कोई एक या दो खाना नंबर-1 में होवे और व्यक्ति कंजूस हो तो सूरज का फल निहायत मंदा होगा!	टेवे वाले को चाहिए कि उसके ख़ुद के साथ बुरा करने वालों को मुआफ़ करते रहना चाहिए जिससे सूरज का नेक असर क़ायम रहेगा!

आम उपाओ:

1-कभी धरम का साथ मत छोड़ें!

2-धरम और संस्कारों की पालना करनी चाहिए!

3-मकान का सहन खुला रखना चाहिए!

4-राहू की चीजों का कारोबार नहीं करना चाहिए!

5-ससुराल के साथ सांझे में कारोबार मंदे असर देगा!

चंदर

ग्रह से मुतल्ल्का आम अश्या

देवी/देवता	शिवजी महाराज
उपाओ वास्ते औलाद और दीगर वज़ूहात	अराध्य पूजन
क़िस्म ग्रह	स्त्री
रंग	सफ़ेद (दूध जैसा)
पेशा	कुम्हार, झीउर, धरमी
सिफ़्त	रहीम (रहम), दयालु, हमदर्द
ख़ासियत	पानी, शांति, दिल, माता, जायदाद (जद्दी)
ताक़त	सुख-शांति, माता की मुहब्बत, बुज़ुर्गों की सेवा की ताक़त
मुतल्ल्का धातें	चाँदी, मोती (दूध के रंग का)
जिस्म पर ग्रह की मुकर्ररा जगह	दिल
चेहरे पर ग्रह की मुकर्ररा जगह	बायाँ हिस्सा
ग्रह से मुतल्ल्का पोशाक	धोती, परना
तरबूज़ में ग्रह का हिस्सा	पानी
ग्रह से मुतल्ल्का जानवर	घोड़ा, घोड़ी
ग्रह से मुतल्ल्का दरख़्त	पोस्त का हरा पौधा (जब तक इसमें दूध रहे)
उपाओ की आम चीज़ें	चावल, दूध, चाँदी, गंगाजल

चंदर खाना नंबर-1

चंदर खाना नंबर-1 की अश्या, रिश्तेदार और कारोबार	
अश्या/चीज़ें	दिल, दिगा का बायाँ हिस्सा, बाईं आँख का डेला।
रिश्तेदार	राजा की रानी।
कारोबार	बाग-बगीचा से ताल्लुक रखने रखने वाले कारोबार।

टेवे में ग्रहों की हालत	उपाओ और खबरदारियाँ
चंदर खाना नंबर-1 के वक़्त टेवे में शुकर कितना भी नेक क्यों ना हो मगर माता के रहते औरत दुखिया ही रहेगी!	इस मंदे ज़हर से बचने के लिए चंदर की चीज़ें ?(चावल, चाँदी, गंगाजल) घर में स्थापित करना चाहिए!
चंदर खाना नंबर-1 के वक़्त खाना नंबर-7 खाली हो तो चंदर सोया हुआ होगा, इसको 24 साल की उम्र से पहले जगा लेना चाहिए!	ख़ुद-ब-ख़ुद जागा हुआ चंदर हर तरह से मंदा असर देगा! मंगल की चीज़ें ज़मीन के नीचे दबानी चाहिएँ!

आम उपाओ:

1-चाल-चलन नेक रखना चाहिए!

2-खाना नंबर-7 खाली तो गाय/नौकरानी रखनी चाहिए!

3-माता और माता समान औरतों के पैर छू कर आशीर्वाद लेना चाहिए!

4-बृहस्पति की चीज़ें घर में रखें और केसर का तिलक लगाएँ!

5-अपने निजी फ़ायदे दूध मत बेचें!

6-चंदर की उम्र (24साल) में शादी नहीं करवानी चाहिए!

चंदर खाना नंबर-2

चंदर खाना नंबर-2 की अश्या, रिश्तेदार और कारोबार	
अश्या/चीज़ें	माता, दूध, सफ़ेद घोड़ा, चावल, रूहानी हिस्सा !
रिश्तेदार	धर्म-माता (कोई बूढ़ी औरत जो धर्ममाता) !
कारोबार	घोड़ों से ताल्लुक कारोबार !

टेवे में ग्रहों की हालत	उपाओ और खबरदारियाँ
चंदर खाना नंबर-2 के वक़्त बुध बैठ हो खाना नंबर-3 में तो हर काम रुक-रुक कर हुआ करता है यानि काम बिगड़ता है फिर दुबारा शुरू होता है!	इस मंदे ज़हर से बचने के लिए हरे रंग (बुध), का कपड़ा (चंदर), छोटी लड़कियों (बुध) को देना चाहिए, 43 दिन तक लगातार!

आम उपाओ:

1-घर में मंदिर बनवा कर घण्टे-घड़ियाल बजाना मंदा असर देगा!

2-मकान के नीचे चाँदी और चाँदी के बर्तन में शहद दबाएँ!

3-माता से चाँदी लेकर कुल जीवन अपने पास रखें!

4-औलाद के लिए कुत्ते की सेवा करें!

5-बढ़ के पेढ़ पर दूध चढ़ाएँ!

6-जो ग्रह चंदर को खराब कर रहा हो उसका उपाओ करें!

खास: खाना नंबर-2 का चंदर ऊंच फल का लिखा है, धन और विद्या का कारक ग्रह है इसलिए इसका नेक और क़ायम होना ज़रूरी है!

चंदर खाना नंबर-3

चंदर खाना नंबर-3 की अश्या, रिश्तेदार और कारोबार	
अश्या/चीज़ें	आम घोड़ा, शिवजी (भोले नाथ), चिरायता !
रिश्तेदार	हमसाया माई (माता) !
कारोबार	चिरायता, खून को साफ़ करने वाली दवाई का कारोबार !

टेवे में ग्रहों की हालत	उपाओ और खबरदारियाँ
चंदर खाना नंबर-3 अब राहू के ऊंच के घर में होने से पापी ग्रहों के असर में होगा! बला-ए-बद यानि आसमानी तकलीफ़ें! हवा-ए-बद यानि ऊपरी कसर!	बला-ए-बद (राहू) के मंदे असर से बचने के लिए कन्यादान और हवा-ए-बद (केतू) के मंदे असर से बचने के लिए सूरज की चीजों का दान नेक असर पैदा करेगा!

आम उपाओ:

1-लड़कियों का पैसा/धन हड़पना चंदर को बर्बाद करेगा!

2-लड़की की पैदाइश के वक़्त दूध का दान और लड़के की पैदाइश के वक़्त सूरज का दान

3-घर आए महमान की सेवा दूध से या पानी से करें!

4-कन्या (कंजक) पूजन उतम उपाओ है!

चंदर खाना नंबर-4

चंदर खाना नंबर-4 की अश्या, रिश्तेदार और कारोबार	
अश्या/चीज़ें	तालाब, कुआँ, चश्मा, शांति, ज़मीन के नीचे का पानी !
रिश्तेदार	माता या मौसी
कारोबार	बजाजी, तालाब, कुआँ से ताल्लुक कारोबार !

टेवे में ग्रहों की हालत	उपाओ और खबरदारियाँ
चंदर खाना नंबर-4 के साथ कोई दो ग्रह हों तो एक असर मंदा होगा, ज़हर के वाकियात होंगे!	इस मंदे असर से बचाव के लिए चंदर के साथ बैठे दोनों ही ग्रहों को उनके अपने-अपने उपाओ से नेक रखना चाहिए!

आम उपाओ:

1-माता के पैर छू कर आशीर्वाद लेना चाहिए!

2-किसी नेक काम को शुरू करने से पहले दूध से भरा बर्तन (कुम्भ) स्थापित करें!

3-बृहस्पति खाना नंबर-10 में हो तो रहम खा कर किसी को रोटी मत खिलाएँ!

4-बृहस्पति और केतू किसी भी तरह चंदर से मिल रहें तो बाबा-पोता या नाना-दोहता इकट्ठे यज्ञ करवाएँ!

5-घर आए महमान को दूध नहीं तो पानी ज़रूर पिलाएँ!

चंदर खाना नंबर-5

चंदर खाना नंबर-5 की अश्या, रिश्तेदार और कारोबार	
अश्या/चीज़ें	चोकोर परिन्दा, आक का दूध !
रिश्तेदार	ऐसी माता जो उकसाई गई हो और बिना लड़ाई के रोटी ना खाए !
कारोबार	लड़की-लड़कियों की तालीम से ताल्लुक रखने वाले कारोबार !

टेवे में ग्रहों की हालत	उपाओ और खबरदारियाँ
चंदर खाना नंबर-4 वाले को हर काम का ढिंढोरा पीटने की आदत हुआ करती है और उसकी इस आदत का नाजायज़ फ़ायदा भेदी उठाया करते हैं!	टेवे वाले को चाहिए कि किसी भी काम को शुरू करने से पहले किसी और इन्सान (सूरज) से सलाह लेनी चाहिए या फिर घर की दीवारों से ही सलाह ले लेवे!

आम उपाओ:

1-टेवे वाले को धरम और संस्कारों की पालना करनी चाहिए!

2-अपनी ज़बान पर काबू रखना निहायत ज़रूरी है!

3-धोकेबाज़ी और बदकारी से दूर रहें!

चंदर खाना नंबर-6

चंदर खाना नंबर-6 की अश्या, रिश्तेदार और कारोबार	
अश्या/चीज़ें	ख़रगोश (मादा), सफ़र !
रिश्तेदार	नानी !
कारोबार	सफ़र से ताल्लुक रखने वाले कारोबार !

टेवे में ग्रहों की हालत	उपाओ और खबरदारियाँ
चंदर खाना नंबर-6 वाले व्यक्ति को 6साल, 12साल या 24साल की उम्र में कुआं/नल (धर्मार्थ) लगवाना जो मुसाफ़िरों या खेती के काम आए, मंदे ज़हर का असर देगा!	अगर किसी हालत में कुआं या नल लगवाना हो पड़े तो किसी अस्पताल में या फिर किसी शमशान में लगवाना नेक असर होगा वरना औलाद के नतीजे मंदे होंगे!

आम उपाओ:

1-धरम-अस्थान में दोस्त ग्रहों (सूरज, मंगल, बृहस्पति) की चीज़ें देते रहें!

2-अपने पिता को अपने हाथ से दूध पिलाएँ!

3-दूध पीना वर्जित है अगर किसी बीमारी के चलते पीना ही तो सिर्फ़ दिन में पीएँ!

4-अस्पताल या शमशान में नल लगवाएँ!

5-धरम-अस्थान में माथा टेकते रहें!

चंदर खाना नंबर-7

चंदर खाना नंबर-7 की अश्या, रिश्तेदार और कारोबार	
अश्या/चीज़ें	खेती की ज़मीन (अपनी या जद्दी), बर्फ़ !
रिश्तेदार	गृहस्ती व्यवहार की कोई भी नेक औरत !
कारोबार	खेती, तह ज़मीन और बर्फ़ के कारोबार !

टेवे में ग्रहों की हालत	उपाओ और खबरदारियाँ
चंदर खाना नंबर-4 के वक़्त 12साल या 24साल में की हुई शादी का असर माता और चंदर की चीजों पर मंदा होगा!	चंदर की उम्र (12साल या 24साल) में शादी करवाना मना होगा! माता से आशीर्वाद लेते रहें!

आम उपाओ:

1-माता से कभी झगड़ा मत करें बल्कि पैर छू कर आशीर्वाद लेते रहें!

2-दूध बेचना या दूध का जलाना या दूध बेचना मना होगा!

3-शादी के वक़्त औरत अपने मायके से अपने वज़न के बराबर चंदर की चीज़ें (दूध, चाँदी, चावल) लेकर आए और इन चीजों को औरत के घर में दाखिल होने पहले घर में क़ायम करने से चंदर क़ायम रहेगा!

सूरज खाना नंबर-8

चंदर खाना नंबर-8 की अश्या, रिश्तेदार और कारोबार	
अश्या/चीज़ें	समन्दर, बलाई आमदन, मिर्गी, मुर्दा दिली !
रिश्तेदार	ताई !
कारोबार	समन्दर से ताल्लुक रखने वाले कारोबार !

टेवे में ग्रहों की हालत	उपाओ और खबरदारियाँ
सूरज खाना नंबर-8 के वक़्त बुध खाना नंबर-4 या 12 में या फिर सनीचर और राहू खाना नंबर-12 में हों तो नज़र और बच्चो की उम्र के लिए असर मंदा होगा!	इस मंदे ज़हर से बचने के लिए बुध का उपाओ नाक छेदन उतम उपाओ है!

आम उपाओ:

1-औलाद के लिए शमशान के पम्प/कुएँ का पानी घर में रखें!

2-बुजुर्गों के नाम से दूध का दान करें, मिर्गी और दमा से बचाव होगा!

3-कुआं पर छत डाल कर मकान मत बनवाएँ!

4-चल-चलन नेक रखें और सनीचर की मंदी चीजों से परहेज़ करें!

5-जौहरी का कारोबार ना करें और जुआ मत खेलें!

6-महसूस करने की ताक़त का ख़त्म होना (चंदर नष्ट) मंदे वक़्त की पहली निशानी होगी!

चंदर खाना नंबर-9

चंदर खाना नंबर-9 की अश्या, रिश्तेदार और कारोबार	
अश्या/चीज़ें	गैबी या जद्दी जायदाद, समन्दर !
रिश्तेदार	ख़ानदान में सबसे लम्बी उम्र की माता (रिश्ते की शर्त नहीं) !
कारोबार	जद्दी जायदाद से ताल्लुक रखने वाले कारोबार !

टेवे में ग्रहों की हालत	उपाओ और खबरदारियाँ
चंदर खाना नंबर-9 के वक़्त केतू खाना नंबर-2 में और बुध खाना नंबर-5 में तो समन्दर पानी इतना जिसको कुत्ता या बकरी ही ख़त्म कर दे!	चंदर के कारोबार मंदा असर देंगे, 34 साल (बुध की उम्र) से 48 साल (केतू की उम्र) के बाद ही हालत ठीक होगी! बुध और केतू का अपना-अपना उपाओ करना चाहिए!

आम उपाओ:

1-चंदर की चीज़ें घर में क़ायम करें!

2-पुरानी रस्मों को निभाते रहें!

3-चंदर को खराब कर रहे ग्रहों का उपाओ करना चाहिए!

चंदर खाना नंबर-10

चंदर खाना नंबर-10 की अश्या, रिश्तेदार और कारोबार	
अश्या/चीज़ें	रात का वक़्त, तह ज़मीन का कड़वा या खारा पानी, अफ़्यून (अफ़ीम) !
रिश्तेदार	चाची !
कारोबार	दिल को तर करने वाली चीजों के कारोबार नेक असर मगर नशे की चीज़ों और पानी वाली दवाई बुरा असर देंगी !

टेवे में ग्रहों की हालत	उपाओ और खबरदारियाँ
चंदर खाना नंबर-10 पत्थरों में फँसे (रुके) ज़हरीले पानी की तरह होगा! सनीचर (मकान) और राहू (ससुराल) दोनों के नतीजे मंदे!	किसी झरने का पानी या आसमानी ओलों का पानी 10 साल तक घर में क़ायम रखने से सनीचर के मंदे ज़हर का असर ख़त्म होगा!

आम उपाओ:

1-किसी भाई-बंधू से सनीचर की ठोस चीज़ नहीं लेनी चाहिए!

2-खाना नंबर-2 खाली हो तो सूरज और चंदर की चीज़ें धरम-अस्थान में देनी चाहिएँ!

3-खाना नंबर-4 खाली हो तो सूरज, बृहस्पति और मंगल की चीज़ें पानी में बहाएँ!

4-सूर्यास्त के बाद दूध नहीं पीना चाहिए!

5-झूठ, फरेब, धोकेबाज़ी, शराबखोरी और बदकारी से दूर रहें!

6-धरम-अस्थान में माथा टेकना नियम बनाएँ!

चंदर खाना नंबर-11

चंदर खाना नंबर-11 की अश्या, रिश्तेदार और कारोबार	
अश्या/चीज़ें	चाँदी, मोती (अनबिध), खूनी कुआँ, उड़ते बादल !
रिश्तेदार	पेशाब से परिवार तोलने वाली बुढ़िया !
कारोबार	सफ़ेद मोतियों (दूध-रंगे) का कारोबार !

टेवे में ग्रहों की हालत	उपाओ और खबरदारियाँ
चंदर खाना नंबर-11 के वक़्त केतू का असर निकम्मा, अगर नर औलाद हुई तो 12 साल की उम्र तक दादी और पोते में से कोई एक रहेगा!	1-पम्प के नीचे गढ़े पत्थर को दूध से धोना चाहिए 43 दिन लगातार! 2-दादी अपनी आँखें और बाल दूध से धोये 43 दिन लगातार!

आम उपाओ:

1-दादी को 43 दिन तक पोते के पास नहीं रहना चाहिए!

2-माता की मदद के लिए दूध से बने पेढ़े बच्चों को दें या पानी में बहाएँ!

3-ख़ालिस सोने की सलाई को आग पर सुर्ख़ कर दूध में बुझा कर पीएँ!

4-चंदर और बृहस्पति की चीज़ें धरम-अस्थान में देनी चाहिएँ!

5-भैरों के मन्दिर में दूध चढ़ाएँ!

चंदर खाना नंबर-12

चंदर खाना नंबर-12 की अश्या, रिश्तेदार और कारोबार	
अश्या/चीज़ें	ख़ुशामद, सफ़ेद तिल, मींह (बारिश) का पानी, ओले, मुश्क-काफ़ूर !
रिश्तेदार	सास !
कारोबार	आम पानी से ताल्लुक रखने वाले कारोबार मंदा असर देंगे !

टेवे में ग्रहों की हालत	उपाओ और खबरदारियाँ
खाना नंबर-12 का चंदर हर तरह से नेक रखा जाए तो गुरु के लिए चाँदी का फ़र्श!	चंदर खाना नंबर-12 मंदा कर लिया जाए तो गंदगी साफ करने वाला पानी!

आम उपाओ:

1-बारिश का पानी घर में क़ायम करें और यह पानी कभी ख़त्म नहीं होना चाहिए!

2-बृहस्पति की चीज़ें धरम-अस्थान में देनी चाहिएँ!

3-केसर का तिलक लगाना ज़रूरी होगा!

4-गुस्से, अहंकार और ईर्ष्या से तौबा करें!

5-सनीचर की मंदी चीजों (शराब, शबाब, कबाब) से दूर रहें!

शुकर

ग्रह से मुतल्ल्का आम अश्या

देवी/देवता	लक्ष्मी जी
उपाओ वास्ते औलाद और दीगर वज़ूहात	लोगों की पालना
क़िस्म ग्रह	स्त्री
रंग	सफ़ेद (दही जैसा)
पेशा	कुम्हार वेष काशतकर, ज़मींदार
सिफ़्त	आशिक मजाज़
ख़ासियत	मिट्टी, कामदेव, आजिज़ी, स्त्री, गृहस्त
ताक़त	दिली मुहब्बत और लगन, मिट्टी की कुव्वत नफ़सानी, ऐश पसंदी की ताक़त, इशक-ओ-मुहब्बत
मुतल्ल्का धातें	मिट्टी, मोती (दही रंग का)
जिस्म पर ग्रह की मुकर्ररा जगह	रुख्सारा/रूख्सार (गाल)
चेहरे पर ग्रह की मुकर्ररा जगह	रुख्सारा/रुख्सार के ख़त व खाल (जिल्द)
ग्रह से मुतल्ल्का पोशाक	क़मीज़
तरबूज़ में ग्रह का हिस्सा	बीज़
ग्रह से मुतल्ल्का जानवर	बैल-गाय
ग्रह से मुतल्ल्का दरख्त	कपास का पौधा
उपाओ की आम चीज़ें	घी, दही, कपूर

शुकर खाना नंबर-1

शुकर खाना नंबर-1 की अश्या, रिश्तेदार और कारोबार	
अश्या/चीज़ें	रुखसारा/रुख्सार, पराई औरत की मुहब्बत !
रिश्तेदार	ख़ाविंद (औरत के टेवे ,में), बीवी (मर्द के टेवे में), ऐसी जोड़ी जिसकी बुनियाद सिर्फ़ धन हो !
कारोबार	बादशाही (राजदरबार की) औरतों के इस्तेमाल की चीजों का कारोबार !

टेवे में ग्रहों की हालत	उपाओ और खबरदारियाँ
शुकर खाना नंबर-1 के वक़्त राहू खाना नंबर-7, औरत की सेहत जली मिट्टी जैसी!	इस मंदे ज़हर से बचने के लिए ससुराल से खालिस चाँदी लेनी चाहिए!

आम उपाओ:

1-औरत को गऊ दान और मर्द को कन्यादान करना चाहिए!

2-बुखार के वक़्त गोमूत्र और जौ का इस्तेमाल फ़ायदेमन्द होगा!

3-शादी के वक़्त ससुराल से औरत के वज़न के बराबर चावल लाकर घर में क़ायम करें!

4-दिन में संभोग नहीं करें!

5-शादी 25 साल के बाद होनी चाहिए!

शुकर खाना नंबर-2

शुकर खाना नंबर-2 की अश्या, रिश्तेदार और कारोबार	
अश्या/चीज़ें	आलू, गाय-अस्थान, अबरक़, घी (ज़र्द), भौंडी (बिना सींग) गाय !
रिश्तेदार	साली शादी शुदा !
कारोबार	आलू, घी, मुश्क-काफ़ूर, सफ़ेद अबरक़ से ताल्लुक रखने वाले कारोबार !

टेवे में ग्रहों की हालत	उपाओ और खबरदारियाँ
शुकर खाना नंबर-2 के वक़्त बृहस्पति के घरों 2, 5, 9, 12 में राहू/केतू हों तो किसी बेवा औरत की ज़िम्मेदारी उठानी पढ़ती है!	बाज़ारू औरतें बरबादी का बहाना होंगी इसलिए बचाव ज़रूरी है! चरित्र क़ायम रखना नेक होगा!
शुकर खाना नंबर-2 वाले मर्द के शुक्राणुओं की कमी होती है और औरत में मासिक धर्म की खराबियों के चलते अंडा नहीं बना करता!	बच्चे की पैदाइश मे लिए ख़ुराक में मंगल की चीज़ें खाण्ड, शहद, सौंफ़ वगैरह इस्तेमाल करनी चाहिएँ!

आम उपाओ:

1-आलू को हल्दी में पीला कर गाय को खिलाएँ!

2-देसी घी (ज़र्द) धरम-अस्थान में चढ़ाएँ!

शुकर खाना नंबर-3

शुकर खाना नंबर-2 की अश्या, रिश्तेदार और कारोबार	
अश्या/चीज़ें	आलू, गाय-अस्थान, अबरक़, घी (ज़र्द), भौंडी (बिना सींग) गाय।
रिश्तेदार	साली शादी शुदा।
कारोबार	आलू, घी, मुश्क-काफ़ूर, सफ़ेद अबरक़ से ताल्लुक रखने वाले कारोबार।

आम उपाओ:

1-चल-चलन नेक रखें!

2-औरतों की इज्ज़त क़िस्मत की बुनियाद होती है!

शुकर खाना नंबर-4

शुकर खाना नंबर-4 की अश्या, रिश्तेदार और कारोबार	
अश्या/चीज़ें	दही, चौपाया, चरिंद (चरने वाले जानवर)।
रिश्तेदार	हमख़्वाब यार दोस्त (बच्चों की शर्त नहीं)।
कारोबार	दही, चौपाया, चरिंद से ताल्लुक रखने वाले कारोबार।

आम उपाओ:

1-अपनी ही औरत से दुबारा शादी (पूरी विधि से) करवाएँ!

2-दरिया में बृहस्पति की चीज़ें (हल्दी, चने की दाल, केसर वगैरह) बहाते रहें!

3-बाज़ारू औरतों आ से दूर रहें!

4-कुआं छत कर मकान मत बनवाएँ!

शुकर खाना नंबर-5

शुकर खाना नंबर-5 की अश्या, रिश्तेदार और कारोबार	
अश्या/चीज़ें	कुम्हार का आवा या ईंट का भट्ठा, काँसे का बर्तन।
रिश्तेदार	ऐसा मर्द व औरत जिनको उनके बच्चे बाप/माँ न कहेंगे।
कारोबार	ईंट के भट्टे का कारोबार।

आम उपाओ:

1-गाय और माता की सेवा हर तरह से नेक असर होगी!

2-चाल-चलन क़ायम होगा तो ही शुकर का असर नेक होगा!

3-सेहत के ताल्लुक में अपने गुप्तांग (औरत हो या मर्द) दूध या दही से धोने चाहिएँ!

शुकर खाना नंबर-6

शुकर खाना नंबर-6 की अश्या, रिश्तेदार और कारोबार	
अश्या/चीज़ें	चिड़िया, लड़की, सफ़ेद गाय, खुसरा !
रिश्तेदार	ऐसी औरत जो रोटी खाने में तो अव्वल लेकिन बच्चे बनाने में सिफ़र !
कारोबार	गैस और गुड़ के कारोबार नेक असर लेकिन परिंदों से ताल्लुक रखने वाले कारोबार मंदे असर देंगे !

टेवे में ग्रहों की हालत	उपाओ और खबरदारियाँ
शुकर खाना नंबर-6 के वक़्त खाना नंबर-6 या 7 में बृहस्पति व मंगल के सिवाय कोई भी दूसरा ग्रह हो या साथी ग्रह बन रहा हो तो दोनों ही ग्रह बर्बाद होंगे	इस मंदे ज़हर से बचने के लिए घर में ठोस चाँदी क़ायम करनी चाहिए

खास:

शादी के वक़्त लड़की के माता-पिता ख़ालिस सोने के दो टुकड़े (सोने के वज़न की कोई शर्त नहीं) पूर्ण संकल्प के साथ लड़की को दें और इसमें से एक टुकड़ा पानी में बहा दें और दूसरा टुकड़ा कुल उम्र अपने पास संभाल कर रखे!

खबरदारी: सोने का दूसरा टुकड़ा कभी भूल कर भी बेचना नहीं चाहिए! ऐसा सोना ना तो कभी गुम होता है ना ही चोरी!

आम उपाओ:

1-जाए ख़ास को साफ करने के लिए सौंफ़ के पानी में लाल-दवाई मिला कर इस्तेमाल करें

2-औरत को नंगे पाँव ज़मीन पर नहीं चलना चाहिए!

3-औरत को बालों में सोने का क्लिप लगाना चाहिए!

4-पेशाबगाह को दही से साफ़ करना चाहिए!

शुकर खाना नंबर-7

शुकर खाना नंबर-7 की अश्या, रिश्तेदार और कारोबार	
अश्या/चीज़ें	चरी के बीज (सफ़ेद ज्वार), सफ़ेद गाय !
रिश्तेदार	ऐसी स्त्री (मर्द के टेवे में) या मर्द (औरत के टेवे में) गृहस्त में पूरा साथ देवे !
कारोबार	खेती, चरी, काँसे के बर्तन, गाय से ताल्लुक रखने वाली चीजों के कारोबार !

टेवे में ग्रहों की हालत	उपाओ और खबरदारियाँ
शुकर खाना नंबर-7 के वक़्त सूरज और बुध खाना नंबर-8 में तो दोनों का मंदा असर औरत के सेहत पर होगा!	औरत को कुल उम्र नीले और काले कपड़े एक साथ नहीं पहनने चाहिएँ!
शुकर खाना नंबर-7 के साथ राहू हो या साथी ग्रह बन रहा हो तो शुकर मंदा असर देगा!	टेवे वाले को सनीचर से ताल्लुक रखने वाली चीजों के कारोबार से बचना चाहिए! बिली की जेर अपने पास नहीं रखनी चाहिए!

1-लाल रंग की गाय की सेवा करनी चाहिए!

2-औरत के वज़न के बराबर चरी के बीज (ज्वार) धरम-अस्थान में देनी चाहिए!

3-नीले रंग के फूल गंदे नाले में गिराएँ!

4-जिल्द की बीमारियों से बचने के लिए औरत को अपने गुप्तांग स्पिरिट से धोने चाहिएँ!

5-दिन के वक़्त संभोग नहीं करना चाहिए!

6-ससुराल के साथ सांझे में कारोबार नहीं करना चाहिए!

7-पराई औरतों की लगन और गुस्से से दूर रहना चाहिए!

शुकर खाना नंबर-8

शुकर खाना नंबर-8 की अश्या, रिश्तेदार और कारोबार	
अश्या/चीज़ें	जिमिकन्द, गाजर, क़ब्र, भौंडी (बिना सींग) सफ़ेद गाय मंदी !
रिश्तेदार	ऐसी बदज़बान औरत जिसे किसी भी रिश्तेदारी का लिहाज़ ना होवे !
कारोबार	ज़मीन के नीचे पैदा होने वाली सब्ज़ियों के कारोबार (उगाना या बेचना) !

टेवे में ग्रहों की हालत	उपाओ और खबरदारियाँ
शुकर खाना नंबर-8 के वक़्त टेवे में चंदर, बुध और मंगल आमतौर पर मंदे होते हैं, जिनका क़ायम होना ज़रूरी है!	तीनों ग्रहों को क़ायम रखने के लिए ग्रहों के ताल्लुकदारों (चंदर-माता, मंगल-भाई, बुध-बहन, बुआ) से आशीर्वाद लेते रहना चाहिए

आम उपाओ:

1-किसी भी तरह का दान नहीं लेना चाहिए!

2-ख़ुद दान करें और धरम-अस्थान में माथा टेकना चाहिए!

3-ग्रहों की हालत के हिसाब से गंदे नाले में ताम्बे के टुकड़े या नीले फूल गिराने चाहिएँ!

4-वज़न के बराबर चरी के बीज पानी में बहाने चाहिएँ!

5-सनीचर की मंदी चीजों से परहेज़ करें!

शुकर खाना नंबर-9

शुकर खाना नंबर-9 की अश्या, रिश्तेदार और कारोबार	
अश्या/चीज़ें	सफ़ेद (दही जैसा) रंग, सफ़ेद गाय मंदा असर देवे !
रिश्तेदार	हद से ज़्यादा शर्म की मारी बीमार अबला औरत !
कारोबार	शकरकन्द, फ़लीदार चीजों और मीठे के कारोबार नेक (हलवाई का नहीं) !

टेवे में ग्रहों की हालत	उपाओ और खबरदारियाँ
शुकर खाना नंबर-9 के वक़्त ख़ुद की माली हालत के लिए मंगल बद, औलाद की क़िल्लत के लिए केतू, और दौलत के लिए मंदा बुध ज़िम्मेदार होगा!	इस मंदे ज़हर से बचने के लिए नीम के दरख़्त के तने में चाँदी के चौरस के टुकड़े दबाने चाहिए 9 टुकड़े 9 दिन लगातार!

आम उपाओ:

1-मकान की नींव में चाँदी और शहद बनाएँ!

2-मकान में चंदर की चीज़ें क़ायम करें!

3-औरत के हाथों चाँदी की चूड़ी को लाल रंग करके धारण करवाएँ!

4-नीम के पेढ़ में चाँदी के चौरस टुकड़े दबाने चाहिएँ!

शुकर खाना नंबर-10

शुकर खाना नंबर-10 की अश्या, रिश्तेदार और कारोबार	
अश्या/चीज़ें	मिट्टी, कपास !
रिश्तेदार	हर वक़्त धुली-धुलाई दुल्हन, दिखावे की मारी !
कारोबार	मिट्टी और कपास के कारोबार !

टेवे में ग्रहों की हालत	उपाओ और खबरदारियाँ
शुकर खाना नंबर-10 के वक़्त सनीचर खाना नंबर-5 में हो तो दोनों ही ग्रह दुश्मनी पर होंगे जिसके चले गऊ को ज़हर का डर होता है या फिर औरत को आँखों के रोग!	यदि किसी वजह से दस गऊएँ बरबाद हो जाएँ तो वहम नहीं करना चाहिए और इस मंदे ज़हर से बचने के लिए बकरी पालने से औलाद और गऊ क़ायम होगी!

आम उपाओ:

1-सनीचर की मंदी चीजों (शराब, शबाब, कबाब) से दूर रहें!

2-औरत को अपने गुप्तांग दही से धोते रहना चाहिए!

3-घर की मगरिबी (पश्चिमी) दीवार कच्ची रखें!

4-कपिला गाय की सेवा करें लेकिन कपिला गाय का दान उतम होगा!

शुकर खाना नंबर-11

शुकर खाना नंबर-11 की अश्या, रिश्तेदार और कारोबार	
अश्या/चीज़ें	रुई, मोती सफ़ेद (दही के रंग का) !
रिश्तेदार	पूरे मर्द के बराबर वरना कुल नामर्द !
कारोबार	रुई, मोती (दही रंगा) और दही के कारोबार !

टेवे में ग्रहों की हालत	उपाओ और खबरदारियाँ
शुकर खाना नंबर-11 के वक़्त सनीचर के असर के चलते व्यक्ति (औरत हो या मर्द) चालक तबीयत होता जिसके चले बात बदलने का आदी होगा!	अपनी हर बात पर क़ायम रहना शुकर को नेक करेगा इस मंदे ज़हर से बचने के लिए कपिला गाय की सेवा करें! औरत को घर का खजांची नहीं बनाना चाहिए!

1-पापी के मंदे असर से बचने के लिए तेल का दान करें!

2-खाना नंबर-3 खाली हो तो मंगल का उपाओ करें!

3-बुध पालना/कन्या पूजन उतम उपाओ है!

4-बकरी दान करनी चाहिए!

5-चाँदी की भस्म (कुश्ता) और फौलाद भस्म (कुश्ता) का इस्तेमाल करना चाहिए!

6-मच्छली के तेल का इस्तेमाल करना चाहिए!

शुकर खाना नंबर-12

शुकर खाना नंबर-12 की अश्या, रिश्तेदार और कारोबार	
अश्या/चीज़ें	कामधेनु गाय (चौपाया), लक्ष्मी (गृहस्ती औरत) का सुखसागर !
रिश्तेदार	लक्ष्मी (धन और औरत) जो सुख का बायस हो !
कारोबार	औरतों और मवेशियों को रात के आराम में काम आने वाली चीजों के कारोबार !

टेवे में ग्रहों की हालत	उपाओ और खबरदारियाँ
शुकर खाना नंबर-12 को कामधेनु गाय लिखा है इसलिए टेवे वाले पर जब कोई कष्ट आएगा उसको टेवे वाले की औरत झेलेगी जिसके चलते औरत की सेहत मंदी रहा करती है!	टेवे वाले को चाहिए अपनी औयार्ट के नाम पर कुच्छ न कुच्छ दान करता रहे! औरत के हाथों से गऊ दान उतम उपाओ होगा! टेवे वाले को कभी नास्तिक नहीं होना चाहिए!
शुकर खाना नंबर-12 के वक़्त टेवे में बुध और राहू मंदे हो रहे हों!	पक्की शाम (राहू) के वक़्त में नीले (राहू) रंग के फूल (बुध) वीरान जगह दबाएँ!
शुकर खाना नंबर-12 के वक़्त राहू खाना नंबर-2, 6, 7, 12 में से किसी एक में होवे तो गृहस्त सुख 25 साल तक बरबाद होगा!	औरत को नीले रंग के कपड़ों से कुल उम्र परहेज़ करना चाहिए! नीले रंग की गाय की सेवा मंदा असर देगी!

आम उपाओ:

1-नीले रंग के फूल पक्की शाम के वक़्त वीरान जगह दबाएँ 43 दिन बिना नागा!

2-औरत के हाथों से गऊ दान करवाना चाहिए!

मंगल

ग्रह से मुतल्का आम अश्या

देवी/देवता	, मंगल नेक—हनुमान जी	मंगल बद—जिन भूत
उपाओ वास्ते औलाद और दीगर वज़ूहात	गायत्री पाठ	गायत्री पाठ
क़िस्म ग्रह	नर	नर
रंग	लाल सुर्ख़ जो चमकीला नहीं	लाल सुर्ख़ मगर चमकीला
पेशा	जंगजू	कसाई
सिफ़्त	मुदब्बिर (दूरदर्शी)	मुतकब्बिर (अहंकारी)
ख़ासियत	हौसला, भाई, खाना पीना,	कीनावरी (द्वेषभावना)
ताक़त	जंग-ओ-जदल, खून करना या करवाना	खाने पीने की ताकत
मुतल्का धातें	लाल कीमती पत्थर, खूनी लाल रंग जो चमकीला न हो	चमकीला लाल पत्थर
जिस्म पर ग्रह की मुकर्ररा जगह	जिगर	जिगर
चेहरे पर ग्रह की मुकर्ररा जगह	ऊपर का होंठ	नीचे का होंठ
ग्रह से मुतल्का पोशाक	वास्कट	नंगा सिर
तरबूज़ में ग्रह का हिस्सा	गुद्दा	गुद्दा
ग्रह से मुतल्का जानवर	आम शेर या शेरनी	ऊँट, ऊँटनी, हिरण
ग्रह से मुतल्का दरख्त	नीम का दरख़्त	डेक का दरख़्त
उपाओ की आम चीज़ें	दाल मसूर, शहद, मूंगा	दाल मसूर, शहद, मूंगा

मंगल खाना नंबर-1

मंगल खाना नंबर-1 की अश्या, रिश्तेदार और कारोबार	
अश्या/चीज़ें	दाँत 32 या 31, सौंफ़, अनाज जमा करने की कोठरी।
रिश्तेदार	तलवार का धनी, नसीब का मालिक आम भाई।
कारोबार	सौंफ़ के कारोबार में फ़ायदा मगर दाँतो के कारोबार मंदा असर देंगे।

आम उपाओ:

1-नेकी और सच्चाई पर चलना चाहिए!	3-मुफ़्तखोरी से बचना चाहिए!
2-चंदर पूजन उतम उपाओ है!	4-हाथी दाँत का सामान पास मत रखें!

खबरदारियाँ:

1-बृहस्पति का उपाओ उसी हालत में करें जब खाना नंबर-11 खाली होवे!

2-शुकर का उपाओ उसी हालत में करें जब खाना नंबर-7 खाली होवे!

मंगल खाना नंबर-2

मंगल खाना नंबर-2 की अश्या, रिश्तेदार और कारोबार	
अश्या/चीज़ें	चीता, हिरण !
रिश्तेदार	बड़ा भाई !
कारोबार	दरिंदों के सामान से ताल्लुक रखने वाले कारोबार !

आम उपाओ:

1-ख़ुद मीठा खाएं और दूसरों को खिलाएँ	3-हिरण की खाल अपने पास रखें!
2-नियत में खोट तो मंगल बाद का असर	4-चंदर की चीजों का कारोबार नेक असर!

खबरदारियाँ:

1-टेवे वाला जनम से बड़ा भाई होगा लेकिन छोटा होवे तो बड़ा बनने की कोशिश न करे!

2-धरम की पालना और भाइयों की सेवा से धन-दौलत बढ़ता होगा वरना 2 दुनी 2 ही रहे!

3-बुध के ताल्लुकदारों के सांझे में कारोबार और बुध की दूसरी चीजों से दूर रहना चाहिए!

मंगल खाना नंबर-3

मंगल खाना नंबर-3 की अश्या, रिश्तेदार और कारोबार	
अश्या/चीज़ें	पेट, होंठ, छाती !
रिश्तेदार	ताया !
कारोबार	हाथी दाँत के कारोबार !

आम उपाओ:

1-हाथी दाँत क़ायम करना नेक असर होगा	3-ज़बान और अहम पर काबू रखें!
2-चंदर पूजन उतम उपाओ है!	4-मंदे कामों से बचें मंगल बद नहीं होगा!

मंगल खाना नंबर-4

मंगल खाना नंबर-4 की अश्या, रिश्तेदार और कारोबार	
अश्या/चीज़ें	तलवार, डेक का दरख़्त, सुर्ख़ मिर्च, घुंडी, नाभि, मृगशाला मुबारक !
रिश्तेदार	माता का बड़ा भाई !
कारोबार	मृगशाला का कारोबार उतम, तलवार और कडवे पेढ़ों के कारोबार मंदे !

टेवे में ग्रहों की हालत	उपाओ और खबरदारियाँ
1-खाना नंबर-4 का मंगल बद साबित हो रहा हो और खाना नंबर-8 में बुध और केतू हों तो घर की ज़हर (बूढ़ी ताई/चाची होंगी) बरबादी का बहाना होती हैं!	घर की बूढ़ी ताई और चाची के पैर छू कर आशीर्वाद लेते रहने से इस मंदे ज़हर से बचाव होता रहेगा!
2-मंगल बद खाना नंबर-4 के वक़्त शुकर खाना नंबर-8 में होवे तो घर की ज़हर ही (ताया/चाचा) बरबादी का बहाना होते हैं!	घर के बूढ़े ताया और चाचा के पैर छू कर आशीर्वाद लेते रहने से इस मंदे ज़हर से बचाव होता रहेगा!

आम उपाओ:

1-हर रोज़ सुबह फ़ोके पानी से दाँत साफ करने चाहिएँ!

2-घर में चंदर की चीज़ें क़ायम करें और अपने पास भी चाँदी रखें!

3-बढ़ के पेढ़ को मीठा दूध डालें और गीली हुई मिट्टी से तिलक करें 43 दिन!

4-अगर आग की घटनाएँ हों तो छत पर खाण्ड से भरी बोरियाँ रखें!

5-शरीर पर फ़ोड़े हों तो फ़ोड़े के मुंह में देसी खाण्ड भरें!

6-बच्चा ना होवे तो मिट्टी के बर्तन में शहद भर कर शमशान में दबाएँ!

7-जनूब (दक्षिण) के दरवाज़े में चोकोर चाँदी लगवाएँ!

8-चिड़े-चिड़ियों को मीठा खिलाएँ!

खबरदारियाँ और ख़ास नियम:

1-काने, काले और लावल्द व्यक्ति और डेक के पेढ़ से दूरी रखें!

2-सूरज की मदद (गुड़, गेहूँ, ताम्बा घर में क़ायम करें और बंदर की सेवा करें)!

3-बृहस्पति की मदद (सोना, केसर घर में क़ायम करें और बुज़ुर्गों व साधू की सेवा करें)!

4-चंदर की मदद (घोड़ा, कुआँ, चाँदी, चावल घर में क़ायम करें और माता की सेवा करें)!

मंगल खाना नंबर-5

मंगल खाना नंबर-5 की अश्या, रिश्तेदार और कारोबार	
अश्या/चीज़ें	भाई, नीम का दरख़्त !
रिश्तेदार	बच्चों के दोस्त !
कारोबार	हकीम, वैद, डॉक्टर !

आम उपाओ:

1-रात को पानी सिरहाने रख कर सोएँ और सुबह पानी पौधों को डाल दें!

2-माता-पिता के नाम से कुच्छ न कुच्छ दान करते रहना चाहिए!

3-पित्रों के श्राद्ध नियम से करने चाहिएँ!

4-गुस्सा, अहंकार और इर्ष्या से दूर रहें और नर्मदिल बनें!

मंगल खाना नंबर-6

मंगल खाना नंबर-6 की अश्या, रिश्तेदार और कारोबार	
अश्या/चीज़ें	नाभि, छुछुंदर !
रिश्तेदार	बहनोई !
कारोबार	पेट की बीमारियों और पेट से ताल्लुक रखने वाले कारोबार !

टेवे में ग्रहों की हालत	उपाओ और खबरदारियाँ
1-मंगल खाना नंबर-6 वाले व्यक्ति के भाइयों की माली हालत टेवे वाले से कम होती अगर ज़्यादा होगी तो भारी नुक्सान होते रहेंगे!	टेवे वाले को चाहिए कि अपने भाइयों (ख़ासकर उस भाई की जिसका मंगल खाना नंबर-6 में होवे) पैसे से मदद करते रहना चाहिए!
2-मंगल खाना नंबर-6 के वक़्त टेवे में केतू मंदा हो तो पहली नर औलाद 34 साल की उम्र में हुआ करती है!	औलाद के जनम और जनमदिन पर बाजे आदि नहीं बजने चाहिएँ और मीठे की जगह नमकीन बांटना चाहिए!

आम उपाओ:

1-ख़ुद की गृहस्ती के लिए सनीचर का उपाओ करना चाहिए!

2-भाइयों की मदद के लिए कंजक पूजन करनी चाहिए!

3-औलाद के लिए चंदर और बुध पूजन करना चाहिए!

4-ख़ुद का चाल-चलन धन-दौलत की बुनियाद होगा!

5-टेवे वाले की औलाद को कभी जिस्म पर सोना नहीं पहनना चाहिए!

6-जनमदिन के मौक़ा पर धरम-अस्थान में नमक देना चाहिए!

मंगल खाना नंबर-7

मंगल खाना नंबर-7 की अश्या, रिश्तेदार और कारोबार	
अश्या/चीज़ें	बेलें (फ़लीदार पोधे), पहला लड़का, दाल मसूर, अजवाइन !
रिश्तेदार	हक़ीक़ी भाई या हक़ीक़ी साला !
कारोबार	दाल मसूर, अजवाइन, फ़लीदार पोधों से ताल्लुक रखने वाले कारोबार !

1-नेक चाल-चलन क़िस्मत की बुनियाद होगा!

2-ठोस चाँदी घर में क़ायम करनी नेक होगी!

3-घर में आई बहन, बुआ, बेटी को मीठा देकर विदा करना चाहिए!

4-कच्ची ईंट की दीवार बना कर गिराते रहना चाहिए!

खबरदारियाँ:

बहन, बुआ, बेटी के घर रहना या उसको अपने पास रखने से (हमेशा के लिए) सख़्त मनाही है!

मंगल खाना नंबर-8

मंगल खाना नंबर-8 की अश्या, रिश्तेदार और कारोबार	
अश्या/चीज़ें	बाज़ूओं के बगैर बाक़ी का जिस्म !
रिश्तेदार	छोटे भाइयों के लिए क़साई जैसा भाई !
कारोबार	मकान के कारोबार जिनमें किसी तरह की मशीनें इस्तेमाल ना होती हों !

आम उपाओ:

1-हर रोज़ सुबह फ़ोके पानी से दाँत साफ़ करने चाहिएँ!

2-घर में चंदर की चीज़ें क़ायम करें और अपने पास भी चाँदी रखनी चाहिए!

3-बढ़ के पेढ़ को मीठा दूध डाल कर गीली मिट्टी से तिलक लगाएँ 43 दिन!

4-अगर आग की घटनाएँ हों तो छत पर खाण्ड से भरी बोरियाँ रखनी चाहिएँ!

5-शरीर पर फ़ोड़े हों तो फोड़ों के मुंह में देसी खाण्ड भरनी चाहिए!

6-मिट्टी के बर्तन में शहद भर कर शमशान में दबाएँ!

7-जनूब (दक्षिण) के दरवाज़े में चोकोर चाँदी लगवाएँ!

8-चिड़े-चिड़ी को मीठा खिलाएँ!

9-तन्दर में लगी मीठी रोटियाँ (जिनको लोहा ना लगे कुत्तों को खिलाएँ 43 दिन!

खबरदारियाँ और ख़ास नियम:

1-काने, काले और लावल्द व्यक्ति और डेक के पेढ़ से दूरी रखें!

2-सूरज की मदद (गुड़, गेहूँ, ताम्बा घर में क़ायम करें और बंदर की सेवा करें)!

3-बृहस्पति की मदद (सोना, केसर घर में क़ायम करें और बुज़ुर्गों व साधू की सेवा करें)!

4-चंदर की मदद (घोड़ा, कुआँ, चाँदी, चावल घर में क़ायम करें और माता की सेवा करें)!

5-विधवा औरतों (घर की या पड़ोस की) के पैर छू कर आशीर्वाद लेना चाहिए!

मंगल खाना नंबर-9

मंगल खाना नंबर-9 की अश्या, रिश्तेदार और कारोबार	
अश्या/चीज़ें	सुर्ख़ रंग खून जैसा !
रिश्तेदार	बाबा का भाई !
कारोबार	खुशक फल, मेवे और खून से ताल्लुक रखने वाली चीज़ों के कारोबार !

आम उपाओ:

1-बड़े भाई के साथ रहना हर तरह से नेक होगा!

2-बड़े भाई की पत्नी के पैर छूना और सेवा करना क़िस्मत की बुनियाद होगा!

3-बुज़ुर्गों के बनाए रस्मो-ओ-रिवाज़ की पालना निहायत ज़रूरी!

4-ख़ुद का नेक चाल-चलन हर तरह से नेक होगा!

5-धरम-अस्थान में सूरज और चंदर की चीज़ें देते रहना चाहिए!

मंगल खाना नंबर-10

मंगल खाना नंबर-10 की अश्या, रिश्तेदार और कारोबार	
अश्या/चीज़ें	शहद, मीठा भोजन, खाण्ड !
रिश्तेदार	बाप का धर्म-भाई !
कारोबार	शहद और मीठे भोजन से ताल्लुक रखने वाले कारोबार !

आम उपाओ:

1-चंदर की चीज़ें घर में क़ायम करें और माता के पैर छू कर आशीर्वाद लेते रहना चाहिए!

2-नेक तबीयत बनें और मंदा ना बोलें!

3-सनीचर की मंदी चीजों (शराब, शबाब, कबाब) से दूर रहें!

4-किसी काने या लावल्द इन्सान की सेवा करें!

मंगल खाना नंबर-11

मंगल ख़ाना नंबर-11 की अश्या, रिश्तेदार और कारोबार	
अश्या/चीज़ें	सिन्दूर जैसा लाल रंग।
रिश्तेदार	बाप का फ़र्ज़ी भाई।
कारोबार	सिन्दूर लाल और लाल रंग की धातु के कारोबार।

1-औलाद की सलामती के लिए कुत्ता पालना चाहिए!

2-दुनियावी कुत्तों की सेवा करें लेकिन ख़ुद दुनियावी कुत्ता ना बनें!

3-बुध को नेक करने के लिए बुध पालना करें!

4-टेवे में सनीचर का क़ायम होना ज़रूरी है!

5-मिट्टी के बर्तन में शहद और सिन्दर भर कर रखना चाहिए!

मंगल खाना नंबर-12

मंगल ख़ाना नंबर-12 की अश्या, रिश्तेदार और कारोबार	
अश्या/चीज़ें	बुलन्द आवाज़, हाथी का महावत, गिलोय।
रिश्तेदार	बड़े भाई के ख़ून प्यासा भाई।
कारोबार	गिलोय और दूसरी कड़वी दवाओं से ताल्लुक रखने वाले कारोबार।

आम उपाओ:

1-मंगल को क़ायम रखने के लिए मन्दिर जा कर पूजा करें!

2-दूध में शहद मिला कर दूसरों को पिलाएँ!

3-टेवे वाले ख़ुद मीठी रोटी खानी चाहिए साथ ही फ़कीर और कुत्ते को खिलनी चाहिए!

बुध

ग्रह से मुतल्ल्का आम अश्या

देवी/देवता	दुर्गा जी
उपाओ वास्ते औलाद और दीगर वजूहात	दुर्गा पाठ
क़िस्म ग्रह	मुखन्नस
रंग	सब्ज़ (हरा)
पेशा	ठठियार, दलाल, ब्योपारी
सिफ़्त	जी हज़ूरिया
ख़ासियत	बोलना, दिमाग, हुनर ज़बान, नसीहत, दोस्ती
ताक़त	अक्ल व हुनर, बोलने बुलाने की ताक़त, रसूख़ पैदा करने की ताक़त
मुतल्ल्का धातें	हीरा, पन्ना
जिस्म पर ग्रह की मुकर्ररा जगह	ज़बान, दाँत, नाड़ियाँ
चेहरे पर ग्रह की मुकर्ररा जगह	नाक का सिरा (गाँठ)
ग्रह से मुतल्ल्का पोशाक	टोपी, तढ़ागी, पेटी, नाढ़ा (ईज़ारबंद)
तरबूज़ में ग्रह का हिस्सा	ज़ायका
ग्रह से मुतल्ल्का जानवर	बकरा, बकरी, भेड़, चमगादड़
ग्रह से मुतल्ल्का दरख्त	केले का पौधा, चौड़े पत्तों वाले दरख़्त (सिवाय बढ़ के दरख़्त)
उपाओ की आम चीज़ें	मूंग साबुत, पन्ना

बुध खाना नंबर-1

बुध खाना नंबर-1 की अश्या, रिश्तेदार और कारोबार	
अश्या/चीज़ें	ज़बान, सिर का ढाँचा
रिश्तेदार	बड़ी लड़की
कारोबार	ज़बान और सिर के ढाँचे से ताल्लुक रखने वाले कारोबार

आम उपाओ:

1-ज़बान पर काबू रखना ज़रूरी होगा!	3-शराब,शबाब,कबाब से परहेज़ ज़रूरी!
2-घूम-घूम कर कारोबार करने के बजाए एक जगह टिक कर काम करना बेहतर!	4-हरे कपड़ों और साली से दूरी बना कर रखनी चाहिए!

बुध खाना नंबर-2

बुध खाना नंबर-2 की अश्या, रिश्तेदार और कारोबार	
अश्या/चीज़ें	खड़ा अंडा, मूँग साबुत, कलम की निब
रिश्तेदार	साली (बिना शादी)
कारोबार	मूँग, ऐश-ओ-ईशरत, कलम की निब से ताल्लुक रखने वाले कारोबार

टेवे में ग्रहों की हालत	**उपाओ और खबरदारियाँ**
बुध खाना नंबर-2 के वक़्त शुकर खाना नंबर-12,3,8,9 में हो या फिर ऐसे घरों में जहां बुध निहायत मंदा गिना जाता है!	साली को साथ ना रखें ख़ासकर जब शुकर खाना नंबर-12 में हो, यही हाल बकरी, तोता(बुध क़ायम करना) वगैरह पालने से होवे
बुध खाना नंबर-2 के वक़्त चंदर और सनीचर खाना नंबर-12 में हों और घर का मुख्य दरवाज़ा जनूब-मशरिक़ (दक्षिण-पूर्व) की तरफ हो तो बुध, सनीचर की उम्र में पिता की धन-दौलत बर्बाद!	दरवाज़े की दिशा तब्दील करने की कोशिश करनी चाहिए! इस मंदे ज़हर से बचने के लिए चंदर की चीज़ें धरम-अस्थान में देते रहना चाहिए कम से कम 43 दिन लगातार!

आम उपाओ:

1-तोता, मैना, भेढ़, बकरी पालना मना है!

2-नाक छेदन करवा कर चाँदी धारण करनी चाहिए कम से कम 96 घण्टे तक!

3-साली के साथ से परहेज़ करें!

4-अंडा, माँस खाने से परहेज़ करें!

बुध खाना नंबर-3

बुध खाना नंबर-3 की अश्या, रिश्तेदार और कारोबार	
अश्या/चीज़ें	भतीजी, चमगादड़, छतर, चौड़े पत्तों के दरख़्त, दीमक, भूत की ताक़त
रिश्तेदार	बड़ी बहन
कारोबार	दमा की दवाइयों का कारोबार, भतीजी को मदद देने से कारोबार बढ़े

टेवे में ग्रहों की हालत	उपाओ और खबरदारियाँ
बुध खाना नंबर-3 का मंदा असर सबसे पहले केतू की जानदार चीज़ों और कारोबार पर ज़ाहिर होगी मसलन औलाद का ना होना, मामूँ खानदान की बर्बाद हालत!	बुध के इस मंदे ज़हर से बचने के लिए केतू क़ायम करना चाहिए जिसके लिए कुत्ता पालना उतम उपाओ है या तीनों दुनियावी कुत्तों की पालना करें!

खास: अगर घर का मुख्य दरवाज़ा जनूब (दक्षिण) की तरफ को होगा तो इसका मंदा असर औरत, दौलत और ससुराल की तबाही होगा!

आम उपाओ:

1-हर रोज़ दाँत फिटकिरी से साफ़ करें!

2-घर में गढ़ा हुआ पत्थर हो तो उसको दूध से धोएँ!

3-कन्या पूजन उतम उपाओ है!

4-लाल रंग के पत्थर घर की पश्चिमी दीवार की बुनियाद में दबाएँ!

5-नाक छेदन सबसे उतम उपाओ है!

6-ढाक के तीन पत्ते दूध से धोकर वीरान जगह दबाएँ और गड्ढे के ऊपर खाना नंबर-9 या खाना नंबर-11 के ग्रह के रंग का पत्थर रखें!

बुध खाना नंबर-4

बुध खाना नंबर-4 की अश्या, रिश्तेदार और कारोबार	
अश्या/चीज़ें	तोता कलमी, खड़ा अंडा, बुआ, मौसी, कच्चा घड़ा
रिश्तेदार	अपनी लड़की, मौसी की लड़की
कारोबार	तोता कलमी, कच्चे घड़े के कारोबार

आम उपाओ:

1-सूरज की चीज़ें धरम-अस्थान में दें!	3-राहू/केतू व सनीचर के मंदे कामों से बचें
2-ज़बान पर काबू रखें!	4-बकरी, तोता, मैना पालना मना!

बुध खाना नंबर-5

बुध खाना नंबर-5 की अश्या, रिश्तेदार और कारोबार	
अश्या/चीज़ें	बाँस, फ़कीर की आवाज़, दूध देने वाला बकरा, पोती, आशीर्वाद
रिश्तेदार	गैर शादी के औरत जो तारने पे आए तो भागवान वरना कुल गारत
कारोबार	बाँस के कारोबार, पोती की मदद से हरदम कारोबारी तरक्की होवे

आम उपाओ:

1-गले में ताम्बे का पैसा धरण करना चाहिए	2-चंदर पूजन उतम असर देगा!
3-फिटकिरी से दाँत साफ़ करने चाहिएँ!	4-ज़बान पर क़ाबू रखना ज़रूरी होगा!
5-औरतों की इज्ज़त बुध को नेक रखेगी!	6-सनीचर की मंदी चीज़ों से परहेज़ ज़रूरी

ख़ास:

खाना नंबर-5 का बुध उस वक़्त ज़हरी असर देगा जब टेवे में चंदर या बृहस्पति नीच हों या रद्दी हो रहे हों क्योंकि इन्सान और हैवान के दरमियान सिर्फ़ ज़बान होती है जो इन्सान को हैवान और हैवान को इन्सान बना सकती है!

बुध खाना नंबर-6

बुध खाना नंबर-6 की अश्या, रिश्तेदार और कारोबार	
अश्या/चीज़ें	फूल, लड़की, मुतबन्ना, खड़ा अंडा, दोहती, आम, थोहर
रिश्तेदार	अपनी लड़की
कारोबार	फूलों और स्टेशनरी के कारोबार में फ़ायदा

आम उपाओ:

1-जद्दी मकान में शुमाल (उतर दिशा) की तरफ़ का मुख्य दरवाज़ा नहीं रखना चाहिए!

2-लड़की की शादी ख़ुद के रहने की जगह से उतर दिशा में नहीं करनी चाहिए!

3-औरत के बाएँ हाथ में ख़ालिस चाँदी का बिना जोड़ का छल्ला धारण करवाएँ!

4-लालच और मंदा बोलने से बचें!

ख़ासः बुध मंदा हो रहा हो और टेवे में शुकर रद्दी होवे तो मिट्टी के बर्तन में दूध भरकर वीरान जगह दबाना चाहिए मगर दोनों ग्रहों की इस हालत के वक़्त टेवे में चंदर क़ायम और मददगार होवे तो दूध की जगह शीशे की बोतल (जिसका ढक्कन भी शीशे का होवे) में गंगाजल भरकर खेती की जगह में दबाएँ!

बुध खाना नंबर-7

बुध खाना नंबर-7 की अश्या, रिश्तेदार और कारोबार	
अश्या/चीज़ें	हरी घास, भोंडी गाय, मैना, दूसरी चीजों का ढाँचा
रिश्तेदार	गृहस्त के ताल्लुक में आम लड़की जो सब को तारे
कारोबार	हरी घास, फट्टे या ढाँचे के कारोबार नेक असर

आम उपाओः

1-दुर्गा पूजन उतम उपाओ है!	2-ज़बान से मंदा और कड़वा ना बोलें!
3-साली से दूर रहें!	4-भाई-बंधुओं से ताल्लुक ठीक रखें!

खासः बुध अपने पक्के घर का है इसलिए ख़राब कर रहे ग्रहों का उपाओ करें!

बुध खाना नंबर-8

बुध खाना नंबर-8 की अश्या, रिश्तेदार और कारोबार	
अश्या/चीज़ें	लेटा अंडा, मुर्दा फूल (मुरझाए फूल), बहन
रिश्तेदार	बिना बोले सिर काटने वाली कब्रिस्तान की वासी लड़की
कारोबार	आम तौर पर हर काम नाक़िस लेकिन खाण्ड या खाने-पीने के काम बेहतर

खासः खाना नंबर-8 में अकेला बैठा बुध हमेशा मंदा असर देता है!

आम उपाओः

1-जनमकालीन खाना नंबर-8 का बुध जब वर्षफल के हिसाब से खाना नंबर-8 में ही आ रहा हो तो वर्षफल शुरू होने के 34 दिन पहले मिट्टी के बर्तन

में शहद भर कर वीरान जगह दबाना चाहिए और वर्षफल शुरू होने के बाद 34 दिन के अन्दर दुबारा यही उपाओ दोहराना चाहिए, और साथ ही कुच्छ महीनों में ताम्बे के लोटेनुमा गोल बर्तन में साबुत मूंग भर कर दरिया में बहाना होगा!

2-काला सुरमा नितम्बों (Buttocks) पर लगाना चाहिए!

3-बारिश का पानी या दूध मिट्टी के बर्तन में भर कर छत पर रखें!

4-लड़की का नाक छेदन करवा कर चाँदी का छल्ला पहनाएँ!

खास उपाओ: बुध खाना नंबर-8 के वक़्त जनमकालीन चंदर या सूरज खाना नंबर-2 में हो तो वर्षफल के अनुसार जब बुध खाना नंबर-8 में आए और जो भी ग्रह उस साल खाना नंबर-2 में आवे तो चंदर की चीज़ें खाना नंबर-2 में आने वाले ग्रह के कारक रिश्तेदार को, जानवर को खिलाएँ या पानी में बहा दें, मसलन:

(क)केतू खाना नंबर-2 में आए तो दूध से तयार खोये के पेढ़े (जिनमें मीठा ना होवे) तादाद में 24 (केतू की आधी उम्र) केतू के रिश्तेदार को खिलाएँ या कुत्ते को या पानी में बहा दें!

(ख)इसी असूल पर अगर सनीचर खाना नंबर-2 में आवे तो सूरज की चीज़ें (गेहूं या/व गुड़) सनीचर की कारक जानवर भैंस को खिलाएँ!

बुध खाना नंबर-9

बुध खाना नंबर-9 की अश्या, रिश्तेदार और कारोबार	
अश्या/चीज़ें	भूत-प्रेत, चमगादड़, सब्ज़ रंग, थुथलाना, सब्ज़ जंगल
रिश्तेदार	अपने बाबे की लड़की लेकिन हक़ीक़ी खून की शर्त नहीं
कारोबार	बुज़ुर्गी लिट्रेचर से ताल्लुक रखने वाले कारोबार नेक, जंगली पेढ़ों का मंदा

आम उपाओ:

1-लोहे की गोली पर लाल रंग करके अपने पास रखें!

2-नया कोरा कपड़ा धो कर या पानी का छींटा देकर दोपहर को पहने रात को नहीं!

3-घर के अन्दर मशरिक़ (पूर्व दिशा) के अंदरूनी हिस्से में चाँदी दबाएँ!

4-पानी से धुला पीले रंग का कपड़ा अपने पास रखें!

5-खुम्ब (Mushroom) मिट्टी के बर्तन में भर कर धरम-अस्थान में रखें!

6-किसी साधू का दिया हुआ तावीज़, यंत्र या विभूति पास मत रखें!

7-नाक छेद कर चाँदी धारण करना उतम उपाओ है!

खास: बुध खाना नंबर-9 के वक़्त उस नर ग्रह का उपाओ करो अगर काम ना बने तो स्त्री ग्रहों का उपाओ, अगर फिर भी राहत ना हो तो मुखन्नास ग्रहों का उपाओ करना चाहिए!

बुध खाना नंबर-10

बुध खाना नंबर-10 की अश्या, रिश्तेदार और कारोबार	
अश्या/चीज़ें	दाँत, ख़ुश्क घास, शराब-कबाब (भूत की ख़ुराक), सीढ़ियाँ, हींग, ढ़ोल
रिश्तेदार	ज़ाहिरा हो तो बहन मगर जब चाहे औरत बन बैठे फिर से बहन
कारोबार	दाँतों के कारोबार, शराब के कारोबार और राग-रंग के सामान के कारोबार

आम उपाओ:

1-बुध की चीज़ अंडे से परहेज़ ज़रूरी!	2-सनीचर की मंदी चीजों से परहेज़ करें!
3-हाँ में हाँ मिलाने जी हजुरिया मत बनें!	4-चंदर पूजा व दुर्गा पूजन करें!

बुध खाना नंबर-11

बुध खाना नंबर-11 की अश्या, रिश्तेदार और कारोबार	
अश्या/चीज़ें	उल्टा घड़ा, कंठी वाला तोता, सीप, हीरा, फिटकिरी
रिश्तेदार	अपने बाप की औलाद लेकिन उल्लू की पट्ठी बेवकूफ़
कारोबार	सीप, हीरा, फिटकिरी या अदालती कारोबार

खबरदारी: जनमकालीन खाना नंबर-11 का बुध वर्षफल के हिसाब से जब खाना नंबर-9 में आए और टेवे वाला किसी साधू से तावीज़, यंत्र, विभूति वगैरह ले कर अपने पास रखे तो 43 दिन के अन्दर-अन्दर तबाही तय है!

आम उपाओ:

1-ताम्बे का पैसा (टुकड़ा) छेद करके गले में पहनें!

2-नाक छेदन कर चाँदी पहनना उतम उपाओ है!

3-सनीचर की मंदी चीजों से परहेज़ निहायत ज़रूरी है!

बुध खाना नंबर-12

बुध खाना नंबर-12 की अश्या, रिश्तेदार और कारोबार	
अश्या/चीज़ें	गंदा अंडा, खिलोने
रिश्तेदार	हर दो वक़्त हर दो मर्द और औरत के साथ बे-हया लड़की
कारोबार	खिलोनों के कारोबार नेक मगर सट्टा के कारोबार नाक़िस

खास: मर्द के टेवे में बुध कभी नेक नहीं हुआ करता और औरत की कुंडली में बुध भला गिना है, लेकिन मर्द के साथ-साथ औरत के टेवे में (मर्द और उसकी औरत) भी बुध खाना नंबर-12 में होवे तो असर निहायत मंदा होगा लेकिन किसी एक टेवे में बुध उतम घरों का होवे तो बुध के मंदे ज़हर से बचाव होता रहेगा!

खास असूल: बुध खाना नंबर-12 के वक़्त अगर टेवे वाला हरे रंग की गाड़ी खरीदे तो जिस वक़्त टेवे वाले के साथ उसकी औरत भी गाड़ी में होगी (अगर बुध और राहू इकट्ठे खाना नंबर-12 में हों तो ससुराल खानदान को व्यक्ति साथ होवे) तो अपने आप भयानक हादसा हुआ करता है जिसमें किसी की जान का कोई नुकसान नहीं हुआ करता लेकिन गाड़ी का अगला हिस्सा पिस कर ज़मीन को छूता नज़र आयेगा जैसे कोई सजदा कर रहा हो!

आम उपाओ:

1-तीनों दुनियावी कुत्तों और फ़कीर की सेवा नेक असर देगी!

2-नाक छेदन करवा कर चाँदी पहनें!

3-गले में सोना या पीला धागा पहनें!

4-कोरा घड़ा जिस पर किसी भी तरह पानी ना लगा हो दरिया में बहाएँ!

5-बुध जिस भी ग्रह के सव्भाव का साबित हो जाए उस ग्रह के रंग की शीशे की गोली रखें!

6-बुध के साथ राहू भी खाना नंबर-12 में हो तो मन्दिर में माथा टेकना मना है!

7-ज़बान का चस्का बरबादी का कारण होगा!

8-चंदर खाना नंबर-2 में हो तो बिना बर्तन पानी क़ायम करें, (सपंज जो गीला रहे)

9-माथे पर काला या केसर का तिलक लगाएँ लेकिन विभूति का तिलक पिता की ज़िन्दगी के लिए ख़तरनाक होगा क्योंकि बुध खाना नंबर-2 का असर देने लगेगा!

10-कनिष्का उँगली में फ़ौलाद का बिना जोड़ का छल्ला पहनें, फ़ौलाद ऐसा हो जिसे जंग ना लगे और चमक क़ायम रहे! ऐसा छल्ला मुफ़्त नहीं लेना चाहिए वरना काम नहीं करेगा! **तरीका इस्तेमाल:** दो एक ही तरह के छल्ले लें एक को घर में पहन लें और दूसरा साथ लेकर दरिया के पास चले जाएँ, पहले पहना हुआ उतार कर दरिया में डाल दें और दूसरा धारण कर लें!

सनीचर

ग्रह से मुतल्ल्का आम अश्या

देवी/देवता	भैरों जी
उपाओ वास्ते औलाद और दीगर वजूहात	राजा की उपासना
क़िस्म ग्रह	मुखन्नस
रंग	स्याह
पेशा	लोहार, तरखान, मोची
सिफ़्त	मूर्ख और अखड़ कारीगर
ख़ासियत	देखना, भालना, मौत, बीमारी
ताक़त	जादू-मंत्र देखना दिखाना का मालिक
मुतल्ल्का धातें	लोहा, फौलाद
जिस्म पर ग्रह की मुकर्ररा जगह	बिनाई
चेहरे पर ग्रह की मुकर्ररा जगह	बाल, भवें, पुड़पड़ी
ग्रह से मुतल्ल्का पोशाक	जुराब, जूता
तरबूज़ में ग्रह का हिस्सा	छाल
ग्रह से मुतल्ल्का जानवर	भैंस या भैंसा
ग्रह से मुतल्ल्का दरख़्त	कीकर, आक (मदार), खजूर का दरख़्त
उपाओ की आम चीज़ें	माश साबुत, लोहा

सनीचर खाना नंबर-1

सनीचर खाना नंबर-1 की अश्या, रिश्तेदार और कारोबार	
अश्या/चीज़ें	हलक़ का कव्वा, गंदी आग, गंदा कीड़ा, नमक स्याह, कीकर का पेढ़
रिश्तेदार	एक तरफ़ा बे-लिहाज़ हाकिम (तारेगा या मारेगा)
कारोबार	कीकर के दरख़्त और लकड़ी के कारोबार, हलक़ के कारोबार

आम उपाओ:

1-ज़मीन में काला सुरमा दबाना चाहिए (कारोबार के लिए),	2-बन्दरों को गुड़ और गेहूँ खिलाएँ (धन-दौलत के लिए),
3-अपने चरित्र और ज़बान पर काबू रखें,	4-सनीचर की मंदी चीज़ों से तौबा करें,

5-बढ़ के पेढ़ पर दूध डाल कर गीली मिट्टी का तिलक लगाएँ 43 दिन (सेहत के लिए),

सनीचर खाना नंबर-2

सनीचर खाना नंबर-2 की अश्या, रिश्तेदार और कारोबार	
अश्या/चीज़ें	माश साबुत, काली मिर्च, चने (सफ़ेद और काले), चन्दन की लकड़ी
रिश्तेदार	ससुर का भाई
कारोबार	साबुत माश से ताल्लुक रखने वाले कारोबार

आम उपाओ:

1-माथे पर दूध या दही का तिलक लगाएँ,	2-नंगे पाँव मंदिर जाकर माथा टेकें 43 दिन
3-साँप को दूध पिलाना चाहिए,	4-काली या दो-रंगी भैंस पालना मंदा होगा,

सनीचर खाना नंबर-3

सनीचर खाना नंबर-3 की अश्या, रिश्तेदार और कारोबार	
अश्या/चीज़ें	खजूर का दरख़्त, आबनूस और सागवान (कीमती लकड़ी)
रिश्तेदार	ख़ानदानी मज़दूर जो पुश्त-दर-पुश्त काम पर हो
कारोबार	नज़र का डॉक्टर (दवा फ़रोश), खजूर की लकड़ी के कारोबार

आम उपाओ:

1-कुत्ता पालना उतम उपाओ है,	2-तीनों दुनियावी कुत्तों की सेवा करें,
3-आँखों की दवा मुफ़्त तक़सीम करें,	

खबरदारी:

1-जनूब (दक्षिण), मशरिक़ (पूर्व) दिशाओं के दरवाज़े वाले मकान में रहने से परहेज़ करें,

2-घर की आखिरी कोठढ़ी में कोई खिड़की/रोशनदान (कुदरती रोशनी) ना बनवाएँ,

सनीचर खाना नंबर-4

सनीचर खाना नंबर-4 की अश्या, रिश्तेदार और कारोबार	
अश्या/चीज़ें	काले कीड़े, मकान, तेल, चील,दयार और कैल की लकड़ी, संगमरमर सफ़ेद
रिश्तेदार	मौसा/मासड़ (मौसी का पति)
कारोबार	तेल (हर किस्म का) के कारोबार, मकान का सामान लेकिन मकान नहीं

आम उपाओ:

1-साँप को दूध पिलाना चाहिए,	2-कुएँ में दूध गिराएँ (धन के लिए),
3-मजदूर, कव्वे, भैंस की सेवा करें,	4-चरित्र को नेक रखें,

खबरदारी:

1-रात के वक़्त मकान की नींव खोदनी/रखनी तबाही का बायस होगी!

2-सनीचर की चीज़ों का कारोबार मंदा असर देगा!

सनीचर खाना नंबर-5

सनीचर खाना नंबर-5 की अश्या, रिश्तेदार और कारोबार	
अश्या/चीज़ें	सुरमा स्याह, बुधु लड़का
रिश्तेदार	बेवफ़ा गुलाम
कारोबार	सुरमा स्याह के कारोबार

आम उपाओ:

1-जद्दी मकान में छत से कुदरती रोशनी (Skylight) आने की जगह रखें,	2-औलाद के जनम और जनमदिन पर मीठा ना बाँट कर नमकीन बांटें,

खास:

1-अगर सनीचर अकेला हो तो 2 बादाम (सनीचर की अश्या) धरम-अस्थान में ले जाएँ, वहाँ रख कर माथा टेकें और एक वापिस ले आएँ 43 दिन लगातार, अगर सनीचर के साथ और भी ग्रह हों तो 4 बादाम लेकर जाएँ और 2 वापिस

लाएँ, वापिस आए हुए बादाम टिन की डब्बी में रखें, अगर सनीचर के साथ राहू हो तो टिन की डब्बी की जगह नीले रंग की थैली इस्तेमाल करें, **सावधानी:** अगर जनम कुण्डली में सनीचर खाना नंबर-5 में हो तो कुल उम्र और अगर वर्षफल के हिसाब से खाना नंबर-5 में आए तो उस खास साल के लिए संभाल कर रखें, ध्यान रहे इन बादामों को कोई खाए नहीं!

2-जद्दी मकान की मगरिब (पश्चिम) में खाना नंबर-10 की जगह पर (मकान कुण्डली) सूरज की चीज़ें (बन्दर, ताम्बा, भूरी भैंस आदि), चंदर की चीज़ें (चावल, दूध, चाँदी आदि), मंगल की चीज़ें (खाण्ड, सौंफ़, शहद आदि) क़ायम करें, **सावधानी:** अगर खाना नंबर-10 में राहू/केतू हो तो मंगल की चीज़ें जद्दी मकान में जलानी से औलाद और औलाद की उम्र में बरकत होगी!

सनीचर खाना नंबर-6

सनीचर खाना नंबर-6 की अश्या, रिश्तेदार और कारोबार	
अश्या/चीज़ें	कव्वा, चील, बिनौले, बेरी का पेढ़, पत्थर के कोयले
रिश्तेदार	ना-शुकरा रिश्तेदार (लड़के/लड़कियों के ताल्लुकदार)
कारोबार	बिनौले, पत्थर के कोयले का कारोबार, इंजिनीरिंग की पढ़ाई

खास: सनीचर खाना नंबर-6 के वक़्त मकान बनाना हो तो सनीचर की उम्र (36 से 39) में बनवाएँ पाप (राहू/केतू) की उम्र (39 से 48) में बनवाया मकान निहायत मंदा होगा!

आम उपाओ:

1-पूरा काला कुत्ता पालना चाहिए,	2-सनीचर की मंदी चीज़ों से परहेज़ करें,
3-रात के वक़्त कोई नया काम शुरू ना करें,	4-औलाद की उम्र के लिए साँप की सेवा उतम फल देगी!

5-खाना नंबर-6 में सनीचर अकेला हो तो मिट्टी के बर्तन में सरसों का तेल भर कर किसी जोहड़ या दरिया के पानी के नीचे दबाएँ ताकि बर्तन पानी में डूबा रहे!

खबरदारी:

जनमकालीन सनीचर खाना नंबर-6 में हो तो नए जूते ख़रीदते वक़्त एक खिलौना भी खरीदें और यह खिलौना छोटे बच्चों को दे दें और वर्षफल में साल भर जूते ना ही खरीदे जाएँ तो बेहतर होगा!

सनीचर खाना नंबर-7

सनीचर खाना नंबर-7 की अश्या, रिश्तेदार और कारोबार	
अश्या/चीज़ें	दरिन्दे, स्याह गाय, सुरमा सफ़ेद, बिनाई, हर क़िस्म का मसाला
रिश्तेदार	अंधो को आँखें देने वाला भण्डारी (डॉक्टर) अपनी या ससुराल की तरफ का
कारोबार	बिनाई से ताल्लुक रखने वाले कारोबार या सुरमा सफ़ेद के कारोबार

आम उपाओ:

1-जब खाना नंबर-1 में ग्रह हो तो काले रंग की बांसुरी में खाण्ड भर कर वीरान जगह दबाएँ

2-जब खाना नंबर-1 खाली हो तो मिट्टी के बर्तन में शहद भर कर वीरान जगह में दबाएँ

3-सनीचर की मंदी चीज़ों (शराब, शबाब, कबाब) से दूर रहें!

सनीचर खाना नंबर-8

सनीचर खाना नंबर-8 की अश्या, रिश्तेदार और कारोबार	
अश्या/चीज़ें	बिच्छु, पुड़पड़ी (कनपटी), छत के बिना खड़ी दीवारें
रिश्तेदार	कब्रिस्तान में काम करने वाला ताल्लुकदार
कारोबार	संखिया, अफ़ीम, चरस (ज़हरीली चीज़ें) के कारोबार

आम उपाओ:

1-ख़ालिस चाँदी के चौरस पीस पास रखें,	2-सनीचर की मंदी चीज़ों से परहेज़ करें,
3-दूध मिले पानी से नहाएँ,	4-नहाते वक़्त पैर के नीचे लकड़ी रखें,

खास: किसी भी मुसाफ़िर के मुफ़्त ठहरने की जगह (सराय, धरमशाला आदि) के लिए कोई पैसा या कोई उसारी का समान नहीं देना चाहिए वरना ख़ुद बेघर होना पड़ेगा!

सनीचर खाना नंबर-9

सनीचर खाना नंबर-9 की अश्या, रिश्तेदार और कारोबार	
अश्या/चीज़ें	पुरानी लकड़ी, शीशम और फलाही, आक का पेढ़
रिश्तेदार	ऊजड़ों को बसाने वाला बुज़ुर्गों की तरफ़ का ताल्लुकदार
कारोबार	पुरानी लकड़ी (शीशम और फ़लाही) के कारोबार

आम उपाओ:

1-सनीचर की मंदी चीज़ों से परहेज़ ज़रूरी	2-बुज़ुर्गों द्वारा बनाए संस्कारों की पालना,
3-घर की छत साफ़ रखनी चाहिए,	4-सनीचर को हर तरह से क़ायम रखें,

सनीचर खाना नंबर-10

सनीचर खाना नंबर-10 की अश्या, रिश्तेदार और कारोबार	
अश्या/चीज़ें	मगरमच्छ, साँप, तेल, साबुन, कपड़े धोने की लौंडरी
रिश्तेदार	चाचा मगर इज़्ज़त और मान का मालिक
कारोबार	दरियाई जानवरों से ताल्लुक रखने वाले कारोबार

आम उपाओ:

खास: सनीचर अपने पक्के घर और अपनी राशि का (ग्रहफल) कोई उपाओ नहीं होगा!

1-टेवे वाला ज़्यादा धर्मात्मा ना बने,	2-शराबखोरी सनीचर को बर्बाद करेगी,

खास: सनीचर खाना नंबर-10 के वक़्त टेवे का खाना नंबर-4 मंदा हो रहा या फिर सनीचर के साथ कोई दुश्मन ग्रह (सूरज, चंदर, मंगल) हो या साथी ग्रह बन रहा हो तो सब ही ग्रह अन्धे बल्कि सनीचर भी मंदा होगा (लाल किताब-1952, सफ़ह नंबर-632), **अपवाद:** जब सनीचर और मंगल इकट्ठे हों तो:

पोते परोते हरदम बढ़ते, पाप टेवे जब उम्दा हो
4 चंदर, ख़्वाह दुश्मन बैठे, दूध बगीचे भरता हो

इस कविता की दूसरी लाइन (पंक्ति) काबिल-ए-गौर है (लाल किताब-1952, सफ़ह नंबर-831) जिसमे ग्रन्थकार ने नेक असर कहा है! (चर्चा का विषय है),

सनीचर खाना नंबर-11

सनीचर खाना नंबर-11 की अश्या, रिश्तेदार और कारोबार	
अश्या/चीज़ें	लोहा, फौलाद, टिन (धातु)
रिश्तेदार	पूरा धर्मात्मा मगर गैरतमंद चौकीदार
कारोबार	रेलवे, मकानों के कारोबार या लोहे के कारोबार

आम उपाओ:

1-टेवे वाले को धरम के असूलों पर चलना चाहिए,	2-बाप, दादा या गुरु का साथ ना हो तो बृहस्पति का उपाओ करें,
3-शराबखोरी और जनाहकारी सनीचर को बर्बाद करेगी,	4-सनीचर अपने ज़ाती सव्भाव के असूल पर मंदा हो तो पानी का कुम्भ क़ायम करें,

5-राजदरबार, गृहस्त सुख और आमदन के लिए सनीचर की चीज़ें (तेल, शराब वगैरह) सुबह सूरज उगने के वक़्त ज़मीन पर गिराएँ, ध्यान रहे इस ज़मीन पर पाँव नहीं पढ़ने चाहिएँ उपाओ की मियाद 43 दिन लगातार!

6-राहू/केतू की चीज़ों पर मंदा असर आ रहा हो तो मंगल का उपाओ होगा **उपाओ:** दो शीशे के गिलासों (जिनका ढक्कन भी शीशे का हो) में गुड़ भर कर ढक्कन लगा कर मंगलवार दोपहर के वक़्त वीरान जगह में दबाएँ! अगर शीशे के गिलास ना मिलें तो शीशे के बियाम (मर्तबान) का इस्तेमाल करें!

खबरदारी:

टेवे वाला जनम से पहले बने मकान का मुख्य दरवाज़ा मशरिक़ (पूर्व दिशा) से हटा कर मगरिब (पश्चिम दिशा) दिशा को या शुमाल (उतर दिशा) से हटा

कर जनूब (दक्षिण दिशा) की तरफ कर ले तो उम्दा ज़िन्दगी मंदी होती जाएगी, मकान मातम की सराय की तरह होगा!

सनीचर खाना नंबर-12

सनीचर खाना नंबर-12 की अश्या, रिश्तेदार और कारोबार	
अश्या/चीज़ें	मसनुई ताम्बा, मच्छली, बादाम, तख़्तपोश, सिर पर टटरी
रिश्तेदार	कुदरत का भेजा रक्षक, तारता ही जाने वाला मेहरबान दोस्त
कारोबार	तख़्तपोश या बादाम के कारोबार

आम उपाओ:

1-अगर सनीचर को ख़ुद खराब ना किया जाए तो किसी उपाओ की जरूरत नहीं, इसलिए जनाहकारी, शराबखोरी, झूठ, फ़रेब से दूर रहें!

2-अगर घर की पिछली दीवार तोड़ कर कुदरती रोशनी के लिए रोशनदान या खिड़की वगैरह बनवाई जाए तो सूरज खाना नंबर-6 का असर देने लगेगा, औरत पे औरत मरे यानि गृहस्त जीवन ख़राब होगा!

राहू

ग्रह से मुतल्ल्का आम अश्या

देवी/देवता	सरस्वती जी
उपाओ वास्ते औलाद और दीगर वजूहात	कन्यादान
क़िस्म ग्रह	मुखन्नस
रंग	नीला
पेशा	भंगी, शूद्र
सिफ़्त	चालबाज़, मक्कार, नीच, ज़ालिम
ख़ासियत	सोचना, ख़्यालात, बिजली, खौफ़, भौंचाल (भुचाल)
ताक़त	रहनुमाई, कल्पना-कल्पाने की ताक़त का मालिक
मुतल्ल्का धातें	नीलम, सिक्का, गोमेद
जिस्म पर ग्रह की मुकर्ररा जगह	दिमागी लहरें, तमाम जिस्म के बगैर सिर्फ़ सिर का हिस्सा
चेहरे पर ग्रह की मुकर्ररा जगह	ठोढ़ी (ठोड़ी)
ग्रह से मुतल्ल्का पोशाक	पाजामा, पतलून
तरबूज़ में ग्रह का हिस्सा	कच्चा-पक्का पन
ग्रह से मुतल्ल्का जानवर	हाथी, हस्ती (हथनी होनाचाहिए), काँटेदार चूहा
ग्रह से मुतल्ल्का दरख्त	नारियल का दरख़्त, कुत्ता घास (काटने वाला), भकड़ा
उपाओ की आम चीज़ें	सरसों, नीलम

राहू खाना नंबर-1

राहू खाना नंबर-1 की अश्या, रिश्तेदार और कारोबार	
अश्या/चीज़ें	ठोढ़ी (ठोड़ी), नाना, नानी
रिश्तेदार	बनिया तबीयत हाकिम
कारोबार	धुएँ के कारोबार या नाना-नानी के साथ किया कारोबार मंदा असर देगा

आम उपाओ:

1-सूरज के बैठा होने वाले घर के ग्रह को ठीक करना चाहिए,	2-चंदर की चीज़ें राहू के मंदे असर से बचाती रहेंगी,
3-चाँदी का चौरस टुकड़ा पास रखें,	4-सूरज की चीज़ें धरम-अस्थान में देवें,

खास: केंदर के घरों में पापी हों तो घर में उच्च होने वाले ग्रह का उपाओ किया जाएगा

राहू खाना नंबर-2

राहू खाना नंबर-2 की अश्या, रिश्तेदार और कारोबार	
अश्या/चीज़ें	सरसों, कच्चा धुआँ, हाथी के पाँव की मिट्टी
रिश्तेदार	ससुर (मर्द के टेवे में), औरत का ससुर बृहस्पति होगा
कारोबार	सरसों के कारोबार

आम उपाओ:

1-चाँदी की ठोस गोली अपने पास रखें,	2-जिस्म पर चाँदी और सोना धारण करें,
3-चाँदी का चौरस टुकड़ा अपने पास रखें,	4-माता की सेवा सबसे उतम उपाओ है,

खास:

1-चाँदी की ठोस गोली को सोने के घुंघरू में जड़वा कर गले में धारण करें, गोली घुंघरू में बजनी (खड़कनी) चाहिए!

2-राहू खाना नंबर-2 में सेहत के मंदा होता है इसलिए एहतियात के तौर कोई विटामिन की गोली बतौर उपाओ लेते रहना चाहिए, बचाव होगा!

3-मकान कुण्डली के हिसाब से खाना नंबर-2 की तय शुदा जगह पर चाँदी के बर्तन में शहद भर कर दबाना चाहिए!

राहू खाना नंबर-3

राहू खाना नंबर-3 की अश्या, रिश्तेदार और कारोबार	
अश्या/चीज़ें	ज़बान का तेंदुआ, जौ (अनाज), हाथी दाँत, स्याह रंगा रिश्तेदार
रिश्तेदार	दौलत की दोस्ती को आख़िर तक निभाने वाला मुहफ़िज़
कारोबार	कोयला या हाथी दाँत के कारोबार गैर मुबारक

आम उपाओ:

1-शरीर पर चाँदी धारण करनी चाहिए,	2-चंदर की चीज़ें धरम-अस्थम मे देते रहें,
3-हाथी दाँत पास रखना मना है,	4-माता का आशीर्वाद लेते रहना चाहिए,

राहू खाना नंबर-4

राहू खाना नंबर-4 की अश्या, रिश्तेदार और कारोबार	
अश्या/चीज़ें	ख़्वाब का ज़माना, सोया दिमाग, धनिया (सूखा)
रिश्तेदार	धर्मात्मा, माता का छोटा भाई
कारोबार	लेकचर/कथा वार्ता से ताल्लुक रखने वाले कारोबार

आम उपाओ:

1-माता की सेवा करनी चाहिए और पैर छू कर आशीर्वाद लेना सबसे उतम उपाओ है!

2-राहू से ताल्लुक रखने वाली चीजों के कारोबार नहीं करने चाहिएँ!

3-राहू की तबीयत और चेहरे-मोहरे वाले व्यक्ति के साथ सांझे में कारोबार ना करें!

4-माता से चाँदी की ईंट (जो माता अपने पैसों से बनवाए और चाँदी के वजन की कोई शर्त नहीं) लेकर कुल उम्र अपने पास रखें!

5-अगर किसी वजह से घर की छत तब्दील करवानी पड़े तो पुरानी छत का थोड़ा सा मलबा (टूट-फूट का सामान) नए सामान में मिलवा लेना चाहिए, अगर हो सके तो मसनुई छत खड़ी कर नई छत बदलवाएँ!

राहू खाना नंबर-5

राहू खाना नंबर-5 की अश्या, रिश्तेदार और कारोबार	
अश्या/चीज़ें	छत
रिश्तेदार	बच्चों का सामान बेचने वाला
कारोबार	मकान की छत के कारोबार मंदे, बिजली के बहुत बड़े सरकारी कारोबार

आम उपाओ:

1-मकान की दहलीज़ के नीचे चाँदी की चौरस तार दलवाएँ, तार गोल नहीं होनी चाहिए,	2-शुकर की चीज़ गाय पालना नेक, तीन दिन (बुधवार, वीरवार, शुक्रवार) ख़ुद के वजन के बराबर हरा चारा गाय को खिलाएँ
3-माता के पैर छू कर आशीर्वाद लेते रहना चाहिए,	4-चाँदी की कटोरी में गंगाजल भर कर चाँदी का हाथी (सिर्फ़ पैर पानी में हों) रखें,

राहू खाना नंबर-6

राहू खाना नंबर-6 की अश्या, रिश्तेदार और कारोबार	
अश्या/चीज़ें	पूरा काला कुत्ता,
रिश्तेदार	लड़कियों के ससुर
कारोबार	पालतू कुत्तों के सामान से ताल्लुक रखने वाले कारोबार

आम उपाओ:

1-पूरा काला कुत्ता पालना चाहिए,	2-सिक्के (राँगा) की गोली पास रखें,
3-काले रंग का गोल शीशा अपने पास रखें	4-भाई-बहनों से ताल्लुक ठीक रखें,
5-माता का आशीर्वाद लेते रहें,	6-सनीचर की मंदी चीजों से परहेज़ करें,

राहू खाना नंबर-7

राहू खाना नंबर-7 की अश्या, रिश्तेदार और कारोबार	
अश्या/चीज़ें	नारियल
रिश्तेदार	ससुराल ख़ानदान का कोई पागल इन्सान
कारोबार	चाँदी की ज़ंजीरों के कारोबार

आम उपाओ:

1-चाँदी की ईंट अपने पास रखें,	2-नारियल, बादाम वगैरह पानी में बहाएँ,
3-नेक चाल-चलन निहायत ज़रूरी,	4-कुत्ता पालना मना है,

खास:

1-इस घर में सनीचर ऊंच का ग्रह गिना है इसलिए राहू का उपाओ सनीचर की चीजों से होगा, इसके लिए किसी फ़कीर को चिमटा, तवा और अँगीठी देनी चाहिए!

2-तीन के डिब्बे में गंगाजल भर कर, उसमें चाँदी का चौरस टुकड़ा डालें और कलई का टाँका लगवा कर घर में क़ायम करें, जनमकालीन राहू खाना नंबर-7 में हो तो कुल उम्र और अगर वर्षफल के हिसाब से होवे तो उस साल के लिए!

3-शादी के वक़्त लड़की के माँ-बाप (चाहे राहू मर्द के टेवे या औरत के टेवे में खाना नंबर-7 में होवे) चाँदी की ठोस डली पूर्ण संकल्प के साथ लड़की को दें और इस टुकड़े को कुल उम्र संभाल कर रखना चाहिए!

राहू खाना नंबर-8

राहू खाना नंबर-8 की अश्या, रिश्तेदार और कारोबार	
अश्या/चीज़ें	झोला बीमारी (मालीखूलिया), दीवार की अंगीठी का धुआँ
रिश्तेदार	तलवार को पत्थर की बजाए जिस्म पर तेज़ करने वाला कसाई
कारोबार	दिमागी बीमारियों का डॉक्टर या इनसे ताल्लुक रखने वाले कारोबार

आम उपाओ:

1-एक किलो सिक्के (राँगा) के आठ टुकड़े या आठ खोटे सिक्के पानी में बहाने चाहिएँ 43 दिन लगातार, पानी गहरा और तेज़ धार होना चाहिए, **खास:** इस उपाओ के वक़्त ध्यान रहे कि राहू के दुश्मन ग्रह खासकर सूरज, बृहस्पति, शुकर आदि खाना नंबर-4 में नहीं हों!

2-जब टेवे में मंगल बद होवे या मंगल और बुध मंदे हों (सिवाय मंगल खाना नंबर-12) तो मौत का नक्कारा बजता होगा ख़ासकर जब 21वें साल में राहू के

दुश्मन ग्रहों से ताल्लुक काम किए जाएँ, मसलन 21वें शादी (शुकर) या बिजली के महकमे गें सरकारी (सूरज) नौकरी या जंगली महकमे में नौकरी के वक़्त हेराफेरी, बदनियति (मंगल बद) वगैरह!

3-चाँदी का चौरस टुकड़ा अपने पास रखें!

4-घर की दीवार में आग सेंकने (तापने) की अँगीठी से मनाही!

राहू खाना नंबर-9

राहू खाना नंबर-9 की अश्या, रिश्तेदार और कारोबार	
अश्या/चीज़ें	दहलीज़, घुंडी से ऊपर के हिस्से की बीमारियाँ
रिश्तेदार	नास्तिक दोस्त जो पाखाना या पेशाब लिए मन्दिर पसन्द करे
कारोबार	घुंडी (हलक) के ऊपरी हिस्से की बीमारियों का डॉक्टर या वैद

आम उपाओ:

1-सिर पर चोटी रखना उतम उपाओ है,	2-जिस्म पर सोना धारण करना चाहिए,
3-ससुराल से ताल्लुक ठीक रखें,	4-तीनों दुनियावी कुत्तों की सेवा करें,

ज़रूरी नियम:

1-बुजुर्गों द्वारा ठहराए/चलाए धार्मिक संस्कारों की पालना करना ज़रूरी होगा!

2-किसी से बिजली का सामान मुफ़्त में मत लेवें ख़ासकर ससुराल से (दहेज़ आए सामान पर कोई पाबन्दी नहीं) लेकिन उसके बाद मनाही!

3-नीले और काले कपड़े एक साथ पहनने से परहेज़ करें, लेकिन वर्दी के लिए ऐसी कोई पाबन्दी नहीं!

4-घर की दहलीज़ के नीचे से गर्की, गंदे पानी के निकास के लिए कोई जगह नहीं बनवानी चाहिए!

5-औलाद की पैदाइश और उम्र के लिए कुत्ता पालना चाहिए, अगर कुत्ता मर जाए तो वहम नहीं करें नया ले आएँ, कुत्ते का मरना औलाद की ज़िंदगी बख़्शना होता है, कई 11 कुत्ते मर सकते हैं!

राहू खाना नंबर-10

राहू खाना नंबर-10 की अश्या, रिश्तेदार और कारोबार	
अश्या/चीज़ें	गंदी नाली, गर्की, भड़भूँजे की भट्टी
रिश्तेदार	लोक-लाज और मौके के हिसाब से चलने वाला अपना बुज़ुर्ग
कारोबार	सेहत के मुतल्लक कारोबार

आम उपाओ:

1-सिर पर सफ़ेद टोपी या पगड़ी पहनें,	2-चाँदी की डिब्बी में शहद भर कर रखें,
टेवे में ग्रहों की हालत	**उपाओ और खबरदारियाँ**
राहू-10 के वक़्त चंदर खाना नंबर-4 में हो तो दिमागी वहम या बीमारियाँ होंगी, कई बार मौत सिर कटने से होवे,	मंगल का उपाओ मददगार होगा,

राहू खाना नंबर-11

राहू खाना नंबर-11 की अश्या, रिश्तेदार और कारोबार	
अश्या/चीज़ें	नीलम, नीला-थोथा, सिक्का (सीसा-रांगा), नरम धातु एल्युमिनियम, जस्त
रिश्तेदार	ऐसा ज़ालिम जिसके ख़ून में कई पुश्तों से ज़ुल्म करने का मादा भरा हो
कारोबार	नीलम, नीला-थोथा और सिक्का के कारोबार मंदे, सोने का कारोबार नेक

आम उपाओ:

1-जिस्म पर सोना धारण करना चाहिए, अगर बृहस्पति खाना नंबर-3 या 11 में होवे तो सोने की जगह लोहा धारण करना चाहिए!

2-किसी किस्म का हथियार अपने पास रखना, नीलम (पत्थर) धरण करना, नीले काले कपड़े एक साथ (Combination) में पहनना (वर्दी के लिए कोई पाबन्दी नहीं) सोने को राख़ करता होगा!

3-कच्चे कोयले किसी ऐसे धरम-अस्थान में देने चाहिएँ जहाँ लंगर पकता होवे!

4-दूध या पानी पीने के लिए चाँदी का गिलास इस्तेमाल करना चाहिए!

5-किसी भंगी या सफाई करने वाले को कुच्छ पैसे देते रहना चाहिए!

6-चाँदी की टूटी (Pipe) में सिगरेट इस्तेमाल करनी चाहिए!

7-सनीचर की चीजों (शराब,शबाब, कबाब) से परहेज़ करना ज़रूरी होगा!

राहू खाना नंबर-12

राहू खाना नंबर-12 की अश्या, रिश्तेदार और कारोबार	
अश्या/चीज़ें	हाथी, समन्दर का तेंदुआ, कच्चा कोयला, पदम (निशान)
रिश्तेदार	रात के वक़्त दूसरों की नींद ख़राब करने वाला
कारोबार	हाथी के सामान से ताल्लुक रखने वाले कारोबार नेक, कोयले के काम मंदे

आम उपाओ:

1-जहाँ खाना बनता हो वहीं बैठ कर खाएं, -2-केसर का तिलक लगाएँ,

3-रात को सोते वक़्त सौंफ़ और खाण्ड की थैली सिरहाने रखें!

4-हसद, चुगली, अहंकार से दूर रहें और मंदा मत बोलें!

5-पानी सिरहाने रख कर सोएँ और सुबह किसी पौधे में डालें, **खास:** ख़्याल पौधे पूजा वाले (गेंदा, केला, आम आदि) या काँटों वाले (गुलाब के पौधे के सिवाय) नहीं होने चाहिएँ!

केतू

ग्रह से मुतल्लका आम अश्या

देवी/देवता	श्री गणेश जी
उपाओ वास्ते औलाद और दीगर वजूहात	दान कपिला गाय
क़िस्म ग्रह	मुखन्नस
रंग	चितकबरा
पेशा	मज़हब और दुनिया वालों की हदबन्दी से आज़ाद
सिफ़्त	बर्बाद, बोझा उठाने वाला कुली या मज़दूर
ख़ासियत	सुनना, पाओं की नक़ल-ओ-हरकत
ताक़त	चलना, फिरना, गैरों से मिलने-मिलाने की ताक़त
मुतल्लका धातें	दो-रंगा पत्थर,
जिस्म पर ग्रह की मुकर्ररा जगह	सिर के बगैर बाकी तमाम जिस्म, रीढ़ की हड्डी, घुटने, एड़ियाँ, पेशाब-गाह, जोड़ों का दर्द
चेहरे पर ग्रह की मुकर्ररा जगह	कान
ग्रह से मुतल्लका पोशाक	डुपटा (दुपट्टा), कम्बल, ओड़नी
तरबूज़ में ग्रह का हिस्सा	रंग-धारियाँ
ग्रह से मुतल्लका जानवर	कुत्ता-कुत्तिया, गधा-गधी, सूअर-सूअरनी, छिपकली
ग्रह से मुतल्लका दरख़्त	इमली का दरख़्त, तिल का पोधा, केला (फ़ल)
उपाओ की आम चीज़ें	तिल

केतू खाना नंबर-1

केतू खाना नंबर-1 की अश्या, रिश्तेदार और कारोबार	
अश्या/चीज़ें	टाँग, नानका घर, नाभि के नीचे की बीमारियाँ
रिश्तेदार	इकलौता बेटा (टेवे वाला)
कारोबार	नाभि के नीचे की बीमारियों का डॉक्टर/वैद

आम उपाओ:

1-केतू खाना नंबर-1 के वक़्त अगर मंगल खाना नंबर-12 में हो तो केतू का असर मंदा नहीं होगा वरना चाँदी की गोली पर लाल रंग कर के अपने पास रखें!

2-केसर का तिलक लगाएँ!

3-सनीचर चीजों (शराब, शबाब, कबाब) से परहेज़ ज़रूरी है!

केतू खाना नंबर-2

केतू खाना नंबर-2 की अश्या, रिश्तेदार और कारोबार	
अश्या/चीज़ें	इमली, तिल
रिश्तेदार	साला
कारोबार	इमली और तिल के कारोबार नेक

आम उपाओ:

1-केतू अपनी बैठक में (ग्रहफल का) किसी उपाओ की ज़रूरत नहीं!

2-केतू को खराब करने वाले ग्रहों का उपाओ करें!

3-माता के पैर छू कर आशीर्वाद लेते रहना चाहिए!

4-केसर का तिलक लगाएँ!

5- सनीचर चीजों (शराब, शबाब, कबाब) से परहेज़ ज़रूरी है!

केतू खाना नंबर-3

केतू खाना नंबर-3 की अश्या, रिश्तेदार और कारोबार	
अश्या/चीज़ें	रीढ़ की हड्डी, फोड़े-फुंसियाँ
रिश्तेदार	भतीजा
कारोबार	फोड़े-फुंसियों का डॉक्टर/वैद, केले के कारोबार

आम उपाओ:

1-मंदी सेहत (ख़ासकर फेफड़ों की बीमारी) के वक़्त बृहस्पति की चीज़ें पानी में बहाएँ!

2-केसर का तिलक लगाएँ!

3-धन की हालत ठीक करने के लिए जिस्म पर सोना धारण करना चाहिए (कान, घुटने, रीढ़ की हड्डी यानि केतू से ताल्लुक रखने वाले जिस्म के हिस्सों में दर्द) के लिए मुबारक होगा!

4-मंदे सफ़र से बचाव के लिए सूरज और चंदर की चीज़ें पानी में बहाना उतम होगा!

केतू खाना नंबर-4

केतू खाना नंबर-4 की अश्या, रिश्तेदार और कारोबार	
अश्या/चीज़ें	सुनना (कान),
रिश्तेदार	मौसी का बेटा
कारोबार	बहरों का डॉक्टर/वैद

आम उपाओ:

1-बृहस्पति की चीज़ें धरम-अस्थान में दें,	2-पीले सेब धरम-अस्थान में दें,
3-कानों में खालिस सोना पहनें,	4-पीले रंग के नींबू पानी में बहाएँ,

खबरदारियाँ: कुलपुरोहित को बदलना नहीं चाहिए, अगर भूल से बदला जा चुका हो तो पुराने कुलपुरोहित से मुआफ़ी माँग कर भूल कबूल करें और कुलपुरोहित की सेवा करें!

केतू खाना नंबर-5

केतू खाना नंबर-5 की अश्या, रिश्तेदार और कारोबार	
अश्या/चीज़ें	पेशाबगाह
रिश्तेदार	पोता, मामूँ (माता का छोटा या बड़ा भाई)
कारोबार	पेशाबगाह की बीमारियों का डॉक्टर/वैद

आम उपाओ:

1-चंदर पूजन उतम उपाओ है,	2-बृहस्पति को हर तरह से क़ायम रखें,
3-चंदर व मंगल की चीज़ें धरम-अस्थान मे दें	4-सनीचर की मंदी चीज़ों से परहेज़ करें,

केतू खाना नंबर-6

केतू खाना नंबर-6 की अश्या, रिश्तेदार और कारोबार	
अश्या/चीज़ें	चिड़ा, नर-ख़रगोश, पूजा-अस्थान, चारपाई, प्याज़-लहसुन, कच्चा चबूतरा
रिश्तेदार	दोहता और भाँजा
कारोबार	ख़रगोश, पूजा का सामान या प्याज़-लहसुन के कारोबार

आम उपाओ:

1-कुलपुरोहित और पिता की सेवा करें,	2-बृहस्पति की चीज़ें धरम-अस्थान में दें,
3-बाएँ हाथ में ख़ालिस सोने का छल्ला पहनें	4-पाँव के अँगूठों में चाँदी के छल्ले पहनें

केतू खाना नंबर-7

केतू खाना नंबर-7 की अश्या, रिश्तेदार और कारोबार	
अश्या/चीज़ें	दूसरा लड़का, सूअर, गधा
रिश्तेदार	अपना मगर दूसरा लड़का
कारोबार	सूअर और गधों से ताल्लुक रखने वाले सामान के कारोबार

आम उपाओ:

1-बुध की चीज़ों के कारोबार से परहेज़ करें	2-झूठ-फरेब की आदतों से बचना चाहिए,
3-ज़बान नेक रखें, एहंकार से दूर रहें,	4-चंदर क़ायम करें!

केतू खाना नंबर-8

केतू खाना नंबर-8 की अश्या, रिश्तेदार और कारोबार	
अश्या/चीज़ें	सुनने की ताक़त, छलवा, धोखेबाज़
रिश्तेदार	मौतों का मारा, मातम का ठेकेदार
कारोबार	केतू से ताल्लुक रखने वाले सब कारोबार मंदे असर के

आम उपाओ:

1-गणेश पूजन उतम उपाओ है,	2-चंदर खराब हो रहा हो तो चंदर पूजन हो
3-तीन केले धरम-अस्थान में दें 48 दिन,	4-नेक चाल-चलन केतू को ठीक रखेगा,

5-दो-रंगा (काला-सफ़ेद) कंबल धरम-अस्थान में रख आएँ किसी मूर्ति के आगे बिछा दें,

6-अगर केतू के साथ कोई ग्रह हो तो उस ग्रह की चीज़ें कंबल में बाँध कर वीराने में दबाएँ,

7-औलाद की सेहत और बीमारी से बचने के लिए कानों में ख़ालिस सोना पहनें,

केतू खाना नंबर-9

केतू खाना नंबर-9 की अश्या, रिश्तेदार और कारोबार	
अश्या/चीज़ें	दो-रंगा कुत्ता या कुत्तिया लेकिन उसमें लाल रंग ना होवे
रिश्तेदार	ख़ानदान का वफ़ादार गुलाम लड़का
कारोबार	कुत्तों का या कुत्तों से ताल्लुक रखने वाले सामान का कारोबार

आम उपाओ:

1-ख़ालिस सोने की ईंट (वजन की शर्त नहीं	2-कानों में ख़ालिस सोना पहनें,
3-तीन दुनियावी कुत्तों की पालना करें,	4-कुत्ता पालना उतम उपाओ है,

5-माता, पिता, शिक्षक और कुलपुरोहित की सेवा करें और आशीर्वाद लेते रहें!

केतू खाना नंबर-10

केतू खाना नंबर-10 की अश्या, रिश्तेदार और कारोबार	
अश्या/चीज़ें	चूहा
रिश्तेदार	चाचा का लड़का
कारोबार	मकानों की नींव (बुनियाद) में इस्तेमाल होने वाले सामान का कारोबार

आप उपाओ:

1-चंदर और बृहस्पति के उपाओ करें,	2-केतू की उम्र 48वें साल से कुत्ता पालें,
3-चाँदी के बर्तन में शहद भर कर मकान की नींव में दबाएँ,	4-राहू की उम्र 42वें साल से चाँदी के बर्तन में शहद भर कर घर में रखें,

केतू खाना नंबर-11

केतू खाना नंबर-11 की अश्या, रिश्तेदार और कारोबार	
अश्या/चीज़ें	दो-रंगा कीमती पत्थर
रिश्तेदार	यतीम खाना का बच्चा लेकिन होनहार
कारोबार	दो-रंग के कीमती पत्थरों के कारोबार

आम उपाओ:

1-कीमती दो-रंगा पत्थर अपने पास रखें,	2-कुत्ता पालना नेक असर देगा,
3-तीनों दुनियावी कुत्तों की पालना करें,	4-नाढ़े का पक्का होना ज़रूरी होगा

5-सिरहाने मूली (तादाद में 11 और पत्तों समेत) रख कर सोएँ और सुबह मूलियों को धरम-अस्थान में छोड़ आएँ!

6-ख़ालिस सोने से बनी हुई सलाई को गरम (लाल-सुर्ख़) करके दूध या पानी में बुझा कर पिएँ, सलाई को 11 बार गरम कर 11 बार बुझाना होगा और यह लगातार रोज़ाना का उपाओ होगा!

केतू खाना नंबर-12

केतू खाना नंबर-12 की अश्या, रिश्तेदार और कारोबार	
अश्या/चीज़ें	छिपकली, पलंग, केला, मुतबन्ना
रिश्तेदार	हर दुख को सुख में बदलने वाला लड़का
कारोबार	ऐश-ओ-ईशरत और बच्चों के खिलोनों से ताल्लुक रखने वाले कारोबार

आम उपाओ:

1-सन्तान की मंदी हालत के वक़्त राहू का उपाओ करें,	2-धन-दौलत की तंगी के वक़्त अँगूठा दूध में डुबो कर चूसना चाहिए,
3-हसद और गुस्से से दूर रहें,	4-कुत्ते की सेवा नेक असर देगी,

खास: अगर औलाद क़ायम ना हो रही हो तो दो-रंगा (काला-सफ़ेद) कुत्ता पालें, आम तौर पर कई कुत्ते (11 की तादाद तक) मरा करते हैं लेकिन इसका कोई वहम ना करें क्योंकि कहा जाता है कुत्ता अपनी जान देकर औलाद की जान बख़्शता जाता है, लेकिन ख़्याल रहे जैसे ही कुत्ता मरे उसके 40 से 43 दिन के अन्दर-अन्दर नया कुत्ता ले आएँ!

मुश्तरका (इकट्ठे)

ग्रहों से मुतल्ल्का आम अश्या

मुश्तरका ग्रह	नाम अश्या (चीज़)
बृहस्पति और केतू	ज़र्द (पीले) निम्बु
बृहस्पति और चंदर	बढ़ (बरगद) का दरख़्त
सूरज और चंदर	बढ़ के पेढ़ का ख़ालिस दूध, लीची, घोड़ा और तांगा
सूरज और शुकर	लाल मनूर, लाल मिट्टी (जल कर लाल हुई), गाचनी लाल, काँसे का कटोरा
सूरज और बुध	सर-सब्ज़ पहाड़, लाल फिटकिरी, शीशा सफ़ेद
चंदर और बुध	माँ-धी, दरिया के पानी में रेत, , टुनिया तोता, हन्स परिन्दा, कुआँ जिसमें सीढ़ियाँ हों
चंदर और सनीचर	काली स्याही, पानी की बावड़ी, कछुआ, खूनी कुआँ, बिगड़ा हुआ दूध, मोटर-लारी
शुकर और मंगल	मिट्टी का तनूर (तंदूर), मीठा अनार, गेरू (लाल मिट्टी)
शुकर और बुध	मसनुई सूरज, तराज़ू, आटा पीसने की चक्की, (पुराने वक़्त की दो पत्थरों वाली
शुकर और सनीचर	काली मिर्च, घी, स्याह मनूर (पत्थर), मिट्टी का ख़ुश्क पहाड़
मंगल (नेक) और बुध	सुत्थर (लाल कपड़ा शादी के वक़्त लड़की को पहनाने वाला) लेकिन जिसमें चमक ना हो
मंगल (बद) और बुध	आतशी शीशा, अनार के फूल, सुत्थर (चमक वाला लाल कपड़ा)
मंगल और सनीचर	नारियल, छुहारा
बुध और सनीचर	आम का दरख़्त
बुध और राहू	तिलयर (ऐसा कीढ़ा जो बढ़ के पेढ़ के फल को बर्बाद करता है
बुध और केतू	बर्री (ऐसा जानवर जिससे हाथी भी डरता है)
सनीचर और राहू	साँप की मणि (साँप के ज़हर को चूस लेने वाला मनका)

खास: ग्रंथकार ने ऊपर की सूची के अनुसार ही मुश्तरका ग्रहों की अश्या (चीजों) का ज़िक्र किया है!

बृहस्पति और सूरज मुश्तरका

1-बतौर दान कोई भी चीज़ मुफ़्त में ना लें,	2-घर में ख़ालिस सोना, केसर क़ायम करें,
3-जिस्मानी या माली हालत मंदी हो तो बाप-बेटे को एक साथ रहना चाहिए,	4-घर की सबसे पुरानी चारपाई का इस्तेमाल करना चाहिए,

खास: किसी मजबूरी के चलते बाप से जुदा होकर रहना पड़े तो बाप का इस्तेमाल शुदा कपड़ा पीठ के नीचे रख/बिछा कर सोएँ!

बृहस्पति और चंदर मुश्तरका

1-किसी अस्पताल या शमशान में नल लगवाएँ या कुआं खुदवाएँ!

2-बहन, बुआ, बेटी (बुध), गाय, औरत (शुकर), भंगी, सफाई करने वाले (राहू) की सेवा करें

बृहस्पति और राहू मुश्तरका

1-मंदी हालत के वक़्त केतू का उपाओ करना चाहिए, जिस्म पर सोना मदद देगा,अगर टेवे में केतू भी ख़राब हो (निशानी होगों लड़का नालायक) तो चंदर की उपासन या टेवे वाले की माता की मार्फत चंदर का उपाओ मदद देगा!

2-केतू का पत्थर, लहसुनिया (Cat's Eye) की अँगूठी को हर रोज़ गाय के जूठे पानी में धोने के बाद मंगल की चीजों का दान करना ज़रूरी चाहिए!

3-मुट्ठी भर जौ दूध में धो कर/भिगो कर अपने पास रखें और अगले दिन दरिया में बहा दें (उनमें से जौ के कुच्छ दाने अपने पास रखें) उपाओ 43 दिन लगातार होगा!

सूरज और चंदर मुश्तरका

खबरदारी: दोनों खाना नंबर-11 तो उम्र सिर्फ़ 9 साल होवे, अगर गोश्त खाना छोड़ देवे तो उम्र सौ साला लम्बी होगी!

सूरज और शुकर मुश्तरका

1-औरत के बाज़ू पर सोने का कड़ा या सोने की ईंट क़ायम करने से औलाद में मदद होवे!

2-औरत की सेहत मंदी होवे या मंदी रहती हो औरत के वज़न के बराबर चरी की बीज (ज्वार के बीज) दान करना या धरम-अस्थान में देना मदद देगा!

3-शादी या सगाई के दिन से मर्द और औरत में से कोई एक गुड़ खाना छोड़ देवे!

4-गऊ दान (ख़्वाह एक गाय ख़्वाह ज़्यादा) मगर गऊ हाज़िर का दान कल्याण या औलाद नरीना देगा (गऊ की जगह सिर्फ़ नक़द रूपय का दान कोई दान नहीं गिना जाएगा)!

सूरज और बुध मुश्तरका

खाना नंबर-9 में मुश्तरका (इकट्ठे) और असर मंदा हो तो सूरज या मंगल को नेक कर लेने का उपाओ मददगार होगा! इतवार या मंगलवार के दिन पैदाशुदा के वक़्त किसी उपाओ की ज़रूर ना होगी, हर तरह का उम्दा फ़ल ख़ुद-ब-ख़ुद पैदा हो जाएगा!

सूरज और सनीचर मुश्तरका

1-दुनिया में सूरज ग्रहण के वक़्त सनीचर की चीज़ें (बादाम, नारियल वगैरह) चलते पानी में बहाना मुबारक होगा!

खास: टेवे में सूरज ग्रहण से (सूरज और राहू मुश्तरका) मुराद नहीं! दोनों मुश्तरका (सनीचर और सूरज) ग्रह होने की सूरत में औरत की जिंदगी बर्बाद हुआ करती है ख़ासकर उस वक़्त जब दिन के वक़्त बच्चे बनाने की कोशिश की जावे!

2-मंदे असर के बचाव के लिए औरत के सिर बालों में तीनों नर ग्रहों से ताल्लुक रखने वाली चीजों को किसी भी शक्ल की, सिवाय त्रिकोण, (सूरज के लिए सुर्ख़ ताम्बा, के टुकड़े में बृहस्पति का सोना और मंगल का सुर्ख़ पत्थर (मूँगा) बना कर क़ायम करें!

3-सूरज और सनीचर मुश्तरका (इकट्ठे) खाना नंबर-6 के वक़्त आबादी से बाहर (जहाँ कोई वहम ना करे) चौरास्ता में पक्की शाम के वक़्त फूल या नाले रंग की काँच की गोलियाँ (बुध) दबाना मददगार होगा!

4-अगर बंद दीवार के साथ कोई मूर्ति हो तो दीवार में छेद करवा देने चाहिए ताकि मूर्ति को हवा मिले और औलाद की सांस बंद ना होवे यानि औलाद क़ायम रखने के लिए!

सूरज और राहू मुश्तरका

1-चोरी या गुमनाम नुक्सान से बचाव के लिए जौ (अनाज) को बोझ के नीचे अंधेरी जगह रखना मददगार होगा!

2-बुखार के वक़्त जौ और गुड़ का दान मददगार होगा या जौ को दूध में धो कर या गऊ के पेशाब में धो कर दरिया में बहा दें!

3-सूरज की चमक को बहाल करने के लिए शुकर और बुध की चीजों के दान से कल्याण हुआ करता है!

4-सूरज ग्रहण के वक़्त राहू की चीज़ों को (ख़ासकर सूरज के दुश्मन ग्रहों की) दरिया (चलते-पानी) में बहाना मुबारक होगा!

5-सूरज और राहू के बाहमी (आपसी) झगड़े के वक़्त यानि जब राहू और सूरज दोनों ही का बुरा असर तंग कर रहा तो ताम्बे का पैसा रात भर आग में जला कर सुबह सादिक़ (यानि कम से कम 12 घण्टे आग में रखने के बाद) सुबह चलते पानी पानी (दरिया) में बहाना मुबारक होगा! जला हुआ पैसा ले जाते वक़्त ख्याल रहे कि अपना ही कोई बाल बच्चा सामने ना आवे वरना उस पर मंदा असर होगा!

ख़ास: अगर जनम कुंडली में मंगल खाना नंबर-11 में होवे तो टेवे वाला कुल उम्र इस उपाओ को नहीं करेगा और जिस साल वर्षफल के हिसाब से मंगल खाना नंबर-11 में होवे उस साल यह उपाओ नहीं करना चाहिए!

सूरज और केतू मुश्तरका

1-सूरज ग्रहण के वक़्त सूरज के दुश्मन ग्रहों की चीज़ें और केतू की चीज़ें चलते पानी (दरिया, नदी, नाला) में बहाना मुबारक होगा!

चंदर और शुकर मुश्तरका

जब चंदर किसी वजह से शुकर को बर्बाद कर रहा हो तो बुध की मदद दें (दही=शुकर) में से (पानी=चंदर) को अलग करें! तरीका शुकर के दही को किसी कपड़े (चंदर) में डाल कर ऊपर राख (बुध) बिछा दें तो बुध पानी पी लेगा और शुकर (दही) को खराब नहीं करेगा, लकीन अगर चंदर ख़ुद शुकर से ख़राब हो रहा हो तो चंदर को मंगल की मदद देनी चाहिए

चंदर और सनीचर मुश्तरका

1-साँप को दूध पिलाना चंदर को प्रबल करेगा और उसका फल नेक होगा!

2-चंदर ग्रहण के वक़्त सनीचर/राहू की अश्या (नारियल वगैरह) पानी में बहाना मददगार होगा!

3-जब दोनों ही ग्रहों की आपसी मंदी हालत के वक़्त सूरज का उपाओ मददगार होगा , निशानी होगी आगे से हथियार मिलना, ऐसे में कोई नेक काम करना गैर मुबारक होगा!

4-घर में लोहे का सेफ़ (बक्सा या अलमारी) हो तो उस में चाँदी की थाली में पानी भर कर रखना मुबारक होगा! जब दोनों ही ग्रह (चंदर और सनीचर) खाना नंबर-5 में इकट्ठे ना हों, अगर दोनों ही ग्रह खाना नंबर-5 में हों तो मंगल और सनीचर की मुश्तरका चीज़ें (जैसे छुहारे) सेफ़ (बक्सा या अलमारी) में रखना मुबारक होगा!

चंदर और राहू मुश्तरका

1-औलाद के ताल्लुक में चंदर में ज़िक्र उपाओ किया जाएगा या राहू खाना नंबर-11 के लिए लिखा उपाओ होगा!

2-चंदर ग्रहण के वक़्त राहू की चीज़ें या चंदर के दुश्मन ग्रहों की चीज़ें चलते पानी में बहाना मुबारक होगा!

3-राहू का भौंचाल चंदर से रुक ज़रूर जाता है लेकिन राहू का मंदा असर केतू ही हटा सकता है और इसके लिए मंगल या बृहस्पति का उपाओ करें अगर यह ग्रह भी मंदे हों तो बुध कायम करें!

चंदर और केतू मुश्तरका

1-केतू की दो-रंगी (जिसमें लाल रंग होवे) चीज़ें अपने पास रखें!

2-बुध की अश्या (चीज़ों) का दान कल्याण माना गया है!

3-तालीम अधूरी, निकम्मी या बर्बाद होने से बचाव के लिए 3 केले धरम-अस्थान में 43 दिन लगातार देते रहना मुबारक होगा!

शुकर और राहू मुश्तरका

1-धुले हुए चावल (चंदर) या ख़ालिस चाँदी घर में क़ायम करें!

2-गुमनाम गड्ढों में सूरज की अश्या (पैसा) और मंगल की अश्या मददगार होगी!

3-चंदर और शुकर दोनों का मुश्तरका उपाओ यानि दूध (चंदर) में मक्खन (शुकर) का दान (ध्यान रहे मक्खन नमकीन ना हो) या नारियल का दान मुबारक होगा!

4-औरत के जिस्म के दाएँ हिस्से में चाँदी का छल्ला मुबारक होगा!

मंगल और सनीचर मुश्तरका

खबरदारी: लेन देन के ताल्लुक में यानि जब किसी को भी रकम (रुपया-पैसा) देवें उससे तहरीर पर्चा ज़रूर करवा लेना चाहिए, रकम की वसूली के वक़्त जो चाहे छोड़ देंवे!

1-मंगल बद और सनीचर के लिए दिये हुए उपाओ करें!

2-घोड़ी जब बच्चा देवे तो उस का पहली ही दफ़ा का दूध (जो घोड़ी के बच्चे ने भी ना पीना शुरू न किया हो) निकाल कर शीशे के बर्तन में क़ायम रखें तो धन-दौलत की बरकत भी होगी और डाका-चोरी के वाकियात या गैबी धोकेबाज़ी से बचाव होता रहेगा! मगर फिर भी बचकर चलना अक्लमंदी होगी!

मंगल और राहू मुश्तरका

1-अगर रोटी पकाने और रोटी खाने की जगह एक ही हो यानि जिस जगह रोटी बनाई जाती हो उसी जगह में रोटी खाई जाए तो राहू का मंदा असर गुम ही रहेगा!

2-मिट्टी के बर्तन में राहू की अश्या (जौ या सरसों) भर कर चलते पानी में बहाना चाहिए!

बुध और राहू मुश्तरका

1-ससुराल के दुख निवारण के लिए कच्ची मिट्टी की 100 गोलियाँ बना लेवें और छाँव में सूखा लें, हर रोज़ एक गोली दिन के वक़्त किसी भी धरम-अस्थान रख आवें 100 दिन लगातार बिना नागा, इस बात की कोई पाबन्दी कि धरम-अस्थान वही रहेगा जहां से उपाओ शुरू किया हो!

सनीचर और राहू मुश्तरका

1-सनीचर और राहू के हिस्सों में खानावार दिए हुए उपाओ किए जाएंगे!

खबरदारियाँ: रात के वक़्त (सनीचर का वक़्त), या पक्की शाम (राहू का वक़्त) या सनीचर के दिन में (कोई भी दिन सिर्फ़ बादलों वाला) या वीरवार की पक्की शाम (राहू का ताल्लुक) के वक़्त में बादाम (सनीचर) या नारियल (राहू) का आग में जलाया जाना या तला जाना या भूना जाना सनीचर और राहू, दोनों के ही मंदे असर देगा, ख़ासकर कड़ाही में रख कर आग में जलाना या भूनना तो निहायत ही मंदा होगा!

राहू और केतू मुश्तरका

1-राहू की मंदी हालत से बचाव के लिए चंदर का उपाओ और केतू की मंदी हालत से से बचाव के सूरज का उपाओ मददगार होगा!

2-राहू/केतू जब भी खाना नंबर-1,7,4,10 में हों तो इन कहे हुए घरों में ऊंच के ठहराए हुए ग्रहों के ज़रिए होगा!

ख़ास असूल:

1-मुश्तरका (इकट्ठे) ग्रह 2 हों तो कई बार दोनों ग्रहों का अपना-अपना उपाओ होगा और कई बार दोनों में किसी एक का!

2-मुश्तरका (इकट्ठे) ग्रह 3 हों तो दुरुस्ती या कियाफ़ा के असूल पर खराब करने वाले एक या दो ग्रहों का उपाओ किया जाता है लेकिन ख्याल रहे जिन दो ग्रहों का उपाओ होगा वह आपस में दोस्त हों, मसलन: टेवे में सूरज, बुध और शुकर मुश्तरका (इकट्ठे) हों और शादीशुदा जिंदगी में खराबियाँ हों तो ताम्बे की गागर (ताम्बा सूरज) में साबुत मूँग (बुध) भरकर बर्तन के ढक्कन को टाँका लगवा कर पानी में बहाने से गृहस्त जीवन ठीक होने लगेगा! इसमें ग्रहों की दोस्ती/दुश्मनी को ख्याल में रखते हुए उपाओ करवाया जाएगा!

3-अगर टेवे में चार ग्रह मुश्तरका हों तो हालात के हिसाब से और खाना के हिसाब से मरने वाले ग्रह को अलग रख कर यह तय करना होगा कि मरने वाले ग्रह को बचाना चाहिए या फिर ग्रह की खाना के हिसाब से अच्छी हालात को देखते हुए खराब करने वाले ग्रह का उपाओ किया जाए!

4-कभी कभी ऊंच की हालत में बैठे ग्रह का उपाओ उसके मसनुई ग्रहों के ज़रिए हो सकता है जैसा कि ग्रंथकार ने शुकर खाना नंबर-12 के वक़्त लिखा है!

5-उपाओं के साथ-साथ या यूँ भी कह सकते हैं कि परहेज़ और संस्कारों की पालना ज़्यादा मायने रखती है!

उपाओ से ताल्लुक खबरदारियाँ:

1-राहू के दुश्मन ग्रहों (सूरज, बृहस्पति, शुकर) में से कोई भी खाना नंबर-4 में होवे तो राहू की अश्या (कोयले, सिक्का (राँगा) वगैरह) पानी में नहीं बहानी चाहिएँ!

2-ताम्बे का सिक्का गरम करने का वक़्त वीरवार शाम 4 बजे शुरू कर अगली सुबह 4 बजे तक का वक़्त होगा! सिक्के के को गरम करने के लिए कच्चे कोयले का इस्तेमाल होगा और सिक्के के नीचे की आग सुबह तक जलती रहनी

चाहिए! कोयलों का धुआँ घर के अन्दर नहीं जाना चाहिए! सुबह पाँच बजे के बाद सिक्का निकाल कर राख़ समेत चलते दरिया में बहाना चाहिए और उसी दरिया के पानी से हाथ मुंह धोना चाहिए! याद रहे सिक्का ले जाते वक़्त घर का कोई सदस्य सामने नहीं आना चाहिए!

3-बाकी की आम सावधानियाँ हर ग्रह के साथ-साथ लिखी हुई हैं!

www.ingramcontent.com/pod-product-compliance
Lightning Source LLC
LaVergne TN
LVHW090218051026
849517LV00001B/119